労働市場分析

労働市場分析

——二重構造の日本的展開——

尾高煌之助著

岩波書店

おとなというものは，数字がすきです．新しくできた友だちの話をするとき，おとなの人は，かんじんかなめのことはききません．〈どんな声の人？〉とか，〈どんな遊びがすき？〉とか，〈チョウの採集をする人？〉とかいうようなことは，てんできかずに，〈その人，いくつ？〉とか，〈きょうだいは，なん人いますか〉とか，〈目方はどのくらい？〉とか，〈おとうさんは，どのくらいお金をとっていますか〉とかいうようなことを，きくのです．そして，やっと，どんな人か，わかったつもりになるのです．

　　　　　サン・テグジュペリ『星の王子さま』第4節
　　　　（内藤濯訳，岩波少年文庫，pp. 23-24)．

は　し　が　き

　この書は，大・中・小企業間に観察される賃金格差に焦点をあてることによって，19世紀末から1970年代に至るわが国労働市場機能の実証分析を試みたものである．分析の材料には時系列統計資料をふんだんに用いたので，その点からすれば，本書の特色は歴史統計的研究の体裁をとったことにあるといえよう．ただし，必要に応じて，各種の文献資料や書誌情報もあわせて利用したことはいうまでもない．

　博士号請求論文のテーマとしてこの問題に手を染めたのは1960年代のなかばのことであるから，今からもう19年ほど前のことになる．博士論文そのものはその2年後には完成し，4つの部分に分けて学術誌上に掲載されたが，その内容に不満を感じた著者は，これに改訂を加えることによって，まとまった1書として再構成したいと考えるようになった．その後，資料の探索やその整理を少しずつ進め，今回新たな構想のもとに全篇書き下したのが本書である．(旧稿も部分的に利用したが，その量はせいぜい全体の1割程度のものであろう．) その直接の骨格となる英文草稿は，1972年から1974年にかけて，著者がハーヴァード大学東アジア研究センター(East Asia Research Center, Harvard University)の所員だった間に作成されたが，米国から帰った後に改めて資料の発掘やその再吟味に携わったので，まとめの作業は再びのびのびになってしまった．ようやく本書の執筆にとりかかったのは，1980年の秋，フィリピン大学経済学部(ケソン市)に滞在中のことであった．

　本書の完成がこのように長期間を要したのは，主として著者の遅筆のゆえであるが，1つには周囲の状況が1つの作業にだけ専念することを許さなかったためでもある．これらの年月の間，上記のテーマを追究する作業はときに中断され，永い間放置されたこともしばしばだった．だが，時間は無為に過ぎたのではない．むしろ，完成が遅れたがゆえに，本書の執筆にあたっては，過去十余年間における労働経済学上の諸問題をめぐる考察の結果が総動員されることになった．この意味では，本書は，過去における著者の労働経済学研究の総結集である．長時間を要した割にその内容が貧弱なのはもとより菲才のためで，

恥じる他はない．しかし，これをこなすだけでも，著者には精一杯の仕事であった．

この書を一覧されるならば，一橋大学（旧東京商科大学）実証学派の影響が，ここかしこと色濃くにじみ出ているのに気付かれるであろう．これは，著者の学問遍歴の経緯からしても当然の成り行きであった．著者は，カリフォルニア大学（バークレィ）に在学中，同大学の東アジア図書館(East Asiatic Library)所蔵の邦語文献を通じて一橋スクールの諸業績を知るに至り，もし許されるならばこの大学に身を置いて実証経済学を学びたいものと切望した．その後，著者の指導教官であられたヘンリー・ロソフスキー教授との共同研究のためたまたま同大学に滞在された大川一司教授を知るに及び，その思いはますますつのるばかりであったが，結局それが1つの機縁となり，その後都留重人教授のご推挙を得て，1965年夏以降一橋大学経済研究所に勤務することになったのである．望外の幸せだったといわねばならない．

この年以来，著者は一橋大学の学問的環境から絶大な恩恵を享受してきた．ここに蔵された古今東西の文献ならびに統計資料は実証家にとってまさに宝庫のようなものであったし，都留先生をはじめとする諸先生方が守り育ててこられた恵まれた研究環境の中で，同僚の研究者との交流によって学んだことは多い．その中でも，とくに梅村又次教授には日頃から懇切なご指導を賜わってきたが，その上同先生は本書の最終草稿に目を通され，大小の改善のために数々の適切な批判と助言とを与えてくださった．その中には，第2次大戦後の労働市場の状況をもっと立ち入って論述すべきだという，まことにもっともなご指摘もあった．本書では，このコメントに応えるべく，多少の手直しを施したが，未だ十分なものではない．この点は，将来改めて分析の機会を得たいと思う．

さらに，本研究の基礎的諸作業を進める過程で，同大学の職員の方々，とりわけ経済研究所資料係，電子計算機室，統計係ならびに日本経済統計文献センターのスタッフの助力に負うところが少なくなかった．また，高松信清氏は，統計資料の取り扱いや解釈をめぐって，折にふれて著者の良い相談相手になってくださった．

いうまでもないが，このような直接的な接触以外に，諸文献から受けた学恩も大きい．その中でも，とりわけ第2次大戦後の東京大学（経済学部ならびに

はしがき vii

社会科学研究所)を中心とする労働経済の実証研究群は特記に値する．著者はこれらのグループに参加したことはなく，またじかに教えを受けたこともほとんどないが，その成果である単行本や論文からは無視することのできない影響を受けた．したがって，本書で展開される議論のうちには，東大系グループの研究に触発されたり，そこで提唱された仮説を批判的に継承しているものがある．

いずれにしても，本書は，直接・間接に学界の共同の遺産を引き継ぎつつ，それを従来とはやや違った角度から見直したり，今まで利用されることの少なかった資料や手法を採用することによって，実証分析の新たな発展を志したものといってよい．

ところで，本書のプロジェクトが進行中に，その成果を中間報告して批判をあおぐ機会が何回か訪れた．その主なものだけを列挙しても，第5回計量経済学研究会議(1967年7月18日)，大阪大学社会経済研究所研究会(1970年10月31日)，Japan Economic Seminar(於コロンビア大学，1973年4月14日)，数量経済研究会例会(於一橋大学，1974年2月2日)，第2回数量経済史コンファレンス(1974年12月24日)，藤林敬三教授記念講演会(於慶応義塾大学，1975年12月11日)，大川先生をオーガナイザーとするCA(comparative analysis)コンファレンス(於国際開発センター，1976年4月3日)などがある．これらの報告は，分析の基調が十分固まっていなかったり準備不足だったりして，必ずしもうまくいったものばかりではなかったが，それにもかかわらず，そこで与えられた種々のコメントには裨益されるところが多かった．なかでも，故藤林先生を記念する事業の一環に連なることができたのは，著者にとって記念すべき1日だった．先生は，著者に労働経済学の手ほどきを授けてくださった方だからである．生前，何らその学恩に報いることができなかったせめてものつぐないとして，謹んで本書を同先生の墓前に捧げたい．

以上の外にも，本書の草稿が作成されつつあるさまざまの段階において，石川経夫(東京大学)，清川雪彦(一橋大学)，直井優(大阪大学)，小野旭(一橋大学)，太田誠(筑波大学)の諸氏からは個人的に丁重なコメントを頂戴した．また，猪木武徳氏(大阪大学)は，完成原稿を丹念に検討して，その論理構成を点検した上，いくつかの誤りを指摘してくださった．

以上に記した人々や諸機関の支援，会合におけるコメントなどによって，本書の内容が改善されたところは少なくない．もちろん，本書に残された欠点やあり得べき誤謬はすべて著者1人の責に帰することはいうまでもない．

　この研究の過程で，数回にわたって，作業の遂行に必要な研究資金の援助を得ることができたのは幸いであった．すなわち，昭和44年度日本労働協会調査研究委託金（南亮進氏と共同，主査篠原三代平教授），昭和45年度日本経済研究奨励財団奨励金，および昭和46年度文部省科学研究費補助金（奨励研究A）がそれである．また，本書作成の最終段階にあっては，部分的にではあるが，伊東政吉教授を主査とする昭和57年度文部省特定研究（「1973年（石油危機）以降の国際資金循環の構造と変動に関する数量分析」）に連なることによって益を得た．

　本書の出版について岩波書店に仲介の労をとられたのは石川滋教授である．同店と相談の結果，本書の執筆について約束を取り交わしたのは1975年末のことであったから，その時からもすでに8年余りを経過したことになる．今回ようやくその約束を果たせたことは，本書が著者にとって初めての単独書だという事情もあって，とりわけ感慨深いものがある．石川先生をはじめ，立派な書物を作製してくださった岩波書店の片岡修氏ほか，担当者の方々にお礼申しあげる．また，多くの書物等を通じて少年の頃からなじみの深い精興社が印刷を受け持ってくださったのも，著者にとって嬉しいことであった．

　この本の名付け親は父邦雄である．著者は，初めもっと長いタイトルを考えていたが，いろいろと迷った挙句，いくつかの候補を示して，その中から現在のものを選定して貰い，さらに副題をつけて貰った．その後も，果たしてこれでよいものかどうか不安に感じないわけではなかったが，山本有造氏（京都大学）と竹田行之氏（岩波書店）との意見を聴いて，ようやくこのタイトルでゆく決心がついた．

　以上の他にも謝辞を献ずべき人々は多いが，ここでは，地味な演算作業，手間のかかる統計表の作成，原稿の浄書などを手伝って頂いた小池和子，内野喜美子，杵島久万子，都丸美，新美素子の諸氏の労をねぎらうにとどめたい．ただ，研鑽の日々を黙々と支えてくれている著者の家族（南，真理）に対しては，最後に心からの敬意を表しておきたい．

はしがき

多くの人々の助力と協力とに囲まれて誕生する本書は幸せである．その内容が学界にささやかでも貢献するところのあることを祈りたい．

1984年3月1日

尾 高 煌 之 助

凡　　例

○次の諸資料は，第3章以下で頻繁に引用するので，それぞれ矢印（→）のあとに記す略称によって表示した．

　三菱重工業株式会社『社史参考資料』(明治8―大正5年)（〔1960年〕稿本）→『史料』

　同『社史々料』(大正5―昭和23年)（〔1960年〕稿本）→『史料』年号

　同『社史々料追補編自大正六年至昭和十二年』（〔1960年〕稿本）→『史料追補』

　同『社史々料補遺編』（〔1960年〕稿本）→『史料補遺』

　同『社史資料懐旧録』上下（〔1960年〕稿本）→『懐旧録』

　尾高煌之助(編)『旧三菱重工の労働統計：明治17年―昭和38年，付：機械工業の労働統計抜萃』（一橋大学経済研究所統計係，加工統計シリーズ18，謄写刷，1978年2月）→『統計』

　同『旧三菱重工の労働統計：明治17年―昭和38年』正誤表（一橋大学経済研究所統計係，1982年5月）→『統計』正誤表

○文献は，上記7点と諸統計資料との他は，全て巻末に一括して，著者名のアルファベット順に掲げた．同一著者による論文・著書が複数個あるときには，配列の順序は発表の年代順による．ただし，共著の場合は単独著作の後にこれを掲げる．

○文献を引用する場合には，上記7点はそれぞれの略称で，統計類は原則としてその全タイトルで示す．それ以外のものは，著者の姓と公刊年(月)とを丸カッコで括ることによって，その表題(等)を巻末の文献表から検索できるようにしてある．

○本書に収録した統計表中に n. a. とあるときは資料が得られなかったことを，また ― とあるときは非該当もしくは当該値が微少で無視し得るものであることを示す．

○本書で回帰式を表示するとき，推定パラメターの下に丸カッコで囲んだ数値はスチューデントのt統計量，DW はダービン・ワトソン統計量，また $\bar{R}^2$ は自由度修正済みの決定係数を表わす．

凡　例　　　　　　　　　　xi

○本書で扱う企業従業者(employees)の概念は，仕事の種類に従い，職員，技術者および生産労働者の 3 者に大別される．職員とは事務系スタッフ(俗にいうホワイト・カラー，white collar)のことであるが，第 2 次大戦前の大企業では，これがさらに幹部への途が開かれた社員と，準社員ならびにその他職員とに区別された．技術者とは高等専門学校や大学などで工学の理論と実習の専門教育を受けた技師(エンジニア)のことを指す．最後に生産労働者とは工場労働者(ブルー・カラー，blue collar)のことで，職工(工員)とその他の工場労働者(例えば工場関係輸送機関の運転手，日雇人夫など)とに 2 分される．本書が大部分の紙面を割く職工(工員)は，さらに仕事上の地位によって常用(傭)工(本工)，臨時工，見習工(徒弟)などに細分することができる．

　なお，第 2 次大戦前における「職工」は，「職員」に対する身分の差を表わす概念でもあった．これに対して，工員という呼称にはイデオロギー的な含意がない．この意味では，職工を工員と同義にみなすのは必ずしも正しくないが，本書ではこの点にはこだわらないでおく．

目　次

はしがき
凡　例

序章　課題と方法
1. 二重構造とは何か …………………………………………………………… 1
2. 分析の視角 ……………………………………………………………………… 4
   技術変化と労働市場(4)　　経済発展と職業訓練(10)　　職業の経済的価値(12)
3. 分析の特徴 …………………………………………………………………… 15

第1章　二重構造論の系譜
1. 二重構造論の史的背景 ……………………………………………………… 16
2. 競争的市場における賃金格差 ……………………………………………… 19
3. 職業別賃金格差の理論 ……………………………………………………… 21
   職業別賃金格差の長期趨勢(21)　　職業別賃金格差の短期的変動(23)
4. 非競争的市場における賃金格差 …………………………………………… 24
   生産物市場および資本市場の要因(25)　　労働市場の要因(28)
5. 賃金二重構造の統計分析 …………………………………………………… 31
   標準化賃金指数(31)　　分散分析法(34)
6. 賃金二重構造の史的淵源 …………………………………………………… 39
7. 結語──二重構造論の意義と課題 ………………………………………… 43

第2章　労働市場における二重構造の実態
1. 分析の方法 …………………………………………………………………… 46
2. 資料の性格 …………………………………………………………………… 48
3. 所得格差・学歴および粗移動率 …………………………………………… 51

　　　　　所得格差(51)　　学歴(53)　　転職回数(55)
　4. 労働移動の世代別傾向 …………………………………………… 58
　5. 労働移動にみる労働市場の二重構造的特徴 …………………… 63
　　　　　転入・転出移動表による分析(63)　　社会的距離の測定(68)
　6. 二重構造下の社会移動 …………………………………………… 71
　7. 要　　約 …………………………………………………………… 74
　　　　　資料作成手続(76)

補論　労働移動表分析のための基礎概念
　1. 完全移動と結合指数 ……………………………………………… 77
　2. 粗移動率と純移動率 ……………………………………………… 77
　3. マルコフ過程の終局値 …………………………………………… 78
　4. 標準化された労働移動表 ………………………………………… 80

第3章　賃金二重構造の発生と変動

　1. 問題の所在 ………………………………………………………… 81
　2. 分析視角 …………………………………………………………… 83
　3. 賃金諸系列の検討 ………………………………………………… 85
　　　　　企業別系列(86)　　職業別系列(92)　　産業別系列(93)
　　　　　実質賃金系列の概観(94)
　4. 戦前期三菱諸工場の賃金制度 …………………………………… 97
　　　　　日給賃金制(97)　　加給金制度(98)　　賞与金制度(100)
　　　　　手当金および扶助金制度(102)　　企業内賃金構造(103)
　5. 賃金格差の長期変動 ………………………………………………107
　6. 結　　語 ……………………………………………………………116

補論A　賃金格差の測定について
　1. 労働投入量 …………………………………………………………117
　2. 企業規模 ……………………………………………………………118
　3. 賃金分布の代表統計量 ……………………………………………118
　4. 賃金格差の指標 ……………………………………………………119
　5. 賃金格差の尺度 ……………………………………………………121

補論B　第2次大戦前の機械工業における労働時間の変動

目　次　xv

  1. 三菱諸工場の実労働時間 ……………………………………122
  2. 一般民営工場の実労働時間 …………………………………124
  3. 結　語 …………………………………………………………125

第4章　二重構造興隆期における労働市場の一般的状況

  1. 工業化過程における労働市場の変貌 ………………………127
  2. 労働の相対的過剰 ……………………………………………132
      低賃金労働(132)　　低生活水準(137)
  3. 戦間期における失業率の測定 ………………………………141
      1925年失業統計調査の概要(141)　　1930年国勢調査による失業者数(142)　　小田橋の推定失業人口数(144)　　男子失業率の推定(1)(147)　　男子失業率の推定(2)(148)　　低位失業率の意味するもの(150)
  4. 戦間期における労働需給バランスの動向 …………………152
  5. 戦間期における過剰労働力の実態 …………………………154
      労働力の産業間配分(155)　　小企業部門の雇用クッション(161)
  6. 結　語 …………………………………………………………165

第5章　戦前期三菱造船所における生産技術の革新
　　　　　――二重構造発生の技術的要因――

  1. 近世後期における和洋造船技術の格差 ……………………167
  2. 借りた技術にもとづく造船技術の革新 ……………………171
  3. 生産性格差の変動 ……………………………………………180
  4. 結　語 …………………………………………………………189

第6章　戦前期三菱造船所における熟練工の調達と養成
　　　　　――二重構造発生の制度的要因――

  1. 工業化初期における労働者調達 ……………………………191
  2. 責任分散型労務管理 …………………………………………195
      三菱造船における間接的労務管理(195)　　英米両国における間接的労務管理(199)
  3. 生産労働者の調達と定着 ……………………………………201

4. 三菱造船における近代的経営管理の発祥 …………………209
　　5. 「臨時工問題」の登場 …………………………………………213
　　6. 企業内職工養成制度の定着 …………………………………217
　　7. 分断的労働市場発生の制度的要因 …………………………224
　　8. 結　語 …………………………………………………………228

第7章　第2次大戦期とその前後における賃金・雇用制度の変遷

　　1. 三菱重工の職工退職金制度 …………………………………231
　　2. 年功賃金体系の発祥 …………………………………………235
　　3. 能率主義労務管理の退潮と定期昇給制度の成立 …………239
　　4. 戦中，戦後における賃金体系 ………………………………242
　　5. 経験年数と賃金水準 …………………………………………249
　　6. 戦間期から大戦直後へかけての賃金二重構造 ……………252
　　7. 結　語 …………………………………………………………258

第8章　高度成長期とその前後における賃金二重構造

　　1. 賃金二重構造の定着と変貌 …………………………………260
　　　　規模別賃金格差の趨勢(260)　　賃金二重構造の定着と変貌のメカニズム(262)
　　2. 1970年代の賃金構造 …………………………………………265
　　3. 総括——長期的観点からみた第2次大戦後の賃金二重構造 …269

終章　賃金二重構造の理論

　　1. 経済発展と賃金構造 …………………………………………274
　　　　二重構造の3要因(274)　　二重構造興隆期の3特徴(277)
　　　　賃金二重構造の周期変動(280)
　　2. 労働市場組織における日本的特色 …………………………280
　　　　日本労働市場の特殊性と一般性(280)　　新しい収斂理論の登場(284)
　　3. 結　論 …………………………………………………………285
　　付録：雇用・賃金・生産統計の推計手続き

目　　次

第A1表．陸軍省所管工場の職工数および賃金日額(288)
第A2表．海軍省所管工場，内閣印刷局および秀英舎の職工数と賃金日額(289)
第A3表．鉄道省大宮工場および八幡製鉄所の職工賃金(290)
第A4–A6表．三菱系諸工場の在籍職工数および賃金日額,
　　　　　　ならびに基準外賃金の系列(291)
第A7表．職業別賃金日額(293)
第A8表．東京市製造工業の工場規模別賃金(295)
第A9表．大阪市機械・船舶製造業の職工数および賃金日額(295)
第A10表．造船業における年間作業収入(296)
第A11表．第2次大戦期およびその前後の1人1カ月あたり職工(工員)賃金(296)

付属統計表 …………………………………………………………299
引用文献一覧 ………………………………………………………310
索　　　引 …………………………………………………………323

序章 課題と方法

1. 二重構造とは何か

　この研究のねらいは，わが国製造工業の労働市場における二重構造(dualism または dual structure)の発生と展開を実証的に跡づけ，同時にその社会経済的根拠を明らかにすることである．この目的を果たすためには，二重構造の集約的表現としての賃金格差(とりわけ企業規模別賃金格差)を中心に分析が進められる．

　一般に構造(structure)とは，問題とする経済変数の相互関係の数量的表現のことをいう．元来，二重構造は有沢広巳(1957, p. 43)によって提唱された概念で，製造工業の内部に大・中・小の規模の異なる企業が併存していて，大企業ほど労働者1人あたりの(付加価値)生産性が高く，しかも平均賃金額も相対的に高水準にある状態を指す．これを二重の構造と呼んだのは，1つの経済の中に一見2つの異質な要素があることを視覚的に浮き上がらせ，かつ批判の対象としたかったからにほかならない．「近代的」大企業部門では相対的に資本集約的でスマートな新型技術が採用され，賃金その他の労働条件も比較的恵まれているが，一方の「非近代的」中小企業部門では労働集約的でどちらかといえば伝統的な生産様式が採用され，労働者も劣悪な待遇に甘んじなくてはならない．しかも，産業組織の観点からみれば，大企業と中小企業との間には支配＝従属の関係が成立することが多い．つまり，大企業群はその市場支配力を武器に中小企業を下請として自分の配下におき，好況期にはその力を借りて増産に勤しませるものの，いったん不景気になると情容赦もなくこの関係を解いて，弱者のあるものが倒産してもこれを顧みない．この意味で中小企業，とりわけ下請制中小企業は，大企業の収益率向上に貢献するとともに不況期における安全弁としての役割をつとめていることになる．この問題を強調したことによって，二重構造論は1つの社会批判的視座を提供したのである．

　さらに，同一の産業で同じ製品を生産し同種の工程に従事する労働者が，た

んに職場の規模が小さいというだけの理由で著しく劣悪な労働条件(とくに低賃金)を甘受し続けなくてはならないとすれば，その状態は社会的に不平等であるばかりではなく，経済学的にもこれを正当づけることは難しい．なぜならば，労働市場が競争的であるかぎり，一物一価の原則によって，格差はいずれは消滅せざるを得ない筈だからである．だから二重構造の現象は，実証的にもまた理論的にも，追究されてしかるべき1つの重要な学問的課題を提示したものといってよい．

二重構造の認識にとりわけ重要な関連をもつのは，氏原正治郎による京浜工業地帯の労働者実態調査である．この調査はもともと神奈川県の委託で1951年に行われたものであるが，その結果次のような注目すべき事実が明らかとなった(氏原 1966, pp. 424-25).

(1) 京浜工業地帯の工場労働者は，その周辺の広大な都市ならびに農村の潜在的過剰人口の中から供給される．ここで潜在的過剰人口とは，関東，東北，甲信越に及ぶ広範囲な地域に散在する不熟練労働者層であって，具体的には，あらゆる産業分野にみられる自営業の家族労働力(ないしは家内労働力)として，あるいはまた「半プロレタリア」として存在する．

(2) 上記の過剰人口の一部が中学卒業後とくに選抜されて巨大工場に入社し，企業内教育を中心とする技能訓練を受けたのち，「本工」として定着する．彼らのうちには停年(55歳)まで勤める者と中途退職する者とがあるが，いったん退職した場合には，同一工場にはもちろん，他の大工場に再就職することは難しい．巨大工場の基幹労働力は，年少の頃から養成された「子飼い」の労働者を中心に構成されていて，青・壮年者が中途採用されるのは原則として「臨時工」に限られるからである．そこで大工場をやめた者は，労働力から引退するか，中小工場に再就職するか，顕在失業者となるか，あるいは潜在的過剰人口の中へ吸収されるかしかない．したがって大部分の本工は「終身雇用」の途を選ぶ．中途退職するのはそれなりの理由がある者であって，事実彼らのなかには中小企業経営者に「昇格」する者が「相当数」ある．

(3) 中小工場の労働市場は，大工場よりも相対的に劣った労働条件(低賃金，長時間労働，劣悪な作業環境等々)に特徴づけられ，しかも大工場のそ

れとは構造的に(相互間に労働者の交流が少ないという意味で)独立である．労働の供給源は大工場と同じく潜在的過剰人口であるが，中小工場から大工場へ転職するのは容易でない．もっとも前述のように，大工場部門から中小工場部門へ「転落」する者は多少あるので，「一方通行」の途はある程度保たれている．さらに，中小工場にあっては，大工場相互間と異なり，労働の水平移動は比較的自由である．

このように，氏原モデルによれば，1950年代における日本の労働市場は2つの階層から構成される．すなわち，大企業と中小企業とは，それぞれ独立の労働市場をもち，その相互間の垂直的労働移動(とりわけ後者から前者への上方移動)はきわめて少ない．この時期のわが国には，(大企業と中小企業に共通の)「横断的」労働市場は存在しなかった．ところが，労働力は一般に潤沢であるから，供給源に近接する中小工場の労働市場では労働者は相対的に劣悪な労働条件に悩まされ続けたのである．

さらに注目してよいのは，生産活動においては大企業部門の貢献度が圧倒的に高いのに対し，被雇用者数の上では中小企業部門に働く人々の方がはるかに多いことである．仮に資本金10億円(もしくは1億円)以上の企業を大企業と定義すれば，1963年の『工業統計表』では，大企業の活動に起因するのは工業の粗付加価値額総計8.57兆円のうち37.6(もしくは51.8)パーセントであるが，工業雇用量947万人のなかでは21.5(もしくは32.7)パーセントにすぎない．このように，大工場の従業員は，相対的に恵まれた特殊グループを構成していたといってもよい．

なお，「二重構造」という語は，以上に使ったよりももっと広い意味に使われることがある．低開発経済における「近代」部門の代表として製造工業を考え，これに対応する「伝統」部門として農業を想定するのがその典型的なものである．この場合には，工業と農業の内部をさらに細分してそれぞれが(狭義の)二重構造を内包すると考えることもできる．しかし広義の二重構造を論ずるときには，このような細かな点はひとまずおき，農・工2部門を対照させることによって両者の性格の相違をひときわ際立たせようとしているのである．この意味での二重構造は，1960年代のなかばから1970年代の前半にかけて，経済理論家によっても注目され，2部門成長モデルとして結実した(これらの紹介と解説は，例えば鳥居(1979, chs. 7-9)および安場(1980, pp. 121-33, 154-63)を見られよ)．

「二重構造」のいま1つの類型では，外国系資本と土着資本とがそれぞれ相対立する2極を構成する．低開発国に外国企業が進出し，直接投資や合弁の形で，伝統社会の一隅に目もくらむような近代工場を操業することがあるが，多くの場合，これらの企業のおかれた経営条件（融資条件，関税・法人税などにおける優遇，賃金その他労働条件の優位性，等々）は経済の平均的水準をはるかに上廻り，その結果「二重構造」が出現するのである．外資系進出企業は，現地政府によって特別の工業団地（輸出加工区など）を与えられて一定地域に密集して操業することもあり，その他の企業一般とは異質の「出島」を構成することが肉眼的にも明らかなことが多い．

本文で取り上げた「二重構造」は，これらのどちらとも異なる．われわれのいう「二重構造」は製造工業内部の現象を対象としているのであるから，農工間二重構造とは（関連してはいるが）概念的に区別さるべきである．また，わが国の工業化は，資本所有に関しては概して純血主義を守り続け，直接投資や外資が多数を握る形での合弁企業形態は多くなかった．したがって，2番めに掲げた「出島」スタイルの二重構造は，わが国には存在しなかったといってよい．

2. 分析の視角

われわれの分析の対象は労働市場における二重構造であるが，この究明のためにはわが国労働市場の性格が吟味される必要がある．そこでわれわれは，作業に必要な範囲で，労働市場の仕組みとその機能にも言及する．

労働市場の機能を規定する主な要因には生産技術のタイプと職業教育のあり方とがある．これらの要因が職業構造に及ぼす影響は，経済の近代化が開始した時期およびその時点における歴史的遺産としての社会・経済上の（国際的環境を含めた）初期条件(initial conditions)と，経済発展の速度とによって左右される．さらに，需給関係の動きを反映して，職業それぞれの経済的評価の変化が，賃金構造の変動として現われる．そこでわれわれの研究では，生産技術，職業教育訓練，および賃金決定の3個の視点を中心に据え，それらをめぐって考察を進めることにした．以下では，これら3者をめぐって，ごく簡単に筆者の問題意識を披瀝しておきたい．

技術変化と労働市場

折にふれて，経済学者は機械の及ぼす人間社会への影響に強い関心を寄せて

きた．そこでの問題は，省力化によって多くの「産業予備軍」が作られざるを得ないだろうという点にあった．これに対応して，実質賃金は低下し，労働者の生活は貧困化するというのがリカード (David Ricardo)，マルクス (Karl Marx) ら一部の古典学派の人々によってもたれた予測であって (Ricardo 1821, ch. XXXI; Marx 1867, Bch. I, Kap. 13)，比較的楽観的な見通しを持った学派は軽蔑の意味をこめて「ブルジョワ学派」と呼ばれたのである[1]．このように，機械化に伴う様々の問題意識が古くから存在したことは，技術変革についての社会的関心の源も古いということを示すものにほかならない．とりわけリカードが彼の「機械論」(op. cit.) を執筆した当時は，毛織物工業の職工たちが機械の使用に反対してひき起こしたラダイト (Luddite) 運動の反響が，まだ大きく鳴り響いていたことであろう．

ところが，開発の初期から労働力の不足をかこった米国では，機械に対する見方は西欧に比較してはるかに肯定的かつ楽観的であった．ここでは，機械は労働者から仕事を奪うものではなく，むしろ人間に協力するものとみなされた．19世紀初頭の新大陸ではとりわけ手工業的熟練工が不足していたため，半熟練工でも使いこなせる量産型機械の開発に力が入れられ，その結果英国とは異なった種類の機械設備が次々と考案されたのである (例えば，中川 1964年1月, pp. 19-21)．

他方，19世紀後半になってから，後発国であるわが国が富国強兵を旗印に先進欧米諸国に追いつこうと努力したときには，工業技術を初めとして多くの文物を諸外国から採り入れざるを得なかった．外国から導入された技術は，決してたんに模倣されたのではなく，わが国の社会経済条件に適合するように調整が加えられたのではあるが，それにしても，とくに日露戦争以降における矢つぎ早の機械化は雇用機会の十分な拡大には必ずしも結びつかず，かえって労働の疎外・労働強化等を通じて，労働者層の貧困を招いたと考えられた．もっとも日本の論壇にあっては，このような技術導入や機械化それ自体が非難されるよりは，むしろ後発資本主義経済の問題点が強く意識されて，これを克服するための体制改革の必要がくり返し論ぜられたのであった．

---

[1] もっともリカードは，機械化の結果，条件によっては実質賃金が永久に下がったままとはかぎらぬことを認識していた，という (Schumpeter 1954, pt. III, ch. 6)．

ともあれ，わが国の経済学界では，昭和初期以来第2次大戦後に至る迄，過剰労働力の圧力のもとにおける軍需産業中心の機械工業化，賃労働の搾取，大量の潜在失業の存在，等々の問題があくことなく論ぜられた．そのような問題意識の鮮明な実証的研究は，恐らく山田盛太郎の『日本資本主義分析』(初版1934年)に始まるであろう．戦前の日本経済学が一貫して歴史学派や，自由貿易論ぬきの古典学派的発想に終始し，したがって新古典学派を尊重しなかったのには，後発国であるわが国の事情が強く効いていることは疑いをいれない．わが国の経済発展は，比較的短時間中に目的を達することに成功した珍しい例だと評価してよいが，その成果を得るためには，それなりの経済的代償が支払われたことを忘るべきではない．潜在失業の存在や二重構造をもった経済の発展はこのようなコストの一例ともいえよう．しかしわが国の場合は，これらの代償を払うについても，第2次大戦後の第3世界に属する諸国に比べれば比較的負担の少ない方法を用い得たということはできるかもしれない．いずれにしても，新しい技術の受容にあたって示される反応には，その社会のもつ歴史的諸条件や経済発展の度合いに応じて色々の変型があることは当然である．

　工程の機械化や技術革新を含めて，技術変化が賃金と雇用にどのような影響を及ぼすかを一般的に述べることは難しい．新式の資本設備が導入された結果旧来の職場の一部ないし全部が消滅するとすれば，その仕事場で働いてきた人びとが転業を余儀なくされることは明らかである．これらの人たちにとっては，技術変化が脅威でなくて何であろう．技術的失業者も生じようし，幸いにして他の職種に就業し得た人の中には，転職の場合しばしばそうであるように，実収入の低下を経験する人もあることだろう．

　だが，それだからといって，経済全体として雇用が減少し平均賃金が低下するとはかぎらない．例えば，技術革新が生じた場合，市場に競争原理が働いているかぎり，製品の(単位あたり)製造原価は一般に低下し，その供給曲線は下方(南東方向)へ移動するから，この製品に対する需要量は以前より増大する．需要の価格弾力性が1より大きければ，製品総売上げ額も増えるだろう．社会が利用する商品・サービス量が物理的に増加したという意味では，生活が実質的に豊かになった筈である．同時に所得分配にも変化の生ずる可能性がある．これら諸要因の働きによって，当該商品に対する需要曲線全体は上方(北東方向)へ移動するかもしれない．もしそうだとすれば，この商品に対する需要量はますます大きくなるであろう．それにつられて他産業の製品に対する需要が新たに喚起される可能性もある．これらの総合効果が十分大きければ，資本による代替のた

めにいったん減少するかにみえた労働需要が，結果的にはむしろ増大することもあり得よう．その増加率が労働供給のそれを上廻る場合には，実質賃金も上昇するに違いない．

これに反して，労働を節約する力の方がはるかに強力で，製品需要の増大にもかかわらず雇用量が全体として減退したり，労働需要の伸びが労働供給の伸びに追いつけない場合には，仕事にあぶれる人達が発生し，失業の存在が，やがて再び完全雇用の成立するまで，（実質）賃金を切り下げることであろう．

ところで，近代欧米諸国の経験では，雇用規模，実質賃金の双方とも，趨勢的には着実に増大してきた(Phelps Brown 1968, Appendix 2-3)．長期的にみるなら，わが国についても同様にいうことができる(Ohkawa and Shinohara 1979, chs. 13-14)．そのかぎりでは，リカードらの悲観論は覆されたものとみてよいであろう．かくて，マーシャル(Alfred Marshall)を中心とする新古典派の経済学者にとっては，機械の導入はもはや脅威ではなかった．マーシャルは，むしろ機械文明のもつ積極面（単調労働の克服，知性や判断力発達の促進，生産規模の拡大による効率の増進など）を強調したほどである(Marshall 1920, bk. IV, ch. IX)．技術変化の脅威は，経済論壇から一時忘れ去られたかに見えた．

非自発的失業が再び経済理論家によって問題とされるようになったのは，いうまでもなくケインズ(John M. Keynes)以後のことであるが，しかしケインズにとっての問題は有効需要の不足や価格（貨幣賃金，利子を含めて）の非伸縮性にあったのであって，人間と機械との関係がとりあげられたわけでは全くない．技術革新が改めて注目されるようになったのは，第2次大戦後，経済成長理論が盛んに論ぜられるようになり，その関連で経済成長についての実証研究が試みられた結果，「技術進歩」という概念を導入しないかぎり，理論と現実の間に無視すべからざる乖離を生ずることが判明したからである．そこでシュムペーター(Joseph A. Schumpeter)の経済発展の議論も改めて脚光をあびるようになった．「中立的」だとか「労働使用的」もしくは「資本使用的」といった細かな技術進歩の分類も重要になってきた[2]．いわば「古典派的」な問題の復活である経済成長のトピックスが，それに伴って，必然的に古典派的問題

---

(2) ただし，これはハードウェアとしての技術そのものの分類ではなく，生産技術が特定の社会に導入された際に生ずる経済的効果の事後的判定である．この効果は，その社会固有の価格体系によって測定されるから，工学的には同一の技術でも，経済体制の違いや市場構造の変化によってその大きさは必ずしも同じではない．

提起であるところの技術革新にふれざるを得なくなったのは興味深いことである．この意味では，まさに「歴史はくり返し」ているのかもしれない．

　もちろん，技術進歩が再び脚光をあびているとはいっても，その内容には古い時代と比べておのずから相違がある．1960年代における経済学者の主たる関心は主に技術進歩と成長（速度）との関係に向けられていて，少なくとも理論家たちにとっては，技術的失業の問題は切実に感じられてはいなかった．しかしこのような経済学界の動向とは別に，われわれの注目すべき点が3つある．その第1は，労働サービスの提供者である労働者自身にとっては，技術進歩が脅威であり不安の原因たり得ることは昔も今もあまり変りがないということである．これにはいくつかの理由があるが，その1つは，労働職種の転換には，新たに訓練が必要だという面でも，過去に投ぜられた訓練費用や経験の一部がむだになるという点でも，少なくとも短期的には相当の損失が生ずるということである．さらに労働者は，その立場上，すぐれてミクロ（微視）的な見地からものごとを観察し，時間的視界(time horizon)も比較的短い．だから，労働者（ないし労働組合）にとっては眼前にせまった就業機会の喪失こそが緊急の問題で，技術進歩の結果，究極的には実質所得が増加し，価格も低下して，市場が拡大する場合もあることは念頭におかれない．これらの事情の結果，労働者は作業環境の変化に対して保守的となり，抵抗することになりやすい．したがって労働者にとっては「技術革新・即・失業」という意識が生じやすいのである．

　ちなみに，機械文明を礼讃する米国においてすら，その労働運動の中には，早くから，技術変革によって旧来の職種が消えてゆくのを規制しようとする動きがあった．業務配分(sharework)とか業務創出(makework)とかいわれる行為はその1つであるし，雇主との交渉や労働運動一般の中でも，機械化に抵抗して労働者が蒙る被害を最少にとどめようとする努力が払われた(Slichter, Healy, et al. 1960, chs. 11-12)．もっとも，だからといって，労働組合の力で技術進歩や機械化を阻止し得たわけではない．ただ，変革に伴って労働者の既得権益が侵されることに対抗しているのにすぎない．それでも，産業の中には，組合の抵抗の結果，価格競争力の弱まるものも出現した．

　これに比べれば，第2次大戦後のわが国では，機械化が労使紛争の種になることは比較的少なかった．これは，高度成長のもとでは雇用機会そのものが急

速に拡大したためと，大企業を中心として終身雇用制が普及しているために，労働者が雇用不安を抱くことが比較的少なかったからである．そこで戦後わが国の場合には，技術変化による労働市場の構造変化が，さしたる障害もないまま急速に進むことになったと考えられる．

さて第2の注目点は，いわゆる先進工業国においても，「構造的失業」(structural unemployment)と呼ばれる現象が皆無ではなかったことである．例えば1960年代後半から1970年代にかけての英米においては，成長率が鈍化したためもあって失業問題が再び話題にのぼるようになり，法制上の措置や多額の研究資金の支出が行われたりした．この場合の「構造的失業」とは，主として技術革新に伴う産業構造および職業構造の激変の結果生ずる労働需給の不調整のことである．したがってそれは，ある特定の地域，産業もしくは階層に集中的に累積する傾向があると主張される．例えば，衰退産業，若年および老年労働者，黒人労働者などがそれである．このような現象が意識されるに伴い，一部では「積極的労働力政策」(active manpower policy)なるものが主張されるようになった．これは労働力の供給および配分が社会・経済の需要変化にできるだけ迅速に見合うように，市場情報の提供，労働移動の促進，さらには職業訓練とか再訓練などを施行することによって，ともすれば機能のにぶりやすい労働市場の働きを補強しようとする諸政策のことをいう．このような施策は，わが国では1970年代になってようやく意識にのぼったにすぎないけれども，スウェーデンのような国では，労働組合が中心になって，1930年代以来，漸進的に試みられてきたことである．なお失業率が高い場合，いわゆる技術的失業も多くなることは当然考えられるが，反対に，技術進歩の速度が早すぎたり，訓練に対する投資配分が不十分であったり，産業構造の変化が急速であったりするときには，労働需要の質的ないしは量的な変化が労働供給側のこれに対する適応能力を越えがちとなるので，上に述べた意味での「構造的失業」が「労働不足」と併存する可能性もある．いずれにせよ，有効需要の不足による失業ならば財政支出の増大等によって解決をはかることができるが，「構造的失業」の場合には有効需要の増加はたんに物価騰貴を招くだけである．この理由によって，失業の種類を見分けるのは経済政策上重要な意義をもつ仕事といえよう．

第3に注意したいのは，経済学者は技術進歩の実態についてきわめてうとい

という事実である．これは技術変化の測定を試みたソロー(Robert M. Solow 1957)の論文で，技術進歩率が，生産物の成長率から生産要素(資本および労働)の成長率に帰属する部分を差引いた「残差」として求められたという事実によって端的に示されているといえよう．もちろん，測定の技術はその後進歩をとげ，生産要素の中に「体化された」技術進歩を測る貴重な試みがいくつかなされてきている[3]．けれども，その場合にも労働と資本との質の変化を，それぞれ教育程度や機械設備の年齢構成の変化などから推定しているにすぎないのであるから，その意味ではたんに技術進歩の足跡をたどっているにすぎない，とも評されよう．いいかえれば，工学と社会科学とを結ぶパイプ・ラインがまだ存在していないのである．したがって，技術進歩が具体的にどのような過程を経て職業(産業)構成に変化をもたらすかについても，今までのところ断片的な知識がここかしこに散在する程度にすぎない．この境界領域については，近い将来これを埋める努力がなされなくてはならない．このことは，われわれ自身の分析についてもいうことができる．

経済発展と職業訓練

さて，技術進歩は，企業組織と労働の形態とに大きな変貌をもたらす．古い時代にあっては，工業従業者はいわゆる「手工業者」であって，労働技術は熟練を通じて体得されるものとされた．仕事を習得するためには一定の道すじがあり，人は何年もかけてこれに精進した末に熟練した技能者となるのであるが，社会もまたその修業と技とに相応しい貨幣的ならびに社会的評価を与えた．ここでは熟練した技能には一定の銘柄が成立し，高度の技能者は高く報いられ，また本人自身も仕事に対する誇りをもつのがつねであった．「職人気質」と呼ばれるものがこれである．しかも近世社会では，これらの人びとの仕事は経営のそれと分離せず，職人の多くは自己の道具(生産手段)をたずさえて仕事におもむくのがふつうだった．このような作業形態は，建築業——とくに大工——の場合には現在に至るまでかなりの程度残存しているといってよい．

しかし産業革命後の技術体系の変化は，前述のような職人的熟練の性格を大

---

[3] わが国の場合については，例えば渡部・荏開津(1967)，大川・ロソフスキー(1973, ch. 3)，江崎(1977)らの計測をあげておこう．

きく変えるようになった．特に機械工業の発達は，多くの不熟練ないし半熟練工を必要とし，1930年代にチャップリン（Charles Spencer Chaplin）の映画「モダン・タイムズ」で諷刺されたような疎外（alienation）の現象が問題とされるようになったのである．

　もっとも現代社会における熟練の需要については議論の分れるところであって，大まかにいえば，技術が進むにつれて高度の熟練労働は不要になるという見解と，どの段階においても一定比率の熟練工はたえず需要されるという考え方とに分けることができる．現実には，社会全体としてみるならば，いわゆる熟練労働に対する需要量は今までのところ必ずしも減少していないということができよう．もっとも，熟練の内容には刻々変化がある．例えば現代の技能は，近代初期とは違って，それ自身として独立でかつ明確に定義され得るものではなく，特定の機械システムと強い補完関係にあるという特徴がある．したがって，技術の訓練にあたっても，必ずしも従来のように仕事場と独立の教場でそれを習得させるとは限らなくなった．仕事に就きながらの訓練（on-the-job training, 略称 O.J.T.）の占める重要性が増加した裏には，このような技術的な要請がひかえているのである．

　さて，上にふれたような技術体系の変化とそれに伴う労働需要の変遷とは，それぞれの経済の発展状況とその速度とに応じてさまざまな様相を生み出す．先発国であった西欧諸国および米国のような場合には，わが国に比して，長い時間をかけて比較的緩やかに変革が進行した．それだけではなく，これらの国にはそれぞれに近代革命を経験した市民社会が早くから成立しており，わが国の「士農工商」序列のごとくに商工業従事者が社会の建前として最下位に据えられるということはなかった．したがって，これらの国においては職人（クラフト）タイプの仕事が一定のジャンルとして成立し，社会的な評価を付与されるという伝統が確立していた．その結果，個々の「職業」についてもその内容に関する明確な概念規定が早くから存在したと考えられる．職能別組合（クラフト・ユニオン）が古くから成立したその背景には，このような社会の歴史が存在しているのである．ところがわが国にあっては，明治になってから変革の波がどっと押し寄せ，短期間のあいだに，しかも外来技術を消化しつつ近代化が進行したのであるから，上にみたような西欧式の職業概念は確立する暇がな

かった．少数存在したクラフト的な職人層は，産業革命がもたらした新しいタイプの労働者層によって，むしろ押しつぶされてしまったのである．わが国の場合も，後者のタイプの中に熟練労働者と評価される人びとは沢山あるが，それらの労働力は，必要に応じて個々の企業ベースに養成されることが多かったために，それぞれが独立な職種として社会的通念を構成するまでには至らなかったと考えられる．この点は，現代に至るまでマイスター制度を存続させているドイツやスイスときわめて対照的なものがあるといってよい．わが国では，特定の職業集団に属するという意識よりも，自分が勤務する企業に対する集団意識の方がはるかに強いというのも，ひとつにはこのような歴史的な事情が働いているためであろう．

　わが国の労働市場の特質としてあげられる二重構造や，企業内における高頻度の配置転換にもかかわらず企業間の労働移動率が低いという事実などは，以上にみたような技術体系の変遷とそれを受容する社会の歴史的な諸条件の下でみるときに初めて理解し得るものになるといえよう．異なった技術体系が急速に導入された場合，二重構造が生ずるのは必ずしもわが国に限られた現象ではあるまい．ましてや進んだ外来技術と伝来の技術とが共存したわが国にあっては，知識および技能の伝播の過程で発生する現象として当然の帰結であったともいえる．さらに労働移動に関して考えるときには，われわれは，労働サービスという商品が有する特殊の性格を考慮に入れねばならない．すなわち，労働者は既述のように本質的に保守的(risk averter)だということがその1つであるし，さらにまた職業選択は，その決定に時間と費用を要し，しかも（一度失った時間は取り戻せないという意味で）可逆的ではないという事情もある．労働市場に関する情報は一般に限られたものであって，職業選択や就業機会についての情報は人づてに流れることが多い．ことに失業——顕在的，潜在的を問わず——のある場合には，移動に伴う危険はヨリ大きいものとなるから，労働移動の頻度が小さくなるのは当然なのである．

職業の経済的価値

　現代の経済学が受け継いだ伝統の中には，意外と多くの19世紀英国功利主義哲学の遺産がある．われわれの議論に関係するところで考えれば，労働の供

給は，ふつう供給主体(個人)の所得と余暇の選好体系に応じて定まってくると考えられている．ところが，この理論の背景にあるのは，労働は負の効用をもつものであって，したがって本来やりたくない仕事をいやいや遂行する代償として賃金が支払われるのだ，という思想である．さらに，この理論によれば，労働時間の長さは，賃金率が外から与えられたとき，それに応じて各自がおのおのの選好体系にしたがって決定するということになるが，現実の資本主義経済では，労働の主体——とくに男子——が労働・不労働の選択を行う余地はきわめて少ないし，縁辺労働力を除けば，労働時間の長さを決める権利も大きいとはいえない．現代の経済学教科書に説かれている理論構成は，財における商品・サービスの選好に関する議論をほとんどそのまま踏襲したものであるから，賃労働という形式で労働サービスの提供を行う人びとの実態とはややかけ離れた側面があるのである．

　さらに，現代工業における仕事は，中世や近世の職人の仕事の業態とは異なり，個々人の単独作業として遂行されるのではなく，他の人びととの共同の仕事として実施されることが多い．ほとんどの人は一定の仕事集団の中に身を置いて組織の統率に服しつつ働き，組織体の中でその成果を判定される．このような場合には，職業の経済的価値(賃金)も労働市場で直接決定されるのではなく，仕事組織というフィルターを通じて評価される．ここに，市場で決定される賃金構造 (external wage structure) と，企業内で決められる賃金構造 (internal wage structure) とが区別される理由がある．労働サービスの売買契約も，多くの場合継続的関係として成立し，1つの仕事が終了すると同時に打ち切られるという性格のものではない．この事実に注目するならば，賃金決定における組織的要因(とりわけ労務管理)の重要さに眼を伏せることはできない．

　ところで，時代の流れとともに，労働の意義をめぐる思想にも変化が生ずる．例えば，一般労働者層における仕事の意義の探索や，「やりがいのある」職業に就きたいという希望にはかなり根強いものがあることが徐々に認識された．仕事なり労働なりを単なる苦痛(不効用)の対象としてとらえず，むしろその中に積極的に意義(効用)を発見しようという思想がこれである．企業の立場からしても，労働意欲(モラール)の向上と維持とはきわめて重要であるが，いまやそのための手段としては物質的報酬だけではなく，仕事自体の内容に立ち入っ

て疎外感の防止に組織的な努力を払わなくてはならなくなった．仕事場における小集団自主管理（ないしは労働者経営参加）の提唱（例えば尾高（邦）1981，第7-9講）や多能工的な仕事配分法（job enrichment はその1種といえよう）が試みられるゆえんは，根本的にはまさにこの点にある．各人が潜在的に所有する労働サービスの供給量をどれだけ有効に発現させるかは，仕事をいかに意味づけるかという問題と不可分である．ところが，従来の経済理論においては，潜在能力のみが問われていて，その実現の問題は全く不問に付されていた．教科書的な労働供給の議論が自由業に携わる人びと——作家，芸術家など——にあてはまらないことは以前から意識されていたが，その他のジャンルに属する職業人についても，同じような反省を行う必要があろう．

　以上のような問題は，異なった体制の下でも観察される，ある程度共通の現象であることに注目してよい．かつてソ連邦においてスタハノフ運動などが強力に推進されたのも，仕事の意義づけとその成果に対する社会的評価が，組織体の統合力を高める上でいかに重要であるかを物語っている．経済発展の途上において，民族主義の高揚が，それ自体として簡単な作業にも大きな意義を与えて社会に活力をもたらすことがあるのは，全く同様の理由によるものである．しかしそのような社会的緊張の状態は長期にわたって続くものではない．新しい社会的諸関係がいちおう確立し，経済発展の実も結んで教育水準が上昇するにつれて，仕事それ自体の中に効用を発見しようとする動きが出てきても不思議はない．

　1960年代から1970年代の間に，若い世代を中心として，日本人の仕事意識には明らかに変化が生じたように思われる．すなわち，従来男性に多かった仕事一辺倒タイプの人びとの割合が減り，それに代って「仕事も余暇（レジャー）も」という両者併立型を志向する割合が増加したのである（NHK放送世論調査所 1979, pp. 97-101）．経済成長の結果，いまや労働市場は基本的に売手市場型となり，失業の心配は昔ほどする必要がなくなった．このような状況の下では，社会における仕事の意味づけが改めて問い直されるのは自然の勢いかもしれない．その結果として，一般にひとが喜ばない類の仕事——例えば清掃，運搬などの単純肉体労働——の価格は相対的に上昇するであろう．逆に，仕事そのものが正の，しかも大きな効用をもつような職業は，他の事情が等しいかぎり，他の職

業に比較してその経済的評価が割引かれ，したがってその価格も相対的に低下する傾向をもつであろう．いいかえれば，1960年代のわが国においては，それ以前の約半世紀に比べて，賃金・所得格差が趨勢的に縮小する傾向にあったものと考えられるのである．

3. 分析の特徴

　大・中・小企業間の賃金格差に端的に表現された日本労働市場の二重構造（以下これを賃金二重構造と呼ぶ）を分析するために，本書では，現存する統計諸資料にもとづく実証研究を行う．実証分析を進めるにあたっては，できるだけ理論と現実との間を往復しつつ，その中から一定の分析枠組を構成するという方法を採りたい．

　賃金が議論の中心におかれるのであるから，ここでは，人的資源の効率的配分という経済分析の視点が採用されている．けれども，労働市場の提起する諸問題は，たんに市場メカニズムの観点から扱っただけでは十分ではない．なぜならば，労働サービスは生きた人間と離れては存在し得ず，したがって人と社会とのかかわりあいが正面にたちあらわれざるを得ないからである．そこで，われわれは，組織や制度が有する社会経済的な意味についてもできるだけ考察することにする．したがって，賃金がいかに決まるかを考えるときにも，たんに労働市場で決定される単一の賃金率だけを問題にするのではなく，企業の内部で決定される賃金構造にもふれてゆくつもりである．

　ところで，筆者は，本書の課題に取り組むためには，射程距離を長くとることが有効だと考えているので，できるだけ長期間にわたる基礎資料を整えるよう心がけた．その意味では，この研究は，きわめてささやかではあるが，「数量経済史」的接近のひとつの試みである，ということもできよう．分析の材料として用いるのは主として明治以来のわが国自身の経験であるが，ときには国外における諸経験をも取り入れて議論が進められることになろう．

第1章　二重構造論の系譜

1. 二重構造論の史的背景

　二重構造という言葉は1957年度版の『経済白書』で取り上げられたせいもあって急速に普及したが，この現象が盛んに論ぜられた当時の日本経済は未だ高度成長期に入りたてで，経済の復興と安定のための各種の調整に懸命だった．1人あたり実質可処分所得は，戦前最高期(1938年頃)のそれにようやく及ぶか及ばない程度であった(大川・南 1975, p. 576)．完全失業率こそ高くなかったが(1950年に約2.0パーセント，1955年に約1.9パーセント)，就業機会は不足ぎみで多数の潜在失業者(disguised unemployment)ないし不完全就業者(underemployment)が存在したと考えられる(梅村 1971b, 第1章Ⅱ, Ⅳ)．これらの人々は，家族従業者だとか日雇労働者だとかのような暫定的かつ不安定な形態でも，ともかくも仕事に就くことを希望し，また事実何とか糊口をしのぐことができた．なぜなら，小農，自営業主，家内工業主，中小企業者などの経済主体はたんに自己の利潤を極大にするのではなく，特定の集団(例えば家族)構成員全体の厚生の最適化を目的としたからである(Ishikawa 1967, ch. 3)．この結果，限られた雇用機会は，なるべく多数の人々に行きわたるよう社会的に分配された(work sharing)．多量の顕在失業者をかかえるほどには社会が豊かでなかったのだ，ともいえよう．いずれにせよ，労働取り引きはほぼ完全な買手市場で，就業機会は相対的に不足し，「労働予備軍の蓄積」(マルクス)という語がまさにぴったりあてはまる感があった(梅村 1964, 第2章Ⅱ)．経済学の文献にも一種の悲壮感がみなぎり，雇用問題の解決が焦眉の課題とされたが，そのためには資本主義体制そのものを否定せねばならぬとする見解が多くの支持者を得たのである．この見解に対する賛否はともかくとして，貧困と社会的正義とをめぐり，社会科学者の間には緊張した問題意識がみなぎっていた．熊谷尚夫著『資本主義経済と雇傭』(1957)はその空気をよく伝えている．「二重構造」論はこのような時代の産物であった[1]．

1950年代から1960年代のなかばにかけて，二重構造論が果たした学問的意義は小さくない．二重構造そのものはそれ以前から既に知られた事実だったから，有沢によるこの現象の指摘(1956, 1957)はたんにこれを確認することによって識者の注意を促したにとどまるともいえよう．しかし，この頃から中小企業問題を究明しようとする研究者が多く現われる一方，大企業における労働者の実態を探るためいくつかの実地調査が(主として東京大学社会科学研究所のスタッフを中心に)試みられて貴重な貢献を行なった．二重構造論は，これらの研究を貫く問題意識に先鞭をつけるとともに，この時期における日本経済が直面した構造的問題を集約的に表現するものでもあった．

　二重構造論を初めとして，わが国労働市場をめぐる実証研究の隆盛を招いたのは，まず第1に，第2次大戦前からのマルクス経済学の伝統をくむ学者達の業績である．その先がけとなった1人は山田盛太郎であった．山田(1977; 初版1934)は，明治以来の日本資本主義の歩みをふりかえり，それが西欧の経験と比べてどのように異なっているか(その意味でいかに特殊であり「歪ん」でいるか)を論じたが，その中で労働供給問題にふれて，農村における過剰人口圧力が労働者の生活水準をいかに引き下げているか，またそれがいかに資本による労働の「搾取」を結果しているかを強調した．彼の表現にしたがうなら，「半隷奴的労役」がこれであった．工業労働者一般は「インド以下的労働賃銀」の中にあえぎ苦しんでいたが，軍工廠を中心とする官営工場や一部の民間軍需産業では資本集約的技術を導入し，労働者にも特別の訓練を施すことによって富国強兵の砦を築こうとしていた．山田の研究では，工業化の問題が農村との関連でとりあげられ，さらに工業部門内部にも相対的に近代的な部門と伝統的な部門とが共存したことが暗示されている．二重構造論的な問題関心はすでにここに芽生えていたというべきであろう．

　山田の問題提起は，それがあまりにもわが国の特殊性を強調しすぎている見方だとして，その後強い批判の対象になった．批判的見解を集約的かつ体系的

---

(1)　もちろん，二重構造の発想はわが国に限られない．ブーケ(J. H. Boeke)の議論などはその代表的なものである(鳥居 1979, pp. 147-48)．開発経済論の領域にも，二重構造論の変型があることは前述した(序章第1節)．しかし，1950年代のわが国における二重構造論は，ここに素描したような時代的背景のもとにこそ誕生したのであって，その意味で固有の学説史的意義を果たしたといってよい．

に述べたものとしては，例えば大内力(1963, 上巻)がある．この論争の経緯はともかくとして，山田の研究がその後のわが国経済の実証研究を刺激した功績は小さくない．とりわけ，第2次大戦直後の研究ではその影響が大きい．

その後，有沢論文が公刊された頃から，二重構造をめぐる研究は学派を超えた学界共通の関心事となった．なかでも，工業における企業規模別賃金格差の計測に焦点をあてて論じたのは近代経済学派の実証研究である．例えば，早くからこの点に注目した篠原三代平によれば，1960年前後のわが国における大・中・小企業間の賃金格差は，欧米諸国のそれに比して一段と大きい．いま試みに1,000人以上の企業の1人あたり賃金を100とおくと，従業員数10-49人の小企業の賃金は，米国(1958年)で71，英国(1954年)で約80，デンマーク(1955年)で80強，西ドイツ(1954年)で88であるのに対して，わが国(1960年)の場合は49程度にすぎなかった(Shinohara 1970, pp. 308-10；なお，後掲第1-2図(A)をも参照)[2]．

もっとも，二重構造とはいっても，問題となる両部門の間に截然とした境界線があるわけではない．例えば，1950年代前半におけるわが国製造工業の平均賃金額は，大企業から中・小企業へと規模が小さくなるにしたがって徐々に低下し，最小規模に至った時にはその水準が最貧農家の平均1人あたり所得とほぼ見あうような構造をもっていた(野田(孜) 1960, pp. 117-20)．労働生産性格差についても事情はほぼ同然であった．

他方，工業雇用の企業規模別分布をみると，例えば1955年のわが国の場合には中小企業の占める割合が比較的大きく，規模が大きくなるにつれて雇用の全体に占める比率は次第に小さくなっていた．だからいま仮に，縦軸に雇用比率を，また横軸には小・中・大の順に企業規模(厳密には事業所規模)を測るとすれば，雇用分布の形はゆったりとした右下り型であった．これに反して，1940年代終りから1950年代なかばにかけてのインドの場合には，極小企業な

---

[2] ただし，1970年代のデータによって日本と西欧(EC)諸国との企業(ECについては事業所)規模別賃金格差を観察すると，日本の格差は概してECなみであってとくに大きな値ではなくなっていた(小池 1981b, pp. 81-84).

なお，企業規模の尺度は，何をとるにしても恣意的である．ごくふつうに用いられるのは従業員数または払い込み資本金額であるが，このどちらかが理論的に優っているという理由はない．しかし，実証分析にあたっては，規模の尺度に何を採用するかによって議論の含意に違いが生ずる場合があるので注意を要する(第3章補論Aを参照)．

いし家内工業の占める割合が飛びぬけて大きく，それに次ぐのは巨大企業であって，中小規模企業の工業雇用に占める比率はむしろ小さかった．それゆえ分布型はむしろ凹型であった（石川 1961, pp. 26-32)．このように，規模別雇用分布の型でみたときにも，わが国の場合はこれを「傾斜構造」と呼ぶにふわさしく，インドのような「二重構造」とは著しい対照をなしたのである（ただし，平均賃金については，インドにおいても「傾斜構造」が観察された（同上，pp. 37-39))．

　いずれにしても，わが国の労働市場における賃金・雇用の状況を描写するためには，「傾斜構造(differential structure)」という語を使うほうが適切であろう（大川 1962, pp. 226-27)．これに対して「二重構造」という言葉は，異なった産業部門（とりわけ農業と工業）間の経済諸関係を論ずるときにこそ有効であろう．このように，厳密にはこれら2つの言葉は概念的に区別さるべきであるが，ここでは考察の対象を日本の工業部門に限っているので誤解の恐れが少なく，また「二重構造」という言葉のほうが人口に膾炙しているという単純な理由によって，上記の留保をつけた上で，あえてこれらの表現を区別することはしない．

2. 競争的市場における賃金格差

　二重構造のもっとも端的な指標として，以下では篠原以来の伝統にならい，企業規模別賃金格差をとりあげよう．

　ここでまず問題となるのは，規模別賃金格差とは一体何かということである．もし労働市場が競争的でかつ均衡の状態にあるならば，賃金格差の原因は，基本的には労働の質の差ならびに労働者の個々の職業に対する好み(preference)の差に帰着する．この場合には，規模別賃金格差は，男女別，産業別，職業（職種）別，技能水準別，地域別の格差，またはこれらの組み合せに分解されつくしてしまう筈である．このうち産業別格差は，産業ごとに労働者構成が異なることによって生ずる見かけ上の格差にすぎないから，固有の意味の格差要因ではない．同様に地域別格差も，産業構成の違い，天候その他の要因にもとづく生活費の差，および輸送費用などの要因によって説明されるであろう．男女別の格差も，性による適性の差がないとするなら，つまるところ職種別構成の違

いに帰着する．だから，純理論的には，あらゆる賃金格差は，職業銘柄の差，もしくは同一の職種内における技能水準の差から生じた労働の価格差に起因すると考えざるを得ないのである．

このように考えてくると，均衡下の競争的労働市場を前提とし，また職業に対する好みに差がないとするかぎり，企業規模別賃金格差の現象は，規模間における労働の質の差に帰着することは明らかであろう．「同一商品同一価格」の原理が機能するかぎり，同質かつ同一職種労働の対価は，均衡では全国画一とならざるを得ない．しかも，仮に労働市場が非競争的である場合にも，資本市場（金融市場）と生産物市場とが競争的であるならば，生産要素間の代替や商品相互の代替を通じて，競争的賃金構造への復帰力がいくばくか働くであろう．例えば，ある種の労働（A）があまりにも高価になったときには，Aが資本財によって代替されたり，Aを利用しない他の商品に乗り換えようとする（消費者の）動きが生じたりする結果，Aに対する需要が減退するであろう．このように，賃金格差の大きさは，直接的には相異なる銘柄の労働需給関係によって，また間接的には資本・労働間あるいは異商品間の代替の弾力性の大小いかんによって決定されるのである．

もちろん，現実の労働市場は必ずしも均衡状態にあるとはかぎらない．労働の固定性のため，単一の同質的労働から成る市場においても，格差が生ずることは十分に考えられる．調整の遅れによって賃金二重構造を説明する説は，基本的にはこの立場にたつとみてよいであろう．この説によれば，労働市場の不均衡は技術導入と経済成長とによって生じたものなのである（渡部（経）1970, 第III章）．したがって十分の時間が与えられ，かつ制度的制約の解消が保証されるならば，格差の構造はやがて消滅する筈だということになる．なぜなら，この場合，技術の伝播が進み，成長の不均斉が是正されるにつれて，労働効率のバラツキはやがて解消し，格差の原因も除去される筈だからである．

他方，競争的市場の前提を不可とする見解もあり得よう．日本の賃金変動が戦前・戦後を通じ需給ギャップ指標の動きによってよく説明されること（南・尾高 1972, 第4, 6, 7章）を考慮すると，わが国労働市場は総じて競争的といってよいが，しかし非競争的な要素の存在することもまた事実である．生産物市場や金融市場にも競争を制約する要因がある．

以上の考察から，さしあたり次の3点を検討する必要のあることが明らかとなる．その第1は，賃金格差の固有要因としての職業(種)別賃金格差が発生する理論的理由を考究すること，第2には市場組織の実態(競争のありなし)を検討すること，そして第3は，現実の規模別賃金格差がどの程度労働の質によって説明されるかをたずねることである．

3. 職業別賃金格差の理論

職業別賃金格差の生ずる理由は，簡単な需要・供給模型によってこれを説明することができる．ただし混乱を避けるために，長期趨勢(long-run trend)と，それよりも短い短期的(場合によっては中・短期的)な変動現象とに分けて考察するのが便利である．(ここで長期とは，長期波動(long swings または Kuznets cycles; Abramovitz(1961, 1968)を参照)や建設循環(藤野 1965, pp. 525-31)を単位とする時間的長さである．また短期とは，景気循環の周期に焦点を合わせた長さである．)

職業別賃金格差の長期趨勢

いま仮に，ある商品 Q (例えば工業製品の全集計量)を生産するためには，生産要素として2種類の労働(熟練労働 L_s および不熟練労働 L_u)と資本設備(K)とが必要だとしよう．熟練と不熟練との差は，ごく単純に教育・訓練量の差によるものと規定しておく．Q の生産函数は連続で2階微分可能であり，しかも L_s と L_u に関して相似拡大的(homothetic)だとする．さしあたり K は一定不変とすれば，費用極小原則のもとでは，2種類の労働に対する派生需要の相対比率(L_s/L_u)は，それぞれの賃金の相対比率(w_s/w_u)の函数として一義的に決定される(第1-1図の dd 線)．相対需要曲線の価格弾力性は，L_s と L_u 間の代替の弾力性にほかならない(Hicks 1963, pp. 286-92)．

一方，L_s と L_u との相対供給は，もしこれらの両者が非競争集団(non-competing groups)を構成することがないとすれば，結局のところ，異なった職業に対する選好の差，向き・不向き(能力差)，教育その他の社会経済的機会の不均等(差があればあるほど，修得の困難な職業の供給を増すためには割増金(プレミアム)の支払いが必要)か，人的資本に対する投資費用の差(高価な訓練を要する職業に

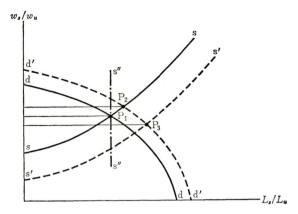

第1-1図　賃金格差決定のモデル

対してはその見返りが支払われる)によって左右される(Layard and Walters 1978, ch. 11). 例えば, もし L_s が相対的に多額の投資を必要とし, しかも比較的多くの能力や経験を要する職種である場合には, 労働の相対供給曲線の切片は大きく, かつその形状は右上りとなるであろう(第1-1図 ss 線参照)[3]. 労働市場における職業別賃金格差の大きさ (w_s/w_u) は, これら需給両曲線が相交わる点 P_1 によって定められる. 労働力の職業間配分 (L_s/L_u) も同時にここで完結するのである.

さて以上で与件とされた事情が変化した場合はどうなるだろうか. まず需要側の状況を考えよう. 工業化の急激な進行に伴い, Q の性格には変化が生じて今までよりも多くの熟練労働 L_s が求められるようになったとする. 具体的には, これは「重化学工業化」と呼ばれるような産業構造の変化に対応するであろう. この場合には, dd は右上方向に移動して d'd' となり, その結果格差が上昇することは明らかである(P_2). 同じような効果は, また以下のような事情からも生ずる. 例えば, 資本形成が進み新鋭の設備が導入されたとする. この際には, 単純(不熟練)労働は次第に機械によって置き換えられるが, 高等な自動機械は専門的訓練を経た複雑な(熟練)労働との協同をむしろますます必要と

---

(3) 厳密には, 労働の供給曲線は賃金の相対比 (w_s/w_u) ではなく, 絶対差 (w_s-w_u) の函数であると考えられる. ここでは簡単のためこの点を無視した. (ただし, 後述(第3章補論A)のように, 絶対差の函数を相対比の函数に転換して考えることは必ずしも困難ではない.)

するであろう．この意味で K は L_u とは代替的(substitutable)だが，L_s とは補完的(complementary)であると考えられる[(4)](尾高　1980 b, pp. 41-42)．もしそうだとすれば，K の増加(もしくは更新)とともに，L_s に対する需要はそれとほぼ同じ比率で増大し，L_u に対する需要は急減する．したがって，相対需要曲線 dd はますます北東の方向へ押しやられる．

他方，眼を転じて供給側の状況を見よう．いま仮に，熟練労働の供給増加のために教育制度が整備されたり教育・訓練投資が増えたとする．この場合には今迄よりも相対的に多くの熟練労働者 L_s が供給され，それと同時に L_u は恐らく減少するわけだから，第 1-1 図中の供給曲線 ss は南東方面に移動するであろう(s′s′)．したがって需要曲線との交点も新しい位置(P_3)に転じ，当然のことながら賃金格差は減少する．

以上のモデル的考察をまとめると，(1)重化学工業化や資本係数(K/Q)の上昇は(供給側の要因を一定とすれば)職業間賃金格差を拡大させる効果があるが，(2)教育・訓練投資の増加は(需要側要因が不変であるかぎり)格差を減少させる傾向がある，ということができよう．現実の格差の動向は，これら両者の要因の相互のかねあいと，需給曲線それぞれの形状(弾性値)とによって決まってくる．しかし，ごく大ざっぱにみれば，急速な経済開発過程にあっては(1)の作用が全体を凌駕し，工業化が完成して資本形成が一段落を告げる状況においては(2)の効果が強く現われるといえるであろう．したがって，熟練労働・対・不熟練労働の賃金格差は工業化の初期に大きく，経済開発が進むにつれて趨勢的に縮小するものと期待される(Keat 1960, Phelps Brown 1977, ch. 3 等を参照)．

職業別賃金格差の短期的変動

上で論じた均衡点 P の足どり($P_1P_2P_3$)は長期的な趨勢を追ったものである．ところがこれとは別に，一般に職業別賃金格差(あるいはその合成としての産業別賃金格差)は，概して中・短期的な経済循環の波に逆行して変化するとい

---

(4) 実際には，新しい生産技術の採用とともに，必要とされる熟練の中味も変容する．したがって，技術変化の過程はここで述べたよりもはるかに複雑である．微視的かつ詳細に考察すればするほど，この問題は単純な代替・補完の関係で片付けられるほど簡単な代物ではないことがわかる．しかしここでは，ごく大づかみな論点の整理ができれば十分としておく．

う経験的事実がある．このことは欧米についてはレーダー(Melvin W. Reder 1955, 1962)やレノルズ(Lloyd Reynolds and C. H. Taft 1956, ch. 13)等によって認められているし，わが国についても平恒次(1970, chs. 2-4)の実証がある．この事実は，以上のモデルによればどのように説明されるのだろうか．

産業構造や資本設備量を一定とし，生産函数が不変とする限りは，第1-1図に描かれた相対需要曲線ddの位置に恒常的な変化が生ずるとは考え難い．しかし，経済循環の下向期には資本稼動率が低下し，それとともに労働需要も低下するが，この際企業は訓練費用のかかる熟練労働はできるだけ手許に引きとめ，不熟練労働から整理しようとするであろう．つまり不熟練工はこれを解雇するとともに，不熟練労働でもつとまるような仕事を熟練労働で代置させるのである．その結果dd曲線は僅かながら北東方向に移動する．

逆に，経済の上昇期には，まず熟練工が本来の仕事に呼び戻され次いで放出されていた不熟練労働が再び雇い入れられるために，不熟練労働に対する需要が増大する．その後景気が次第に過熱して熟練工が不足し出すと，企業は熟練工の一部を半熟練工(場合によっては不熟練工)によって代行させるかもしれない．熟練の水増し現象(dilution)がこれである．かくて相対的需要曲線は僅かながら南西方向へ移動することになる．

一方，労働の相対供給は，中・短期的にはきわめて低い弾力性しかもたない．教育・訓練が実を結ぶには時間を要するからである．したがって，短期をとればとるほど，供給曲線の形状は垂直軸と平行になるであろう．極端な場合には，例えばそれは第1-1図のs″s″線のように垂直に立った形をとるかもしれない．このように供給の変動が抑えられているために，需要側の僅かの変動も，短期的には大きな賃金格差の変動となって記録されることであろう．こうして，賃金格差(w_s/w_u)は，経済循環の上下とは逆方向に振動することになる．(以上3パラグラフの説明は，基本的にレーダー(Reder 1955)の議論に依ったものである．)

4. 非競争的市場における賃金格差

次に，市場組織をめぐる議論をみよう．以上に論じたように，労働の銘柄の差は賃金格差発生の重要な原因であるが，市場の不完全性は，いわばヨリ根

源的なその許容条件(十分条件)ということができる．例えば，仮に労働の質は規模を通じて均一であったにしても，強力な労働組合が労働の供給制限を行使し得る場合には，組合部門の賃金は未組織部門のそれに比べてつりあげられるに違いない．わが国の労働組合は大規模企業ほど組織率が高いから，規模別賃金格差の現象は少なくとも部分的に労働組合の存在という制度的要因によっていると考えたとしてもあながち無理はない．

生産物市場および資本市場の要因

しかし，同質の労働サービスに対して他所よりも高率の賃金を支払ったとすれば，他の事情が等しいかぎり，当該企業の収益は圧迫されざるを得ない．その結果，株価はのび悩み，資金繰りは圧迫されて，投資計画を圧迫するだろう．製品の改良や競争力の増強は不十分となり，ひいてはそれが生産物市場における売れ行きの不振にも通じよう．だから，労働の同質性の前提のもとで規模別賃金格差が長期的に存続し，しかも高賃金企業の事業成績にとりたてて悪影響が出ないとすれば，高賃金企業は何らかの理由によって相対的に恵まれた賃金支払能力を持つと考えざるを得ない．つまり，労働生産性が高いと考えざるを得ない．しかし労働者の質は同一と考えているのであるから，それにもかかわらず労働の生産効率を高水準に維持し得るとするなら，その企業は労働者1人あたりにつきヨリ多くの(ヨリ優れた)資本設備を備えているものと推測してよいであろう．いいかえれば，大企業の資本集約度(資本・労働比率，つまり物的単位表示による資本の有機的構成)は相対的に高い筈である．

しかし，大中小の各企業が同一の生産技術体系のもとで操業しているかぎり，資本集約度の増大とともに限界生産力逓減の法則が作用するのを妨げることはできない．たしかに物的資本量が増加すれば，労働1単位あたりの生産性は改善される．しかし1人あたりの資本設備が多くなるに従い，労働生産性改善の効率は段々と低くなる．(いいかえれば，労働生産性を1単位改善するために必要とされる資本集約度の増加量は徐々に上昇する．)つまり，資本利潤率は次第に低下する．この現象を打破し得るのは，規模の経済が存在するために生産量の拡大とともに平均生産費用が限りなく低下を続ける場合とか，あるいは大工場のみに知られた秘密の生産技術があって，上記の法則の働きを一時停止せ

しめ得たときとかに限られる．そしてこのようなケースは必ずしも一般に広く通用するところのものではない．

そこで，大企業が高賃金を支払い続けることのできるためには，資本集約度の上昇とともに生ずる利潤率の減少を償うに足る，何らかの特別な要因があると推測せざるを得ない．例えば，上で既に触れた2要因の他にも，製品の市場占有率が高いために独占利潤が発生しているとか，原料仕入れに際して買手独占力が行使できるため原料費が相対的に低水準であるとか，大銀行の系列下にあるために他企業よりも低金利の融資を受けられるとかいったような事情がこれである．いいかえれば，労働市場内の非競争的要因が規模別賃金格差の直接的要因であるにしても，それが長期的に継続するためには，生産物市場または他の生産要素市場(もしくはその双方)においても非競争的要素が存在しなくてはならないのである．これが，市場の不完全性を賃金格差発生の許容条件と呼んだ理由である．

例えば，資金市場の事情を一瞥しよう．1950年代から60年代にかけての統計資料を吟味すると，融資に際しての実効金利は，概して中小企業のほうが高いことが指摘される．この点を強調するのがいわゆる資本集中仮説(篠原 1961, 第5章; Miyazawa 1976, ch. 6)である．中小企業の金利負担が高いのは相対的に事業危険率が大きいためであるが，さらに加えて，資本市場の不完全性のために資金調達費用が嵩むことをあげねばならない．第2次大戦後のわが国では間接金融が重要な地位を占め，商業銀行は大企業を中心に積極的な産業融資を実行した．この結果，オーヴァー・ローンと呼ばれる現象が生じた．しかしその一方では，中小企業の金融は相対的に困難であり，相対的に高水準の金利を払わねばならなかったのである．この状況に対処するため，規模の小さい企業で資本回転率を高める努力が払われたことは，経理資料から容易に確かめることができる．もっとも，極小規模の企業の場合には金利がやや低いが，これはごく少額の資金ならば親戚縁者・知人などから調達が可能だからである．(全く同様の事実は1930年代にも存在したらしい．寺西(1982, 第6章)を見よ．)

さて以上の推論を資料によって確かめてみよう．いま宮沢(Miyazawa 1976, ch. 6)らの作成したデータを使って，企業規模(総資産額によって分類)ごとに

資本集約度($k/l=K/L$)を測定してみると，その値は小規模企業から大規模企業に移るにつれて急激に上昇するのがみられる．これに対応して，従業員1人あたり賃金(w)は大規模ほど高く，逆に推定利潤率(r)は大規模ほど低い(第1-2図(A))．いいかえれば，労働の限界生産力は大規模ほど大きく，他方資本設備の限界生産力は小規模ほど大きいと推測される．

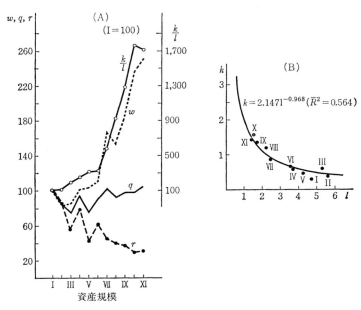

第1-2図　二重構造の実態(1957年)

〔凡例〕　k＝資本係数(資産・付加価値比率)　l＝労働係数(労働者数・付加価値比率，人/100万円)　w＝年間1人あたり賃金(指数)　q＝総合生産性(指数)　r＝推定利潤率($1/k-wl/k$, 指数)
〔総資産規模分類〕
I＝200万円未満　II＝200万円-500万円未満　III＝500万円-1,000万円未満　IV＝1,000万円-3,000万円未満　V＝3,000万円-5,000万円未満　VI＝5,000万円-1億円未満　VII＝1億円-5億円未満　VIII＝5億円-10億円未満　IX＝10億円-50億円未満　X＝50億円-100億円未満　XI＝100億円以上
　(注)　規模Iを基準とした規模IIの総合生産性($q_{II,I}$)は，フィッシャーの理想算式を利用しつつ，
$$q_{II,I}=\{(r_{II}k_I+w_{II}l_I)/(r_Ik_{II}+w_Il_{II})\}^{1/2}$$
として求めたものである．一般に，規模Iを基準とした規模mの総合生産性($q_{m,I}$)は，連鎖指数
$$q_{m,I}=q_{m,m-1}\cdots\cdots q_{III,II}\cdot q_{II,I}$$
として計算された(この方法はSato(1973)による)．
〔資料〕　Miyazawa(1976, ch. 6)および経済企画庁経済研究所(1960, 第4章)のデータにより算出．(原資料は大蔵省『法人企業統計』(1957年)である.)

さらに，同じ資料にもとづき，規模別に資本係数（k，付加価値生産物1単位あたりの総資産額）と労働係数（l，労働の平均付加価値生産性の逆数）との組み合せを図示してみると，観察値はみごとに1つの曲線上に並ぶことがわかる（第1-2図(B)）．ここに観察された曲線は，この時点におけるもっとも効率的な生産技術を体現するものと解釈できよう．もしそうだとすれば，大企業も中小企業も，ともに同一の技術体系(technology)に接しているわけである[5]．ただ，何らかの理由で，規模の大きな企業ほど賃金・対・資本レンタル比率（w/r）が相対的に高いために，大企業ほどヨリ資本集約的で労働生産性の高い生産方法(technique)を選択したもの，ということができる．すべての企業は同一の曲線上にあるのであるから，経済効率からいえば中小企業といえども大企業に何ら劣るところはない．いいかえれば，企業が経済合理的に行動しているかぎり，中小企業の総合生産性(total factor productivity, q)は大企業のそれとほぼ同水準にある筈であり，また事実そのことを計算によって確かめることができる（第1-2図(A)）．

労働市場の要因

以上のように，規模別賃金格差の現象は，労働市場に視野を限ったのでは完全に説明し得ないのは明らかである．部分的な分析ではなく，総合的な（その意味で一般均衡論的な）観点が必要なのである(Shinohara 1970, p. 329；伊東 1962，などを参照）．しかしながらその一方では，生産物市場や資本市場において格差を「許容」する要因がいかに絶大であったとしても，労働市場の要件が整わなければ規模別賃金格差が発生する余地はない．いいかえれば，企業に支払能力の差があるからといって，それが当然に賃金格差を生み出すという論理的必然性はない．なぜなら，市場の機能が働いているかぎり，個々の企業の支払能力には関係なく，同質労働には均一の価格が成立する筈だからである

---

[5] この曲線は，経済理論にいう生産函数そのものではなく，個々の企業の生産技術に対応する個別生産函数の包絡線(envelope curve)だ，と解することができよう(Sato 1973)．もっとも，Shinohara(1970, pp. 330–36)，大川・ロソフスキー(1973, ch. 4)，伊東(光)(1962)のように，大企業と中小企業とは技術体系が全く異なる(異なった生産函数を採用している)とする解釈もあるが，技術情報の伝播がきわめて急速な20世紀のわが国工業界では，技術のフロンティアは両者において共通と考えるほうが実情に適合しているように思われる．

(寺西 1982, 第 6 章). したがって, 賃金格差と生産性格差を論理的に結ぶた めには, 労働市場についても不完全性を認めるか, あるいはなんらかの事情で 市場そのものがいくつかの相互に独立な部分にわかれて構成されていると考え なくてはならない(舟橋 1961, pp. 48, 295-96). ちなみに, 賃金格差の原因を 簡潔な数学式で定式化した南亮進の議論(1970, pp. 84-88)も, その出発点で複 数個の独立な市場を認めている. さらにいま 1 例を追加すれば, 生産性格差を 重視して地域間賃金格差を説明しようと試みて成功を収めた顕著な例としてウ ォルフソンの業績(Robert J. Wolfson 1958)がある. 彼の論文は米国で歴史的 に有名な南北間の農業賃金格差を分析しようとしたもので, その結論に従えば, 天候の変動によって生ずる地域間の物的労働生産性格差こそが賃金格差の主要 な原因である. しかしこの場合でも, 説明要因としての生産性が最も有効に効 いてくるのは地域を大まかに分類した時であって, 対象となる地域が細分化さ れるにつれて生産性要因の説明能力は低くなっている. これは小分割が進めば 進むほど労働の同質性が強くなるためと考えられ, われわれの議論から推論さ れるところと一致している.

労働市場要因としてふつうあげられるのは, まず(1)労働者構成の異同(第 3 節で言及した労働の質の差), (2)(上に触れた)組織労働力の大企業集中(組合 組織率は大企業部門で高い), (3)氏原(1966, pp. 402-25)の調査によって発見 された労働市場の分断性(大企業の労働市場と中小企業の労働市場とが相互に 独立かつ没交渉であること), および(4)大企業部門にとりわけ顕著な特殊な雇 用制度(終身雇用, 年功序列型賃金体系)の 4 点である. このうち第 1 点をめ ぐっては次節で考察する. いうまでもなく, 労働市場構造(非競争性)ととりわ け深い関係があるのは後の 3 点であるが, 今日までに世に問われた諸業績では, これらの現象の重要性が指摘されるにとどまり, それらと賃金二重構造との関 係はいわば当然のこととして受け取られ, 改めて追究されることは少なかった ように思われる. この事実にかんがみ, 第 3 と第 4 点の経済的意義については 次章以下でやや詳しく論ずる予定である. そこで以下では, 残された第 2 点に 触れておくことにしよう.

労働組合の存在それ自体が, 固有の意味で賃金二重構造の原因であるとは考 え難い. まず現代の労働組合は, 中・長期にわたって労働供給を左右できる構

造を持っていない(尾高 1966). 現代工業の労働力はその多くが半熟練工の性格をもち, 必要とされる教育も技能本位であるよりはむしろ一般教育に重点があるから, かつての徒弟制のように, 訓練制度を通じて労働供給を規制することはできない. しかもわが国の組合はすべてオープン・ショップもしくはユニオン・ショップ制の下にあるから, 人事をめぐる決定, とりわけ採用に関する権限は経営側にある. したがって, 組合が長期労働供給曲線に何らかの影響をもつとは考えられない. それだけではなく, 後に触れるように, 規模別賃金格差は第2次大戦以前にも存在したが, この時期には組合組織率はほとんどゼロに近く, 組合のある場合にもその力はむしろ中小企業に多く及んだ(隅谷 1966, V). このことを想起しても, 規模別賃金格差の要因は組合以外にその淵源を求めなくてはならないことが明らかである.

労働組合の影響があるとすれば, それは労働市場ならびに生産物市場の特性を介することによってであろう. 組合は, 争議やサボタージュを通じて短期的な労働供給を規制する能力は十分にあるのだから, これを活用することによって雇用制度や賃金制度の変更を訴えたり, 新しい方式を導入したりすることができる. とりわけわが国の組合組織はそのほとんどが企業別組合であるから, 特定の企業の人事管理や賃金決定に直接かかわる形で労使交渉を進めることができる. そして一たん制度的に決定された賃金は, その水準・構造ともども, 簡単には変えることができない. 少なくとも経営者が賃金水準を恣意的に動かすことは困難であるし, 制度的改変が必要とすれば大企業の場合にはとりわけ多くの手間と時間がかかる. ここに賃金の硬直性が発生する. さらに, わが国の労働組合は雇用の削減に対してとくに強い抵抗を示す傾向があるので, 経営者は正社員ならびに本工数の増加には慎重に対処する必要を感ずるに違いない. そこで雇用変動の幅も相対的に縮小する傾向が生じよう.

第2次大戦後のわが国労使関係は, 欧米諸国と比較して, 総じて安定かつ平和的な状態で推移した. しかし, 労使紛争の少なさをもって組合の影響力の弱さの根拠とすることは必ずしも正しくない. 労使関係の安定を維持し企業の成長を妨げないために, 組合の要求を経営側が先取りしたり強い抵抗なしに受け入れることもあるからである. とくに寡占的な生産物市場をもつ産業(例えば自動車産業)では, 市場占拠率を維持(拡大)する必要上, 争議による生産の中

断が忌避されるだけではなく，(企業別)組合相互間にも強い競争意識があって紛争を回避させる一助となったと考えられる．寡占市場の場合は企業が生産物の価格形成力を有するわけであるから，高賃金の一部分は，場合によっては製品価格(の上昇)に転嫁される可能性もあろう．

いずれにしても，組織労働が賃金に影響を及ぼし得るのは，組合の要求が製品市場内の非競争的要素や，大企業内部の雇用制度の効果と補完しあった場合である．これを要するに，経済全体の立場からみれば，一般に組合の影響は賃金の水準よりはその構造にヨリ強く現われるといってもよいであろう．

5. 賃金二重構造の統計分析

前節の議論は製造業全般を対象とし，しかも労働は同質と仮定したものであって，第3節で触れた賃金格差の決定要因(労働の質の差)については全く言及するところがなかった．しかし，現実の賃金はそれぞれ相異なる銘柄の労働について決められるのであるから，賃金格差の少なくとも一部分は，労働の質の差に起因することもまた事実である．そこで次にわれわれは，賃金の規模別格差が労働の質を規定する諸要素によってどの程度説明されるかを見ることにしよう．

このために利用できる手法は少なくとも2つある．その1つは固定ウェイト指数法，他の1つは分散分析法である．このうち前者は，労働の質を一定とした場合の賃金指数を作成するもので，時系列(time series)的観察に適している．ここでは，性別構成だとか職種構成などの質的要因は基準年の状況のままに据え置き，その上で規模別格差が年々どのように変動するかが観察される．他方，後者の考え方は横断面(cross section)の分析に端を発するもので，ある年における賃金のちらばり(分散)の原因を統計学的に要因分解しようとするものである．

標準化賃金指数

まず前者から始めよう．小野旭(1973, 第8章)は，労働省の『賃金構造基本調査』を基礎資料として利用しながら[6]，1948年に始まり1966年に終わる不連続の7時点を対象に，大企業と小企業のそれぞれについて，固定ウェイトに

よる工業賃金指数（1961年基準）を作成した．すなわち，まず労働の質の変動を除去した賃金系列を大・小の規模別に算出しておき，その後小企業賃金系列を大企業賃金系列で除することによって純粋な規模別格差の動向を推定する．標準化のために調整した要因は，性，年齢，職種（生産労働者・職員の別のみ），および産業の4つである．作業の対象とし得たのは「きまって支給する給与」だけで，ボーナスなどの臨時給与は入っていない．また便宜上，従業員500人以上の規模によって大企業を代表させ，同じく30-99人の規模で小企業を代表させることにする．この便宜的な取り扱いによって分析の結果がゆがめられる危険はほとんどない．なぜなら，わが国二重構造の連続的（「傾斜構造」的）な性格からして，上記2階層間の格差が拡大（もしくは縮小）したときには，製造業全般についても規模別賃金格差が拡大（もしくは縮小）したものと解釈してよいからである．逆に，規模別格差が工業全体にわたって増大（あるいは減少）するときには，ここでいう大・小企業間の格差もまた増大（あるいは減少）するであろう．

さて，以上の小野の作業からは，次のようなことが明らかとなった．

(1) 男子の占める割合は1948年から1961年にかけて（とりわけ小企業で）低下し，1961年以降逆に（とくに大企業で）上昇した．

(2) 年齢構成の変動が賃金に与える効果は，調整の対象とした4要因のなかでもっとも大きい．その変動記録にはいくつかのうねりが見られ，(イ) 1948年の年齢構成は相対的に若年層に片寄っていたこと，(ロ) 同年以後1958年まで中高年化したこと，(ハ) 1958-61年に若年化したこと，さらに(ニ) 1961-66年にかけて再び中高年化したこと，がわかる．このうち，(イ)(ロ)(ハ)は大企業で著しく，(ニ)は小企業でとりわけ顕著である．

(3) 労職別・産業別構成の変動効果は概して微弱で，大局的観察のためには無視してもさしつかえないほどである．

(4) 以上の4要素を総合して，格差指標（大企業賃金を基準（100）とする小企業の賃金水準）を計測すると次の値が得られる．

---

(6) この統計の標題は年によって異なることがある．その内容は，毎回基本的には同じであるけれども，年度によって精粗の差が著しく，時系列的観察の自由度を小さくするという欠陥がある．なお，この統計では被調査主体は事業所であるが，統計表は企業規模別に分類されている．

第1章 二重構造論の系譜

	1948	1954	1958	1961	1964	1965	1966
実際値	69.3	63.4	61.2	70.8	81.4	80.7	80.0
理論値	64.9	63.5	66.1	70.8	80.2	79.9	79.8

パーセント表示．1948年の理論値は，資料不足のため，性・年齢・労職構成のみを固定．小野(1973, p. 171)による．

ただし，実際値というのは未調整の原データから観察される見かけの格差，理論値とは4要因の変化が与える影響を(理論的に)除去したあとの格差のことである．後者の動きをみれば，規模別賃金格差は高度成長期のさなか，徐々に縮小したことが確認される．なお小野によれば，1948-58年に生じた規模間格差(実際値)の拡大は，大企業での中高年層の比重の増大と小企業における女子比率の上昇によって生じた見かけの変化にすぎない．同様に，1958-61年における賃金格差の(実際値)の大幅な縮小も，その一部分は大企業における労働者構成の若年化に起因するものであった．

(5) 最後に，大規模企業の賃金に比べ，小企業の賃金は労働市場の需給関係に対してヨリ敏感に反応する．一方，労働組合の勢力は逆に大企業においてヨリ大である．したがって，賃金と雇用の決定に対する市場の影響力は，一般に中小企業ほど大きいといってよい．

ところで，この種の実証分析は，多次元にわたって詳細に分類された統計資料の存在を前提とする(この点は，後述の分散分析などでも同じである)．賃金の値は，まず産業別に仕分けられ，そのそれぞれがさらに企業規模，性別，職種別，年齢別，等々に細分割(cross-tabulate)されている必要がある(ただし分割の順序は上に述べたとおりでなくてもよい)．このような資料はめったに得られるものではない．それが(しかも毎年)存在するのは，工業国のなかでも第2次大戦後の日本ぐらいのものである．しかしその日本ですら，現実に与えられている情報量は分析家の要求するほど豊富ではない．だから，分析結果には当然技術的な限界がある．

これを逆にいえば，現実の賃金統計に対して，労働の質の変化にもとづく調整をどの程度施せるかは，同一の分類法にもとづく統計資料が年々どれだけふんだんに存在するかに依存している．したがって，以上でたまたま利用し得た

4範疇(性，年齢，職種および産業)によって労働の質を決定する要因すべてがつくされているという保証はない．ここで考察の対象から外れた要因の1例としては，企業による福利厚生費の支出がある．医療・娯楽・文化関係の福利厚生的活動は何といっても大企業の方が盛んであるから，この要因を無視したために，以上の観察では収入の規模別格差が全般に過小評価される傾向が生じたといえよう(同上書, pp. 176-79).

分散分析法

固定ウェイト指数法は，格差理論値の時系列変動を追うには調法であるが，ある年(例えば基準年)の規模別賃金格差の原因を要素分解して，それぞれの要素がどれだけの格差を生んでいるかを直接計測することはできない．この欠陥を克服する1つの手段としては，分散分析法を利用することが考えられる．佐々木・中村(1963)，ブルーメンタール(Tuvia Blumenthal 1966, 1968)，ストイコフ(Vladimiv Stoikov 1973 a, b)，小野(1973，第7章)および橘木(1975, 1982)の作業は，いずれも前述の『賃金構造基本調査』を使ったものであるが，賃金の値(w)がどのような社会・経済要因によって説明されるかを追究するために，例えば次のような賃金函数を設定する(ここではブルーメンタールのモデルを例にとる)．

$$w_{ijklmn} = u + A_i + S_j + C_k + T_l + E_m + I_n + (AS)_{ij} + (AC)_{ik} + (TE)_{lm}$$
$$+ (EC)_{mk} + (SC)_{jk} + (TC)_{lk} + \varepsilon_{ijklmn}$$

ただし u は平均賃金, ε は誤差項を表わし，他の変数記号は次のように約束する．

A_i：年齢
S_j：性
C_k：企業規模
T_l：職種
E_m：学歴
I_n：産業
ε：誤差項

これらの変数は，通常の回帰分析と異なり実数値をとらない．例えば性別を表わす変数 S_j は男 (S_1) か女 (S_2) かの別を表わすだけである．他の変数，例えば年齢 A_i も，いくつかの年齢階層 $(A_1, A_2, \cdots\cdots)$ から構成され，賃金受取り人がどの階層に属するかを表示するために用いられる．2変数を掛け合わせた表現 (AS, AC, 等) はそれぞれの変数の相乗作用 (interactions) を表わし，分析的に意味のある組み合せに限ってある．例えば，年齢と学歴との間には一般に何の関係もないから，これら2者の取り組みは除外されている．これに反し AC が含まれているのは，大企業ほど中高年層の長期勤続者に対して高額の賃金を払うという重大な経験的事実(いわゆる年功序列賃金制度)があるからである．相乗作用には3組以上の次元のものも考えられるが，その分析には多次元に分類された膨大な資料が要求されるため省略されざるを得ない[7]．

さて賃金函数における各変数の影響力の大きさは，回帰分析の手法で推定することができる[8]．いま，4人の著者たち (ブルーメンタール，ストイコフ，小野および橘木；それぞれ B, S, O, T, と略記) による作業の主な特徴を比較するために第1-1表を作成した．それぞれの著者ごとにその分析には違いがあるので単純な相互比較は不可能であるが，しかしあえて4者の作業結果を，とりわけ規模別賃金格差に焦点をあてつつ要約するとすれば次のようになろう．

まず4者に共通した結論として，賃金格差の大半は年齢ないし勤続年数の要因によって説明される．もっともこれら2変数の扱いは，3論文の間で完全には同一ではないが(第1-1表)，にもかかわらず，時間的要因の重要さは3者のいずれからも明瞭である．4者のうち，ストイコフだけが採用している(現職以前の)就業経験という変数は観察事実と人的資本理論とを結合する手段として導入されたもので，考え方としてまことに巧みであるが，それは

就業経験＝(年齢)－(最終学歴終了時の年齢)－(勤続年数)

という関係から導かれるのであるから，戦後のわが国ではこの式の右辺第2項

---

[7] Stoikov(1973b, p. 1,100) の指摘するとおり，独立変数が相互に加法的(additive)な関係にあると仮定されるのと，独立変数の選定がいささか恣意的(ab hoc)であるのとは，この分析の欠点といえる．そこでストイコフは，分散分析法ではなく，むしろ多変量解析法が採用さるべきだとしている．
[8] この手法は分散分析のための簡便法で，ダミー変数(dummy variable)法と呼ばれる．この手法の具体的な解説は，例えば Draper and Smith(1966, ch. 9) にある．

第1-1表 分散分析法による賃金二重構造の推定

項目 \ 著者名	B	S	O	T
1. 対象年次	1958, 1961, 1964	1967	1954, 1964	1958-70(各年)
2. 分析手法	ダミー変数利用の重みつき多重回帰分析	ダミー変数利用の多重回帰分析	同左	同左
3. 欠如資料の処理	穴のあいたまま計算	労働者総数の5%に満たぬ範疇は無視	非該当	ゼロとみなして計算
4. 被説明変数	毎月きまって支給される賃金(ボーナス除外)	同左	同左	実労働時間あたり総合給与(ボーナスこみ)[2]
5. 独立変数の階層分割数				
性別	2	—	—[1]	2
年齢	6	—	4	7
勤続年数	—	実際値	4	8
就業経験	—	実際値	—	—
学歴	2	4	—	2
産業	19	1	—	1
職種	2	2	3[1]	2
企業規模	3	3	3	3
6. 典拠	Blumenthal(1968)	Stoikov(1973b)	小野(1973)	Tachibanaki(1975)

(注) 1) 職種ごとに回帰式を推定．したがって，事実上性別も考慮されていることになる．
2) 1965年以前のボーナスは，『毎月勤労統計』(労働省統計情報部)から推定したものである．

が標準的にほぼ一定(例えば，新制高校卒業者であれば19歳前後)であることを想起すれば，結局のところ，概念的には年齢と勤続年数の双方を考慮に入れたのと同じことに帰する．一方，第2次大戦後のわが国労働市場(とりわけ大企業)では年齢と勤続年数との相関関係が非常に強いから，ブルーメンタールのようにこのうち前者のみを変数に採用した場合にも，統計技術的には後者の影響は前者によって十分に代弁されていると考えることができよう．いずれにせよ，年齢や勤続年数の影響力がきわめて大きいという所見は，固定ウェイト賃金指数から既に得られた観察を裏づけるものである．

これに対してかんじんの大・小企業間賃金格差に関しては，4論文の間でその評価が異なっている．すなわち，ストイコフがその存在を頭から否定するのに対して，小野や橘木はむしろその重要性を強調する．ブルーメンタールは，「日本経済にみられる事業所規模別賃金格差は，単なる見かけの現象ではない．

それは年齢構成の違いだけでは説明されつくすことはできない」(Blumenthal 1966, p. 60) と述べてこれらの中間に位する立場をとる.

いま試みに，標準的な男子工の賃金をとりあげ，それぞれの著者の計測をもとに，企業規模以外の全要因を一定としたとき賃金の理論値がいかほどになるかを計算してみよう．ここで標準的というのは，中学卒業後工場に入り，当年25ないし29歳の青年のことである．第1-2表はその結果を示したものだが，これによれば，大・小企業の間で，企業の規模が違うという理由だけでどれだけの所得格差が生じているかが測定できる．明らかに格差は時とともに変動しており，しかもその動向はさきの固定ウェイト指数法から得られた所見と整合的である．また格差の幅は，ボーナスを含んだ時間給計算の場合とりわけ顕著に

第1-2表 標準男子生産労働者賃金の事業所規模別格差[1]
(25-29歳，中学卒，1人あたり理論値[2])

調査年次	推定賃金月額（千円）								賃　金　格　差 (A)/(B)			
	(A) 大企業 (従業員1,000人以上)				(B) 小企業 (従業員10-99人)							
	B	S	O	T	B	S	O	T	B	S	O	T
1954	—	—	15.3	—	—	—	13.2	—	—	—	1.16	—
1958	21.7	—	—	20.7	18.1	—	—	14.8	1.20	—	—	1.40
1961	21.7	—	—	28.0[3]	20.3	—	—	22.8[3]	1.07	—	—	1.23[3]
1964	20.0	—	24.4	—	21.4	—	29.7	—	0.93	—	0.82	—
1966	—	35.7[4]	—	40.7	—	34.3[4]	—	37.1	—	1.04[4]	—	1.10
1970	—	—	—	80.9	—	—	—	61.8	—	—	—	1.31

(注) 1) 4人の著者の計測結果は，下記の約束にしたがって整理されている．

項　目	B	S	O	T
賃金の内容	毎月きまって支給される賃金（月額）	同左	同左	ボーナスこみ時間給×200時間（推定月額値）
産業（職業）分類	機械工業	全製造業	旋盤工（一般機械）	全製造業
勤続年数	非該当	6年	5-9年	6-9年
就業経験	非該当	4年	非該当	非該当

2) 小野(O)のみは20-29歳値．
3) 1962年値．
4) 1967年値．

〔資料〕 Blumenthal(1968, pp. 20-21), Stoikov(1973b, p. 1,105), 小野(1973, p. 145)およびTachibanaki(1975, pp. 582-85)より算出．

現われることが確認される．これは，中小企業ではボーナスの額が相対的に少なく，労働時間は逆に長いからである．しかも面白いことには，第1-2表を全体として観察するならB, S, OおよびTの計測結果は決して相矛盾するものではない．ストイコフが規模別格差に否定的であるのは，彼の対象としたのがたまたま格差のもっとも縮小した1960年代の後半期だったからであるし，橘木が改めてその重要性を主張するのは，彼のデータが賞与込みの時間給であるだけではなく，労働市場がやや買手市場気味だった1970年代初めの経験をも視野に入れての話だからである．最後にブルーメンタールの解釈が前2者の中間に位するのは，彼の資料が格差の縮小期にあたっていたためにほかならない．

　以上の議論を前提にした上で，次に賃金のちらばり(分散)がどのような要因に分解できるかを検討してみよう．橘木の示すところにしたがえば，1958年から1970年に及ぶ13年間については，分散のうち，年齢および勤続年数の違いに帰する部分が平均44パーセントと一番大きく，それに次いでは性別の影響が大きい(平均38パーセント)．いいかえれば，時間の要素と自然的要因とを考慮すれば，賃金の大小の約8割内外は説明できたことになる．(もっともこれら2要素の1部分は，橘木によって表立っては考慮の対象とされなかった産業別の格差を代表するものかもしれない．)残りの2割弱は，規模要因(平均10パーセント)，職種別要因(平均7パーセント)，それに学歴要因(平均1パーセント)の3者に分解される．このうち規模要因の占める比率は1959年に最高峰(17パーセント)に達したあと徐々に下落，1966年の谷底(5パーセント)を経て，1970年度初期には再び緩やかな上昇傾向を示すのが見られた(Tachibanaki 1975, p. 576)．これらの数値はちらばりの内容構成比を示すものであるから，必ずしも規模別賃金格差の絶対的な大きさと連動して動くとは限らない．にもかかわらず，先に言及した小野の固定指数が格差の縮小を示した時期には，規模要因の貢献度もまた小さくなったことが知られる[9]．

　これを要するに，大・小企業間の賃金格差は，その大部分は大企業の労働サービスが相対的に「良質で高価」であるために生じたものとみてよい．しかし

---

[9] 規模別格差のシェアはこの後上昇を続け，石油ショック後の大不況期(1975-78年)には1959年当時に匹敵する大きさ(17パーセント)に達した．これに対して，年齢および勤続年数の貢献度は合わせて35パーセント内外に下落した(Tachibanaki 1982, p. 451)．

同時に注目すべきことには，以上に利用した各種の質的要因を考慮に入れた後でもまだ説明されずに残る「純粋の」規模間格差があり，しかもその幅は経済成長率の上昇(下降)期には縮小(拡大)するという規則性があるかのごとくである[10]．

このように「純粋の」規模別賃金格差が観察される理由の少なくとも一部は，現存の統計が不備なため，以上の操作のなかには労働の質の差が十分に反映されていないからであろう．例えば，同じ高校卒といっても，高校それ自体の良し悪しがあるし，同一の高校を卒業したとしても首席で出たのと中庸の成績で出たのとでは社会的評価が違う．さらに，学歴が低かったり学校の成績はふるわなくても職業訓練の結果技能において抜群の成績を示すに至る人もあるだろう．その他，仕事に対するカンの鋭さ，センスの良さ，仕事への意欲の大小，責任感や指導力のありなし等々の人的素質は，いずれも量的かつ客観的に表現することは難しいが企業側からみれば無視できない労働の質の要因である．もし，これらすべての要因にわたって大企業ほど相対的に良質な労働を比較的多く使用しているとするならば，その分だけ大企業の平均賃金額が高くなっても当然といわなくてはならない．

6. 賃金二重構造の史的淵源

以上から，規模別賃金格差は決して見かけのものではなく，労働の質の差に起因するところが多く，また市場の非競争的要素に支えられていることがわかった．賃金二重構造は，経済発展の過程で生ずる労働市場の変貌を示す1つの表現形式だということができよう．そのように考えれば，質の要素を調整する以前の格差指標を歴史的に追跡することにも，それなりの独自の意義があると考えてよいだろう(水野 1973, p. 115)．もちろんその値には労働の需要・供給

---

[10] 米国の労働統計でも，規模別賃金格差が観察されることは前述した(第2節)．この事実は第2次大戦前後にわたり，しかも産業分類と労働時間に対して調整(標準化)を施した後にも顕著に認められる(Lester 1967)．しかし，1962年に実施されたシカゴ周辺地域における実態調査資料の統計分析によれば，見かけ上の規模別格差は，ほとんどすべて社会・経済的要因(都市の規模，職種構成，および支払能力の差)によって説明されるとのことである(Rees and Shultz 1970,特にch. 12)．もしそうだとすれば，米国の場合には企業(ないし工場)規模の効果はきわめて小さいということになる．しかし，ここで観察の対象とされたのは，金型工，電気保全工，運搬工，掃除夫など，概して賃金相場の立ちやすいクラフト的職種ばかりであることに留意する必要があろう．

の両要因の動きの影響が同時に反映するので，その解釈は必ずしも簡単でないという欠陥がある．しかし，労働の需給関係を実証的につきとめることが資料の上でもまた技術的にも容易でないのに比べれば，賃金格差の指標はごく簡単に作成でき，その操作も容易である．われわれは，さしあたりまず簡単な材料の吟味から始めるべきであろう．

　この点で逸することのできないのは梅村又次の作業である．梅村は，賃金における二重構造の淵源をたずねて第2次大戦前の工業関係諸統計を渉猟した挙句，製造業(全体)における規模別賃金格差は1909年の第1回ないし1914年の第2回『工場統計表』ではほとんど認められないのに対し，1932-33年の大都市『工業調査書』によればはっきりとその形跡が認められることを発見した(ちなみに，1919(大正8)年から毎年刊行されるようになった工場統計からは，規模別賃金格差の時系列資料はこれを得ることができない)．ただし，1932-33年の賃金格差は，1951年のそれに比較すれば小さめである．さらに，以上の観察は，農工間における賃金格差の変動とも軌を一にしていることが注意されてよい(梅村 1955, pp. 256-59；なお，梅村 1961a, 第9-10章をも参照)．

　梅村によって発見された上記の事実を，簡単化の上一覧に供したのが第1-3表である．この表は，その注記にも明らかなように，製造工業全体についての展望を得るために作成したもので，しかも3種類のやや性格を異にする材料を利用しているため，観察時期相互間における資料内容の対応が完璧でないという欠点がある．しかも，産業別に細かく見ると，同一年次のなかでも規模別格差が平均水準以上のところもあればその逆のところもある．性別による差も無視できない(ただし，『工業調査書』ならびに『工業統計表』からは，男女別賃金を求めることができないという資料的制約がある)．例えば，1914年の金属加工業男子賃金についてみると，従業員規模999人までの工場では最小規模(5-9人)の工場に比較して格差はせいぜい4割弱どまりであるのに対して，最大規模(1,000人以上)の工場では84パーセントも高めの賃金が支払われた．逆に，1932年の東京市紡織業の場合には，最大工場(資本金50万円以上)の平均賃金(および給与)は資本金5千円-1万円規模の工場に比べて23パーセントほど高いだけであった(資料は第1-3表注記のものと同じ)．

　しかし，そのような細かな点はともかくとして，第1-3表によって工業全体

第1-3表 工場規模別賃金格差指標
(男女こみ,最小規模=100)

従業員数	1909年[1]	1914年[1]	1932/33年[2]	1951年[3]
5- 9人	100	100	100	100
10- 19	97	94	126	110
20- 29			147	122
30- 49	92	88	—	133
50- 99	94	90	160	148
100-499	97	91	193	188
500人以上	98	106		249

(注) 1)『工場統計表』による職工の1人1日あたり賃金の比較. 14歳未満の者を含む.

2)『工業調査書』(東京市, 横浜市, 名古屋市, 大阪市および神戸市)による全従業員(家族従業者を除く)の1人あたり年間受取額の比較. この資料からは資本金規模別の集計しか得られないので, ここでは便宜的に, 資本金5千円以上1万円未満(1事業所あたり平均従業員数6名), 1万円以上5万円未満(14名), 5万円以上10万円未満(29名), 10万円以上50万円未満(66名), そして50万円以上(388名)のそれぞれのクラスに対応する数値を順次掲げた. なお, 調査年次は東京市, 横浜市, 神戸市が1932年, 他の2市が1933年である.

3)『工場統計表』による全従業員(ただし個人業主と家族従業者とを除く)の1人あたり現金給与総額の比較. なお, 最小規模は4-9人.

〔資料〕 梅村又次・中村厚史「産業, 規模, 男女及び年令別職工一人一日当り賃金(明治42年及び大正3年)」謄写刷, 1959年3月;『東京市工業調査書』東京市役所, 1934年刊;『横浜市工業調査書』横浜市役所, 1937年刊;名古屋市産業部『工業調査書』名古屋市役所, 1936年刊;『大阪市工業調査書』大阪市役所, 1935年刊;『神戸市工業調査書』神戸市役所, 1935年刊;通商産業省『昭和26年工業統計表』第1巻, 日刊工業新聞社, 1954年刊.

を平均的に見たときには, 1914年まではその存在の確認できなかった規模別賃金格差が, 1930年代以後の統計では無視できないほどの大きさになっていたという事実は認めてよいであろう. いいかえれば, 賃金二重構造は, 恐らく第1次世界大戦期から1920年代にかけて各地・各産業で発生したもの, と推測されるのである.

梅村の観察から導かれたこの推論は, 1960年代を通じて多くの人々に受け入れられたようである(水野 1973, pp. 159-72). 北九州における金属・機械工業の企業別データを利用した作業からもこれを裏づける結果が得られた(尾高 1976).

しかし, その後二重構造の発生を(1920年ではなく)1910年もしくはそれ以前に求める説が現われた. すなわち安場保吉は, 梅村と同一の統計資料によっ

て標準化賃金を計算し，さらに 1885 年の『農商務統計表』をも利用して統計分析を試みた結果，規模別賃金格差は 1885 年には存在しなかったが，1909 年には僅かながら見られ始め，その後 1914 年から 1930 年代の初めにかけて急速に拡大したことを確認した (Yasuba 1976)．しかも，初期 (世紀の変りめ) の賃金二重構造は主として繊維工業に集中していた．安場によれば，これはこの年代の繊維産業で外国技術が矢継ぎ早に導入され，その結果生産技術上の二重構造が形成されたためであるという．ちなみに，全国各地の綿紡織業における企業別資料によって男・女工賃金の年代記を作成したときにも，企業規模別賃金格差は 1900 年代の初めに発生し，1910 年代の終りにいったん縮小した後，1920 年代に再び拡大 (かつ一般化) したことが認められる (藤野 (正)・藤野 (志) 他 1979, pp. 17-20)．

安場の分析の特色は，賃金二重構造の形成要因を欧米からの借りた技術 (borrowed technology) と伝統技術とのギャップに求めること (この点は渡部 (経) (1970, ch. III) と同じ)，しかしながらその継続的な存在は経済的要因だけでは解明されないとして大企業における経営家族主義 (paternalism) の役割を重視することにある[11]．彼によれば，(例えば第 2 次大戦後の製造業のように) 大企業ほど利潤率が低いのは経営と労働の間に利益分配が実施されているからにほかならない．しかし，この議論は未だ 1 つの解釈にとどまっているとみるべきであろう．たしかに大正期以降のわが国経営思潮を特色づけるのは経営家族主義的イデオロギーの興隆であるが (間 1978, pp. 31-38)，このイデオロギーが物質的基盤なしに 1 人歩きした筈はない．たんに温情主義だけの理由で高賃金を払うとすれば，それは経済計算と正面衝突せざるを得ないからである (Taira 1970, ch. 5)．賃金二重構造の発生には確固たる経済上の理由があり，それを思想的に表現したのが経営家族主義だったとみるべきであろう．そのような実質的な理由として安場の掲げているのは，大組織における労働意欲や管理機能の低下を防止すること，労働組合活動に対する防波堤が必要と感ぜられたこと，等である．

---

(11) もっとも早く経営家族主義の意義を強調した文献の 1 つはアベグレン (James C. Abegglen 1958) のものであった．

7. 結語——二重構造論の意義と課題

　近代市民社会の成立以来，社会科学者達は折にふれて経済的不平等を問題としてきた．すべての人が市民として同等に労働に参加しまた人間らしい生活を営む権利がある以上，就業機会や所得の著しい不均等は本来あるべからざることとして批判の対象となる．逆にいえば，経済的不平等を社会問題として意識すること自体，社会の構成員が等質的な近代社会の成立を暗黙の前提とした思想であるといってよい．

　労働市場における二重構造論は，その問題意識において上記の発想と共通のものを持つ．二重構造は，経済的な不平等，社会の一部にみられる貧困や搾取の象徴的存在であり，急激な経済成長がもたらした社会的ひずみとして把えられた．この系譜の議論は，(少なくともその出発点において)すぐれて社会批判的であり，その観点から工業化の生んだ暗い問題の1側面に焦点をあてたものということができる．だから，もしある人が，二重構造をめぐる分析は経済成長の要因分析に貢献するところが少ないと言って批判したとするなら，それは二重構造論の問題意識からすればきわめて当然の事実を指摘したにすぎない．二重構造を工業化の落とし子だとして苦々しく考えている者にとって，どうしてその逆の発想をすることができたろうか．

　しかし，二重構造には経済開発の上でプラスの側面がなくもなかった．中小企業の成長は，とりわけ発展の初期において在来の伝統的技術が活用されたことを意味する．これは在来産業と新来の西欧技術との橋渡しをするのに一役買ったであろう．中小企業の労働生産性は相対的に低水準だったが，その裏を返せば，同一量の生産物を製造するためにヨリ多数の労働者が必要とされた訳であるから，大企業部門に比べてヨリ多くの就業機会が生み出されたことになる．たしかに中小企業部門の労働条件は劣悪で賃金も低かったけれども，この部門がまったく存在しないために多くの(顕在もしくは潜在)失業者が生まれるよりはまだよかったかもしれない．(事実，農工間の二重構造を明示的に取り入れた日本経済発展の計量モデルによって実験してみると，もし農業部門の実質賃金の上昇速度がもっと早かったならば(つまり農工間賃金格差がもっと小さかったならば)，経済成長率も低めとなる傾向のあったことが示唆されている

(南・小野 1973).) 二重構造には低賃金労働の「搾取」というマイナス面があったが，他方では比較的短期間内の経済開発の成功に貢献するところもあったというべきであろう．事後的(ex post)にみるならば，中小企業の果たしたプラスの面は正当に評価されてしかるべきである．もっとも，そうはいっても，現代の経済発展政策に対する含意を考える場合には，わが国の経験をもとに，経済開発のためには賃金格差が大なるほどよいとして二重構造を唱導することはためらわざるを得ない．この問題を一層深く追求することは，経済開発論に残された1つの課題である．

二重構造論の学問的意義は，一見非合理にみえる1経済事象の吟味を通じて，日本経済の実態分析を促進したことにある．新古典派経済学の見地からすると，賃金二重構造なるものは1つの謎であった(Leibenstein 1960, p. 4)．そこでその理由を説き明かそうとする情熱が研究者をしてわが国経済発展過程の実証分析に目を向けさせたということができよう．しかし，1970年代に入ってからは，この問題に対する関心は下火になった．この結果，二重構造論は十分に掘りさげて分析されつくさないままに終った感がある．

事実，1960年代の急激な成長過程の中で二重構造は急速に消滅する傾向にあると見えた．中小企業の間に先端の技術が普及する一方では，競争の過程で実力の不足する企業は脱落した．中村秀一郎(1964)による「中堅企業論」の興隆は，このような中小企業の体質改善の実態に対応したものにほかならないであろう．例えば，自動車工業においても，1960年代前半から下請部品製造業者の間にも生産管理の思想が導入され，統計的品質管理などの技法が普及した(Ono and Odaka 1979)．機械設備の点における整備・改良が目に見えて進行し(Odaka 1978, pp. 137-42)，これに伴って必要とされる労働の質もムラのないように変化したと考えられる．これらの結果として労働生産性は著しく改善した．戦後わが国の技術進歩がヒックス(J. R. Hicks)の意味で労働節約的な性質をもつといわれる(渡部(経) 1970, 第Ⅳ章)のは，このような事情の反映である[12]．その一方では，労働の供給は次第に不足がちになり，とくに新規学卒者(新規採用者)の賃金が増大した．これは人口増加率が低下したためと進

---

[12] もっとも，第2次大戦後まもない時期には，中古機械設備の購入を通じて，中小企業の間に資本増大的な技術進歩が進行した形跡がある(Odaka 1978)．

学率が上昇したためである．かくて高度成長期(1961-62 年)には，新規学卒者の賃金水準はむしろ中小企業のほうが大企業よりも高額となり，その意味で賃金格差の逆ザヤが発生する事態すら生じたのである(中村(厚) 1965)．

このようにわが国は 1960 年代の前半から完全雇用型経済に接近し，それに伴って所得の不平等や二重構造はかつてのように深刻な問題として感じられなくなった．そこで賃金二重構造の研究も立ち消えになった．しかし，このことは，二重構造論を放置しておいてよいということではない．安定成長下にあっても，1974-75 年のような景気の後退期には規模別賃金格差が再び増大することもある．また，いったん眼を海外に転ずるならば，経済的不平等の解決は現代の経済開発論が負った 1 つの大きな課題であるし，在来部門と近代部門との間には(かつてのわが国とはやや異なった形ではあるにしても)二重構造の存在する可能性がある．ところが二重構造の発生と展開については必ずしも十分に理解が進んだわけではない．

もしこの考察が正しいとすれば，われわれが探究すべき課題は，なにゆえに労働市場の二重構造が生じたかを説明することでなくてはならない．とりわけ第 2 次大戦前後を通じて賃金二重構造の史的分析を試みる仕事は，この議論に結着をつける意味でもぜひ実行せらるべきものの 1 つであろう．そこで，以下の諸章では，この目的のために特に開発した資料を用いて，わが国労働市場の機能を探り，さらに賃金二重構造の歴史統計的分析を試みることにしたい．

第2章 労働市場における二重構造の実態

1. 分析の方法

　この章の目的は，労働移動に関する統計資料をもとに，わが国労働市場の実態を探ることである．

　二重構造の議論は，労働市場が独立の異質な2つ(またはそれ以上)の部分から構成されているものと考える．もし任意の2つの部分市場がそれぞれ全く異なった労働サービスを要求するとすれば，両部門は互いに相手部門の労働者を使用することはできない．したがって，2者間の労働移動は低位に抑えられるだろう．もっとも，上等の労働によって下等の労働を代替させることはできるから，条件の優った所(例えば大企業)から劣った部分(例えば中小企業)へ移動するのは，その逆方向の運動に比べれば相対的に容易であろう．あるいは，労働に質の差はなくても，何らかの制度的理由によって市場が2つ(もしくはそれ以上)の部分に分断されているとすれば，部分同士間の労働移動が妨げられるのはもちろんのこと，相互間に賃金格差が認められてもあながち不思議ではない．逆に，労働市場がその内部でまったく分断されていない場合には，労働移動率は市場のどの部分についてもほぼ一様の頻度を保ち，特定の箇所でとりわけ高かったり低かったりすることはない筈である．いずれにしても，二重構造と労働移動との間には一定の論理的な対応関係があるといってよい[1]．

　以上の理由から，労働市場を構成するいくつかの部分集合が相互にどれだけ独立であるかを測る1つの物指しとして，労働移動の頻度を利用することが考えられる．例えば，何らかの基準によって市場がすでに2つの部分に分類されていたとする．このとき，相互間の労働移動率が低い(高い)場合には，両部門

---

(1) ただし，賃金二重構造と高水準の労働移動率とが両立する可能性もある．例えば，2部門で異なった種類の労働が需要される一方では，相互に共通の労働もあり，後者については両市場間に自由な交流があるような場合がこれである．この場合には，平均賃金の格差と高い移動率とは必ずしも矛盾しない．

の社会的距離が相対的に遠い(近い)と解釈するのである.さらに1歩進んで,労働市場の構造をどのように理解すべきかが不明であるとき,移動率の高い部分(社会的距離が近い部分)同士をくくることによって,逆に労働市場を異質の部分集合に分割する手段に用いることもできよう.

いま,1例として,労働力が3つの市場(1,2および3)に分属している状態を考えよう.労働力の配置は,労働移動を通じて時間とともに変化するから,時期 $A \cdot B$(ただし $A<B$)間における労働の流れを第2-1表のように表示することができる.この例では,時期 A には,労働力は3部門にそれぞれ A_1 人,A_2 人,および A_3 人配分され,その合計は n 人であった.ところが,時間の経過につれて部門 i から部門 j へは a_{ij} 人の労働移動があった.ここで対角線上($i=j$)にある値は,この期間中,部門外へ転出しなかった者の数を表わし,ま

第2-1表 労働移動表の模型的表示

市場		時期 B			計
		1	2	3	
時期 A	1	a_{11}	a_{12}	a_{13}	A_1
	2	a_{21}	a_{22}	a_{23}	A_2
	3	a_{31}	a_{32}	a_{33}	A_3
計		B_1	B_2	B_3	n

た行($i \neq j$)の値は転出者数,列($i \neq j$)の値は転入者数を表わす.これらの変化の結果として,時期 B における配分は,それぞれ B_1 人,B_2 人および B_3 人となったわけである($B_1+B_2+B_3=n$).ただし簡単のため,労働力の国際移動はないものとする.また分析の趣旨は労働市場相互間の移動を見ることにあるのだから,さしあたってこの目的に関係のない人達,つまり時期 A もしくは B のどちらかで労働力を構成しなかった者(時期 A と時期 B の中間時点における新規参入者と引退者,兵役服務者など)や失業中だった者は除外してある.

以上の簡単なモデルを使って,直ちに労働移動率を定義することができる.例えば,部門1における当該期間中の転出率は $1-a_{11}/A_1$,同部門への転入率は $(a_{21}+a_{31})/A_1$,また市場全体の労働移動頻度は $1-(a_{11}+a_{22}+a_{33})/n$ である.本章で「労働移動率(p_{ij})」というときは,a_{ij}/A_i のことを指す.なお,すでにここからも明らかなように,労働移動率の高低は市場の区切り方と無関係でな

い．つまり，市場の範囲を大きくとればとるほどそこから外へ抜け出すのは相対的に困難となるわけであるから，移動の頻度も低くなって不思議はない．前々段で，移動率を使って市場の区切り方をきめることもできると述べたのはこのためである．

以下では，主に社会調査から得られた労働移動の資料を利用して，主として1960年以前におけるわが国労働市場の実態をさぐってみよう．まず次節で資料の性格を吟味した後，第3節ではこのデータを使って労働市場の一般的特色をいくつか叙述する．さらには，標準化移動表とマルコフ過程（本章補論参照）とを用いることによって，わが国労働市場の二重構造的側面に光をあてる作業を試みたい（第4-6節）．

2. 資料の性格

ここで使用する資料は，2,3の例外を除き，主として1955年と1960年における「社会成層と移動(social stratification and social mobility, 略称 SSM)」調査から得られた．この調査はいずれも社会学者によって実施され，20歳から69歳までの成年男子を対象としたものである．このうち1955年調査は，日本社会学会の手により大都市・農村等の地域区分ごとにわが国の行政単位を層別抽出して実施された「全国調査」であるが，1960年調査は学会の公式事業として行われたものではなく，また対象が東京都23区内の居住者に限られている[2]（日本社会学会調査委員会 1958; 富永 1964）．

これらの調査では，まず選挙人名簿を利用して系統無作為抽出法(systematic random sampling)による対象の選定が行われ，その後直接面接法によって回答が集められた．実際にわれわれが使用した調査票数はそれぞれ2,000

---

[2] 1955年調査は各種行政単位(区，市，郡)を基礎対象とするため，「全国」標本は，これらの単位居住人口をウェイトに，調査個票を組み替えることによって求められた．すなわち原調査票(合計5,738名)を無作為に抽出して，次のような構成(パーセント)の標本を作ったのである．

区　部		市 部	郡 部	計
東　京	5大都市			
6	7	26	61	100

なお，この組み替え作業は，富永健一氏によって実施されたものである．

(1955年)および1,290(1960年)である.もっとも,学生その他で労働力に計上されない人達を除外するので,有効標本の大きさはこれよりもやや小さい.また,上述の調査法からして,対象者は定住者に限られ,季節労働者に類する人びとは含まれていない.この最後の2点は,労働移動データの解釈にあたって銘記すべき事項である.

調査にあたっては,回答者各自の学歴,所得,職業経歴,父親の職業その他,社会階層とその変動を解明するために必要な情報が克明に追究された.われわれが利用するのは主としてこのうちの職歴データだけであるが,これだけでも他の資料源からは得難い分析材料を提供するものである.(ただし副業や内職は恐らく含まれていない.)ここで扱う職歴は,1912年から1960年にかけて経験されたものであるが,この期間はたまたまわが国が本格的な近代経済成長(modern economic growth, クズネッツ(Simon Kuznets 1966)の概念)を経験した時期にあたっている.なお,SSMの全国調査は,1955年の後にも10年ごとに繰り返されている(富永 1979,第1章)が,ここではそれらの結果は利用しなかった.われわれには,できるだけ過去に遡りたい希望があるので,調査が網羅する職歴データについても,むしろ古いほど良いと考えられたからである.

これら両調査の分析結果は,すでに専門家の手によって幾種類か発表されているが[3],ここであえて新たな分析を試みるのは,次の2つの理由による.すなわち,(1)既刊の諸報告は,調査結果をいまだ十分に利用しつくしていない点があること,および(2)独自の観点から,いささか異なった手法を試みたいと考えたこと.われわれは,作業に先立ち,調査原票を産業・職業分類に関して分類し直し,再集計することによって,次の諸項目にかかわる情報が得られるように工夫した.(a)出生地および現居住地,(b)学歴,(c)年収,(d)父親の主な職業,(e)本人の過去における全職歴,および(f)転職回数,の6項目がそれである.われわれにもっとも深い関心があるのは,上記の(e)を中心として,製造業の労働市場を企業規模別に検討することである.しかし,工業労働力は他産業の労働市場となんらかの関係にあることはいうまでもない.そこで,必要なかぎりにおいて,他の産業にも言及する.

---

(3) 例えば,神谷・沢村(1962,第7章),東畑・神谷(1964,第2章),日本社会学会調査委員会(1958),尾高(邦)(1958),富永(1964),安田(1971)など.

再集計に際しては，あらかじめ「産業」,「職業」および「従業上の地位」の3つの範疇を組み合わせた分類表を作成した．ここで基本としたのは，行政管理庁『日本標準産業分類』(1957年)，同『日本標準職業分類,職業名索引』(1962年)および総理府統計局『昭和35年国勢調査職業分類』の大分類である．われわれはこの分類表にしたがって，回答者の経験したすべての労働移動を年齢区分(20代以前，20代，30代，40代，50代，60代およびそれ以上)ごとにマトリックス上に記録した．いいかえると，任意の労働移動は，移動前と移動後の職業的地位の組み合わせによって表現されたことになる．このような作業を実施するにあたって，もっとも参考になったのは富永(1964)であった．富永論文では，調査対象の「最初の職業」と「現在の職業」を組み合わせた集計を行い，これにもとづいて職業，従業上の地位それぞれの移り変わりが分析されている．これに反し，筆者が試みたデータ処理法は，最初と現在の職業との間に介在する転職経験をも対象とした点で異なっている．

なお，作業のもととなった集計原表はすべてOdaka(1967 b)の統計付録としてまとめてある(pp. 197-206)．また，叙述の簡素化をはかるため，以下本章では，次の約束のもとに記号を使用する(例外的取扱い等については，本章末尾の「資料作成手続」を参照)．

Ag: 農業(林業，漁業等を含む)
N : 鉱業
Bg: 建設業
M : 製造業
C : 商業・サービス(金融，不動産を含む)
S : 専門業
T : 運輸業・公益事業
G : 公務
1 : 自営業主を含む従業員9人以下の企業(極小企業)
2 : 従業員10-99人の企業(小企業)
3 : 従業員100-999人の企業(中企業)
4 : 従業員1,000人以上の企業(大企業)
f : 家族従業者

bc： ブルーカラー(役付きを含む現業労働者)
wc： ホワイトカラー(事務職員)
mg： 企業管理職
em： 被雇用者

3. 所得格差・学歴および粗移動率

まずわれわれの資料を使って，1950年代後半から1960年にかけてのわが国労働市場の簡単な性格づけを試みよう．

所得格差

「社会的成層と移動」調査では，被調査者の過去1カ年における税込み収入が報告されている．これは調査対象に次のような13段階にわたる分類表を見せ，このなかから該当する項を選ばせたものである(日本社会学会調査委員会1958, p.12参照；分類(ワ)は1960年調査で追加)．

イ．なし	チ．40万円以上50万円未満
ロ．5万円未満	リ．50万円以上70万円未満
ハ．5万円以上10万円未満	ヌ．70万円以上100万円未満
ニ．10万円以上15万円未満	ル．100万円以上150万円未満
ホ．15万円以上20万円未満	ヲ．150万円以上200万円未満
ヘ．20万円以上30万円未満	ワ．200万円以上
ト．30万円以上40万円未満	

このような方式がとられたのは，1つは集計上の手間を省くためであるが，2つにはなるべく真実に近い値を得たいという希望があったためであろう．第2-2表は，その1960年調査による集計を，職種および産業分類別に表示したものである．なお，集計にさいしては，各階層の中間値を代表値として用いた．

第2-2表 職種・産業別年間平均収入(1960年標本)　　(単位：万円)

bc_f	21.72	wc_f	……	mg_f	32.21	C_f	49.21	Ag	(41.00)	S	62.61
bc_1	23.24	wc_1	(38.50)	mg_1	56.88	C_1	22.35	Bg	44.01	T	46.09
bc_2	26.17	wc_2	28.44	mg_2	58.96	C_2	28.46	M	40.21	G	40.64
bc_3	33.52	wc_3	41.33	mg_3	112.33	C_3	39.53	C	48.44	…	……
bc_4	43.10	wc_4	46.25	mg_4	(126.67)	C_4	……		……		……

(注) ( )内の数字は，10個以下の観察値にもとづく．

1960年度の家計調査によると，都市勤労世帯における世帯主の平均月間収入は3万4,000円見当であるから，1年にして約41万円弱である．これと比較すると，第2-2表の数値には多少低めではないかと思われるところもあるが，全般的にはほぼ妥当な数字が得られているといえよう．とくに，規模別所得格差の存在が明瞭に現われているのに注目すべきである．もっとも，商業家族従業者（C_f）と小規模企業事務職員（wc_1）については例外であるが，これはいずれについても自営業主的性格が加わったためかもしれない．

第2-3表 所得格差の統計的検定(1960年標本)

分類	bc_f	bc_1	bc_2	bc_3	bc_4	分類	wc_1	wc_2	wc_3	wc_4
bc_f	*					wc_1	*			
bc_1	10	*				wc_2	**	*		
bc_2	n.s.	n.s.	*			wc_3	**	1	*	
bc_3	5	(1)	(n.s.)	*		wc_4	**	(10)	n.s.	*
bc_4	(0.1)	(0.1)	(0.1)	10	*					

分類	mg_f	mg_1	mg_2	mg_3	mg_4	分類	C_f	C_1	C_2	C_3
mg_f	*					C_f	*			
mg_1	(2.5)	*				C_1	n.s.	*		
mg_2	(1)	n.s.	*			C_2	n.s.	(n.s.)	*	
mg_3	(0.1)	(1)	(1)	*		C_3	n.s.	1	10	*
mg_4	**	**	**	**	*					

(注) 数字は有意水準(%)を示す．n.s.は有意の差がないの意味．( )は片側検定であることを示す．**は標本規模が小さいため，検定を行わなかった箇所である．

いま，これらの規模別格差の統計的有意性を検定してみると，第2-3表のような結果が得られる．これは，規模間のあらゆる組み合わせについて，分布型の位置の同一性を検定したもので，コルモゴロフ－スミルノフ(Kolmogorov-Smirnov)のテストと呼ばれ，ノン・パラメトリック・テストである(Siegel 1956, pp. 127-36). 例えば，bc_4の行とbc_1の列とが交叉した箇所に(0.1)と記入されているのは，大工場に勤務する生産労働者のほうが小工場のそれに比べて全般に高収入を得ており，しかもその差が統計的に(0.1パーセントの水準で)有意であることを示す．検定の結果は，だいたいの組み合わせにおいて有意の差があると考えてよいことを示している．さらに，同一のテストを産業相互間で行ってみると，Mの平均所得は，BgとGのそれとは有意の差がないが，

Sと比べれば1パーセント，Cと比べれば5パーセント，またTと比べれば10パーセントの水準で，それぞれ有意の差のあることがわかる．

ともあれ，上記のデータからすれば，このような実地調査によっても，規模別所得格差が明らかに認められると結論してよいであろう．

学　歴

第2-4表は，1955, 60の両年にわたり，(1) 20歳未満もしくは(2) 20歳代に労働市場に参加した人びとの産業別分布を示したものである．明らかに，年齢は市場の選択に重大な影響をもつようにみえる．事実，(1), (2)両者の分布の同一性について検定を行うと，いずれの年についても1パーセントで有意の差があることがわかる．(χ^2の値は，1955年データについては89.532，1960年データについては66.021である．検定方法に関しては，例えば，Rao 1952, pp. 185-86 を見よ．)

第2-4表 新規労働力の産業別構成(%)

(イ) 1955年標本

産業分類	Ag	N	Bg	M	C	S	T	G	その他	合計(実数)
(1) 20歳未満の新卒労働者	43.9	1.0	4.8	20.7	15.1	6.5	2.1	5.4	0.5	1,550
(2) 20歳代の新卒労働者	14.9	2.8	3.8	18.4	20.5	15.7	9.1	13.6	1.8	396

(ロ) 1960年標本

産業分類	Ag	Bg	M_1	M_2	M_3	M_4	C	S	T	G	その他	合計(実数)
(1) 20歳未満の新卒労働者	11.0	5.7	15.5	12.0	5.9	7.1	30.9	1.5	4.7	5.5	0.2	802
(2) 20歳代の新卒労働者	0.2	5.8	4.1	6.5	7.0	8.7	31.0	15.6	8.2	11.5	1.4	416

このような違いが出るのは，恐らく学歴の差の影響であろう．学歴は，とくに新規労働力の行動を規定するところが大きいと期待されるからである．この点は，例えば第2-5表を一見すれば明らかである（分類1）．産業別にみると，当然のことながら学歴は専門業や公務，製造業ホワイトカラー職などで相対的に高いのに対し，農業や生産労働者では低水準である．面白いのは，製造業主の学歴があまり高くないことで，これは，経営者のなかには現場からたたきあ

第2-5表 産業別就業者学歴調べ

(イ) 分類 1

分類	1955年標本 教育程度(年)	順位	1960年標本 教育程度(年)	順位
Ag	7.85	9	6.86	9
Bg	8.10	8	10.35	6
M_1	—	—	9.08	—
M_2	—	—	10.16	—
M_3	—	—	11.22	—
M_4	—	—	12.59	—
M_{bc}	8.41	7	9.70	8
M_{wc}	11.43	2	13.41	3
M_{mg}	8.43	6	10.28	7
C	9.75	4	10.79	5
S	13.69	1	15.42	1
T	9.68	5	10.95	4
G	10.73	3	13.44	2

(ロ) 分類 2[1]　(単位: 年)

	1955年標本	1960年標本
$M_{bc,1}$	8.45	9.08
$M_{bc,2}$	8.15	9.18
$M_{bc,3}$	8.05	9.40
$M_{bc,4}$	8.55	11.20
C_1	—	9.84
C_2	—	11.06
C_{3-4}[2]	—	12.63

(注) 1) 自営業主を除く.
2) C_{3-4} は, C_3 と C_4 との合算を示す. 以下同様.

げで中小工場主(等)になった実力型タイプの人が少なくないことを反映したものであろう. いうまでもなく, 1955年と1960年の両標本間には強い順位相関がある(ケンダール(Kendall)の順位相関係数は0.778で, 1パーセントで有意). さらに, Mを規模別にみると, 企業規模の大きいほど学歴も高い. これは, 1960年の商業的職業(C)についても同じである. もっとも話を生産労働者(bc)にかぎると, 大企業(M_4)以外での学歴格差はきわめて少ない(第2-5表, 分類2). してみると, 前項で観察したような所得格差は, 教育程度という角度からとら

第2章 労働市場における二重構造の実態

えた「質」の差だけでは説明しきれないところがあるものと思われる．

転職回数

第2-6表は，1955年データを用いて，回答者が調査時に所属した産業大分類別に転職回数を計算したものである．ただし転職とは勤務先を変えることをいい，同一企業内で仕事や職場が変わることは労働移動とみなさない．またここにいう製造業と商業の小企業(M_1およびC_1)のなかには，単独で企業ないし

第2-6表 従業先転職回数(1955年標本)

分類	$\sum f$	$\sum xf$	$\bar{x}$	Me
Ag	758	472	0.62	0
N	30	41	1.47	0.58
Bg	99	188	1.88(1.65)[2]	0.79
M_1	152	267	1.76	0.79
M_2	74	154	2.08(1.90)[3]	1.28
M_3	51	80	1.57	0.92
M_4	58	73	1.26	0.53
M[1]	349	596	1.72(1.67)[3]	0.96
C_1	238	414	1.74	0.96
C_2	62	106	1.71	0.80
C_{3-4}	20	19	0.95	0.29
C[1]	340	559	1.65	0.91
S	94	83	0.88	0
T	141	196	1.39	0.60
G	85	120	1.41	0.68
学生	19	—	—	—
無職	80	—	—	—
不明	5	—	—	—
合計	2,000			

(注) 1) MとCの第1-2列合計がその構成要因の和を越えるのは，要因別分類不能のものを加えたためである．
 2) ( )内は，転職経験15回の者(1名)を除去した数値である．
 3) ( )内は転職経験23回の者(1名)を除去した数値である．

商店を営む者(自営業主)とその家族従業者を含んでいる.

この集計によれば，農業(Ag)，商業のうち相対的に大規模な企業(C_{3-4})，それに専門的職業(S)を除けば，平均転職回数($\bar{x}$)はすべて1と2の中間に位することがわかる．同様に転職回数の中位数(Me)を求めてみると，それが1を上回るのはごく限られたケースにすぎない(第2-6表第4列)．したがって，1955年以前のわが国労働市場では，人が転職するのはその生涯を通じてせいぜい1回程度にすぎなかったことになる．この結果は，1960年調査の結果(富永 1964, p. 296)でもほぼ同じであるが，大規模製造業(M_3とM_4)に関しては1960年のほうが移動回数がやや多めであること，農業(Ag)については1955年のほうが著しく低いこと，などが目だつ．

さらに，製造業と商業とにおける規模別分類による転職頻度を検討してみると，大規模企業の従業者は，中小企業のそれに比較して転職経験が低い傾向にある．しかも製造業の場合には，もっとも流動性に富むかにみえるのはM_2である．M_2のほうがM_1より流動的である1因は，後者が自営業主や家族従業者を含むところに求められよう．ただし，富永(1964)によれば，大企業ほど労働者が非移動的だというのは第2次大戦後に顕著になった現象である(p. 304). さらに，企業規模と労働者の移動性向とが逆相関の関係にあるのは，国際的にみても一般的な現象である(例えば，資料の性格は異なるが，O.E.C.D. 1965, pp. 58-59を見よ). というのは，大企業には異なる職種が多く用意される傾向があるので，小企業の場合には転職として現われる移動も，単なる企業内配置転換に終わることが多いと考えられるからである．したがって，以上のデータだけからは，わが国大企業の労働力管理がことさら封鎖的だとは必ずしも結論できない．（大企業の労働市場がヨリ封鎖的であれば逆相関の関係が生まれることを否定するのではない．その逆は必ずしも成立しない，というにすぎない．）

次に，わが国における転職頻度の国際的な位置づけを知るため，米国の6大都市で実施された大規模な調査との比較を試みよう．これはやや古い調査だが，1940-49年の期間にわたって13,000に及ぶ職歴を網羅しており，調査当時回答者が所属した産業および職業によって分類・集計されている(Palmer 1954). 調査の対象となったのは，シカゴ，フィラデルフィア，ロス・アンジェルス，

サン・フランシスコ,セント・ポールおよびニュー・ヘヴンである.その結果によれば,これら6都市における成年男子の平均転職回数はもっとも少ないところ(Philadelphia)で1.3回,最高(Los Angeles)では2.1回だった.これと比較するため,既述の東京データ(1960年標本)についても,1950-60年の期間にわたる職歴をとり出して同じ方法で分類を行った(第2-7表).この表によれば,米国の平均転職回数が約1.7だったのに対してわが国では約0.6であったことがわかる.すなわち,東京における世代内職業移動の頻度は,米国諸都市に比べてせいぜいその半分強でしかなかったのである.(なお,ここに引用した米国の数字は,雇用主を変えた回数であって,同一企業内における転職は計

第2-7表 企業間労働移動頻度の日米比較(男子のみ)

(イ) 産業分類別

期間の終りに属した産業	米国市部(1940-49年)			東京(1950-60年)		
	総移動数('000)	雇用数('000)	平均移動回数	総移動数	雇用数	平均移動回数
建　設　業	461	188	2.452	48	84	0.571
製　造　業	1,263	794	1.591	249	385	0.647
運輸・通信・公益	404	273	1.480	54	75	0.720
サービス[1]	1,849	1,088	1.699	265	463	0.572
合　　計	3,977	2,343	1.697	616	1,007	0.612

(ロ) 職業分類別

期間の終りに属した職業	米国市部(1940-49年)			東京(1950-60年)		
	総移動数('000)	雇用数('000)	平均移動回数	総移動数	雇用数	平均移動回数
専 門 的 職 業	308	222	1.387	68	113	0.602
管 理 的 職 業	493	376	1.311	131	255	0.514
事　　　務	268	188	1.426	73	140	0.521
販　　　売	255	154	1.656	44	58	0.759
生産工程従事者[2]	1,937	1,029	1.882	250	359	0.696
サービス[3]	377	217	1.737	24	52	0.462
労　働　者	340	154	2.208	26	30	0.867
合　　計	3,978	2,340	1.700	616	1,007	0.612

(注) 1) 商業,鉱業,金融不動産,保険,修理,対人サービス,娯楽,専門自由業,公務,および不明を含む.
　　 2) 米国データはcraftsmenと呼ばれる人びととを含む($n=520$).
　　 3) 米国データは家事奉公人を含む($n=4$).
〔資料〕米国データはPalmer(1954, Tables 19, 20, 22および24)による.

上していない．後者を入れれば，転職数は2.4から3.2回の間に増大する(同上書，p. 52).

同様に，われわれの1960年標本を，米国北東部海岸地方(ニュー・イングランド)の典型的な1工場で実施された実態調査の結果と比較することができる．この調査はレノルズ(Reynolds 1951)によって報告されているもので，彼は被調査者の職歴記録をもとにして，1人1職業あたりの勤続年数(中位数)を計算している．そこで，この数字に対応する値を1960年の東京についても求め，それぞれを対照させたのが第2-8表である．これら2つの分布について，その同一性をコルモゴロフ-スミルノフのテストによって検定してみると，東京に関する累積分布はニュー・イングランドのそれに比べて右方に位しているものと判定される(0.1パーセント水準で有意)．いいかえれば，わが国の労働者のほうが，1つの職業に就いている年数が長いことになる．

第2-8表 勤続年数の日米比較(生産工程従事者)

1職業あたりの勤続年数	分布		累積分布	
	New England 某市(1945年)[1]	東京(1960年)	New England 某市(1945年)[1]	東京(1960年)
0- 1	4%	2%	4%	2%
1- 3[2]	25	12	29	14
3- 5[3]	23	26	52	40
5-10	29	40	81	80
10-20	14	15	95	95
20年以上	5	5	100	100
合　計	100 (n=450)	100 (n=326)		

(注) 1) 米国データでは各階級の最終年は含まれない．例えば"0-1"は"1年以内"を意味する．東京データではその逆である．
2) 東京データの場合は1-2.5.
3) 東京データの場合は2.5-5.

〔資料〕 New Englandのデータは Reynolds(1951, p. 24)による．

4. 労働移動の世代別傾向

労働者の職業選択と職業移動は，多くの要因の影響を受ける．初めて労働市場に参加しようとする者が職を選ぶ場合には，家族状況(特に父親の職業)をはじめ，地域社会の規模，学歴，労働市場に関する情報量などにその決定を左右されることが多い．しかしながら，いったん職についてからは，ひとが絶えず

新たな雇用機会を求め続けることは次第に困難となるであろう．彼(彼女)が自主的に職を変えようとする場合に，決断のきめてとなる最も重要な因子のひとつは，勤続年数と年齢である．いいかえれば，自ら求めて離職する頻度が最も高いのは就職直後の数年間であって，勤続年数が増加するにつれて任意退職は少なくなるものと期待される．ある英国の事例によれば，新規就業者のうち，多い時には約半数が1年以内で退職するが，時が経つに従い，退職率は目に見えて減少する．そこで，調査対象となった企業における新規入職者を勤続時間別のグラフに描いてみると，対数正規型の分布が得られるという (Lane and Andrew 1955)．

同様のケースは枚挙にいとまがない．例えば，米国ニュー・イングランド地方の実態分析(既述)を試みたレノルズは，「勤続年数が増加するにつれて移動性向が急激に低下する」ことを見出した．彼によれば，「自主的な労働移動の本質は，労働者が自分自身に適合する職を探求する過程で生ずる現象 (job shopping) にほかならない」のである (Reynolds 1951, pp. 21-22)．他方，年をとるに従い，家庭的な責任，教育その他による地域社会とのつながり，再訓練の困難さなどが増大するため，労働移動誘因が弱くなるのは当然である．それのみならず，他の事情が等しいかぎり，企業は，新入社員としてはできることならなるべく若年の者を採用したがるということも考えられよう．

このようにみてくると，職業変遷の過程の分析にあたっては，年齢もしくは勤続年数の差を考慮することが不可欠である．この理由から，まずわれわれは世代内移動率を年齢別に考察することにした．このためには，20歳以前→20歳，20歳→30歳，30歳→40歳，それに40歳→50歳という，10歳間隔で集計した4種類の年齢階層別移動表(マトリックス)を材料とする．例えば20歳→30歳の年齢別移動表は，20歳時に就いていた仕事と，30歳時の仕事とを組み合わせることによって作成したものである．この集計にあたっては，調査当時，それぞれのマトリックスに示される上限年齢に達していなかった者は除外した．例えば，当時36歳だった回答者の職歴経験は，20歳→30歳の移動表には含まれているが，30歳→40歳の移動表には計上されていない．また，たまたま調査時点で失業中であった者と職業軍人とは，その絶対数が僅少であるので，集計から省略した．

われわれの使う年代別労働移動表には，少なくとも2つの技術的な問題がある．まず第1に，これら4つの年齢別移動表は，それぞれの10年間における始点と終点の職業的地位を取り上げて対比させたものであるから，その中間に行われた労働移動はすべて無視している．さらに移動マトリックスの主対角線上に記録された者のなかには，期間中に全く移動しなかった者と，移動はしたが結果的には同一産業内にとどまった（もしくは戻ってきた）者とが混在している．このように，ここで扱う移動表は，技術的制約からくる擬制を含んでいるという欠点を免れない．

年齢別表のいま1つの問題点は，それぞれの観察数が次のように漸減的に少なくなることである．

	20歳以前→20歳	20歳→30歳	30歳→40歳	40歳→50歳
1955年	1,548	1,405	1,009	565
1960年	800	857	522	305

第2-9表 標準化された年齢階層別移動表(1955年 SSM)

(イ)

20歳以前に属した産業	20歳のとき属した産業					計
	NAg	Bg	M	CS	GT	
NAg	0.88	0.03	0.04	0.02	0.03	1.00
Bg	0.03	0.92	0.01	0.04	0	1.00
M	0.04	0.02	0.84	0.05	0.04	0.99
CS	0.02	0	0.09	0.86	0.03	1.00
GT	0.03	0.03	0.02	0.03	0.89	1.00
計	1.00	1.00	1.00	1.00	0.99	

(ロ)

20歳のとき属した産業	30歳のとき属した産業					計
	NAg	Bg	M	CS	GT	
NAg	0.77	0.05	0.07	0.05	0.06	1.00
Bg	0.05	0.84	0.05	0.05	0.01	1.00
M	0.09	0.06	0.68	0.14	0.04	1.01
CS	0.06	0.03	0.14	0.66	0.10	0.99
GT	0.04	0.02	0.06	0.10	0.78	1.00
計	1.01	1.00	1.00	1.00	0.99	

(ハ)

30歳のとき属した産業	40歳のとき属した産業					計
	NAg	Bg	M	CS	GT	
NAg	0.88	0.01	0.02	0.06	0.03	1.00
Bg	0.02	0.88	0.01	0.03	0.05	0.99
M	0.02	0.03	0.82	0.08	0.05	1.00
CS	0.05	0.04	0.11	0.74	0.05	0.99
GT	0.03	0.03	0.03	0.09	0.82	1.00
計	1.00	0.99	0.99	1.00	1.00	

(ニ)

40歳のとき属した産業	50歳のとき属した産業					計
	NAg	Bg	M	CS	GT	
NAg	0.88	0.04	0.01	0.06	0.01	1.00
Bg	0.01	0.93	0.05	0.01	0	1.00
M	0.03	0	0.84	0.07	0.05	0.99
CS	0.04	0.04	0.07	0.81	0.04	1.00
GT	0.03	0	0.03	0.04	0.90	1.00
計	0.99	1.01	1.00	0.99	1.00	

第 2-10 表　標準化された年齢階層別移動表(1960 年 SSM)

(イ)

20歳以前に属した産業	20歳のとき属した産業					計
	NAg	Bg	M	CS	GT	
NAg	0.93	0.01	0.03	0.03	0.01	1.01
Bg	0	0.95	0.02	0.03	0	1.00
M	0.05	0.01	0.88	0.04	0.02	1.00
CS	0.02	0.04	0.04	0.88	0.03	1.01
GT	0	0	0.03	0.03	0.95	1.01
計	1.00	1.01	1.00	1.01	1.01	

(ロ)

20歳のとき属した産業	30歳のとき属した産業					計
	NAg	Bg	M	CS	GT	
NAg	0.81	0.01	0.04	0.07	0.07	1.00
Bg	0	0.89	0.03	0.06	0.03	1.01
M	0.09	0.02	0.69	0.11	0.08	0.99
CS	0.10	0.04	0.10	0.69	0.07	1.00
GT	0	0.04	0.13	0.07	0.76	1.00
計	1.00	1.00	0.99	1.00	1.01	

(ハ)

30歳のとき属した産業	40歳のとき属した産業					計
	NAg	Bg	M	CS	GT	
NAg	0.85	0	0.05	0.07	0.03	1.00
Bg	0.07	0.88	0.01	0.01	0.03	1.00
M	0.04	0.10	0.71	0.10	0.05	1.00
CS	0.04	0.02	0.14	0.78	0.02	1.00
GT	0	0	0.09	0.04	0.87	1.00
計	1.00	1.00	1.00	1.00	1.00	

(ニ)

40歳のとき属した産業	50歳のとき属した産業					計
	NAg	Bg	M	CS	GT	
NAg	0.91	0	0	0.03	0.06	1.00
Bg	0	0.94	0.04	0.02	0	1.00
M	0	0.03	0.80	0.06	0.12	1.01
CS	0	0	0.14	0.83	0.03	1.00
GT	0.09	0.04	0.03	0.05	0.79	1.00
計	1.00	1.01	1.01	0.99	1.00	

この問題に対処するため,われわれは,対象とする産業数を各5つに限定することにした.すなわち,建設業(Bg)と製造業(M)の他は,農業と鉱業とを自然資源依存産業(NAg)として一括し,商業とサービス業とは第3次産業(CS)としてまとめ,さらに政府と公益事業とは補助的産業(GT)として合算したのである.(なお,鉱業該当者はきわめて少ないので,NAgは事実上農業と同一視してもさしつかえない.)

さて,このようにして作られた年齢別移動表は,そのままでは労働市場の構造変化の影響を蒙った値を示すものであるので,その各々から,そのような外的要因によって生じた変動効果を除去した値(純移動率 $p_{ij}{}^*$,本章補論第2,4節参照)を抜き出すため,それぞれに対応する標準化移動表を計算した.「標準化」というのは,周辺度数(marginal frequency,第 2-1 表の A_i および B_j)がすべて1に等しいように調整する操作のことである.その結果は第2-9および2-10表に示すとおりである.

これらの2表から直ちに読みとれることは,各産業とも移動率の水準がきわ

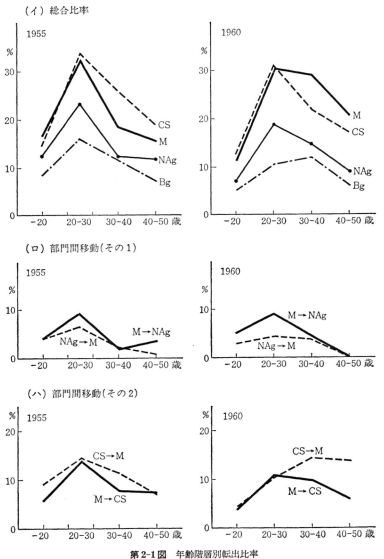

第2-1図 年齢階層別転出比率

〔資料〕 第2-9〜2-10表.

めて低いことである．とくに建設業と自然資源産業で(この順に)低く，それに比べれば，製造業，商業サービスおよび政府・輸送業は相対的にみて(この順に)流動的だといってよい．さらに，移動率は20歳代に高く，30歳を過ぎると低下する傾向をもつのはどの産業でもほぼ同じである(第2-1図(イ)を見よ)．20歳以前の若年者の場合移動頻度が少ないのは，他の3つの年代グループに比べて観察期間が短い(仮に15歳で就職したとすれば僅か5年しかない)ためと，さらに彼らの多くは入職後少なくとも1-2年は訓練期間中で未だ一人前とはいえないためであろう．いずれにせよ，英国や米国で観察されたとほぼ同様に，転職率が年齢に応じて低下する現象が(恐らくその水準は低いにしても)わが国でも見出されることは疑いない(なお，富永 1964, p. 300をも参照)．一方，製造業を中心として産業相互間の労働移動を見ると，いずれかといえば自然資源産業(農業)との相互移動よりは商業・サービス業(CS)との交流のほうが盛んであるのは注目に値しよう(第2-1図(ロ), (ハ)を参照)．後者は製造業と同じようにその多くが都市的な職業から構成されるから，両者間の労働移動は農業に比べれば相対的に容易なのであろう．

5. 労働移動にみる労働市場の二重構造的特徴

転入・転出移動表による分析

以上の状況を予備知識とした上で，次には製造工業の労働市場をやや詳細に眺めてみよう．第2節の分析からすでに明らかなとおり，1960年SSM調査は企業規模別の分類法を導入しているので，二重構造に関心のあるわれわれにとってとりわけ好都合である．まず，同調査から得られる労働移動情報を最大限に活用するために，回答者の経験した一切の労働移動を，年齢や時期にとらわれることなくすべて記録した「転入・転出移動表」を作成する．(ただし，産業分類のうち鉱業Nは，その経験者が僅少であるので除外した．)この移動表は，あらゆる時点における世代内移動表を重ね合わせて合算したようなもので，移動の平均的な動向を捉えようとしたものだといってもよい．もっともこの集計操作は，ある時点の労働移動が，本人が経験したそれ以前の移動経験と独立だという(非現実的な)仮定のうえに立つことを注意せねばならない．

以上の操作の結果得られた労働移動データは，3種類の移動表に記入された．

第 2-11 表 標準化された転入・転出移動表(1960 年 SSM)

(I) 全産業

転出源	転入先										計
	Ag	Bg	M_1	M_2	M_3	M_4	C_1	C_2	C_{3-4}	GT	S	
Ag	0.281	0.047	0.108	0.069	0.040	0.059	0.119	0.036	0.037	0.112	0.090	0.998
Bg	0.032	0.579	0.034	0.042	0.064	0.056	0.056	0.020	0.014	0.042	0.061	1.000
M_1	0.100	0.051	0.311	0.155	0.086	0.063	0.063	0.064	0.027	0.058	0.021	0.999
M_2	0.099	0.028	0.143	0.262	0.137	0.104	0.049	0.069	0.022	0.057	0.031	1.001
M_3	0.028	0.055	0.083	0.133	0.232	0.147	0.072	0.107	0.025	0.066	0.053	1.001
M_4	0.135	0.038	0.091	0.067	0.136	0.198	0.043	0.065	0.110	0.078	0.038	0.999
C_1	0.060	0.044	0.059	0.043	0.059	0.093	0.269	0.147	0.085	0.076	0.066	1.001
C_2	0.059	0.042	0.044	0.083	0.060	0.021	0.150	0.257	0.157	0.071	0.057	1.001
C_{3-4}	0.037	0.011	0.048	0.055	0.097	0.092	0.092	0.109	0.331	0.040	0.088	1.000
GT	0.094	0.039	0.060	0.050	0.061	0.082	0.042	0.068	0.114	0.336	0.055	1.001
S	0.075	0.067	0.019	0.042	0.030	0.084	0.043	0.058	0.079	0.063	0.441	1.001
計	1.000	1.001	1.000	1.001	1.002	0.999	0.998	1.000	1.001	0.999	1.001	

(II) 製造業

転出源	転入先							計
	bc_1	bc_2	bc_3	bc_4	mg_1	mg_{2-4}	wc_{1-4}	
bc_1	0.363	0.185	0.104	0.073	0.235	0.016	0.026	1.002
bc_2	0.161	0.287	0.150	0.163	0.083	0.066	0.089	0.999
bc_3	0.095	0.180	0.338	0.229	0.102	0.030	0.025	0.999
bc_4	0.126	0.110	0.219	0.325	0.129	0.042	0.047	0.998
mg_1	0.158	0.175	0.098	0.189	0.188	0.123	0.069	1.000
mg_{2-4}	0.027	0.015	0.025	0	0.215	0.544	0.174	1.000
wc_{1-4}	0.070	0.049	0.065	0.021	0.047	0.178	0.570	1.000
計	1.000	1.001	0.999	1.000	0.999	0.999	1.000	

(III) 製造業および商業

転出源	転入先					計
	M_{bc}	M_{wc}	M_{mg}	C_{em}	C_{mg}	
M_{bc}	0.534	0.075	0.189	0.123	0.080	1.001
M_{wc}	0.083	0.476	0.147	0.190	0.105	1.001
M_{mg}	0.135	0.153	0.515	0.104	0.094	1.001
C_{em}	0.132	0.162	0.053	0.365	0.288	1.000
C_{mg}	0.117	0.134	0.097	0.219	0.433	1.000
計	1.001	1.000	1.001	1.001	1.000	

すなわち，(Ⅰ)全産業を考察の対象としたもの，(Ⅱ)製造業だけを対象とし，従業上の地位ならびに企業規模を加味して分類したもの，および(Ⅲ)製造業と商業を対象とし，従業上の地位を加えて分類したもの，の3者がそれである．これらの移動表を構成する労働移動数は，それぞれ2,030回，499回，および1,129回であった．第2-11表は，この3種類の移動表を標準化することによって純移動だけを抜き出して掲げたものである．これら3種類の移動表は，同一の資料を異なった観点から3様にくくったものであるから，その結果は互いに補完しあうものといってよい．しかしそれぞれの対象とする産業の範囲が違うため，3者間で p_{ij} を比較することはできない．p_{ij} の数値は同一表内の相互比較にのみ使わるべきものである．

しかるに，表2-11表を観察するだけでは，労働市場構造に関するはっきりしたイメージは浮かび難い．そこで，この表から，相互に特に近しいグループを抜き出すことを考えよう．このためには，「完全移動」の概念が1つの拠り所となる．これは，労働移動が何らの障害もなしに全く自由に行われた状態のことをいう(本章補論第1節参照)．定義によって，完全移動のときの移動率は第2-11表の場合 $1/n'$ に等しい(n' は移動表の行(列)数)．そこで，同表における p_{ij} の値が $1/n'$ に等しいかもしくはこれよりも大きいときに，部門 i と部門 j とは相対的に密接な関係にある(距離が近い)とみなすのである．ただし，2者間の関係は相反する2方向から測ることができるわけだから，測定方向によっては(当然のことながら)全く異なった結論が生じ得ることに注意しなくてはならない．

まず第2-11表の(Ⅰ)を見よう．この表では $n'=11$ であるから，$p_{ij}(i \neq j)$ が0.091よりも大きければ当該の2部門間には(上記の定義から)密接な交流があるといってよい．そこで，この表のなかから，0.091を超える p_{ij} をすべて抜き出してグループ相互間を点線で結んだのが第2-2図の(Ⅰ)である．ただしこの図においては，便宜的に p_{ij} が0.091を20パーセント上廻る場合(すなわち0.109以上のとき)には，相互の関係が「とくに密接」であるものとみなして実線で表わした．

第2-2図の(Ⅰ)から，次のようなことがわかる．まず，建設業(Bg)と専門業(S)とはそれぞれ他産業から独立な特殊グループを構成していて，外界との

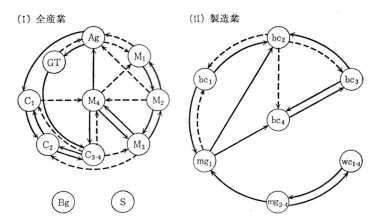

第2-2図　移動率からみた労働市場の内部構造

交流が比較的少ない．これは，これらの産業を構成する職業が特殊な訓練を必要とするからであろう．次に農業(Ag)とそれ以外の産業とのかかわりあいは，ごく一部の分野に限られている．つまり，農業との間に2方向の交流があるのは，政府・公益事業(GT)を除けば製造業における極小企業(M_1)のみで，その他には農業から商業における極小企業(C_1)への流出と，製造業大企業部門(M_4)から農業への流入とがあるだけである．農業と政府・公益事業との間の労働移動は，農村の余剰労働力が昔から郵便局その他の地方政府機関や地方鉄道にその活路を見出したことを反映するものに違いない．また，農業については製造業との相互交流先が主として極小企業に限られるのは，基本的には，いったん農業に従事したあとでは製造業に就職するのが難しい事情を示すものではなかろうか．これに反して，若いうちだけ極小企業で働いた後に農業を継ぐというケースは相対的に多かったかもしれない．他方，製造業大企業(M_4)から農業へと還流したケースは比較的多いが，これは第2次大戦後の一時帰村の現象とあるいは部分的に関係があるかもしれない．

　製造業および商業部門内部の労働移動に関してみるならば，相対的に大規模の製造会社(M_3, M_4)相互間にはとりわけ活発な交流があるといわねばならない．これと同様に，一般に相接する規模の企業間の労働移動の頻度は高い(M_1とM_2，M_2とM_3，C_1とC_2，C_2とC_{3-4})．さらに，M_4とC_{3-4}との関係も相当に密接で

ある.他方,意外なことには,製造工業の小規模企業(M_2)と商業部門の極小企業(C_1)とからは,製造業大企業に向けての上昇移動がある.しかし,大・中規模の企業は,いずれかといえば極小部門とは疎遠である.交流があるとすれば,それは大企業から極小企業へ「転落」する流れがあるくらいのものである.もし,「中小企業から大企業への上昇移動はきわめて困難だが,大企業から中小企業への下方移動は容易である」との命題をもって労働市場の二重構造に関する氏原仮説と呼ぶとするなら(序章第1節を参照),氏原仮説がもっともよく妥当するのは大・中企業と極小企業との関係だということができよう(異なった資料にもとづく同様の指摘は,小野(1981, ch. 7, 4-5節)にみられる).これに対してM_4とM_3との関係は,われわれの資料から判断するかぎり,むしろきわめて密接であって,ここには氏原仮説はあてはまらない.

次に,第2-11表の(II)についても同じことを繰り返す.この場合には$n'=7$であるから,判定の規準は,0.143である.そこで$p_{ij}{}^*$がこの値を超えるグループを取り出して相互を点線で結ぶと第2-2図の(II)が得られる.この場合も,$p_{ij}{}^*$が限界値を2割もしくはそれ以上越えるときには,両グループ間にとりわけ密接な交流があるものとみなして実線で結びあわせた.

第2-2図の(II)を見てすぐ気がつくのは,生産労働者(bc)と事務従業者(wc)との市場は互いに分離したものであることである.事務職から大中企業の経営管理者(mg_{2-4})に転化したり,あるいはその逆の道を歩むことも可能であるが,生産労働者が事務系職業とかかわりあいをもつことはきわめて少ない.これに反し,小企業経営者(mg_1)は生産労働者と近しい関係にある点で特異な存在である.すなわち,小企業の生産労働者だった者で小企業の経営者となったり,その逆の経歴をたどったりした者がかなり多い.もっともこれは,この程度の規模の小企業では自家営業が多く,親子親族で営んでいる者が多いために,就業上の地位の転化も比較的容易なせいであろう.意外なのは,小企業の管理者だった者で,その地位を見限って中規模ないし大規模の会社へ就職し,生産労働者(ルート)として働くという道がかなり重要だったらしいことである.

製造業内部における生産労働者の労働移動の傾向は,さきに第2-2図(I)で観察したところとほぼ同じである.つまり,隣接する規模の企業相互間では移動が頻繁だが,規模の差が広がるにつれてその関係は疎遠になる(ただし,

この場合にも小規模企業から大企業への上昇移動の道は開かれている）. さらに, 氏原仮説がもっともよくあてはまるのは, ここでも再び大企業と極小企業 (さらには中企業と極小企業) との間である.

第2-11表の(Ⅲ)については, とりわけ密接な関係にあるのは商業部門における経営者と被雇用者だけであるから, この図示は省略した. ただし, 製造業の生産労働者(M_{bc})のうち同じく経営者(M_{mg})に「昇格」するものと, 製造業の事務職(M_{wc})のうち商業の被雇用者(C_{em})に転ずる者とが比較的多いことは注意しておいてよいであろう.

社会的距離の測定

さて, 以上を総合して, 製造業における大・中・小および極小企業相互間の社会的距離を測定しよう. まず, 第2-11表(Ⅱ)と全く同じ資料を使い, 従業上の地位は無視して, 企業規模の差だけに注目した移動表を作る(総移動数499). さらに, このデータを補足する目的で, 労働省『雇用動向調査, 昭和45年』(pp. 62-63；以下, JML資料と呼ぶ)から同様の移動表(製造業就業者のみ, 男女別)を作成した. ただしJML資料は1970年中の入職者の動向(1年間のみ)を記録したもので, 1960年SSM転入・転出表のように過去の全職歴を合算したものではない. この調査は全国にわたって第1次産業以外の全産業を対象とし, サンプルの規模もはるかに大きい(同上p. 2によると, 1960年中に非1次産業に入職した者のうちから約33万人). さらに, その規模分類は以下のように1960年SSM調査とは多少異なっている.

規模	1960年 SSM	1970年 JML
1	－ 9人	10－29人
2	10－ 99	30－ 99
3	100－999	100－499
3′	非該当	500－999
4	1,000－	1,000－

こうして得た3種類の移動表(1960年SSM, JML男子, JML女子)を標準化して純移動だけを取り出したのが第2-12表であるが, ここに盛られた統計情報を一括して社会的距離を測るために, クラスカル(J. B. Kruskal 1964 a, b)

第 2-12 表　標準化された転入・転出表

(イ)　1960 年 SSM(男子)

転出源	転入先				計
	M_1	M_2	M_3	M_4	
M_1	0.489	0.253	0.142	0.116	1.000
M_2	0.211	0.400	0.210	0.179	1.000
M_3	0.130	0.217	0.382	0.271	1.000
M_4	0.170	0.130	0.266	0.434	1.000
計	1.000	1.000	1.000	1.000	

(ロ)　1970 年 JML(男子)

転出源	転入先					計
	M_1	M_2	M_3	$M_{3'}$	M_4	
M_1	0.484	0.234	0.120	0.072	0.089	0.999
M_2	0.212	0.299	0.206	0.143	0.140	1.000
M_3	0.131	0.188	0.289	0.214	0.178	1.000
$M_{3'}$	0.083	0.132	0.212	0.336	0.238	1.001
M_4	0.091	0.146	0.173	0.234	0.355	0.999
計	1.001	0.999	1.000	0.999	1.000	

(ハ)　1970 年 JML(女子)

転出源	転入先					計
	M_1	M_2	M_3	$M_{3'}$	M_4	
M_1	0.464	0.249	0.141	0.070	0.076	1.000
M_2	0.210	0.327	0.206	0.137	0.119	0.999
M_3	0.132	0.172	0.306	0.229	0.161	1.000
$M_{3'}$	0.136	0.115	0.201	0.300	0.248	1.000
M_4	0.057	0.137	0.146	0.263	0.397	1.000
計	0.999	1.000	1.000	0.999	1.001	

の論文にもとづいて開発された計算機プログラムを利用することにした．これは，移動表のデータにもとづき，各グループ相互の関係をもっともよく説明する2次平面の座標を求めるプログラムで，連続近似計算(iteration)の結果，誤差(stressといわれる)が最小値に達したときに計算が終了するように作られている[4]．計算の結果は第2-3図に示すとおりである．(ただしこの図では，製

---

(4)　ここでの計算は，ハーヴァード大学計算センターに保存されていたプログラム M-D-SCAL, Version 5 M を使って実施された．この計算から得られる縦横の座標軸(第2-3図を見よ)は純粋に統

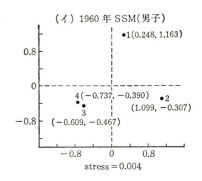
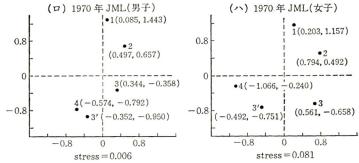

第2-3図 企業規模別労働市場相互の社会的距離(製造業)

造業を表わす文字 M を省略してある.)

第2-3図を観察すると，(イ), (ロ), (ハ) のどの場合をとっても，もっとも距離の遠いのは大企業(M_4)と極小企業(M_1)との間であり，これに次ぐのは大企業(M_4)と小企業(M_2)との間である．他方，大企業(M_4)と中企業(M_3)とは相対的に近隣関係にあることもわかる．当然のこととはいえ，これらの事実はさきに第2-2図にもとづいてわれわれが論じたところとみごとに一致している．しかも，SSM と JML とでは資料の性格が異なることを想起するなら，以上の

計技術的に設けられたもので，社会科学上の意味づけがある訳ではない．また，ここでは各点相互の相対位置が重要であって，座標軸は自由に回転してもさしつかえない．さらに，近似計算の結果であるから，仮に同じ計算を数回繰り返したとき，どの程度の stress 値で計算を打ち切るかによって，座標の(絶対的な)位置が毎回完全に同一となるとはかぎらない．
　なお，ここでは2次平面を使った計算で十分満足すべき結果(stress が小さいという意味で)が得られたので，図示の便宜のためもあってこれを採用したが，近似計算としてはもっと高次の平面を利用することが可能である．

2点について,第2-3図の(イ)と(ロ)の間に整合性がみられるのはむしろ驚くべきことである.なお,図2-3(イ)では,M_3とM_4との位置が接近しているが,同図(ロ)・(ハ)の結果と考え合わせるならば,M_3のうち大企業との距離が近いのは中企業のなかでも相対的に規模の大きい企業に限られるといってよいであろう.

以上の考察から,1960-1970年代までのわが国労働市場には明らかに「二重構造」が存在したと結論づけてよいであろう.しかも二重構造は,大企業(例えば従業員規模1,000人以上)と極小企業(同じく10人以下)とを対比したときにとりわけ顕著であるといってよい.

6. 二重構造下の社会移動

さて最後に世代間移動(いわゆる社会移動,social mobility)を一瞥しよう.ここで社会移動表とは,回答者の父親の「主な」従業先と,本人の調査時における従業先とを組み合わせることによって作られたものである.この移動表の作成に際しては,父親と息子との職業生活のうち,どの時点における職業(従業先)を対象とすべきかという問題がある.当面の目的からいえば,われわれは父親と息子それぞれの生涯における「主たる」職業(従業先)を問題とすべきである.しかし何が「主たる」仕事であるかは主観的な判断によってマチマチであり得るし,ことに若年者の場合にはそれが何であるかが,事実上未だ不明のことが多いであろう.したがってわれわれの記帳法は便宜的にすぎ,誤差の入り込む余地が大きすぎると批判されるかもしれない.一方,例えば息子の職業選択に関する諸要因を探るのが目的であれば,「主たる」仕事にはこだわらず,むしろもっと客観的な基準にもとづいて対象となる仕事を選定する方が賢明かもしれない.例えば,安田は世代間移動と世代内移動とは不連続かつ別個のものとみなすべきだという立場から,息子が初めて職業生活に就いたときの仕事と,同時点における父親の仕事とを対比させるべきだと主張している(安田 1971, pp. 133-38).しかしここでは,問題の残ることを承知の上で,操作の簡単な上記の方法を採用するにとどめた.

第2-13表は,既述の両SSM調査にもとづき社会移動表を作成したものである(標準化の操作は施してない).これら2表を分析するために,ここではマル

第2-13表 世代間移動表

(イ) 1955年 SSM 標本

父＼息子	Ag	N	Bg	M_1	M_{2-4}	C	S	T	G	計[1]
Ag	0.6357	0.0114	0.0342	0.0380	0.0598	0.1058	0.0247	0.0560	0.0351	1,054
N	0.1481	0.3704	0	0.0370	0.1111	0.1111	0.1111	0.0741	0.0370	27
Bg	0.1630	0.0217	0.2935	0.1087	0.0978	0.1630	0	0.0870	0.0652	92
M_1	0.0947	0	0.0842	0.4316	0.1368	0.1158	0.0211	0.0632	0.0526	95
M_{2-4}	0.0303	0	0.0758	0.2121	0.2879	0.1970	0.0303	0.1515	0.0152	66
C	0.0782	0.0102	0.0340	0.0850	0.1224	0.4762	0.0646	0.0612	0.0680	294
S	0.1045	0.0149	0.0149	0.0299	0.1045	0.1493	0.3881	0.1194	0.0746	67
T	0.1169	0.0130	0.0649	0.1169	0.2208	0.1299	0.0519	0.2078	00.779	77
G	0.2222	0	0.0370	0.0185	0.1296	0.2963	0.1481	0.1111	0.0370	54
計[1]	751	29	94	143	174	329	90	133	83	1,826

(ロ) 1960年 SSM 標本

父＼息子	Ag	N	Bg	M_1	M_{2-4}	C	S	T	G	計[1]
Ag	0.0209	0	0.0627	0.1254	0.2927	0.3240	0.0418	0.0767	0.0557	287
N	0	0	0.0909	0.0909	0.1818	0.3637	0	0.1818	0.0909	11
Bg	0	0	0.3871	0.0484	0.2097	0.2258	0.0323	0.0323	0.0645	62
M_1	0	0	0.0561	0.3271	0.2617	0.2243	0.0467	0.0561	0.0280	107
M_{2-4}	0	0.0180	0.0180	0.1441	0.4414	0.2342	0.0450	0.0450	0.0541	111
C	0	0	0.0451	0.0937	0.2049	0.4826	0.0451	0.0799	0.0486	288
S	0	0	0.0615	0.0615	0.1538	0.2000	0.3385	0.1231	0.0615	65
T	0	0	0.0500	0.1000	0.2875	0.2875	0.0250	0.1125	0.1375	80
G	0.0132	0.0132	0.0526	0.1053	0.2368	0.2632	0.1316	0.1053	0.0789	76
計[1]	7	3	76	138	286	356	71	85	65	1,087

(注) 1) 合計欄は実数表示．

コフ過程における終局均衡値を求める計算を実施してみることにした．もとより，この種の計算の意味づけには，多少の無理があることは争えない．社会移動表が時とともに不変であるという基本的な仮定のほかにも，上述のように父親と本人のある特定の時期を扱い，他の職歴は無視していることなどはその主たるものである．

　第2-14表は，マルコフ過程の均衡解を1955年と1960年についてそれぞれ求め，対応する国勢調査の労働力分布と比較したものである．この表で均衡値（Ⅰ）と記してあるのは，世代間（父→息子）移動マトリックス(第2-13表)を使って求めたマルコフ過程の均衡値である．また均衡値（Ⅱ）と記したのは，上述

第2-14表　男子就業者の産業分布(%)

産業分類	1955年(全国)				1960年(東京区部)				
	父	息子	均衡値(I)	国勢調査[1]	父	息子	均衡値(I)	均衡値(II)	国勢調査[1]
Ag	57.7	41.1	21.0	33.7	26.4	0.6	0.1	2.0	0.9
N	1.5	1.6	1.3	2.0	1.0	0.3	0.6	7.6	0.2
Bg	5.0	5.2	6.5	7.0	5.7	7.0	6.2		9.0
M_1	5.2	7.8	13.8		9.8	12.7	13.6	11.2	
M_2				20.0				15.2	39.7
M_3	3.6	9.5	14.1		10.2	26.3	28.4	8.0	
M_4								6.6	
C_1								17.9	
C_2	16.1	18.0	22.0	15.3	26.5	32.8	31.4	7.3	26.7
C_3								4.5	
S	3.7	4.9	6.6	9.6	6.0	6.5	6.8	5.0	12.1
T	4.2	7.3	9.5	7.6	7.4	7.8	7.1	8.5	7.7
G	3.0	4.6	5.1	4.8	7.0	6.0	5.8	5.9	3.8
計	100.0	100.0	100.0	100.1	100.0	100.0	100.0	100.0	100.1

(注)　1) 15歳以上の者のみ．また，分類不能の者を除く．

〔資料〕　第2-11, 2-13表および総理府統計局『昭和30年国勢調査報告』(第3巻の2, pp. 114-17)ならびに同『昭和35年国勢調査報告』(第3巻の1, p. 380)より算出．

の転入・転出移動表(世代内移動)(1960年SSM，ただし未標準化のもの)を利用して計算したマルコフ過程の均衡値である．

さて，第2-14表の数値を見ると，1955年および1960年のいずれについても，農業では父，息子，均衡値の順に分布比率の顕著な減少傾向が見られるのに反し，製造業ならびにサービス業では明らかに上昇傾向が認められる．しかも製造業では，小規模に比して大・中規模の企業が相対的に高率の増加を示している．しかし，これ以外の産業では両年の間に多少の喰い違いがあり，建設業，商業および公益事業については，1955年標本では増加が明瞭であるが1960年標本の場合には最高値はむしろ息子の代に記録されている．また政府関係についてだけは両標本の傾向がまったく逆方向で，1955年標本では上昇が，1960年標本では漸減が記されている．

さきに世代内移動を観察した際に判明したのは，製造業や商業に比べて，農業からの転出率は相対的に低いことであった．それだけではなく，農業から仮に転出するにしても，その転入先は極小企業とか地方公共機関などのごく一部

の部門に限られていた．ところが，第2-14表でみるとおり，農業を淵源とする男子の世代間転出の動向は，他産業に見られないほど顕著なものである．この傾向は1960年調査で特に著しい．これらの人びとの多くは，農業とは対蹠的に雇用が増大傾向にある商工業へ流れ込んだのに違いない．このように，農業が工業労働力の供給源であるとする通説は，むしろ世代間移動についてヨリよくあてはまる．この意味で，この通説は，長期的な意味あいでこそ受け取らるべきもののように思われる．

第2-14表の製造業労働力については，1955年，1960年のいずれについても，国勢調査から得られる相対比率が，父親の転出比率と均衡値（I）とのなかほどに位することに注意してよいであろう．つまり，国勢調査の数値は，均衡値へ向かう過程のひとこまを示すものと解することができる．（なお，これと全く同様の現象は，その方向こそ逆であるが，農業就業者についても認められる．）

ところで，第2-14表の右半分を改めて吟味すると，1960年のデータでは，世代内移動表をもとにして算出した均衡値（II）が均衡値（I）と非常に似かよっていることが注目される．この点から判断するならば，土地所有の問題がからむ農業を別とすれば，世代間移動（社会移動）の動向と世代内移動（労働移動）のそれとの間には本質的な差はないのかもしれない．均衡値（II）の場合にも，製造業雇用の分布が大・中規模に偏る傾向があるのは均衡値（I）と同じであるが，その配分は小規模企業（M_2）で最も大きく，大企業に近づくほど減少している．しかも同じ傾向は商業部門（C）にも見られる．これは，規模の大きい企業はますます労働節約的な技術に依存する傾向があり，したがって大企業部門の雇用吸収力はむしろ減少することを示すのかもしれない．これに対応して製造工業内の労働力配置は，大企業よりはむしろ中小規模で多くなる形へ向けて収斂する傾向にあるのかもしれない．

7. 要　約

本章の分析結果を簡単に要約すれば次のようである．
(1) 日米比較の結果によれば，一般にわが国における労働移動の頻度は，米国に比べて著しく低水準である．高度に弾力的な労働の供給は，労働移動

頻度の一般的水準を低くするにあずかって力があったものと考えられる．
(2) 年齢階層を問わず，労働移動は同一の産業グループの中で行われる傾向が強い．
(3) 専門業と建設業とはそれぞれ高度に専門化した市場をなしている．したがって，これら2市場を他から切り離して別個に扱うことには十分の意味がある．
(4) 製造業内部についていえば，ホワイト・カラーとブルー・カラーとが相互に転換しあうことは稀である．
(5) 農業部門から製造業部門への転換は，世代間移動として行われることが多いようである．他方，製造業部門と商業部門との間の移動は，大部分大規模企業のホワイト・カラーないし管理層に限られている．
(6) 大企業と中企業との間の移動は皆無ではなかった．しかし，われわれの分析結果は，労働市場が2つの部分に分断されているという仮説と矛盾しない．事実，従業員規模が10人に満たない極小企業は製造業のなかで最も自己充足的なグループを構成しており，ここからの上昇移動は，（極小企業労働市場に向かっての下降移動に比べて）比較的困難である．小規模企業に勤務する労働者は，大企業の労働者に比べて，何らかの意味で質が異なる，とすらいえるかもしれない．（ちなみに，極小企業労働者は，極小規模企業の経営主に転化する傾向があり，しかも後者の移動性向はきわめて特殊である．）しかしながら，われわれの資料からは，規模の異なる企業間の労働移動が何らかの制度的要因によって阻害されているか否かを直接判定することはできない．

最後に，われわれの分析に含まれる2つの重大な欠陥を指摘しておこう．

第1の難点は，分析目的が野心的なのに反して，標本の規模が小さすぎることである．ここで作成した移動マトリックスの次元も，観察数に比べてあまりにも大きい．しかしながら，この理由をもって分析を断念するとすれば，与えられたデータは価値がないものとなり，しかも他に同種の資料が存在せぬ以上，われわれの知識は全く増加するところがない．そこで，以上では，乱暴を顧みず，このデータがどの程度まで分析に耐え得るものかを試験してみたのである．

他の大きな問題は，この分析が市場構造の時間的推移を全く無視し，昭和初

期も第2次大戦後も同等に扱っていることである．調査対象が経験した労働移動は，大凡1912年以降1950年代までにわたっている．1906-60年がいわゆる近代経済成長によって代表される時期だという意味では，対象とした期間は異質なものの混合ではないのであるが，しかもなお，データ処理にあたっては，例えば第2次大戦を境に分解してみることが望ましかったかもしれない．

資料作成手続

本章で利用したSSMデータの集計に際しては，以下の規準に従ってこれを実施した．
(a) 駐留外国軍に対するサービスは，公共サービスと同一に取り扱った．
(b) 兵役は職歴とみなさない（ただし職業軍人はこのかぎりでない）．
(c) Gについては，同一省内の移転は労働移動とみなさない．
(d) 公共企業はすべて公共事業Tに含まれるが，陸海軍工廠はGに含めた．
(e) 農業協同組合のたぐいはCに編入した．
(f) 洋服仕立てはサービス業(C)とみなす．
(g) 労働組合専従はSに含める．
(h) 教員はすべてSである．移動は学校単位でこれを勘定する．僧侶等も同様．
(i) 製造・販売の結合しているもの（例：豆腐屋）は原則としてMに編入した．
(j) 鍛冶屋はMに含めた．（ちなみに，(i)と(j)とはわが政府による現行の統計処理法と異なる）．
(k) 砂利採集業はBgに含めた．
(l) 製材業, 石製品業などはMであるが，木材業はAg, 石切出し業はNである．
(m) 管理職は部長以上を原則とした．もっとも小企業(100人以下)では課長を含めたところもある．
(n) 企業内移転・昇任は，移動として計上しない．企業規模等が期間中に変更したものは，原則として変更以前の分類をとった（ただしそのような例は比較的わずかである）．
(o) 失業期間を間にはさんだ2つの職歴は，失業前後の従業先が異なったときのみ転職1回に数えた．

補論　労働移動表分析のための基礎概念

この補論の目的は，労働移動率をめぐって第2章に登場する基礎的諸概念について定義を与え，また多少の解説を試みることにある．

1. 完全移動と結合指数

労働移動率の大小を云々するためには，その評価尺度を決めなくてはならない．このために早くから考えられたのは，移動が全く自由に（ランダムに）行われるような状態を判定の基準とすることであった．つまり，第2-1表において，もし就業機会が完全に均等であれば，時期 A から B への移動量 a_{ij} は周辺度数 A_i および B_j から統計的に独立の筈である．このとき a_{ij} は（確率をPで表わせば）

$$a_{ij}^* = n \cdot P(A_i \cap B_j)$$
$$= n \cdot P(A_i) \cdot P(B_j | A_i)$$
$$= n \cdot P(A_i) \cdot P(B_j)$$
$$= A_i B_j / n$$

に等しくなると期待されるから，この値を完全移動(perfect mobility)下の移動量と呼ぶことにし，実際の移動量が完全移動下のそれにどの位接近しているかによって移動頻度の大小をみようとしたのである．グラース(D. V. Glass)らによって結合指数(index of association)と呼ばれたものがこれで，この指数は

$$a_{ij}/a_{ij}^* = n a_{ij}/A_i B_j$$

と書き表わされる(Glass 1954, pp. 188-98, 222-24)．この値は，移動がないときゼロとなり完全移動のときに1をとるという便利な性格をもつ．

2. 粗移動率と純移動率

さて，労働移動の頻度は，職業の性格や社会制度上労働移動が容易だったり逆に困難だったりする度合に応じて多かったり少なかったりするのはもちろんだが，それ以外に，労働市場の構造とその変化の影響を受けることを注意せねばならない．ここで労働市場の構造とは，移動表の周辺度数で表現された労働人口の部門間配分のことである．一方にはそれほど多数の人を必要とせずまた時間とともに（相対的または絶対的に）衰退しつつある職種があるかと思えば，他方，時代の花形で多数の人を需要し，またその門戸が年々拡大しつつある職業もある．いまこれらの双方において退出率が均等だとするなら，職業固有の性格いかんにかかわらず，拡大職種の場合には衰退職種に比べてより多くの転入者を必要とし，転入率も高いであろう．たとえていうなら，同じ玉転ばし（ピンボール）のゲームをするにしても，穴が大きくしかも拡大しつつある場合には得点が比較的容易になるようなものである．

以上の理由から，移動率を論ずるときには，労働市場構造の変動要因が含まれているかどうかを見分けなくてはならない．これの影響を含んだ値は粗移動率，除去した値を純移動率と呼んで区別するのはこのためである（富永 1979, pp. 52-63）．労働移動を媒

介にして労働市場の特質を知ろうとするわれわれにとっては，当然のことながら純移動率を求めることが必要である．

残念なことには，上述の結合指数は純移動の指標としては落第である．なぜなら，この指数が1に等しいかどうかをみるのは統計的独立性を検定するに等しく，そして独立性の検定とは条件つき確率のテストだからである．いいかえれば，結合指数の大きさは移動表における周辺度数と独立ではないからである(安田 1971, pp. 82-84)．この欠陥を克服する1案として考えられるのは，ユール(Yule)の関連係数 Q や，安田三郎によって開発された開放係数 Y の利用であろう(Odaka 1967 a; 安田 1971, pp. 88-119)．このうちユールの関連係数は，その値が -1 と 1 との間におさまり，また分散を計算した上で正規分布を利用して統計的検定も実行できるという便利な性質がある(Goodman and Kruskal 1954, p. 748 ff.; ditto., 1963, pp. 322-24)が，カイ自乗統計量と同じように 2×2 の分割表についてだけ定義されているので利用が不便である．また Y 係数($Y=(m-a_{ii})/(m-A_iB_i/n)$，ただし $m=\text{Min}[A_i, B_i]$) は，主対角線上 ($i=j$) の要素についてしか計算できないので，われわれの分析には適していない[5]．

3. マルコフ過程の終局値

いま1つの方法は，労働移動を極限的状態で観察することによって，そこに内在する固有のパターンを追究することである．例えばマルコフ過程(Markov process)の考えを利用したり，労働移動表自体の性格を利用したりするのがそれである．このためには，まず第2-1表の労働移動表を次のような相対頻度の形で表わす．

$$P = \begin{pmatrix} p_{11} & p_{12} & p_{13} \\ p_{21} & p_{22} & p_{23} \\ p_{31} & p_{32} & p_{33} \end{pmatrix}$$

ただし，$p_{ij}=a_{ij}/A_i$ および $\sum_j p_{ij}=1$ である．P は，ときに推移確率(または移動)マトリックス(matrix of transition probabilities)と呼ばれることがある．ここで時期 A，B における労働力の市場間配分比率(周辺相対頻度)をそれぞれ

$$x^{(A)} = (x_1^{(A)}, x_2^{(A)}, x_3^{(A)}), \quad x^{(B)} = (x_1^{(B)}, x_2^{(B)}, x_3^{(B)})$$

(ただし，$x_i^{(A)}=A_i/n$, $x_i^{(B)}=B_i/n$)

のようにヴェクトルで表現すれば，$x^{(A)}$ と $x^{(B)}$ とは

$$x^{(B)} = x^{(A)} P, \quad \text{つまり} \quad x_j^{(B)} = \sum_i x_i^{(A)} p_{ij}$$

の関係にある．なお，移動マトリックス P の主対角線上の任意の位置 (ii) における平均

---

[5] なお，Y 係数は完全移動との対比で作られているため，その最大値が周辺度数から完全には独立でない．その改良版として提案されたブードン(R. Boudon 1973, ch. 1)の指数でも，この欠点はそのまま残っている．

滞在時間 τ_{ii} は

$$\tau_{ii} = 1/(1-p_{ii})$$

で表わされ，その分散は

$$\mathrm{Var}(\tau_{ii}) = p_{ii}/(1-p_{ii})^2$$

である(Prais 1955, p. 59).

もし各期$(0, 1, \cdots, t-1)$ごとに移動マトリックス$\boldsymbol{P}_0, \boldsymbol{P}_1, \cdots, \boldsymbol{P}_{t-1}$が知られているときには，ひとは$t$期における労働力の配分比率を次のようにして予測することができよう. すなわち，一般に初期の配分比率をヴェクトル$\boldsymbol{x}^{(0)}$，t期におけるそれを$\boldsymbol{x}^{(t)}$とすれば，

$$\boldsymbol{x}^{(t)} = \boldsymbol{x}^{(0)} \boldsymbol{P}_0 \boldsymbol{P}_1 \cdots \boldsymbol{P}_{t-1}$$

でなくてはならない. 仮にこれらの移動マトリックスがすべて同一$(\boldsymbol{P}_0 = \boldsymbol{P}_1 = \cdots = \boldsymbol{P}_{t-1} = \boldsymbol{P})$であるならば，この式は

$$\boldsymbol{x}^{(t)} = \boldsymbol{x}^{(0)} \boldsymbol{P}^t$$

となり，ある職種(産業)jに対する第t期における労働力の配分比率$x_j^{(t)}$は

$$x_j^{(t)} = \sum_i x_i^{(0)} p_{ij}^{(t)}$$

として与えられる. ここで$p_{ij}^{(t)}$はマトリックス$\boldsymbol{P}^t$の第ij要素を表わし，

$$p_{ij}^{(t)} = \sum_k p_{ik}^{(t-1)} p_{kj} \tag{1}$$

の関係がある. (1)式は，$t=2$のときには

$$p_{ij}^{(2)} = \sum_k p_{ik} p_{kj}$$

である.

ところが，$p_{ij}^{(t)}$の値は，p_{ij}がすべてゼロでないかぎり，tが無限に大きくなるときには，すべてのiとjについて一定値(x_j^*)に収束する性質がある. そこで，$t \to \infty$のときには

$$\begin{aligned} x_j^{(t)} &= \sum_i x_i^{(0)} p_{ij}^{(t)} \\ &\to \sum_i x_i^{(0)} x_j^* \\ &= x_j^* \sum_i x_i^{(0)} \\ &= x_j^* \end{aligned}$$

が成り立つ. すなわち，労働力配分比率は，極限ではヴェクトル$\boldsymbol{x}^* = (x_1^*, x_2^*, x_3^*)$に収束するのである. しかも，この際には(1)式の左辺と右辺とにおいてそれぞれ$p_{ij}^{(t)} \to x_j^*$, $p_{ik}^{(t-1)} \to x_k^*$となるので，結局

$$\left. \begin{aligned} x_j^* &= \sum_k x_k^* p_{kj} \ (\text{もしくは}\ \boldsymbol{x}^* = \boldsymbol{x}^* \boldsymbol{P}) \\ \sum_i x_i^* &= 1 \end{aligned} \right\} \tag{2}$$

が導かれる(Feller 1968, ch. XV; Kruskal and Tanur 1978, pp. 576-80). マルコフ過程の終局均衡値$\boldsymbol{x}^*$の値は，(2)式の連立方程式体系を解くことによって簡単に求められ，労働移動パターン析出の1手段に利用することができる.

4. 標準化された労働移動表

 これよりももっと簡単に，労働移動表を操作することによって，周辺度数がすべて1 に等しいような標準化移動表(table of basic nucleus of association)を作る方法もある. すなわち，まず上記の移動マトリックス P を構成する各要素 p_{ij} を，それぞれ対応する 行合計($\sum_j p_{ij}$)で除することによって新しいマトリックス $P_{(1)}$ を作る.

$$P_{(1)} = \begin{pmatrix} p_{11}' & p_{12}' & p_{13}' \\ p_{21}' & p_{22}' & p_{23}' \\ p_{31}' & p_{32}' & p_{33}' \end{pmatrix}, \quad p_{ij}' = p_{ij}/\sum_j p_{ij}$$

次に，$P_{(1)}$ の各要素 p_{ij}' を，対応する列合計($\sum_i p_{ij}'$)で改めて除することによって，さらに新しいマトリックス $P_{(2)}$ を求める.

$$P_{(2)} = \begin{pmatrix} p_{11}'' & p_{12}'' & p_{13}'' \\ p_{21}'' & p_{22}'' & p_{23}'' \\ p_{31}'' & p_{32}'' & p_{33}'' \end{pmatrix}, \quad p_{ij}'' = p_{ij}'/\sum_i p_{ij}'$$

以下同様にして，新しく作成したマトリックスを順次その行(もしくは列)合計で除してゆくと，究極的には(原表の a_{ij} がすべてゼロでないかぎり)必ず標準化された移動マトリックス P^* が得られる.

$$P^* = \begin{pmatrix} p_{11}^* & p_{12}^* & p_{13}^* \\ p_{21}^* & p_{22}^* & p_{23}^* \\ p_{31}^* & p_{32}^* & p_{33}^* \end{pmatrix}, \quad \sum_i p_{ij}^* = \sum_j p_{ij}^* = 1$$

 この演算過程では，原移動表(第2-1表)における行列間の相互関係(任意の2組の行と列 ij および hk ($i \neq h, j \neq k$) の間における $a_{ij}a_{hk}/a_{ik}a_{hj}$ の値)はそのまま保持されるので，P^* を純移動の指標とみなすことが許されよう(Mosteller 1968; Feinberg 1970). すなわちわれわれは，P^* を基礎資料として，職業や産業相互の社会的距離を吟味することができる. この目的のためには，P^* そのものを観察してもちろんよいし，さらに進んではこのマトリックスに盛られた情報を総合して，社会を構成する諸職業間の社会的距離を測定することも可能である[6](Levine 1972). あるいはまた，距離の短い集団同士をまとめることによって，社会全体をいくつかの職業集団に仕分けることもできる. これら計量社会学的な分析のためには，作業に必要な計算機プログラムもすでに数種類開発されている(例えば Kruskal 1964 a, b; Guttman 1968; Levine 1972; Lingoes 1973 など).

---

[6] ただしこの作業のためには，職業(等)の間に何らかの順位をつけ得ることが必要である.

第3章　賃金二重構造の発生と変動

　前章までの議論によって，労働市場における二重構造は単に見かけの現象ではなく，統計的にもまた実態的にも確たる根拠をもつ事実であることが明らかとなった．そこで以下では，19世紀末に始まる時系列統計を中心に，製造工業における職工賃金の二重構造（企業規模別賃金格差）を，長期的かつ系統的に把握する作業を試みよう．さしあたりこの第3章では，筆者の用意した第2次大戦前の賃金諸系列を紹介するとともに，それらにいささか分析を加えることによって，戦前における賃金二重構造の動向をさぐることをその課題としたい．

1. 問題の所在

　よく知られているように，明治維新以来のわが国は，欧米諸国を基準として考えても社会・経済統計に比較的恵まれているが，労働市場の構造をヨリ掘り下げてしかも歴史的に分析しようとすると，資料不足をかこつ場合が少なくない．企業規模の大小に応じた統計的諸特性に異常ともいえる関心を寄せる傾向があるのは，そのこと自体わが国の経済発展の性格——二重構造を伴った発展——を反映したものであるが，そのような問題意識に対応して戦前の賃金構造を吟味するためには，公刊の官庁統計は全く不十分である．戦後の『工業統計表』（通産省）や『毎月勤労統計』（労働省）は事業所の従業人員規模別に製表されていて，規模別格差を検討する格好の基礎材料となってきたが，それらに対応する戦前の『工場統計表』（内閣統計局；継続刊行は第3回の1919年度以降）や日本銀行『労働統計』（1944年8月以降は内閣統計局『賃銀毎月調査』に接続）からは，規模別集計表を求めることができない．そこで，戦前の工業における賃金傾斜構造に関する分析において信頼に足る材料として用いられてきたのは，たかだか1909年および1914年の『工場統計表』と，5大都市における『工業調査書』(1932年)くらいのものであった（第1章第6節参照）．

　以上のような資料上の制約を克服するために，かつて筆者は，北九州におけ

る2大企業(八幡製鉄所および三菱長崎造船所)の賃金統計を, 同地域における職業別賃金系列と比較検討したことがある (Odaka 1968; 尾高 1976). いいかえれば, 上記の2大企業によって大企業賃金を代表させ, 職業別賃金系列をして平均的な賃金相場の動向を測る尺度としたのである. その作業の結果によれば, 両者間の格差は1920年から25年にかけて拡大する傾向を明瞭にみせた. この点からすると, 戦前における賃金二重構造は, 第1次大戦後の不況期に顕在化したということになる. この所見は, 農工間の賃金および生産性の格差が1920年代に発生したという見解とも符合するといってよい (Ohkawa and Rosovsky 1968, pp. 12-19).

しかしながら, 労働という商品は, 市場情報の伝達が不完全であり, しかも市場の働きが相対的に緩慢だという基本的な特色をもつ. したがって, 労働サービスの売買には地域的な特色が濃く出やすいであろう. 交通と通信の不便な時代ほどこの傾向も強まることと考えられる. だから, 1つの地域において認められたからといって, その現象が一般的であったと直ちには結論できない.

もっとも, 造船業の熟練職工は腕を磨く機会を求めて各地を渡り歩いたということであるから, 地域間格差を解消する力も存在したことは疑いない. そのような「渡り職人」は, おそらくその多くが単身労働者だったことと想像される. 他方, 女工に関しては, 製糸女工等が集団的に地域間移動したことはあまりにも有名である(例えば, 西川 1966 や山本 1968 を見よ). しかしそれにしても, 賃金の二重構造についてなお一層分析を深めるためには, 上記以外の地域についても同種の統計が得られることが望ましい.

ところで, 官営工場については, 八幡製鉄所以外にも部分的にではあるが賃金・雇用統計が現存している. さらに, 三菱重工業株式会社関係の現業会社に関しては, 諸資料の保存がきわめて良好であり, 労務関係の統計資料についてもこれを毎月ごとに通観することができる. 一方, これらの官公私工場をとりまく地域の平均的な賃金水準を知るためには, 精粗の差はあるが, 各地商工会議所調べの『諸傭賃銀調査』や, 地方公共体の産業中分類別工場調査による職工賃金が得られる. そこでわれわれは, 戦前の賃金に関する歴史統計を整理した上で, 代表的な工業地域ごとに相互比較してみよう.(ちなみに, ここで採用するのは前々段に引用した旧稿と全く同様の方法である.) このために選ばれ

た地域とは，(イ)北九州(福岡県および長崎市)，(ロ)中国地方(広島市)，(ハ)関西(大阪市および神戸市)，(ニ)中部日本(名古屋市)および(ホ)関東(東京市，横浜市および横須賀市)の5地帯であるが，これらのうち資料が比較的豊富であるのは(イ)，(ハ)，(ホ)の3ヵ所である．したがって，以下の議論ではこれらの工業地帯を中心にすえ，その他の2地域は参考資料として取り扱う．これらの地域は，いずれも代表的な工業地帯といえようが，その選定は，もっぱらデータの存否によって左右された．

2. 分 析 視 角

われわれの分析は，以下の4点の認識ないし作業仮説にもとづいている．その第1は，すでに触れたところであるが，労働市場における情報過程の性格と急速な労働移動の困難性からして，地理的に十分離れた地域相互間には独立性が存在するということである．その独立性は，地理的な距離が大きければ大きいほど強い．したがって，一定の地域で観察された事象から直ちに一般的な結論を出すことはできない．しかし逆に，十分な時間の余裕が与えられるならば，制度的な制約が大きくないかぎり，1つの地域で生じた変化は当然他の市場へ波及してゆくと考えられる．だから，長期的にみるならば，いずれの地域についても共通の傾向がみられる筈である．

第2に，上に述べた点と関連するが，労働の供給に関する決定や変更には，相当程度の時間的射程を要するのが普通である．この点は，特に男子職工についてあてはまる．例えば，戦前における熟練工のあるものの養成には，5年から7年を必要とした(尾高 1972a, pp. 88-104)．さらに，情報が不完全な状況では，ひとは職業選択に際して本人の周囲に存在する職業——例えば家族，親戚など——によって影響されることが多い．だから，ある職種の労働に対する超過需要が発生したからといって，直ちにそれにみあう供給量の増加が生ずるとはかぎらない．しかも，市場の緊迫性に応じて身軽にその去就を決め得るのは主として単身職工であって，家族をもった人びとは，当然のことながら簡単に労働移動を行うことはできない．なぜなら，その決定には当人の事情だけでなく，家族を構成する各人と地域社会との連関や，住宅選定の問題がからまっているからである．そこで，労働市場における種々の決定には，必然的に時間

的なずれ(lag)が伴う．

次に第3点として，労働市場の特性は生産技術の性格と切り離しては考えられない．わが国の経済発展では，独自の技術的素地の上に外部から導入した技術を移植することによって成功した例が多い．例えば長崎造船所，芝浦製作所，大同毛織等，いずれの場合にもみられるのは，明治初期もしくはそれ以前に始まる企業的努力と優秀な技術者の研鑽とが基盤となり，そのうえに進んだ外部技術を取り入れることによって企業が成長したという事実である．技術の導入が行われた事例は数多く，またその速度は早かったが，これらの場合，「借りられた」技術がうのみにされるのではなく，取り入れた側の事情にあわせてもろもろの改良や調整作業が加えられることが多かった(例えば，岡田 1942，木村 1939，大同毛織 1960 などを参照)．

ところで，いうまでもなく新しい技術の使用は，新しいタイプの職工を必要とする．初期の段階では，在来の職人を核とする労働者によって作業が行われたが，時間がたつとともに近代的職工が急速に養成されるようになった．初めは，この学習過程も見よう見まねであったが，それも次第に組織的かつ効果的に進行するようになり，組織的な職工学校制度すら試みられるようになった(例えば隅谷 1970-71 を見よ)．初期の時点で指導員として招かれた外国技術者たちが，いずれも比較的短期間のうちにその任を解かれているのはきわめて注目すべき事実である．しかしそれにもかかわらず，新しい技術の要請に応え得る生産労働者や技術者を養成するのは一朝一夕にはいかなかった．そこで工業化が本格化した世紀の変りめには近代的工場労働者に対する需要が急増し，一方では数多くの不熟練工がいるにもかかわらず，他方では深刻な人手不足が生ずるという状況がみられたのである．新しく熟練工を養成し，新式技術体系のもとで工場生産体制が軌道に乗るようになるまでには，早くても数年，場合によっては10年近くを要したのではなかろうか(第5章参照)．

このことの系として，第4に，工業化の過程における労働市場の構造を分析するためには，典型的な職工のタイプを，熟練・不熟練といった伝統的な分類法のほかに，(1)在来型(indigenous)，(2)混合型(hybrid)，および(3)近代型(modern)の3者に整理するのが便利である(Ohkawa and Rosovsky 1965参照)．いいかえれば，これらのタイプはそれぞれ対応する生産技術の体系を背

景とし,しかも上述の供給のずれに対応して生まれたといってよい.技術史的にみれば,労働市場の二重構造も,ひっきょうこれら技術のタイプと職工のタイプとの対応のあり方(場合によっては対応の失敗)から生じたものとみることもできよう.

このように,労働市場の基本的な構造とその性格とは,生産技術過程の特質とその導入速度とによって影響されるといってよい.とりわけ経済発展の速度は,労働市場の歴史的変遷を考察するにあたって見逃し得ない要因である.外界の変化に対する労働供給の反応には少なくとも数年を単位とする長い時間を要するとすれば,英国のように長期間をかけて漸進的に産業革命を経験した国はともかく,わが国のように短期間にしかもかなりの速度で工業化をおし進めた場合には,市場の不均衡的要素が払拭され切れずに残存し,たえずわれわれの眼前に立ち現われることになる.そのような調整のずれが解消されるのに何年要するかは一概にはきめられないが,さしあたり10年(弱)程度の期間を考えれば十分であろう.この点にかんがみ,われわれの分析では,加工された諸系列に7ヵ年の移動平均を施すこととした.この作業は弱いデータを補強し,かつ「長期波動」と呼ばれる現象との関連づけをする意味でも便利である.しかしながら,同時に,この方法を用いるときには,各年次の観察がその周辺の年次の観察値と独立でなくなるという欠陥もあることは承知しておかなくてはならない.

3. 賃金諸系列の検討

この節の目的は,われわれが分析の対象とした賃金系列に関し,その性格と推計過程の概略とを説明することにある.これらの系列を用いた分析は第5節で報告する.また系列そのものとその推計過程の詳細とは,巻末の付録にまとめて収録してある.

われわれの作業でとりあげる賃金統計は,いずれも製造工業に関する日給系列であって,大別すれば次の3種類である.(a)企業別賃金系列,(b)職種別賃金系列,そして(c)産業中分類別賃金系列.(a)に属するものは,大中の官公私企業とりまぜて合計15系列であるが,いまこれを地域別に表示すれば次のようになる.

a系列

関 東 地 方	中 部 地 方
1. 陸軍省千住製絨所(男・女) 2. 横須賀海軍工廠(男) 3. 東京砲兵工廠(男) 4. 鉄道省大宮工場 5. 内閣印刷局(男) 6. 秀英舎	7. 名古屋航空機
関西および中国地方	北 九 州 地 方
8. 大阪砲兵工廠(男) 9. 神戸電機 10. 神戸造船所 11. 呉海軍工廠(男)	12. 長崎造船所 13. 彦島造船所 14. 長崎兵器 15. 八幡製鉄所(男)

(a)系列に対応する各地域別の職種別(b)と産業別(c)系列とは，それぞれ10種類および11種類であって，再び地域的に表示すれば次のとおりである．

b系列

関 東 地 方	中 部 地 方
1. 東京市機械工(男) 2. 東京市印刷植字工(男) 3. 東京市綿糸力織女工 4. 横浜市機械工(男)	5. 名古屋市機械工(男)
関西および中国地方	北 九 州 地 方
6. 大阪市機械工(男) 7. 神戸市機械工(男) 8. 広島市機械工(男)	9. 福岡県機械工(男) 10. 福岡県造船工(男)

c列系

関 東 地 方	関西および中国地方
1-9. 東京市産業中分類別・規模別	10. 大阪市機械器具製造業 11. 大阪市船舶製造業

以下，これら3種類の系列の性格について，ごく概略を述べよう．

企業別系列

系列(a)は，一見して明らかなように，(イ)官営工場，(ロ)八幡製鉄所，(ハ)秀英舎印刷工場，ならびに(ニ)三菱グループに属する現業工場とから成る．

八幡製鉄は1933年から民営に移行したので,それ以前の時期は当然(イ)の一部分であった.

(イ)を取り上げたのは,統計資料が容易に得られることと,わが経済発展の初期にあっては,その重工業の中核を構成したのは官営工場だったという事実とにもとづく.もちろん,官営工場の場合は,制度上民営工場の労働市場とやや異なった性格をもつということも考えられるが,戦前期の工場労働者に対しては,独自の工場規則にもとづく雇用関係が官民一様に成立しており,官営工場の労務管理がとくに閉鎖的だったとも思われないから,その賃金変動も労働市場の需給状況を反映していたものとみなして差支えないと思う.ここで取り上げた諸工場のうち,重工業における呉および横須賀の海軍船廠はことに有名である.呉は早くから造船業熟練労働者のメッカだったが,北九州地方が活発な成長をみせるようになってからは,八幡製鉄や長崎造船所との間で熟練工の採用と移動に関して競合を避けるための相互協定を結ぶようになった(第6章第3節参照).横須賀についても古くから資料が引用されていて有名であるが,産業界に影響を及ぼした例をあげると,のちに初代神戸造船所長をつとめた塩田泰介は少年時代にここで訓練をうけたのである(塩田 1938).いずれの船廠もわが国造船技術の発展に対し,とくにその初期の時点で寄与したところは多かったものと考えられる.他方,千住製絨所は,井上省三の指揮のもとに1879年にドイツ人技師2名を雇って官営工場として発足し,1888年から陸軍省直轄となったものである.毛織物産業としてはわが国で最も早い試みだったといってよいであろう(小林 1981, pp. 104-11および岡本・今津 1983を参照).最後に鉄道省大宮工場は,元来民営の日本鉄道会社によって1894年に建てられたもので,蒸気機関車,客車および貨車の製造と修理にあたっていた.その規模は年とともに大きくなり,初期の職工数は239名だったが1900年には1,105名,そして1910年には2,562名に達したという.この間,1902年には,既に蒸気機関車の大量生産が実施されており,また1906年には,同年施行の鉄道国有法にもとづき国有化されることになった.

さて,(イ)に含まれる諸工廠および内閣印刷局の雇用と賃金は,隅谷(1970, p. 199)にその典拠を求めた大宮工場を除けば,主として『日本帝国統計年鑑』に依拠するのであるが,官営工場労働統計は1925年以降同年鑑から消滅して

しまう．陸軍省所管の諸工場については『陸軍省統計年報』にも報告があるが，これも昭和に入ってからは内容が全般に簡素化され，統計書としても薄手になっている．このため，われわれは，同年報からは製絨所の女工賃金を推計し得たにとどまった．（なお，明治30年から昭和2年までの同年報には，この他に男女職工賃金の賃金階級別ならびに年齢別分布が記載されている．）海軍省所管の工廠に関しても，『海軍省年報』には賃金の記載が全くなく，たまたま披見し得た海軍大臣官房の記録綴によって1928年までのデータを補い得たにすぎなかった．

こうしてわれわれが得た賃金統計の数字は，今のところ推計方法の明らかでない大宮工場以外は，いずれも男女別年間支払賃金総額を年間延べ作業人員で除することによって求めたもので，その意味で推定1日あたり実収入であり，賃金率の統計ではない．これらのデータは，資料的には，大蔵省『歳入歳出決算書』に掲載された統計と同一のものと考えられるが，決算書の数字には収支決算の際，帳簿上の調整が加えられているかもしれない．この理由から，後者をそのまま基礎統計とすることはさし控えた．

(ロ)の八幡製鉄所の統計は，『日本帝国統計年鑑』に報告されている男子職工1日1人あたり平均賃金(1902-19年)と，「労働統計実地調査」施行に伴い製鉄所自身が刊行した『製鉄所工場労働統計』から得られる男子の実収賃金系列(1927-36年)とを連結させたものである．両者間に存在する6年間のギャップは，橋本能保利(1927, p. 76)の報告する数値で補った．

(ハ)に利用した秀英舎の系列は，第1系列の千住製絨所や第5系列として採りあげた内閣印刷局のデータとともに，われわれの企業別資料の中で数少ない（いわゆる）「軽工業」の代表である（ただし男女こみ）．秀英舎は，民間における西洋印刷技術導入の端緒だっただけでなく，労使協調論を唱導したその創始者佐久間貞一の名によって有名となった．言わずと知れた大日本印刷株式会社の前身である．印刷局，秀英舎ともに，そのデータが1920年代のなかばまでしか得られないのは残念であるが，印刷業は伝統的な手工業的産業が西洋からの技術移転によって大変革を遂げた1つの顕著な例であるから，多少断片的ではあっても分析の対象とするにふさわしいと考えられよう．

次に(ニ)は，三菱重工業株式会社の各事業所から本社勤労部あてに提出され

第3章 賃金二重構造の発生と変動

た月次報告書を基礎資料としたものである．三菱重工の基幹を占めた三菱造船株式会社は，もともと1917年11月に，三菱合資会社の改組に伴って編成・組織された企業であって，開業当時の構成要素は長崎，神戸，彦島の3造船所と長崎兵器製作所の合計4事業所であった．このうち神戸造船所では，早くから造船以外の生産活動の自立が試みられたが，1920年に三菱内燃機製造を分離し，また1921年には三菱電機を独立させた．三菱造船所は1934年に三菱重工株式会社と改称し，同時に三菱内燃機から発展した三菱航空機を改めて吸収，また東京製作所をも合併した．その後第2次大戦期にかけて，1943年頃から1950年頃に至る10年足らずは，航空機製造を中心とする事業所の離散(独立)と合併の頻度はきわめて高く，三菱重工傘下の事業所数は最大時(終戦直前)には30カ所を越えたほどである．終戦後，その多くはあるいは閉鎖され，あるいは整理された．さらにその後，1948-49年にかけて企業の過度集中解除が問題になったとき，三菱重工は西日本重工業(のちの三菱造船)，中日本重工業(のちの新三菱重工業)，および東日本重工業(のちの三菱日本重工業)の3社に分割された(1950年)．ここに，旧三菱重工の歴史は一応閉じられたわけである．

さて，旧三菱重工所属の各事業所では，定められた書式にもとづき，毎月1回，勤労関係の統計資料を本社勤労部(東京)へ提出した．この資料は，初め「職工統計」として，また1940年からは「工員統計」として整理保存され，その内容は，在籍，作業，賃格(本給に該当)，賃金，平均月収，賞与，退隠手当，負傷，疾病，勤倹預金，社倉などの多岐に及ぶ．ここでは，数多くの事業所のなかから，できるだけ長期の資料が得られるものを選択した．すなわち，大正年間もしくはそれ以前に設立ないし併合された工場に限って分析の対象としたのである．ここでとりあげた三菱系諸事業所の戦前における歴史的系譜の概略を表示すれば第3-1表のごとくである[1]．

ここで使用する三菱諸社の賃金系列は，どれも職工に対する年間賃金支払総額を同じく労働人員延数で除することによって求めたものである．その中心を占めるのは実働賃金と加給金とで，この両者を合わせたものを実収賃金，これに賞与その他の基準外賃金を合算したものを(1人あたり)賃金総額と呼ぶ．す

---

[1] 詳細は，例えば三菱電機株式会社『建業回顧』(1951年)，『三菱重工業株式会社史』(1956年)などを見よ．

第3-1表 三菱5事業所の概略

社名	創業年次・経緯	三菱本社との関係
長崎造船所	幕府により長崎製鉄所として完成(1861). 1884年より三菱会社により経営され, 1887年買収さる. 1888年三菱造船所, 1915年長崎造船所とそれぞれ改称. 1919年長崎製鋼所独立(1921年合併). 1923年長崎電機を三菱電機へ譲渡. 1937年長崎製鋼所を分離. 1939年江南造船所を分離.	1907年3月三菱合資造船部所管となる. 1934年三菱重工業株式会社となる.
神戸造船所	三菱造船事業拡大計画の一環として1905年7月20日より営業, 神戸三菱造船所と称す. 1915年神戸造船所と改称. 1919年3月神戸内燃機を分離するとともに同11月神戸電機を分離. 1928年三菱内燃機神戸製作所を合併.	同上.
彦島造船所	1914年12月設立. 1943年隣接の日立造船彦島船所を買収し, 下関造船所と改称.	当初三菱合資造船部所管. 1934年より三菱重工業株式会社.
名古屋航空機	1919年5月神戸内燃機が神戸造船所より分離独立したが, 1920年名古屋に工場を設立した. 1922年大手商会芝浦工場を引き継ぐ. 1928年5月三菱航空機名古屋製作所と改称. 1934年6月名古屋航空機製作所と改称. 1938年名古屋発動機製作所を分離.	1920年三菱内燃機製造株式会社, 1928年三菱航空機株式会社. 1934年より三菱重工業株式会社となる.
神戸電機	1906年神戸造船所は電気工場を新設し, 1917年には電気部を設立していたが, ついで1919年1月神戸電機製作所として分離独立した.	当初三菱合資造船部所管. 1921年より三菱電機株式会社.

(なお, これら諸社の系譜図は, 三菱重工業株式会社(1956, pp. 368-71)にある.)

なわち,

$$\begin{aligned}賃金総額 &= 実収賃金 + 基準外賃金 \\ &= 実働賃金 + 加給金 + 基準外賃金 \\ &= 実働賃金(w_1) + 加給金(w_2) + 賞与(w_3) \\ &\quad + 諸手当(w_4) + 扶助金(w_5).\end{aligned}$$

ここに実働賃金とは,「実働時間ニ日給ヲ乗ジタルモノニシテ日給賃金又ハ請負賃金内払ヲ言ヒ早出, 残業, 休日, 歩増ヲ含ム」(1940年1月「工具統計」注記). 他方, 加給金とは恐らく「時間加給金」のつまったもので, 種々の割増賃金のことである(次節で詳述).

実収賃金に加算されるのは, 賞与(ボーナス), 諸手当, ならびに扶助金であ

第3章 賃金二重構造の発生と変動

る．第2次大戦後と異なり，ボーナスの占める比率は比較的小さかったが，第1次大戦期の物価騰貴に対処するためにはさまざまの手当が導入された．物価が急激に上昇する場合，賃金体系の改訂はとうていこれに追いつき得ないため，さしあたりその代償として手当金を支給するというのは，機械工業に限らずごく一般に行われた方法である．近くには第2次大戦直後における経験がわれわれの記憶に新しい．この意味では，1920年代は1950年代初期に類似していたといってよいかもしれぬ．また昭和期になってからは，わずかながら種々の扶助金が支払われたので，これについても1人あたりにならした額を求めて上記の手当の1種として合算した．しかし実際問題としては，手当や扶助金は特定の事由に該当する者にだけ支出されたのであって，全員が常時これを受け取ったわけではない．なお，神戸電機については手当と扶助額とを求めることができなかった．

これら三菱諸企業の統計は，いずれも男女こみのものであるが，業務の性質上，女子労働者の割合はきわめて小さく，実際問題としては無視して差支えない．一方，正規の職工以外の労働者（日雇（傭））の賃金は別扱いとし，われわれの計算からは除外した．（ただし，日雇労働者の系列が継続的に得られるのは1923年以降だけである．）ここで分析の対象外とした日雇労働者（人夫）の雇用数は全体のうち多くを占めず，また異なる月間で一定していないが，その大きさについておおよその見当をつけるため1935-38年における日雇労働者数をいくつかの三菱工場について示せば次のとおりである（年末現在，単位：人）．

年	長崎造船	神戸造船	長崎兵器	名古屋航空機	神戸電機
1935	302	1	33	415	0
1936	100	0	28	151	0
1937	144	0	0	0	0
1938	17	0	2	0	0

なお，日雇労働者は臨時工とは全く別の範疇である．

生産労働者のうちどこからどこまでが「正規の」職工であるかについては議論の余地があり，またその定義は時期ごとに少しずつ違っていた可能性もある．その内容構成が明記されるようになった1924年（大正13年）以降の旧三菱重工職工統計では，「在籍職工」の中には役付工（工長，組長，伍長）を初めとして，

並職,徒弟(見習工),試傭,女工,臨時工(男女)が含まれている.したがって少なくともこの時期以降の職工賃金の中には本工(役付工および並職)以外の者も含まれていると考えられる.だから,本工の賃金のみを推計の対象とした場合に比べて,われわれの推計した賃金水準は大正末期以降やや過少ぎみかもしれない.ちなみに,昭和期における海軍工廠の職工統計でも(『海軍省年報』所載),「在籍職工」の中には本工の他に見習工,女工,臨時工および職夫が含まれている.したがって,前述の政府管掌諸工場統計についても,職工賃金は本工のそれに限られないかもしれない.(なお,臨時工と呼ばれる生産労働者の性格は必ずしも簡単ではない.この点は,後段(第6章第5節)で吟味する.)

職業別系列

(b)グループの系列は,「諸傭賃銀調」を利用して求めたものである.前節に述べたわれわれの分析視角に従って,上述した(a)グループは主として近代型——もしくはせいぜい混合型——の職工を代表するものとすれば,それに対する(b)グループは伝統型の代表ということができよう.そこでわれわれは,長期にわたって利用可能な職種別賃金系列のいくつかを選び,伝統的職種の労働市場の動向を見ることにした.原資料として用いたのは主として商工省『賃銀統計表』の都市別統計であるが,北九州だけは府県統計書(『福岡県統計書』)を準拠とした.(すなわち,(b)グループの北九州賃金は,福岡県下10市における職種別賃金の算術平均値である(Odaka 1968, pp. 90-91).)

(b)グループの代表職種としてここで選んだのは,重工業の熟練職種である船大工(福岡県),鍛冶職および鋳物職(福岡県,広島市,大阪市,名古屋市,横浜市および東京市),紡績業の代表である綿糸力織女工(東京市),そして印刷製本業を代表する印刷植字工(東京市)の5種類である.このうち鍛冶職と鋳物職とはその双方を地域ごとに組み合わせて使うことにし,そのためのウェイトには昭和5年『国勢調査』の各地域別集計表から採った職種別有業者数を使用した.もっとも,賃金は都市の相場であるのに,ウェイトに用いた有業者数は府県別の数字であって,その間に概念上の開きがある.しかし,工業的職業は都市に集中しており,かつそれらの賃金はその都市をめぐる地域の相場を反映したものであるから,第1次接近としては府県ベースの有業者数と対応させ

てもよいと考えられる．このような理由で，(b)系列のうち「機械工」とあるのは重工業賃金(鋳物職と鍛冶職との合算)であり，また福岡県系列のうち「造船工」とあるのは同県の「機械工」賃金に船大工賃金を加えたものである．

周知のように，「諸傭賃銀調」は各地商工会議所が実施したものであって，代表的な事業所で毎期(1920年までは3, 6, 9および12月の4回，それ以降は毎月)の賃金相場を調査した結果である．その賃金は手当などを含んでいるといわれるが，むしろ賃金率に近いものだという見解もある(梅村 1961a, p. 75)．各地ごとに賃金表を調べてみるとその値の不審な箇所も散見されるので，どの程度の信頼性があるかは明らかでない．その内容には地域による概念的，形式的な不統一が多く，「殆んど信じ難」い(呉文聰)とする見解もあるくらいである(梅村・山田他 1966, p. 102に引用)．しかし，賃金の働きは緩慢であるから，その意味では多少信頼性の低い調査でも真の姿を伝えるに成功しているかもしれない．のみならず，明治・大正・昭和を通じて，内容が同質でしかも時系列的に長いデータが得られるという点では，この統計の右に出るものがない．このような理由から，われわれは「諸傭賃銀調」による平均賃金系列に積極的な意義を認めてこれを活用することにした．なお，1900年以前の統計は農商務通信規則にもとづく調査によるもので，『日本帝国統計年鑑』から採ったが，それ以降の数字との間にはわずかであるが断絶があるようである．

産業別系列

最後に残るのは(c)系列だが，これは2大都市(大阪，東京)の毎年行った調査によるものから成る．これら両都市の雇用・賃金統計は，大阪，東京の両市で毎年実施された工場調査の結果を表記したもので，それぞれ『大阪市統計書』と『東京市統計年表』に掲載されている．このうち大阪市のほうは，機械製造業の参考系列として使用するのが目的であったから，船舶製造業と機械製造業についてだけ集計した．これらは年末現在の数字で，"家内工業ヲ含ム"との注記がある．職工の他に徒弟を別掲した年度もあるがこれは採用しなかった．ここで機械製造業というのは主として工作機械，タービン，電気機器などのことで，器具類，鉄道用機器，および「その他の機械器具」と分類されているものは含まない．

東京市に関しては，1917-38年の12年間にわたり，大小規模別の工場分類が得られる．この資料を利用して賃金格差の動向をさぐることはすでに試みられているので(南 1970, pp. 120-21, 228)，そのかぎりでは新たに追加するものは少ないともいえるが，われわれは電気・ガス製造業を除いた製造工業を，通産省の「工場統計50年史用産業分類」(同省調査統計部『工業統計50年史』資料編1(1960年)所載)に従って分類し直し，産業中分類(9分類)別に整理した．なお，ここでいう規模別クラスとは，(i)職工数が5人未満のものと，(ii)それ以上のもの，の2種類だけで，双方とも原動機を使用する工場のみを対象とする．ただし，規模による分類は，1922年およびそれ以前は10人を境として分かれている．時系列データで東京を取扱う場合には，いうまでもなく関東大震災が大きな障害となるが(既述の内閣印刷局データに1923年の欠落があるのはこのためである)，東京市の統計ではこの年も継続して情報が得られるので，特に他の年と異なる扱いはしなかった．

実質賃金系列の概観

以上でわれわれの利用する系列の性格の解説が一通り終ったので，ここでこれら賃金資料のなかから数系列を選び，その時系列的な動きを観察しておこう．第3-1図はこの目的で作成したもので，阪神と京浜との両地区を対象に，それぞれの地域における大規模機械工場2ヵ所の平均実質賃金(実線)と，一般機械工業の男子実質賃金の相場を示すと思われる値(点線)とを描いてある．図中に示したのはすべて各年値で，移動平均の操作は施してない．ここにいう実質賃金とは，それぞれの貨幣賃金(1人1日あたり)を1934-36年基準の当該地方消費者物価指数で除した商のことである．大規模工場の統計には，既述のように，諸手当，賞与などを報ずる部分もあるが，この図では簡単を旨としてこれらは一切省略した．それぞれの系列の性格から判断して，大規模工場の賃金統計と一般機械工業の賃金統計とは，いずれの地域においても資料的に独立とみなして差支えない．(なお，北九州地域における同時期の貨幣賃金の動態図は，尾高(1976, p. 181)に示してある.)

第3-1図からは，次の2点を明瞭に観察することができる．まず第1に，実質賃金の水準は，19世紀末から20世紀初頭の約25年間にかけては上下の

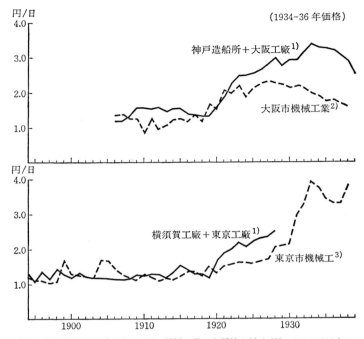

第 3-1 図　阪神・京浜地域における機械工業の実質賃金 (各年値)：1894-1939 年
(注)　1) 2 工場の加重平均値 (職工数ウェイト).
　　　2) 機械製造業と船舶製造業の加重平均値 (職工数ウェイト).
　　　3) 鍛冶工と鋳物工 (いずれも職種別系列) の加重平均値 (昭和 5 年国勢調査ウェイト).
〔資料〕　大阪市消費者物価指数は尾高 (1972 b, p. 28), 東京市消費者物価指数は大川・野田他 (1967, pp. 135-36) を利用. いずれも家賃込み. 賃金資料は付属統計表 A-1, A-2, A-4, A-7 および A-9 表による.

振動を繰り返しつつもほぼ不変の位置を保っていたが，第 1 次大戦を経た後，1920 年代には顕著な上昇を記録した．その後，第 2 次世界大戦間近になってからは実質賃金の上昇速度は徐々に衰え，やがて低下する傾向が見られた．しかし，20 世紀初頭と昭和 10 年 (1935 年) 前後とを比較するならば，わが国機械職工の生活水準は概して改善をみたものと考えてよいであろう．

　もっとも，機械工業における実労働時間 (すなわち実際の就業時間；actual working hours) は，1920 年代には，(第 3 章補論 B で論ずるように) 第 3-1 図の 1 日あたり実質賃金の動きとほぼ並行した形で延長する傾向を見せたから，その事実を考慮に入れるならば，実労働 1 時間あたりの実質賃金水準は第 3-1

図で見るほど大幅に改善はしなかったであろう．労働時間統計には問題が多いのでこの点を十分に検証するのは困難であるが，いま試みに資料の確かな三菱工場の中から神戸造船所を例にとりあげ，同所における1日あたりならびに時間あたり平均実質賃金の数値(1934-36年価格表示)を，建設循環ないし長期波動(Ohkawa and Shinohara 1979, p. 24)の周期(山から山，または谷から谷)ごとに算術平均してみると次のようになる(ただし，1905-23年については長崎造船所の実労働時間を代用．またこの計算からは諸手当や賞与を除外し，データが1924年からしか得られない早出・残業時間は考慮してない．資料は『統計』第4表および尾高(1972b, p. 28)による)．

	1日あたり	1時間あたり
(谷)1901-12年*	1.760円	0.182円
(山)1908-18年	1.744	0.178
(谷)1912-32年	2.262	0.228
(山)1918-38年	2.623	0.243

* 1905年創業につき1901-04年は欠如．

これによってみれば，単位時間あたり実質賃金の動向は全体として第3-1図で観察したところとほぼ同じであるが，予想されたように，その上昇率は時間あたりで測ったときのほうが1日あたりのときよりも間違いなく小さい(例えば，1908-18年期から1918-38年期へかけての賃金上昇倍率は，日額では1.50倍であるが，時間あたりでは1.37倍である)．しかし，労働時間の延長によって，実質賃金の趨勢そのものまでもが大きく変わるというほどの影響はなさそうである．(ただし，賃金に賞与・諸手当を含め，また労働時間に早出・残業を加算して計算した場合には，時間あたり実質賃金は1930年代の初めから低下し始め，1938年のその水準は1926年のそれを下廻るに至る.)

さて第2には，第3-1図によれば，大機械工場とそれ以外の一般機械工場とでは，1920年代になってから，その賃金水準の上にはっきりとした格差が発生したものと認められる．それのみではなく，同様の工場規模別賃金格差は，やや小型ではあるが1910年代の阪神地域にも存在したらしい．このような賃金格差の動態をさらに詳しく追求することは，改めていうまでもなく，われわれが自らに課した次節以下の課題である．

第3章　賃金二重構造の発生と変動

4. 戦前期三菱諸工場の賃金制度

ところで，賃金統計の分析を実施するためには，賃金をめぐる諸概念を吟味しておくことがどうしても必要である．そこでここでは，前述の諸系列の分析に先立ち，これらのうちとりわけ複雑な様相を呈する(a)系列をとりあげ，その代表として旧三菱重工諸社(なかでも三菱造船)の賃金制度をめぐるいくつかの問題を概観しておきたい．

日給賃金制

三菱長崎造船所の職工賃金は，親方請負制(第6章第2節参照)のもとにある者を除き，日給制によって算出するのが創業以来の原則であった．すなわち，ある一定時間を1日と定義し，これに対応する賃格(基本賃金)を「職ノ巧拙ニ依リ」定めて賃金計算の基礎としたのである．賃金は隔週払いだった．

ちなみに，大正年代の後半に福田徳三(1922，第三篇ならびに付録)が実施した製造工業の賃金形態に関する実態調査によれば，1921年当時の機械器具工場では，時間給(日給)を中心とし，特定の職種にだけ出来高制(団体または個人ベース)を採用するのが普通だったようである．いま，福田の報告に付された工場ごとの記述のなかから，機械生産に携わる16工場に注目すると(そのうち15工場の平均従業員規模は約2,600名；同上書，付録 pp. 41-73)，出来高払いだけのもの1，時間給制だけのもの1であって，残りの14事業所では両者が併用されていた．金属加工・機械器具製造双方を含む全82工場に関する福田自身の整理(同上書，付録 pp. 177-79)によっても，時間給によるものは58，出来高給によるものは3，そして双方兼用と答えたものが21であった．

ところで，三菱工場の労働時間は，創業以来1900年3月までは工部局工作分局以来の伝統を引き継いで1日9時間制(午前7時-午後4時半，昼休み30分)であったが，同年4月からは10時間に改め，これに伴って1/9ずつの増給を行った．改訂の理由は，他の事業所が10時間労働を通例とするため，三菱の日給が安すぎる感があったからである(『労務史』第2編，p. 122)．(なお，相対的に進歩的な海軍の諸工場でも，欧米の影響のもとに初期に実施された8-9時間労働日が，明治10年代の後半には10時間労働制に延長されていた(隅

谷 1955, pp. 131-32)).

　定時間制が施かれたということは，時間外手当の支給があったことを当然意味する．創業当時の定傭職工の盟約書第3項には，残業割増は深夜更までが2割5分，それ以降午前7時までが5割との規定があるが，この比率は1918年の改正職工規則でもそのまま踏襲された(『史料』大正7年5月，pp. 679-80)．もっとも，「並職工」の場合には，午後7時までは割増がつかなかったが，1908年8月からは定傭職工制度が廃止されるに伴い全員が「並職工」扱いとなった(『労務史』第2編，pp. 136-37)．一方，早出作業に関して明文の規定を設けたのは1899年の改正工場規則に始まるが，これによれば，定刻前2時間以内は2割5分，それよりも早いときには5割のプレミアムがついた．

　なお，1983年現在の労働基準法(1947年制定)によれば，企業が，労働者との協定によって定められた労働時間を超えて勤務(いわゆる超過勤務)させるときに支払うべき割増賃金は，通常賃金の2割5分もしくはそれ以上でなくてはならない(第37条)．この法律を根拠として，第2次大戦後におけるわが国の企業では，深夜・日曜祭日を問わず，時間外勤務のプレミアムは，法に定める最低線を支給するものが多い．例えば，1979年の『賃金労働時間制度総合調査報告書』(労働省統計情報部)によれば，実働8時間を超え深夜に及ばない通常の超過勤務の場合，割増25パーセント以上を支給するものは，製造工業の平均で14.6パーセント(ただし従業員規模1,000人以上では57.3パーセント)，また法定休日の出勤については同じく22.8パーセント(ただし1,000人以上では69.9パーセント)にすぎなかった(pp. 196-97)．これをもってみれば，超過勤務に関する第2次大戦前の三菱造船所の慣行は，戦後の水準に比してあまり遜色のないものだったといえよう．

加給金制度

　日露戦争当時の事業の繁忙に伴い，三菱造船では能率賃金の導入を試みることになった．これを総称して「加給金」制度という．1905年2月頃から轆轤工場と鑢子工場で採用したハルセイ式報奨制度(premium bonus system)がその始まりであるが，その成績には見るべきものがあったので，1906年末には電気工場，1908年3月には木型工場で，それぞれ時間賞与制度(premium time system)を採用するに至った.また立神工場では,1908年9月から増時間制度 (increased time system)を適用することになった[2].

プレミアム・タイム制とは,一定の仕事を指定時間(t_0)内に仕上げることを命じ,この時間内に作業が完成したときには所用時間(t_a)と指定時間との差に応じて報奨金(B_1)を与えるもので,時間あたり賃金率(既定)を(ω)とすれば次の関係がある.

$$B_1 = \alpha(t_0 - t_a)\omega, \quad 0 < \alpha \leq 1$$

ただしαはあらかじめきめられた定数である.これに対しインクリーズド・タイム制は,仕事ぶりに応じて職工各人に各様の増時間(Δt)を認定するもので,この場合の報奨額(B_2)は

$$B_2 = \Delta t \cdot \omega$$

である(『労務史』第2編,pp. 141, 148).この他,1913年からは一部の職工に対して出来高給(piece work)が実施された.

ところで,1924年以前の各年の職工統計は加給金こみの賃金支払総額($W_1 + W_2$;大文字は企業の支払総額を表わす)を報ずるだけであるので,プレミアムが占める相対的大きさを知ることはできないが,両者のデータを分離し得る1925-40年の16年間について,諸加給金の合算支給額(W_2)を実働賃金支払総額(W_1)と対比($100W_2/W_1$)すると次の結果が得られる(最初の4社は『統計』第6表,後2社は『職工統計』(本章第3節参照)による;単位パーセント).

	単純平均	最高(該当年)	最低(該当年)
長崎造船	13.1	29.8(1940)	7.1(1933)
神戸造船	13.1	30.1(1940)	5.1(1933)
彦島造船	11.8	27.8(1940)	6.2(1929)
長崎兵器	23.8	31.0(1940)	16.4(1932)
名古屋航空機	40.5	111.4(1939)	14.8(1931)
神戸電機	34.5	47.8(1940)	11.0(1930)

これによってみると,加給金比率の高いのは造船よりもむしろ機械製作部門である.とくに航空機の場合は,わが国技術の未だ不十分だったところも多く,戦時期にかけて作業密度や強度が上昇することも多かったのであろう.また三菱電機の加給金比率が高いのは,この企業が米国ウェスチングハウス社

---

(2) この新制度は,親方請負制の廃止(第6章第2, 4節参照)と関係がある.

(Westinghouse Electric Company) と提携しており，そのためもあって早くから科学的管理法を採用したことと無関係ではないかもしれない（奥田 1968 年 11・12 月号, pp. 397-98 および 1969 年 9・10 月号, pp. 323-24). いずれにしても，これらの統計を詳細に見ると，相対的に工事のたてこんだ時期ほど加給金支給比率が上昇すること，またその反対も真であることがわかる．

賞与金制度

賃金をめぐってさらに見逃せないのは，盆・暮の賞与である．社員と呼ばれる職員層に対してボーナスを支給するのは 1876 年以来の三菱社の伝統であった（ただし当初は年末のみ．『史料』p. 4）が，それが一般職工に及ぶに至ったのは大正の中頃以降であった．1917 年の 9 月 4 日付で各事業所宛に出されたと思われる本社造船部専務理事（塩田泰介署名入り）の通知は，「予テ研究中」の「職工中元及年末賞与内規」が決定されたことを伝えている．それによれば，中元ボーナスは前年 11 月から当年 4 月末，年末賞与は 5 月から 10 月末に至る各 6 カ月間を対象として算定され，その額は「各本人ノ Actual Labour Day ニ対スル賃銀」に一定の按分率を乗じてきまるものとされた（『史料』大正 6 年, pp. 172-73).

三菱重工に保管されている文書綴によれば，1917 年以前にも，ボーナス内規の条文をめぐって本社と事業所との間で意見書交換が行われており，長崎造船所や神戸造船所からは，本社の原案では作業成績や会社利益と賞与との関係が不明だとの批判が寄せられた様子である．1920 年 4 月に彦島造船所長から本社あてに送られたコメントでも，上記内規によるボーナスは会社利益の多少にかかわらずほとんど同一額を支給することになってはなはだ面白くないこと，それよりはむしろ本人の等級と能率とを込みにした方式に変更すべきこと，が主張されている．これらの批判に応じて 1920 年 4 月および 10 月には早速内規改正がはかられ，その結果賞与は次の方式によって算出されることになった．

$$賞与＝賃格 \times 出勤日数 \times 按分率 \times 係数（本社決定）$$

ただし，按分率とは職階別に定められた配分比率のことで，改正内規では，工長 30, 組長 25, 係長 18, 並職 12, 臨時雇 7（各パーセント）と定められた．また本社決定の係数とは，該当期中の事業成績を反映させて毎期ごとに算定され

る係数である(『史料』大正9年,pp. 1,613-16, 1,932-34). なお,この後も,1929年から1932年頃にかけて,しばしば賞与内規をめぐる書簡が取交わされた形跡があるから,旧三菱重工におけるボーナス制度は,大正末期から昭和の初期にかけて試行錯誤を繰返したものとみてよいであろう.

ところで,給与に占める賞与の比率は一体どの程度のものだったのだろうか. 旧三菱重工諸社の職工統計の上でボーナスの数値が登場するのは1924年11月以降であるから,賞与の支給が制度的に定着したのはこの時期のことと考えられるが,その額(W_3)は,職工に対する年間本給与支払総額(実働賃金 W_1 +加給金 W_2)の4ないし7パーセント弱程度であった. すなわち,この比率をさきと同じ三菱6社を対象に,1925-40年の16年間について整理すると次のとおりである(初めの4社は『統計』第6表,後2社は『職工統計』による;単位パーセント). (ただし長崎兵器の統計は1927年11月分の賞与額が欠如している.) これらの比率には当然のことながら短期的な変動があるが,加給金比率とは異なり,観察期間を通じて規則的な動向は必ずしも認められない. また,上記の推計は過少評価だというあり得べき批判に応えるため,年間賞与額(W_3)の年間実働賃金のみ(W_1)に対する割合をもってボーナス比率を定義した場合が第1列のカッコ内に示してあるが,その平均値は造船で7.5パーセント,機械で6.4パーセント程度であった.

	単純平均	最高(該当年)	最低(該当年)
長崎造船	6.5(7.5)	8.6(1925)	5.3(1937)
神戸造船	6.5(7.5)	8.6(1931)	5.1(1939)
彦島造船	6.5(7.4)	7.5(1937)	5.5(1930)
長崎兵器	5.2(6.8)	6.1(1930)	4.2(1940)
名古屋航空機	4.1(5.6)	6.9(1925)	2.6(1934)
神戸電機	4.9(6.7)	8.0(1925)	4.3(1938)

第2次大戦前の製造業一般における年間賞与比率は,三菱諸社のそれよりはやや低めだったらしい. この期における最大規模の賞与調査といわれる警視庁の実態調査(東京府下)によると,1935年の工員ボーナスは平均で年間に本給の13日分程度だったということである(昭和同人会 1960, p. 168)から,仮に年間実働日数を300日とすれば比率にして4.3%で,三菱諸社と比べれば名古

屋航空機なみ，三菱諸造船所の7割弱であった．もっとも，職員については，同じ調査の平均は年間に40日分（同じく13.3パーセント）で，支給額にすれば工員に対して約5倍の開きがあった．（三菱を含む大企業45社を対象にした1923年の河田蜂郎調査では，平社員でも年間7.4カ月分の賞与給があったという．）

これに比べると，第2次大戦後のボーナスは，中央労働委員会調査(1958年)によれば工員で3.2カ月分（年間26.7パーセント），職員は4.3カ月分（同35.8パーセント）と実働賃金に対する比率の上では格段に大きくなり，さらに数年後の高度成長期ともなれば，優良企業の場合，年間ボーナスの「きまって支給する賃金」に対する比率はこの程度にはとどまらなかった．他方，職員・工員間の支給額格差はせいぜい2倍程度に低下したのである（同上書，pp. 167-69）．

これを要するに，第2次大戦前におけるボーナスの社会経済的効果は，少なくとも職工に関する限り，大戦後に比較して格段に小さかったといわなくてはならない．

手当金および扶助金制度

ところで，われわれの利用する三菱諸社賃金は，前述のように，実働賃金，加給金，賞与の他に，諸手当(W_4)および扶助金(W_5)を含んだ値である．この2者のうちとくに諸手当は，物価急騰期や賃金統制令(1940年10月)下にあって賃金改定の自由が拘束された時期の応急措置として活用されたものであるから，当然労働所得の一部として計上すべきものである．いまW_3, W_4およびW_5の合計額（基準外賃金）の賃金総額($W_1+W_2+W_3+W_4+W_5$)に対する割合を算出すると，その平均値は，1925年から1940年にかけて以下のとおりであった（付属統計表第A4-6表より算出，パーセント表示）．ただしカッコ内は，実収

	1916-40年平均	1936-40年平均
長崎造船	8.2(8.9)	8.4(9.1)
神戸造船	8.0(8.7)	8.7(9.6)
彦島造船	8.8(10.6)	9.5(10.5)
長崎兵器	5.9(6.3)	6.3(6.7)
名古屋航空機	4.5(4.8)	4.8(5.0)

賃金(W_1+W_2)に対する基準外賃金総額の割合である.

以上の計算結果によれば,生産労働者に支払われる基準外賃金部分の総計は,5社平均で実収賃金の約7.9パーセント,ボーナス部分を除くと約2.1パーセントであったことがわかる(1916-40年の平均).その比率は,準戦時期にかけて(とりわけ1937と1938の両年)上昇する気配を見せたが,彦島造船所を除けばそれ以前と比べてとりたてて高水準に達したとはいえない.第7章第4節で検討するように,ボーナスを含めた基準外賃金の全賃金に占める比率が急激に上昇したのは第2次大戦中から終戦直後にかけて生じた現象である.戦前期においては,その割合が10パーセントを超えることは決して多くはなく,ここでとりあげた事例の場合には,総計80(5社×16年)の観察件数のうち10回(長崎造船3回,神戸造船3回,彦島造船4回)を数えるだけであった.

なお,以上で述べた加給金,賞与,および手当の支給は,1921年に実施された福田徳三調査(1922;既述)の対象となった機械・金属加工工場でも多かれ少なかれ共通に観察されたようであるから,三菱諸工場だけの特徴だったのではない.

企業内賃金構造

企業の内部には種々の異なった仕事や責任の分担があり,それに対応して様々の職種や職階がある.異なった仕事や責任に対して異なった報酬が支払われるのはいうまでもない.組織に属する人材は,一定の規則(ルール)に従ってこれらの仕事や責任に配分される.昇進や人員配置に関する内規はもちろんのこと,企業内賃金構造の決定は重要な組織運営技術の一部である.ここで企業内賃金構造とは,異なった仕事や職務に対して定められた客観的な金銭的報酬率の構成およびその相互関係のことをいう.

われわれの企業別賃金系列で扱われるデータは,上述のように,特定の地域,性(主として男子),職域(職工)にその対象を限定したものであって,その意味ではできるだけ労働の質を統一するように心がけてあるが,資料の制約から,詳細な企業内賃金構造の変化による影響までは排除していない.とりわけここで重要なのは,職種別ならびに年齢別(もしくは勤続年数別)にみた賃金ならびに人員構成の変化が平均賃金に与える影響である.そこで以下では,職種およ

び年齢の差を無視したためにわれわれの企業別系列にどの程度の誤差が生じているかをあらかじめ検討しておこう。ただしこのための資料が得られるのは1924年以降だけである。

職種別の賃金・雇用データを時系列的に揃えることは不可能に近い。そこでその代案として，職階別の賃金・雇用統計を一瞥しよう。このため，三菱造船所の2事業所において工長と一般職工（並職）との間にどれだけ月収（恐らく実収賃金）の格差があったかを調べると，次に掲げるように（第3-2表第3-4列），その倍率は一貫して2.0前後であり，またその動向には僅かではあるが確実に低下の傾向が見られる。同様に，工長，組長，伍長および並職の4職階を対象に，日給（賃格）の変異係数（標準偏差/平均値，ただしいずれも非加重）を算出してみると，1924年当時の0.30あたりから1938年頃の0.24あたりまで，これまた着実に低下していることがわかる。したがって，職務別にみた賃金収入は年を追って徐々に均等化する傾向にあったということができる。（恐らく，職種別賃金構造についても，全く同じ現象が見られたものと想像される。）一方，工長を初めとする役職工の雇用数は，一般職工のそれに対してむしろ減少している（第3-2表第1-2列）。

第3-2表 職階別賃金構造の変動: 1924-38[1]

期　間	工長数・対・並職数		工長月収・対・並職月収		日給額の変異係数[2]	
	長崎造船(%)	神戸造船(%)	長崎造船(倍)	神戸造船(倍)	長崎造船	神戸造船
1924-28	2.09	1.99	2.12	2.19	0.295	0.289
1926-30	1.93	1.83	2.09	2.13	0.291	0.283
1928-32	1.79	1.47	2.05	2.19	0.286	0.280
1930-34	1.68	1.00	2.03	2.18	0.277	0.279
1932-36	1.72	0.84	1.94	2.11	0.262	0.268
1934-38	1.81	0.85	1.94	2.03	0.249	0.251

（注）1）いずれも5年間の単純平均値である。
2）非加重（unweighted）の標準偏差を単純平均値で除したものである。
〔資料〕『統計』第15表（pp. 106-11）より算出。（ここで利用したのは，いずれも毎年10月末現在の統計である。）

これら2つの事実から判断すれば，戦間期の後半部においては，職務構成のなかの高所得者の割合が増加することによって平均賃金額が（見かけ上）上昇することはなかったといってよい。いいかえれば，われわれの算出した企業系列における平均賃金額は，職務構成を初期時点で標準化した場合に比べて，時代

第3章 賃金二重構造の発生と変動

を下るにつれて過少評価気味の値になっている筈である.

次に,職工の年齢別構成の変化が及ぼす効果を吟味しよう.三菱造船に残された資料によれば,長崎造船所や神戸造船所では,1920年代の初頭から,職工の賃金は勤続年数の上昇とともに増額した.例えば,前者の場合を1921-22年の平均でみると,職工の1日あたり賃格は勤続1年では1.39円だったが,勤続5年後には1.64円,10年では2.16円,15年では2.32円,20年では2.35円,25年では2.54円,30年では3.77円というように徐々に高くなった(『統計』第16表による).同じ現象は,昭和初期の八幡製鉄所資料(『製鉄所工場労働統計』昭和7年)や製造工業一般に関する統計(内閣統計局『昭和8年労働統計実地調査報告』第1巻)についても職種別に観察することができる(第7章第5節参照).一方,大工場における職工の定着率は,大正期後半から昭和初期にかけて著しく改善したことが知られている(兵藤 1971, p. 405. 本書第6章第3節をも参照).したがって,大企業生産労働者の賃金は,年齢とともに確実に上昇する結果となった.

このような状況のもとでは,在籍職工の年齢別構成のいかんによって平均賃金に規則的な変動が生ずるのは当然である.高年齢者(永年勤続年者)ほど賃金収入も多いのだから,職工の平均年齢が高い時期には平均賃金も上昇したに違いない.しかも昭和初期ともなると,新規職工には学卒者を中心とする若年者が多く採用されるようになったから,景気がよくて労働需要が活発な年には,職工分布は若年層の全体に占める割合が多い形状となり,したがって平均賃金の上昇率は見かけ上低めに抑えられただろう.逆に,不景気の時には,新規採用が控えられるため,平均賃金の切下げが遅れるように見えたであろう.恐らく,制度の変更に手間どる大組織ほどこの傾向が強かったであろう.(ただし,若年層の賃金は,中・高年層のそれに比べて景気感応度にすぐれ,景気の上昇期には敏感につり上げられる一方,不況期における下方硬直性もあまり認められなかったであろう.このかぎりでは,ここで問題にした平均賃金の動きのにぶさは,若年賃金の振幅の大きさによってある程度緩和されていたかもしれない.)

このような,年齢分布の動きによって生ずる見かけの賃金変化がどの程度の規模のものかを知るために,年齢別構成を1933年規準に固定した場合の理論

第3-3表　見かけの賃金の標準化賃金に対する割合(%)[1]（男子工，民間造船業）

	男子職工・計	鍛冶工	木工	旋盤工
1924	96	97	97	101
1930	100	99	97	99
1933	100	100	100	100
1936	94	n.a.	n.a.	n.a.
1938	93	91	99	83

(注) 1) 標準化賃金とは，1933年の年齢別労働者数分布を使用して求めた年齢別賃金の加重平均値のことである．
〔資料〕『統計』第21表(pp. 130-33).

値（標準化賃金）を求め，これによって賃金の実際値（見かけ上の値）を除した商が第3-3表である．原資料は『労働統計実地調査』（内閣統計局），対象としたのは民間造船業における男子職工である．これによれば，第2次大戦近くになって労働需要が上昇するに伴い，見かけ上の賃金は（標準化賃金に比較して）期待どおり低めに出る傾向があったことがわかる．もっとも木工の場合は低下の度合が少ないが，この職種では，入職者が若年層に限られなかったためか，職工の年齢別構成の変化が比較的微少だった．いずれにしても，年功型賃金体系のもとにおける職工の年齢別分布の変化は，景気変動によって生じ得べき平均賃金の変動を一部吸収したのである．（ただし，「労働統計実地調査」は企業の規模別構成の変動について何ら語るところがないから，以上の数値にはその分だけ歪みが生じている可能性がある．）

このように，企業内における職種構成および年齢構成の時間的変化は，景気の上昇局面（とりわけ1930年代の後半）において，大工場における平均賃金を低めに見せる効果があった．またその一方では，景気の後退期には，年齢分布の変化が見かけの平均賃金を高めに押し上げた．そこで，これらの要因を無視したことによって，われわれの企業別賃金系列は，賃金水準の上下変動の振幅を（標準化賃金に比べて）控えめに見せる傾向を生じたものと考えられる．この意味では，われわれの系列(a)が賃金変動の状況を誇張して伝える恐れは少ないといってよい．いずれにしても，企業内賃金構造の変化は，1920年のなかばから1930年代後半にかけて，大工場の見かけ上の平均賃金値を著しく歪めるほどのものではなかったといえよう．

5. 賃金格差の長期変動

この節では，第3節で紹介した諸系列を用いて，賃金二重構造の変動指数を作ってみよう．われわれが採用するのは，すでに触れたようにきわめて簡単な方法で，「近代的」職工の賃金(w_A)を「伝統的」職工の賃金(w_T)と対比させ，両者間の相対比率の動きを観察することによって労働市場の機能を探る一助としようとするものである．このために，まず企業別賃金系列を w_A の代表とし，職業別賃金系列を w_T の代表とみなす．これらの系列の中から各地域および産業ごとに次のような組み合わせを選定し，それぞれの相対比率(w_A/w_T)を求めた上で，次にその7カ年移動平均値を算出した．

産　業	賃金比率
紡　織	千住製絨所/東京綿糸力織工(女子)
印刷・製本	秀英舎/東京印刷植字工 内閣印刷局/東京印刷植字工
造　船	横須賀工廠/横浜機械工 神戸造船所/神戸機械工 呉工廠/広島機械工 彦島造船所/福岡造船工 長崎造船所/福岡造船工
機械・器具	大宮鉄道工場/東京機械工 東京工廠/東京機械工 名古屋航空機/名古屋機械工 大阪工廠/大阪機械工 神戸電機/神戸機械工 長崎兵器/福岡機械工
製　鉄	八幡製鉄所/福岡機械工

直ちに明らかなように，地域的な対応は完全とはいえない．とくに，長崎市の企業系列を福岡県下の都市賃金と比較するのは，地域的な距離が大きすぎるといえるかもしれない．しかし，北九州地方においては，福岡県の職業別賃金統計がいまのところもっとも整備していることと，同県はこの地方最大の工業地帯であってその経済的影響力は北九州全体に及んだと考えられることから，ここではあえてこの2地域間で比較を試みることにした．ちなみに，長崎市の職業別賃金系列は，断片的にしかこれを得ることができない．一方，福岡県は

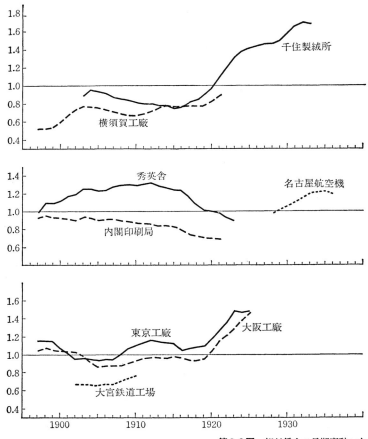

第 3-2 図　相対賃金の長期変動：大
〔資料〕　第 A1-A5 および A 7 表より作成.

九州最大の工業地帯として，その賃金水準は一般に長崎よりも高位にあった．したがって，福岡県の賃金を代用することによって，相対比 (w_A/w_T) は過少にこそなれ，過大評価される心配は少ない(Odaka 1968, pp. 85-87)．(これと同様のことは，横須賀と横浜，大宮と東京の比較についてもいうことができよう．)

　これらの組み合わせに従って描かれた図表は，できるだけ同じ地域ごとにまとめて第 3-2 図に掲げてある．なお，1920 年以降実収賃金と賃金総額との両

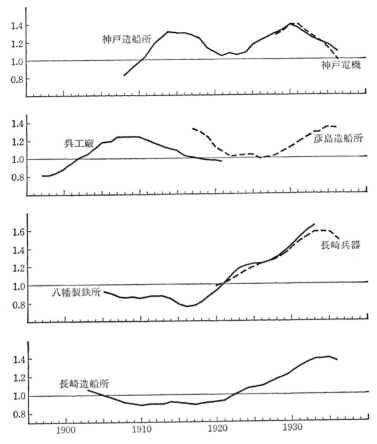

企業・対・職業別(7 カ年移動平均)

系列が得られる場合には原則として後者を利用した．ただし，基準外賃金(賞与，手当，扶助金など)がはっきりと別計されているのは(a)の企業別系列だけで，職業別系列(b)や産業別系列(c)が賞与，手当等を含むかどうかは明らかでない．その成立事情から推量すると，系列(b)や(c)の統計は実収賃金だけから成るものと考える方がよいかもしれない．その場合には，われわれの賃金比率(w_A/w_T)は，w_Aに含まれた基準外賃金部分だけ過大である．しかしその大きさは，前節の議論から明らかなようにせいぜい10パーセント程度のものであり，

また実際に試算してみればわかるように，賃金比率変動の全体的状況（とりわけ山と谷の位置）は，系列(a)に基準外部分を含める含めないにかかわらず，全く変ることがない．

われわれは，賃金比率 w_A/w_T が明らかに長期的な上昇傾向をたどり始め，しかもその値が1.0を越える時点をもって賃金二重構造の発生を判定することができよう．もっとも，改めていうまでもなく，賃金比率 w_A/w_T の絶対水準は，w_A と w_T それぞれの内容構成いかんによって高くもなれば低くもなる．したがって，この比率の絶対水準を相互に比較するのはあまり意味がないであろう．

以上の留保を念頭においた上で，これらの系列を眺めてみよう．個別の指標にはそれぞれの特徴があり，山と谷が記録される時点もさまざまであるが，しかしそれにもかかわらず，これらの系列いずれにもほぼ共通しているのは，1910年前後から1920年にかけておだやかで継続的な下向きもしくは水平的な動きがあり，その後1920年あたりから1930年の前半にかけて大きな上昇のうねりが見られることである．このうねりの起点は1915年から26年に至るまでさまざまだが，平均的には1919年あたりにこれを求めることができよう．またうねりの山頂は，1930-35年の間にあったものと考えられる．これに伴って賃金比率の値は1920年頃から確実に1.0を上廻わり，その最高（1934年の八幡製鉄所）は各年値で1.78の高さに達している．もっとも，神戸造船所と神戸電機の場合だけは他の系列に比べて1930年代の山の到着が早めであるが，神戸市は大阪に近接し，しかもそれ自体は比較的小規模の都市であったから，満州事変以後，労働市場も早めに逼迫したのかもしれない．それはともかく，第3-2図の観察をもとにすれば，二重構造の発生と定着を遅くも1920年頃とする説には十分の根拠があるといってよい．

それだけではない．第3-2図によれば，一部の系列（秀英舎，東京工廠，神戸造船所，呉工廠および彦島造船所）では1900年代の終り頃から1910年代の前半にかけて賃金比率の明らかな山が記録されている．その他の諸系列にも，日露戦争の頃に，わずかではあるが賃金比率 w_A/w_T の上昇があったと思わせるふしがないではない．この発見は，20世紀の初頭既に二重構造的現象が部分的には存在したことを示すものであろう．もしそうだとすれば，二重構造の淵源

を20世紀初頭に求める安場説(第1章第6節参照)に1つの新しい支持が与えられたことになる.

なお,第3-2図に示された賃金比率の中で,きわだって例外的な動きを示したものに内閣印刷局の系列がある.この系列の場合には相対賃金比率の水準が1.0を超える年が皆無であるだけではなく,観察値が存在する全期間にわたってその値は趨勢的に下降している.内閣印刷局の労務管理には,他の事業所に認められない特殊の事情があったのかもしれない.とはいえ,20世紀の初頭に格差の水準が低下する例は他にも多くみられるのであるから,そのかぎりでは,内閣印刷局の系列が他の諸系列と全く矛盾した動きを示したというわけではない.

さて,第3-2図ではもっぱら企業別系列(a)と職業別系列(b)との比較を試みたのであるが,同様の対比は,(a)と産業別系列(c)との間でも行うことができる筈である.しかるに(a)と(c)との比率は,当然のことながら

$$(a/c) = (a/b) \cdot (b/c)$$

のように分解することができるから,左辺の動向を知るためには,既述の(a)対(b)の比率の他に,(b)対(c)の相対比を探ればよいわけである.後者は,熟練工が一般生産工に比べてどれだけの割増しを受け取ったかを示す比率(skill

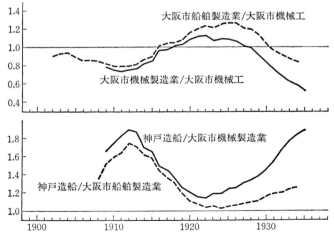

第3-3図 大阪市産業別賃金系列を利用した賃金比率の計算(7カ年移動平均)
〔資料〕 第A4,A7,およびA9表.

margin)だといってよい.

　そこで参考までに,大阪市における(c)対(b)の比率(7カ年移動平均)を第3-3図上半部に示した.これは,『大阪市統計書』から求めた2種類の産業中分類別男子職工賃金(一般機械製造業および船舶製造業)と,同市の職業別賃金(機械工)とを比較したものである.その値は,大体において1を中心に変動しつつも,明治の末年から大正期一杯は上昇傾向を示し,それ以降は逆に一貫して低下する動きを示したことがわかる.大正期(とりわけ第1次大戦期)には大阪の機械工業は活況を呈し,男子工業労働者一般に対する需要も多く,熟練歩合(マージン)を圧迫する傾向があったものと思われる.ところがそれ以降にあっては,造船業の縮小や機械業界の不振のために,平均的職工は熟練工に比べて供給過剰の状態となったものであろう.なお,この図によれば,造船業賃金は機械工業賃金よりも一貫して(しかしとりわけ1920年代以降)上位にあることが明白であるが,恐らくこれは造船工場の平均規模が一般機械工場よりも大きかったためである.

　ところで,第3-3図の上半部のグラフ((c)対(b)の比率)は,概して(a)対(b)の比率(第3-2図;ただし,1930年代の神戸造船所と神戸電機とは例外)と反対方向のうねりを示している.したがって,後者を前者で除して得られる大企業・対・産業別賃金比率(a/c)の動きは,結局のところ(a)対(b)比率と似かよったものになるに違いない.しかも(a)対(b)比率と(b)対(c)比率とが同方向に運動している年次では,両者の動きが相乗されて,(a)対(c)比率は前2者よりもはるかに振幅の大きい動きを示すことは,第3-3図下半部の計算例を見ても明らかである.これら3比率の動きが完全には同周期的でないために二重構造の発生時期の判定結果にブレが生ずるとしても,その大きさはたかだか数年程度のものであろう.

　以上の観察を補足するため,次に,『東京市統計年表』にもとづいて作成した製造工業における規模別賃金格差の指標を検討しよう(第3-4図).ただし,ここにいう「小工場」とは第3節で説明したように職工5人(1922年までは10人)未満の事業所のことで,それより大きい規模の事業所はすべて「大工場」と呼ばれている.この統計は産業中分類別,男女別に集計できるのが長所であるが,残念ながら1916年次前には遡ることができない.第3-4図に掲げたの

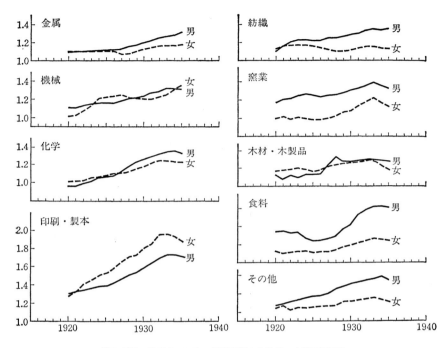

第3-4図 東京市における規模別賃金格差(7カ年移動平均)
〔資料〕 第A8表より算出.

は，第3-2図におけると同様，あらかじめ相対賃金比率を算出した後に，そのそれぞれの7カ年移動平均を求めた結果である．(なお，女子の賃金については，窯業で2カ所，木材および木製品で1カ所の欠落がある(付属統計表第A8表参照)が，これらは比率の算出に先立ち，直線補間により推定しておいた．)

東京市の規模別賃金格差は，どの産業をとるにしても1.0の水準を上廻るものがほとんどで，しかも1920年代から1930年の大半にかけて上昇傾向にあったことが明らかである．賃金統計の起源が比較的新しいために，上昇運動の起点を判定することはできないが，系列のなかには1920年のなかばに小さな山を経験したものがある(男子工では繊維，窯業，木材および木製品，食料品，女子工では繊維，金属，機械など)．また，印刷・製本における著しい例外を除くと，一般に男子工の格差は女子工のそれを上廻る傾向がある．さらに，ど

第 3-4 表　賃金相対比率の長期変動

系列名	長期波動の周期				
	山	谷	山	谷	山
千住製絨所	1904	*	*	1915	1932
横須賀工廠	1903	1910	1915	1919	—
秀英舎	*	*	1912	*	—
内閣印刷局	1898	*	*	*	—
名古屋航空機	—	—	—	—	1935
東京工廠	1899	1907	1912	1916	—
大阪工廠	1902	1905	1915	1918	—
大宮鉄道工場	—	1905	—	—	—
神戸造船	—	—	1914	1921	1930
神戸電機	—	—	—	—	1931
呉工廠	*	*	1910	*	—
彦島造船	—	—	—	1926	1935
八幡製鉄	—	(1910)	(1913)	1916	(1933)
長崎兵器	—	—	—	(1920)	1934
長崎造船	—	(1910)	(1914)	1917	1935
神戸造船・対・大阪船舶	—	—	1912	1924	*
金属 ｛男	—	—	—	*	*
｛女	—	—	—	*	1933
機械器具 ｛男	—	—	—	*	1933
｛女	—	—	—	*	*
化学 ｛男	—	—	—	1921	1934
｛女	—	—	—	*	1932
印刷・製本 ｛男	—	—	—	*	1933
｛女	—	—	—	*	1933
紡織 ｛男	—	—	—	*	1933
｛女	—	—	—	*	1933
窯業 ｛男	—	—	—	*	1933
｛女	—	—	—	*	1933
木材・木製品 ｛男	—	—	—	*	1933
｛女	—	—	—	*	1933
食料品 ｛男	—	—	—	*	1934
｛女	—	—	—	1921	1933
その他 ｛男	—	—	—	*	1934
｛女	—	—	—	1922	1933
単純平均	1901	1908	1913	1920	1933

（注）ダッシュ（—）は資料の欠如，星印（*）は山・谷の不在，またカッコ（　）はやや不明確な場合を表わす．

〔資料〕　第 3-2, 3-3 および 3-4 図より作成．

の産業についても，賃金格差は1930年代初めの世界的大不況の時期に極大値に達し，その後，戦時経済の進展とともに，再び徐々に縮小する傾向をみせたと考えられる．この点について第3-4図から得られる所見は第3-2図のそれと全く同じである．

以上の観察を総括するため，相対賃金の長期的変動を年代順に追って，山と谷とを抜き出して整理したのが第3-4表である．表の最下行に記した年次は，同表の観察をもとにして，その(算術)平均値を求めたものである．ただし，個別の系列によっては特定の時期に山・谷が観察されないものもあるが，これはそれぞれの系列の特殊事情によるものとみなして平均値の算出の際には無視した．また，東京市系列のあるものに見られるような1920年代なかばのゆるやかな起伏は，必ずしもどの系列にも見られたわけではないので，この表に取り上げるのはさし控えた．

第3-4表から得られる相対賃金の変動周期(chronology)を経済全体の長期波動のうねりと比較してみると第3-5表が得られる．明らかに，両者の間にはきわめてみごとな逆方向の対応がある．賃金二重構造の定着した1920年代から1930年代の前半は，長期波動(もしくは建設循環)の下降期(down swing)にあたっていたわけである．

これらの結果は，二重構造の解釈に重大な影響をもつ．二重構造の発生は，わが国労働市場に何らかの構造変化が生じたことを示唆するもので，事実資料的にそのことを裏付けることができる(第5, 6章)．しかし同時に，賃金格差の

第3-5表 変動指標の周期対照表

期　　間		I		II		III	
賃金格差の変動		P	T	P	T	P	T
		1901	1908	1913	1920	1933	—
経済指標の変動		T	P	T	P	T	P
	C	1904	1908	1914	1920	1932	—
	LS	1901	1908	1912	1918	1932	1938

(注) Pは山，Tは谷を表わす．またCは建設循環，LSは長期波動を指す．

〔資料〕 賃金格差：第3-4表; C: Fujino(1968, p. 58); LS: Ohkawa and Shinohara (1979, p. 24).

変動に上記のような周期性がみられるのであるから，その底には経済事象としての一般性(規則性)もあると考えざるを得ない．いいかえれば，賃金二重構造の変動には，史的現象としての一回性と，経済現象としての反覆性とがともに反映しているのである．したがって，この事象の解釈もまたこれらの両側面に触れるものでなくてはならない．

6. 結　語

さて，われわれが以上で観察したところを総括して得られる結論は何であろうか．

まず第1に，労働市場は，その機能が緩慢であるにもかかわらず，長期的にみれば論理的に説明可能な動きを示すということである．技術進歩に伴う労働市場の変革の実態とその変貌速度について，もっと具体的に解明することができるならば，われわれのこの主張は，ヨリいっそう確実なものとなるであろう．さらに一歩進めていえば，賃金傾斜構造は，わが国独自の現象ではなく，条件さえ揃えば他国においても，また異なった時点でも観察され得る筈である．わが国自身については，以上の議論を第2次大戦後経済との関連で展開することがわれわれに課された1つの課題だといえよう．

第2に，賃金傾斜構造の変動は，経済活動一般の変動とちょうど正反対の動きを示す．この事実は，本章でわれわれが問題とした以外の賃金格差(職種間，産業間)の動きとも整合的であるが(第1章第3節参照)，さらに労働分配率の循環変動パターンとも軌を同じくするようにみえる(梅村 1961 a, pp. 77-98, および南・小野 1978)．これらの現象は，明らかに相互に関連したものと考えられる．

第3に，戦前のわが国における賃金傾斜構造は，1920年を起点として発生したといってよい．これは，既存の業績の結論を改めて確認するものである．しかしながら，工業化の進んだ地域の重工業においては，すでに1908年に賃金格差の発生をみている．この事実の発見は，現存の所説と相反するようではあるが，われわれの議論からすれば別に不思議はない．むしろその原因をさらに探究することによって，労働市場構造の究明にいっそう光が投ぜられることになるかもしれない．

補論A 賃金格差の測定について

賃金格差の測定にあたっては,いくつかの概念操作上の問題を回避するわけにはいかない.これは,技術的側面にとどまらず計測結果の解釈にも影響を及ぼし得る問題だから,十分の注意が肝要である.そこで,代表的と思われる5つの概念について以下簡単に論ずることにしたい.

1. 労働投入量

労働投入量の尺度として普通考えられるのは雇用(L)または総労働時間(H)である.かつてデニスン(Edward Denison 1961)は,H は労働の非効用をヨリ忠実に反映するがゆえに供給コストの尺度として優れているが,他方 L は,労働時間短縮に伴う労働力の質的改善(組織的要素を含む)を内包した概念で,労働投入量(input)の尺度としては H に優る,と論じた.なぜなら,H が減ったからといって実質的な労働投入量が減るとはかぎらないからである.しかしながら,人はまた次のようにも論ずることができる.すなわち,職業人の平均的能力が不変であるとすれば,時間短縮に伴う技術進歩は,労働力よりはむしろ資本設備および経営組織に与える効果の方が大きい.したがって,投入量尺度としては L よりもむしろ H を採る方がよい,と.かつて総合生産性の測定にあたってケンドリック(John Kendrick 1961, pp. 32-34)が採用したのはこの立場である.

さらに,同じ問題を異なった点から見ることもできよう.企業組織運営上の理由から,大企業の労務費には固定費用の色彩が濃いと見ることが許されるなら,フローの概念である H を使用するよりも L を用いた方がよいとも考えられる.一方,中小企業における労働時間は,大企業のそれよりも長いのが通例だが,これは労務費の可変費的性格が強いため,(i)時間あたり生産高(Q/H)よりはむしろ絶対生産額(Q)の極大化が目的とされること[3],ならびに(ii)生産高1単位あたりの固定費用(over-head)を極小にしかつ資本回転を高める努力がヨリ激しいこと,などによるのであろう.このような行動原理上の特質を示すためには,L よりもむしろ H が適していると考えられるかも知れない.わが国労働市場を分析するための実際問題としては,H のデータは相対的に稀少であり,しかも信頼性に乏しい.とくに第2次大戦前の期間にあっては,(第3章補論Bで論ずるように)公式の H 統計は実労働時間ではなく所定労働時間を報告していた可能性がある.

---

[3] 時間あたり生産高と絶対生産高とを各々労働時間と対比してグラフに描くと,前者のほうが早く極大値に達すると考えられる(Rothchild 1954, pp. 51-52).

2. 企 業 規 模

 企業規模の尺度として最も普通に行われるのは雇用人員数 L (石川 1962, p. 139 の主張によれば $\log L$)だが,これは資料上の制約によるためで,他にヨリ適当な尺度が考えられないからではない.もともと企業規模とは産出能力(capacity)に対応する概念であり,理論上「最適規模」とか「規模の経済」とかいわれるときは産出高でこれを代表させるのが普通である.

 しかし,分析の目的によっては,他の尺度の方が適当なこともあろう(N.B.E.R. 1943, ch. X).とりわけ注意すべきなのは,規模の序列は一義的でなく,尺度の選び方で変化し得ることである.例えば,雇用人員数 L と資本量 K とをとれば,両者による規模分類が完全に一致するのは L と K/L との大小関係が 1 対 1 に対応するときに限られる.資料操作上の同種の問題は,生産性格差を論ずるにあたって,ジョンストン(John Johnston 1960, pp. 110–35)が既に指摘したところである.

3. 賃金分布の代表統計量

 同一労働力に対する報酬額はもとより一定ではなく,特定の分布を有する.したがって,これをある 1 個の数値によって代表させるのは元来簡便法にすぎない.しかるに,この代表統計量(statistic)を何に求めるのが適当かは,分布の型に左右されることはいうまでもない.ちなみに,賃金分布は正規でなく多く左に片寄ったF分布型であるから,賃金の代表値としては算術平均値 μ よりもむしろ中位数 Me が適当であることは,記述統計学の常識に属する.あるいはまた,「相場」(the going rate)に主たる関心があるのならば,平均値よりもむしろ並数 Mo を選ぶ方がよいわけである.さらに,分布が正規から隔たるとすれば,賃金に関して標準偏差 σ を計算する意味も不明瞭になる.賃金問題にかぎらず,経済学者が往々にして代表値のみに頼り,その背後に控える分布の型の問題を忘却するとの批判(高橋(長) 1955,第Ⅱ章)は,十分これを玩味すべきものである.同様の理由から,正規分布を土台として作られている統計的諸手法(例えば分散分析など)も,厳密にいえば仮定の吟味なしには使用さるべきでない.

 このような問題性にもかかわらず,われわれが多くの場合算術平均に頼るのは,主として資料の制約のためであるが,一方この方法に積極的な意義を見出す論者もないではない.すなわち,フリードマン(Milton Friedman)とクズネッツによれば,所得が各人全く均等に配分されていたと仮定した状態を示すのが算術平均であるから,これには中位数や並数に劣らぬ経済的意味があるというのである(Friedman and Kuznets 1954, pp. 65–66).

 統計学の諸手法を使用し得るという点で一番便利なのは,やはりジブラ(対数正規)分

布を応用して代表値を求める方法であろう．集団が同質的である程，所得分布は対数正規型になり易いといわれる(Aitchison and Brown 1957, p. 118)．いま X と ϵ を任意の確率変数とし，$\{\epsilon_j\}$ は相互にかつ $\{X_j\}$ からも独立であるとすれば，ジブラ分布を導くのは，

$$X_j - X_{j-1} = \epsilon_j X_{j-1}$$

のような「比例効果(proportionate effect)の法則」である(同上書，pp. 22-23)．一般に，能力分布の型はジブラ分布をもたらす1因であるとされる．労務費が固定費的な傾向をもつ雇用関係にあっては企業内昇進が重要だから，賃金分布もジブラ型になり易いと予想されよう．反対に，独立手工業(craft)的職種では，賃金分布も正規型に近づくと思われる(Ostry, Cole et al. 1958, pp. 228-35)．

4. 賃金格差の指標

前項で述べたのは1集団内における分布の型についてであった．ところでわれわれの関心は，各グループを代表する賃金の値について，グループ相互間の比較をする点にある．いま仮にこの代表値が2つのグループ α と β について一義的に定まり，各々 w_α, w_β で与えられたとしよう．普通，経済学者が2つの経済価値量を比較する場合に用いる概念は相対値であるから，賃金格差を論ずるにあたっても最も頻繁に用いられるのは比 w_β/w_α(もしくはその逆数)である．しかし，格差はまた絶対差 $|w_\beta - w_\alpha|$ によっても表現され得る．相対比の場合，同一比率の賃金変化は，貨幣的錯誤(money illusion)の無いかぎり，構成員相互の相対的位置に変化をもたらさない．これに反し絶対差は，賃金が同一比率で上昇すれば，次第に大きい値になる(逆は逆)．限界生産力説にもとづいて労働の需要を考えれば，相対比が当然問題の焦点になるが，厚生経済学的観点からみても同様である．これまでの諸研究が絶対差をほとんど閑却したのも，かかる背景があるためであろう(例えば，篠原 1955, pp. 22-23, 115-23)．

いまこの点をさらに進んで考察するために，財 Q が2つの生産要素 a_1, a_2 によって作られるとしよう．生産函数の形で書けば，

$$Q = f(a_1, a_2)$$

のごとくである．f は企業もしくは産業について定まり，その要素市場に占める割合が小さいとすれば，要素価格 (p_1, p_2) は所与であって，かつ費用極小の原則が働くかぎり，

$$p_1/f_1 = p_2/f_2 \qquad (\text{ただし } f_i = \partial f/\partial a_i)$$

が成立せねばならない．規模に関して収穫は不変であるとすれば，f_1/f_2 の値は a_1 と a_2 とが使われる相対量によって一義的に決まる．したがって，要素比 (a_1/a_2) は各々の単位あたり価格比 (p_1/p_2) の函数であって，

$$a_1/a_2 = g(p_1/p_2)$$

と書くことができる．そこで g の弾力性を
$$s = -d \log(a_1/a_2)/d \log(p_1/p_2)$$
$$= -d \log(a_1/a_2)/d \log(f_1/f_2)$$
と書けば，s はいわゆる技術的代替の弾力性にほかならない．等産出量曲線が下方に凸であれば $s>0$ だから $g'<0$ である (Allen 1938, pp. 340-43).

もし生産要素が3つ以上ある場合には，g は p_1/p_2 だけからは一義的に定まらなくなる．それのみでなく，要素間に補完の関係が生じ得るから，要素 ij 間 ($i \neq j$) の代替の偏弾力性 s_{ij} (同上書, pp. 503-09) の符号は必ずしも正とはかぎらない．だが，いずれかと言えば $s_{ij}>0$ のケースが優勢と考えられるから，このときにも，p_i/p_j の上昇(下落)は a_i/a_j の下落(上昇)を導くことが多いと思われる．ことに，
$$Q = \sum_i (\gamma_i a_i^{-\delta})^{-1/\delta} \quad (\delta > -1, \gamma \text{ は正の常数})$$
で与えられるような生産函数については，s_{ij} は必ず正でしかも一定 ($=1/(1+\delta)$) である (Uzawa 1962).

いずれにしても，要素の相対需要は代替の弾力性にもとづいて決まるのであるから，その決定に主役を演ずるのは要素価格の比であって，その絶対差ではあり得ないのである．

ところが，ベッカー (Gary Becker 1975, ch. III. とくに pp. 75-77) によれば，労働の質の差は主として人材に対する投資に起因するのであるから，人が w_α を約束する職業を選ぶもしくは w_β のそれにするかは，他の事情が等しいかぎり，w_α と w_β の差によって決まる．もっと正確に言えば，この決定は $PV(w_\beta) - PV(w_\alpha)$ の符号に左右される．ここに PV は一定期間中における賃金所得の流れの現在価値 (present value) である．換言すれば，任意の2種類の職業間に対する労働の相対的供給量は，賃金率の比ではなく，その差の函数だということにほかならない．容易にわかるように，一般に $w_\beta/w_\alpha (=x)$ の大小の程度は $|w_\beta - w_\alpha| (=y)$ のそれとは一致しない．この関係を図式化してみると，例えば第3-5図のごとくである．いま仮に $w_\beta > w_\alpha$ の場合に注意を集中することとし，また w_α をパラメーターと考えれば，ある一定の w_α の値 (w_α^*) が与えられたとき，x と y との関係は直線で表現される (第1象限)．ここで w_α の値が変化すれば (w_α^{**})，この直線は点 $(1,0)$ を中心として回転する．そこで，この x と y との対応関係を利用すれば，y の函数である労働の相対供給曲線 (SS) は，これを相対比 (x) との関係に移し変えることができる ($S'S'$)．注意すべきは，このようにして得られた曲線 $S'S'$ は，w_α の値如何で上下に移動することである．相対比の動きによって賃金格差を測定する場合にも，賃金率の絶対差および水準の動きに留意せねばならぬゆえんである．

以上のこの節での論議は，職業別賃金格差に最もよく該当する．企業別，産業別格差については，集計 (aggregation) の問題があるので，2つの概念間の差はベッカーの論じ

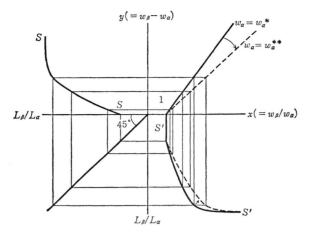

第3-5図 絶対差(y)の相対比率(x)への転換

た程には明確でない.さらに,需要側に比すれば供給の側面はヨリ長期にわたる意思決定にかかわっているのであるから,両者間には多少次元上の不一致があることは否定はできない.

5. 賃金格差の尺度

いま賃金の相対比を主たる指標として採用するとしても,その大きさについて意味のある判定を下すためにはいささか注意が必要である.まず,一般に相対比(w_β/w_α)の確率分布は簡単に求められない.更に,その逆数(w_α/w_β)の分布は,前者のそれから導出されるものでもない(Knowles and Hill 1954 および Hansen, Hurwitz et al. 1953, vol. I, pp. 158-78, vol. II, pp. 107-20).しかしながら,もしここで,w_α, w_β がそれぞれ対数正規分布に従うとわかっていれば,相対比についての確率論的接近には非常に便利であることは論をまたない.

比較すべきグループが2つ以上にわたる場合には,事柄は一層面倒である.グループ同士のあらゆる組み合わせについて相対比を計算し,その平均をとる方法を採用すると,格差の1尺度は,例えば w_i を大小の順に並べたとき,

$$[\prod_{i=1}^{n-1}\{\prod_{j=2}^{n}(w_j/w_i)\}]^{1/M}, \quad j>i$$

(ただし,n はグループの総数,$M=\sum_{i=1}^{n-1}i$,$\prod$ は総乗を表わす)という風に表わされよう.この方法は煩雑であるので,利用度のヨリ高い尺度としては,変異係数(coefficient of variation)をあげることができる.これは,$v=\sigma/\mu$ と定義され,その測定値は

$$\hat{v}=\hat{\sigma}/\hat{\mu}$$

$$= \{\sum_i (w_i - \bar{w})^2/(n-1)\}^{1/2}/\sum w_i/n$$
$$= \{\sum_i (w_i/\bar{w} - 1)^2/(n-1)\}^{1/2}$$

と書き表わされるから,賃金率 w_i とその総平均 $\bar{w}$ との比率が基礎となった概念であることがわかる.

変異係数にやや類似してはいるが,はるかに簡便な尺度としては,梅村教授の提唱された

$$r = (w_h/\bar{w}) - 1$$

という尺度があげられる.ここに h は最高の賃金を受け取るグループで,

$$r = (w_h - \bar{w})L/\bar{w}L$$
$$= (w_h \sum_i L_i - \sum_i w_i L_i)/\bar{w}L$$
$$= \sum_{i \neq h}(w_h - w_i)L_i/\sum_i w_i L_i$$

(ただし L_i はグループの構成員数, $\sum_i L_i = L$)と書けるから,結局 r は,h 以外の全てのグループが h と同一水準の賃金を支払ったと仮定した場合の総賃金コストを,現実の総支払高に対比させたものと等しい(梅村 1961 b).r は低賃金層の動きに殊に敏感であるが,逆に w_h がたまたま飛びぬけて大きかったときには不都合に大きな値となり得る.すなわち,r も分布の型に独立な尺度ではないのである.

そのほか,不均等度の尺度としてはさまざまのものがあるが,高橋教授の所見に従えば,そのうちジブラ係数が卓越し,v を以てこれを補うのがよい,ということになる(高橋(長)1955, p. 25).いずれにしても,計算の方法は1種類には限られない.格差の問題が,理論的に些細であるにかかわらず案外と面倒であるのは,主にこの測定上の難関によるところが多いのであろう.

補論 B 第 2 次大戦前の機械工業における労働時間の変動

1. 三菱諸工場の実労働時間

第3章で扱った賃金資料は,すべて1労働日あたりの金額に統一したものである.しかし,製造工場における1日あたりの実労働時間(理論的には,拘束時間－休憩時間－遅刻・早退時間＋早出・残業時間に等しい)は,生産物需要の動向のいかんによって上下に変動することはいうまでもない.このことを考慮するなら,労働サービスの対価としての賃金は,1労働時間あたりの値で表示するのが自然である.にもかかわらず,ここでその方法によらなかったのは,主として資料の制約のためにほかならない.実際の就業時間はその正確な記録を得ることがきわめて難しく,とくに時期が古くなればな

るほどその困難は増大するからである.

しかし,すでに記したように,世紀の変りめ以後,三菱造船では賃金割増(加給金)制度を導入したから(第3章第4節),その実施と管理のため,労働時間の記録をとる必要が生まれた.したがって,同社各事業所の平均労働時間の変遷も,1924年からはこれを追うことができる.そこで試みに,同年から1944年に至る三菱4事業所(長崎造船,神戸造船,彦島造船および長崎兵器)における1人1日あたり実労働時間を推定したのが第3-6図中の実線である.この統計は,年間の作業延時間を同じく職工出勤延日数(mandays)で除することによって求めたもので,在籍職工だけを対象し,日雇は除外した.なお,早出・残業時間は(原資料には1924年以降報告されているが)この計算には含めなかった[4].

これら4事業所の労働時間のデータによれば,三菱工場における実労働時間は,第1次大戦後の不況後徐々に増加しつつあるかにみえたが,1928年以後は再び減少に向かい,世界大恐慌時(1931年)には再び明白な谷を経験した.しかし,この時期に大量の解

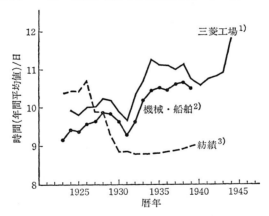

第3-6図 平均労働時間の推移(各年値)

(注) 1) 三菱工場とは,長崎・神戸・彦島の各造船所および長崎兵器の4事業所の単純平均である.ただし1924年は8-12月のみ.
2) 機械・船舶とは,全国の機械製造業および船舶製造業それぞれの値を単純平均したものである.ただし1939年は1-8月のみ.
3) 絹糸・綿糸・麻糸および毛糸紡績を含む全国値.ただし1939年は1-8月のみ.

〔資料〕 三菱各社『統計』第4-5表により,他の2系列は日本銀行『労働統計』各月によって算出.

---

(4) 出勤した者全員が早出・残業の仕事に携わるわけではなく,また作業場によって残業時間の長さもまちまちである.したがって,早出・残業時間の統計的処理は意外とやっかいである.(なお,その暫定的試算結果は,『統計』第9表に紹介してある.)

雇が行われたためもあって，稼動率はその後急速に回復し，昭和10年前後には作業は仲々の活況を示したことがわかる．もっともこの活況も1940年には一時底をついたが，その後戦時態勢にさしかかってからは，勤務は再び急速に長時間化した．このように，観察期間中平均労働時間が10時間を下廻った年はほんの数えるほどしかなかった．

なお，上記三菱4工場における平均月間就業日数の統計を検討すると，概して実労働時間の動きと合致した上下運動が観察されるが，その値は全期間を通じて大体25日前後に落ちつき，実労働時間ほどの激しい起伏は認められない(『統計』pp. 80-87)．

2. 一般民営工場の実労働時間

第2次大戦前における民間工業界一般の労働時間統計は，内閣統計局の『賃銀毎月調査』と日本銀行の『労働統計』とからこれを求めることができる(いずれも毎月調査)が，いまはこの後者の内容の一部を一瞥してみよう．この統計は，常用従業者40-50人以上の工場(製糸の場合は300人以上)を対象としたものである．統計局調査でなく日銀調査を取り上げたのは，前者が(内閣統計局刊行『労働統計要覧』の説明書きからしても)明らかに所定労働時間の統計と考えられること，サンプルに偏りがあること，しかも対象とする期間中に産業分類の組み替えが2回もあること，これに対して後者は，調査方法や諸概念などがヨリ明確に知られていること，などのためである．(なお，内閣統計局の調査は，1939年8月に日銀調査を継承することになり，さらに第2次大戦後は1948年9月以降労働省所管の『毎月勤労統計調査』となって今日に至っている．)

さて，日銀調査に報告された「就業時間」とは，原理的には三菱諸工場のそれと同様，就業延時間数を職工出勤延日数で割ったものを意味する筈であるが，実際問題としては多くの工場はそのような手数のかかる調査を嫌がるので，原理どおりの数値が得られたとは考え難い．調査開始にあたって担当者が期待したのが実労働時間であったことはいうまでもないが，ただ臨時の時間外労働は除外し，継続的(例えば1カ月以上にもわたって)夜業や時間外労働を行う場合にのみこれを含めることとしてあった(日本銀行「労働統計沿革」日本経営史研究所1971, pp. 11-12, 52)．ところが実際に調査を開始してみると，実労働時間ではなく「成規時間」(所定労働時間)だけを記入する例が少なくなく，また三菱のように「原理」に適った方式で時間を集計している工場はきわめて少数であることが，(当然のことながら)わかってきた(同上，pp. 66-67)．いずれにしても，1922年，日銀労働統計調査用紙の改定にあたって調査票の該当箇所に印刷された記入上の注意事項をみると，そこには正味就業時間，すなわち「1カ月間ノ実際就業時間ノ平均カラ休憩時間ヲ引イタモノ」を書くようにと要請してあるだけで，それも，「若シ之カ困難テシタラ大約ノ見当時間テ差支アリマセン」という但書きつきであった(同上 p. 64)．この事情は恐らく終始変らなかったであろう．1935年12月に日銀調査局が作成した

「労働統計作成手続一般」(同上所収)によっても，この統計にいうところの1日の平均実際就業時間とはおよそその作業時間を意味する以上を出ないことは明らかである(pp.6-7). 報告された数値の意味するところが，とくに中小工場の場合疑義が多いだろうことは改めていうまでもない．いずれにしても，日銀の労働時間統計は，その絶対水準を云々すべきではなく，時間的な動きを観察するためにこそ用いらるべきである．

以上のような留保をつけた上で，ここではとりあえず日銀調査結果の中から機械製造業ならびに船舶製造業と，これらとの比較に資する目的で紡績業とを選び，それぞれにおける労働時間の動態を前掲第3-6図中に示した．これらのデータを眺めると，紡績工業では1920年代の後半から1930年代全般にわたって事業が停滞したらしいこと，ところがこれとは対照的に機械製造関係の工場では，大恐慌の後好況が訪れたこと，がわかる(5)．他方，上述のような資料上の制約はあるものの，機械・船舶工業一般における労働時間の動きは，三菱諸工場のそれと比較的高度の一致を示している．もっともその水準は三菱のほうがつねに高めであって，2者間の格差は(機械・船舶工業を基準として)小さいときでも2.4パーセント(1939年)，大きいときには7.9パーセント(1933年)にも達した．ただし，両者の労働時間の長短については，前段に述べた理由からこれがそのまま事実を反映するとは考え難い．

3. 結　語

以上の資料吟味から次のようなことが結論づけられよう．まず第1に，労働時間には当然のことながら上下の激しい起伏があり，したがって例えば好況期の賃金は，長時間作業の分だけこれを割引いて考える必要があるということである．

さらに第2には，仮に三菱の賃金その他の労働条件が他工場に比して優れていたとしても，その労働時間が(第3-6図に示されたように)一般機械工場のそれよりも<s>本当に</s>長めであったのならば，三菱の優位性の解釈には注意が必要だということである．ただしこの第2点については，それが事実とは信じられない理由を上述した．ちなみに，日銀の『労働統計』は(既にふれたとおり)極小企業を対象としていないが，従業員数40人に満たない小企業や家内工業では，仕事の繁忙期にはきわめて長時間の超過労働が課された可能性もあり，その長さにおいて三菱諸工場をはるかに上廻るものがあったかもしれない．

最後に第3には，紡績業における労働時間の動向は，観察された全期間にわたり，機

---

(5) ただし，この対照性は，内閣統計局の『賃銀毎月調査』では認めることができない．この調査の示すところでは，1931年以降の両産業における労働時間には大差がなく，むしろ紡績工場のほうが相対的に長時間労働の傾向を示している(労働運動史料委員会『日本労働運動史料』第十巻統計篇，1959年，pp. 222-23)．

械工業のそれとは全く逆の方向を向いていたことがわかる．もしこれが事実だとすれば，日銀統計の伝えるわが国紡績業労働時間の動態は，綿紡績工業における労働延日数(mandays)や器械製糸業における女工数の動きと少なくとも矛盾しない．綿紡績業にあっては昭和の初期(とくに1926年から1931年)に労働投入量の顕著な減少が記録されているし，器械製糸の場合もその雇用量は1929年を頂点としてその後着実に減少した(藤野(正)・藤野(志)他 1979, pp. 5, 263, 300-01)．それでも綿紡績の場合には，労働投入量は1932年以降緩やかに回復に向かったが，製糸業にあっては，その雇用量が上向きに転ずることはついに再びないまま第2次大戦期に突入したのである．

第4章 二重構造興隆期における労働市場の一般的状況

　前章でみたところによれば，第1次大戦を契機にしてわが国製造工業の貨幣賃金は急激に上昇し，同時に実質賃金にも明らかな改善の徴候が認められた．あたかもそれと呼応するかのように，工業部門内の大規模事業所と中小工場との間には賃金格差が発生した．この意味では，1910年代の後半から1920年代にかけて，わが国の労働市場は1つの構造変化を経験したように見える．もっとも，同じ箇所で論じたように，賃金における二重構造は工業の先進地域では既に日露戦争の時期に発生しているから，変化への指向は20世紀の初頭から既に始まっていたとみるべきであろう．

　そこでこの章では，1920年代を中心に，20世紀の初頭から第2次大戦に至る約40年間のわが国労働市場の一般的概況を展望してみることにしたい．恐らくそのような展望を得ることによって，前章で論じた賃金二重構造の変動が意味するところも一段と明確になることであろう．

1. 工業化過程における労働市場の変貌

　わが国で本格的な工業化が始まったのは日露戦争後のことだといわれる．たしかに明治期においても，松方デフレによる混沌と整理の時期を経た明治20年頃からは，民間の商工活動が徐々に活気を帯びるようになった．この中には，とりわけ製糸・絹織物・綿紡織を中心とする繊維・身の廻り用品産業をはじめ，食品加工業，木材加工業などを数えることができた．これと平行して，鉄道・港湾・道路・郵便を初めとする交通通信網の建設は19世紀後半に精力的に進められ，銀行その他の金融機関も20世紀初めまでにはほぼ態をなすに至っていた．

　もっとも，金属加工業や機械器具工業は，小規模の生産や修理業などを除けば，政府の手による軍需産業——具体的には陸軍工廠および海軍工廠——によって担われるところが大であった．民間需要を対象として金属加工や機械の製

作を手がけるには市場はまだ未発達だったからである．明治後半製鉄所を興す議がもちあがったときも，遂に民間からはあえてこれを担当しようとする者が出現せず，昭和8年12月末日まではこれを国営企業として運営しなくてはならなかった．その八幡製鉄も，作業開始(1901年)後数年間は技術上の困難に相ついで直面し，製銑のための高炉の火が着実にかつ継続的にともるようになったのは開所後約4年を経てからであった．しかもその製品は，大部分鉄道用レールによって構成されていたという(三枝・飯田 1957, 第2-3部)．今日からみればその製品の質にも改善の余地が多かったようである．(ちなみに，第2次大戦後においても，乗用車車体用の薄鋼板はしばらくは輸入に頼らなくてはならなかった．わが国の鉄鋼業が技術的にもまた生産物の質や量の上でも世界をリードするようになるのは1960年代になってからのことである．)

大川・ロソフスキーの書物(1973)が分析の主力を1906年以後の時期にそそいでいるのは，統計資料の制約のためでもあるが，もっと実質的には，ここで問題としているような時代の性格づけと対応するものと考えられる．ちなみに，ロソフスキー(Henry Rosovsky 1966)によれば，明治維新以後松方デフレが終るまでの17年間は伝統的経済社会からの移行期を形成し，近代経済成長が始動したのは1886年よりも後のことである．

以上のような工業化の歩みは，当然のことながら就業構造の動向に如実に反映された．第2次大戦前の全期間を通じて有業人口の大半を擁していたのはいうまでもなく農林業であって，その割合は，1915年に至るまで6割を下ることはなかった．しかしその値は，明治期から徐々に(しかし着実に)減少した．ただしその速度は，1900年代の終りから1920年代のなかばにかけて急激に上昇したことがある．これは前述のような工業化の進捗に対応していることはいうまでもない．もっとも農林業人口の絶対数は戦前期を通じてほぼ一定を保ち，この時期にただ1回だけ急減したのであった(梅村 1968, 1973)．

農林業就業人口比率の減少とそれに対応する非農人口の増加とは，その結果として都市における人口集中をもたらした．これは明治後期から大正初期にかけて全国的な規模で生じた就業形態の変革に通ずるものであった．というのは，明治期にあっては，商工業活動のうち農家の副業として営まれたものが少なくなかったからである(例えば，中村(隆) 1971, pp. 100-08)．この意味でなりわ

いの表現としての「農業」と「農家」とは同義ではない．非農の生産活動を含み得る言葉として，後者のほうが前者よりも広い概念である．

　人口静態統計を国勢調査と比較可能な形に修正した伊藤繁(1982, pp. 59-60)の推計によると，6大都市(東京，横浜，名古屋，京都，大阪および神戸，いずれも1920年の境域に統一)の現住人口の増加率は1898年頃から上昇し始め，1918年には1898年当時に比べて約2.6倍(601万人)の規模に達したという．しかも，都市化が進むにつれて，市部の人口吸収力が減速し，代わって近郊部の人口増加が加速した．これを仮に都市人口の郊外化と呼べば，その現象の開始は大阪市では東京市に比べて約10年ほど先行(1893-98年)していた．大阪のほうが東京よりも工業化の進展度が早かったという事実が，郊外化の数値にも反映しているといってよいであろう．

　都市人口の増加速度が上昇したのは，いうまでもなくこれらの都市に対する農村地帯からの人口流入量が増加したためであるが，その場合，東京地区は東日本一円からの，名古屋市と京都市とは隣接諸県からの，そして大阪地区は西日本地域からの供給が多かった(同上論文，pp. 62-64)．一般に寄留者の性比は男子が優勢で，例えば1920年の統計では，女1に対する男の比率は東京市の場合1.3，大阪市の場合は1.2であった(同前，pp. 66-68)．さらに注目すべきなのは，1920年代に入ってからは，それ以前と比較して，都市流入者の年齢分布の並数(mode)が20-30歳層から16-20歳層へと若返ったことである(同上，p. 69)．伊藤のいうように，これには，20世紀初頭以来の人口成長率の増加が影響しているであろう．いずれにせよ，新興の商工業に入職して都会地で働く人びとは，この頃からその数が増加しただけではなく，その平均年齢も低下したものということができよう．

　なお，第2次大戦中から大戦直後にかけては，農業の就業人口はむしろ増加傾向へと反転した．これは，戦争の混乱によって疲弊したわが経済には，海外からの大量の復員軍人とその他引き揚げ者とを商工業部門に吸収する力がなかったためである．その後，1950年代に始まる高度成長期には，その主役を演じたのはもとより製造工業であって，この時期には，農林業の就業人口は再び急激かつ継続的に低下した．工業化の急速な進行に伴う農林業人口の激減という点では，1910年代と1950-60年代とは一脈相通ずるところがあるといってもよいであろう．

このような農業・非農業間の労働力配分の動向を観察する一助として第4-1図を作成した．この図は，1897年から1936年までの非農業・対・農業の就業者比率を横軸にとり，両部門間の賃金格差を縦軸にとって，各年におけるこれら2つの比率(いずれも7カ年移動平均値)の組み合わせの軌跡を描いたものである．

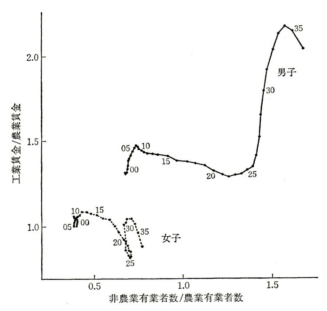

第4-1図 農業・非農業間の有業者配分比と賃金格差の動向：1897-1936年
(注) 1) 有業者統計は梅村(1973, pp. 112-16)による．ただし，原系列は一貫して外国人を含むよう調整し，「分類不詳」を非農(漁業こみ)に加算した上で2部門間の比率を求め，さらにこの比率に7カ年移動平均を施したものである．
2) 賃金格差は梅村(1961 a, pp. 193-94)のデータによる．工業20職種賃金の加重平均を，「農作日傭」と「養蚕日傭」との(単純)平均賃金で除した上で7カ年移動平均したものである．
3) 図中の数字は西暦年号の下2桁を記したものである．

この図によれば，男子非農業就業人口の農業有業人口に対する比率は，観察期間中1年の例外もなく上昇し続けたことが明らかである．しかしその上昇速度には年によって大小があり，とりわけ第1次大戦後に加速している．ところが女子の場合には，非農比率はたしかに上昇したが，その速度は男子ほど著しくなく，また年によっては反転運動があった．これによってみれば，労働力の

配分に関して工業化の著しい影響を蒙ったのは女子よりも男子だったといわなくてはならない．

他方，同じ図によれば，工業・対・農業の賃金格差は，この期間中都合約2回の上下運動を経験している．その第1の頂点は男子では1907年，女子では1912年，第2の頂点は男子では1934年，女子では1932-33年であって，両者の間に1つの谷(男子では1922年，女子では1925年)がある．これらを前章(第3-5表)で作製した賃金格差指標と比較すると，男子の第1の山は6年ほど早すぎ，女子の谷は5年ほど遅すぎる．しかし，それにもかかわらず，全体のうねりには相互に共通性が多い．これは，規模別賃金格差の変動メカニズムに，賃金格差一般の動きと関連があることをうかがわせる．ただし，女子については，その工業賃金水準は，農村のそれと比較して観察期間中一向に改善しないのみならず，趨勢的にはむしろ劣悪化しているという顕著な特徴を見逃すわけにはいかない．この事実は，女子の労働市場が男子のそれとはまた別の特質をもっていたことを示唆するものである．

なお，ここで農業賃金と呼んだのは農作および養蚕日雇労働者の日給のことであるが，わが国の農業は自家労働に依存するところが多く，雇用労働者の数はきわめて限られていた．したがって，ここに成立する農業賃金という範疇も，ごく一部の人々にのみあてはまる概念だった．しかし，それにもかかわらず，その値は農業の生産力と無関係ではなく，少なくとも下層農家の平均生産力を反映した数値とみなすことが許されよう．このような概念としての農業賃金は，前図でみたように，1920年代以降，男子工業賃金に対してこそ停滞していたが，にもかかわらず，生産要素としての土地の価格に比べれば上昇速度が速かった．人口の都市化が進むにつれて，農村の人口余剰が徐々にではあれ減少したためである．例えば，農作労賃と(単位あたり)地価とを比較したとき，1930年代以降，前者は後者に比して格段の上昇である(梅村 1966, p. 221)．旧来の土地制度が徐々に変化して，大地主制が旧態を維持し得なかったのはこのような事情にも起因するのである．(例えば和田(1972-74)を参照．第2次大戦後の農地改革は，この意味では既に戦間期から生じた経済諸力のしからしむるところだったのであり，起こるべきものが起こったと形容することができよう．)

2. 労働の相対的過剰

戦間期における日本の労働市場の基本的な特色は，何といっても労働が他の生産要素，すなわち土地と資本財とに比して供給過剰だったことである．その1つの証拠は，当時のわが国賃金の低水準と労働者層の生活水準の低さに表われている．

低賃金労働

例えば，1918年の機械器具製造業男子1人1日あたり賃金は東京市で1円3銭，大阪市で1円19銭であった(大川・野田他 1967, p. 255)．ところが森本厚吉の栄養計算の結果によると，同年の東京で「一生懸命に活動し得る丈けの食糧を喰べるには一日に平均五十四銭掛るのであります，今一家の家族が大人が二人に子供が三人と致しまして之を大人の数に換算すると三人と三分位になると仮定しますと一家の食費が一円七十八銭丈け要ることになります」(森本 1971, p. 162)．したがって，賃金の相対的に高い機械工ですら，その標準賃金をもってしてはとうてい一家を十分には養えなかった勘定になる．彼はできるだけ超過勤務に励んだであろうし，その家族構成員も働ける者は就業せざるを得なかったに違いない．ちなみに森本の計算では，東京市に在住する1家族の年間(1918年)生活費(理論値)は，「生存水準」に達するために419円，「標準的生活」をするためには最低2,076円が必要であった(同上, p. 163)．いま，超過勤務だとか世帯主以外の者の収入があっただろうことを考慮して上記の職工賃金を3割5分増しにし，また年間稼働日数を300日と仮定すると，東京の機械職工の年間世帯収入は約417円となるが，もし森本の計数が正しければ，この程度の金額では職工一家の最低生存水準をまかなうのがやっとだったということになる．

しかも，ここで想起したいのは，1918年当時のわが国の所得分布の状況である．いまこれを，全国戸数総数と大蔵省『主税局統計年報書』とを組み合わせることによって概観すると，統計の性格上低所得の割合が過大に出ている可能性が大きいという問題はあるが，年間収入500円未満の世帯は全体の92.6パーセント(収入1,000円未満までをとると97.6パーセント)を占めたこと，逆に年

間所得2,000円を超えるものは全戸数のわずか0.9パーセントにすぎなかったこと，がわかる(汐見(1921, p. 470)による．ただしこの分布は，株式配当賞与金・地方債社債利子などを除外したいわゆる第3種個人所得だけを対象としたものである)．

もっとも，1日あたり工業賃金は翌1919年から急上昇した．上に引用した東京市における男子機械器具職工の場合には，1919年に1円80銭，また1921年には2円8銭となった(大川・野田他 1967, p. 255)．そこで，これらを基礎に再び同じ試算を行うと，両年における機械工の推定年間世帯収入はそれぞれ729ないし842円程度である．他方，生活物資のほうもインフレによって値上りしたわけであるから，前述の生存水準ならびに標準的生活水準なるものも，消費者物価指数の倍率(1918年から1921年にかけて1.3弱；同上書, p. 135)でふくらませれば，それぞれ545円と2,700円とが得られる．それゆえ，1920年代の初めには，職工の生活は，森本の意味での生存水準をようやく脱却したということができる．

なお，ここに記した賃金統計にもとづく年間職工収入の数値は，1919年から21年頃にかけて実施されたいくつかの家計調査の結果とほぼ一致する．ここではその例を3つ掲げよう．

まず，高野岩三郎の指導のもとに，1918年の12月から1919年終りの約1カ年にわたって東京市月島の労働者40世帯(主として機械工；平均世帯規模は4.2人)の家計簿を調査した結果(内務省衛生局 1970, pp. 112, 118)によれば，被調査家庭における平均勤労収入は1カ月あたり約73.4円(うち世帯主のみの収入は63.8円)だったというから，年間推定収入額は881円となる．また，その翌々年(1921年11月)，内務省社会局が東京市(四谷，浅草および深川の3区)における比較的低所得の497世帯(そのうち，世帯主が工業に従事するもの236，交通業100，商業60，その他101；平均世帯規模は4.3人)を対象として実施した調査では，平均世帯収入は67.7円(世帯主収入は52.1円，いずれも借金を除く)であった(内務省社会局『大正拾年施行細民調査統計表』1922年, pp. 46-47, 55)．たまたま調査の施行された1カ月間は，その間に1回の降雨もなく連日就業できたという事情があり，不況の影響も未だ大きくなかったので，「其の収入額は当時の最高を示した」ものと見るべきだとされる(内務省社

会局 1923, p. 42)が，それはともあれ，この数値に従えば年間世帯収入は約812円だったことになる．さらに，1921年6月から22年5月にかけて，東北，東京，名古屋，大阪，中国ならびに九州地方にわたり，合計291の職工世帯を対象とした協調会の調査(『自大正十年六月至同十一年五月俸給生活者職工生計調査報告』1925年)によると，1世帯あたり平均月収は109.7円(世帯主のみでは76.6円)であったという(第20表，ただし同調査では，月収300円以下のもののみを集計；平均世帯規模は4.1人)．この数値を基礎とすれば，年間世帯収入は約1,316円である．いずれにしても，家計調査を基礎とした推定所得額は，とりわけ協調会調査の場合，前段で試みた賃金ベースの推測値よりも高めだったことは間違いないが，それでも森本の示した理論的標準値には遠く及ばなかった．

次に，国内における賃金稼得者の相対的位置を吟味してみよう．戸数割り課税資料を利用した1931年熊本市の資料(汐見・宗藤他 1941, pp. 193–203)を援

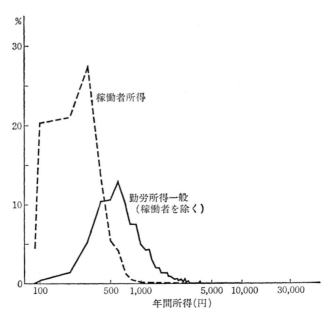

第4-2図　1931年熊本市における(必要経費控除後)勤労所得の分布
〔資料〕　汐見・宗藤他(1941, 附表第7)より算出．

用するならば,納税世帯 31,969 戸の 58.0 パーセントを占める勤労世帯の(必要経費控除後における)年間平均所得は 625 円であったが,10,282 戸を数える賃金所得世帯(稼働者世帯)の平均所得はその半分以下の 314 円にすぎなかった.しかもその分布をみると(第 4-2 図),労働者以外の勤労所得世帯では,所得はみごとな対数正規型分布をなして賃金労働者のそれの右方に位置することが明瞭である.しかも,前者における分布の散らばり具合(標準偏差)は,後者におけるそれよりも大きい.したがって,所得が 1,000 円に満たぬ世帯は,官公吏や会社員(ホワイト・カラー)では 7 割程度であるのに対して,「稼働者」(ブルー・カラー)の場合には事実上全員(9 割 9 分)がこれに該当したことがわかる.(なお,戸数割りデータの性格等については,南・小野他 1981 を参照.)

　1931 年は大恐慌の年にあたり,観察の対象としてはふさわしくない恐れもあるので,次に経済の比較的安定した 1935 年をとりあげてみる.再び 1 年間 300 日稼働と仮定すれば,この年における民間製造工業の年間平均賃金は 399 円(男子のみでは 594 円)であった(大川・野田他 1967, p. 247).これに対して,同年の農家 1 戸あたり農業所得(純付加価値額)は 386 円余と推定される(梅村・山田他 1966, pp. 182, 219; なお,1 戸あたり粗付加価値額は約 444 円).この価額は生産者価格で評価されているので,ごく大まかではあるが消費者価格で評価がえ(後段参照)を試みると 467 円(減価償却こみでは 525 円)となる.農業所得の他に非農所得もあることを考慮し,この数値に農家総合所得・対・農業所得プロパーの比率(1935 年度『農家経済調査』1937 年 12 月刊, p. 54 によれば全国平均で 1.28)を乗ずると 598 円ほどになる.してみると,当時の平均的な男子工業労働者は平均的な農家 1 戸あたりの収入にほぼみあう所得を得ていたといってよいわけである.しかし他方では,同年の個人消費支出額は,人口 1 人あたりで 195 円,1 世帯あたりにして約 980 円であったから(消費支出は篠原 1967, p. 135, 人口と世帯数は内閣統計局『昭和十年国勢調査報告』第 1 巻, p. 122),上記のような工業賃金額では,当時の平均的な消費水準を支えるにも大いなる困難を感じたに違いない.

　農業所得の消費者価格による評価がえは次のようにして概算したもので,厳密な吟味に耐え得るものではない.まず簡単のため農産物(Q)はすべて米から成るものとする.米価を p(小売価格)もしくは p'(庭先価格)と表わし,また経常財投入価額を X, 減価償

却額を D，そして付加価値額を Y(小売価格表示)または Y'(庭先価格表示)と書くと，生産者価格表示の農業付加価値額は

$$Y' = p'Q - X - D \tag{1}$$

と表わすことができる．これを小売価格表示に改めると，精米に際して重量単位で約8〜9分のつき減りがある(農政調査委員会『体系農業百科事典』第Ⅳ巻，1966年，p. 269)ことを考慮して

$$Y = 0.9\,pQ - X - D \tag{2}$$

となる．(1)式と(2)式から Q を消去すると

$$Y = 0.9(p/p')(Y' + X + D) - X - D.$$

したがって p/p' がわかれば，Y'，X，D のデータ(梅村・山田他 1966, pp. 182-83, 214)を使って Y を求めることができる．なお p/p' の値は，1935年には1.27(大川・野田他 1967, pp. 154, 170)であった．

　Y は，農産物一切を都市消費者価格で評価したときの仮空の価値額である．実際には農家はその手取り所得を全部現物のまま消費するわけではなく，その大半を価格 p' で売却してその代価で一般商品のサービスを購入したりその剰余は貯蓄したりするわけであるから，Y はその分だけ農家所得を過大評価しているといわなくてはならない．

　さて，これ以外にも，上記の試算には注意すべきことが少なくとも3つある．その1つは，農業純付加価値額の数値は「暫定的な試算」(梅村・山田他 1966, p. 9)にすぎず，しかもその1戸あたりの値は，恐らく不在地主による取り分だけ過大であることである．

　その第2は，同じ資料によれば，農業就業者1人あたりの農業純付加価値額は158円(前述と同一の，p/p' ならびに非農所得による上方修正を加えても244円)となり，工業の男女平均賃金水準にはるか及ばないことである．

　第3には，上述の付加価値額は全国平均値(推定)であって，1935年度『農家経済調査』(p. 54)から得られる農家1戸あたり平均総収入(829円，ただし小作農は675円．飲食費中に占める現物支出の部分を消費者価格で評価換えするとすれば各901円および761円)よりは明らかに低めの数値であることである．しかし，このことは，『農家経済調査』がおおむね上層に位する農家を対象としたことを考えれば不思議ではない．

　それなら，わが国の工業賃金を国際的にみるとどうだったであろうか．いま前段で使用した1935年間の1人あたり平均賃金年額を同年の先進工業諸国と比較すると，フェルプス・ブラウン(E. Sir Henry Phelps Brown 1968, Appendix 3)の伝えるところでは，米国は3,629円，ドイツは2,160円，スウェーデンは2,146円，英国は2,006円，フランスは1,668円(いずれも男女こみ年間賃金；

U. S. Dept. of Commerce, *Statistical Abstract of the United States* 1936年版記載の1935年ニューヨーク為替相場で換算)であったから，わが国の賃金水準はせいぜい欧米の1/4に達するかどうかという程度だった．

ただし，第2次大戦後の研究によると，市場為替相場は，低開発国における通貨の実効購買力を過少評価する傾向があり，しかもその程度は経済発展の水準が低ければ低いほど大きいことが経験的に知られている(Kravis, Kenessey et al. 1975, pp. 186-88)．これは1つには低開発国に国際市場取引の対象とならない財・サービスが比較的多数存在するからであろう．この事実から類推すれば，昭和10年当時のわが国賃金の国際的位置は，上のパラグラフで引用した数値が示唆するほど低くはなかったと考えられよう．

低生活水準

生活水準の高さを判定するための一助として使えるのはエンゲル(C. L. E. Engel)の法則である．この法則によれば，家計支出中に占める食費の割合(エンゲル係数)は，実質所得が増えるにつれて減少するという．そこでエンゲル係数を測定してこれを時系列的ならびに国際的に比較すれば，わが国勤労者の生活水準の時間的推移を探りかつその国際的な位置づけを知ることができよう．

わが国で農商務省(大正14年度からは農林省)の手によって「農家経済調査」(毎年)が始められたのは大正年間，1921年のことである．また，都市勤労世帯に関する内閣統計局の「家計調査」は，1926年にその第1回が行われ，1932年からは毎年継続して実施されるようになった．しかしこれらの本格的な調査の開始に先立ち，小規模な家計調査は早くからいくつか試みられているので，これらを参考資料として活用することができる．(そのような資料の紹介としては，例えば高野(1933)，那須(1938)，相原・鮫島(1971, 第3章)，宮地(1981)などがある．)

第4-3図は，これら公私の著名な調査を利用することによって，約50年にわたるエンゲル係数を算出した結果を描いたものである．同図には，わが国の平均的な状況を表わす実線と，職工を中心とする都市勤労世帯の観察値(白丸)および農家世帯の値(黒丸)があわせて描かれている．家計調査の結果を利用する際には，個別調査のもつ欠陥(対象が特定の人達に限られ，しかも第4-3図の場合，Kと3以外の調査ではサンプル規模が小さい)を十分に留意する必要があ

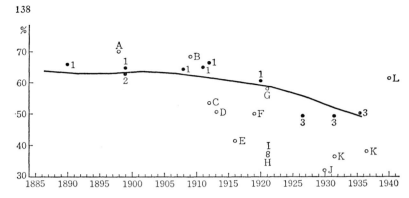

第4-3図 戦前期におけるエンゲル係数の時間的推移

〔注・資料〕 1) 実線は全国を対象とする篠原(1967, p. 5)の推計(当年価格ベース)で, 1882年に始まる 10 カ年平均値 (1882-91, 1887-96, … のように5年きざみで算出) を, 当該期間の中央時点にすえた後, これを接続したもの.

2) ○印は都市勤労者を対象とした家計調査結果である. A は横山源之助調査(篠原 1967, p. 25 に引用), B は農商務省農務局調査(「工業労働者生計費調査」『統計集誌』338号, 1909年4月号), C は社会政策学会の報ずる東京在住職工家計 539 戸の数値(『社会政策学会論叢』第6冊生計費問題, 1913年6月), D は岡実調査(1971, pp. 73-77, 第 5-9 表の加重平均), E は高野岩三郎調査(1971, p. 99), F は権田保之助調査(1971, p. 107), G は内務省社会局調査(『細民調査統計表』1922年), H は協調会の調査(『俸給生活者職工生計調査報告』1925年), I は内務省社会局調査(『職工生計状態調査』1923年), J は東京市統計課調査(『東京市在職者生計調査』1931年), K は内閣統計局『家計調査』(篠原 1967, p. 27 に引用)により 1926 年 9 月-1931 年 8 月の平均と 1931 年 9 月-1940年 8 月の平均とを示したもの, そして L は厚生省労働局調査(『労働者生活状態調査』昭和 15 年 4月至昭和 16 年 3 月)による.

3) ●印は農家世帯の家計調査である. 1 は斎藤万吉調査(篠原 1967, p. 25 に引用)で, 小作農と自作農の単純平均, 2 は農商務省農務局調査(「農業小作者家計調査」『統計集誌』338号, 1909年4月号), 3 は農林省『農家経済調査』(篠原 1967, p. 26 に引用)の結果の 10 年毎(1922-31, 1927-36, 1931-40)の平均.

るが[(1)], それにしても, 19 世紀末から 20 世紀初頭の四半世紀にかけて, エンゲル係数の平均的低下がみられたことは明らかであろう. この事実は, 20 世紀になってから工業の実質賃金が趨勢的に上昇した(第 3 章第 3 節参照)のとも符を一にしており, 本格的な工業化の始動とともにわが国の実質生活水準が次第に改善したことを意味するものである. もっとも, その改善の傾向には, 世界大恐慌の時期や第 2 次大戦直前には停滞するきざしがみられた.

ところで, 生活水準の大づかみな国際比較に資するために, 日本を含めた 5 カ国のエンゲル係数を示したのが第 4-1 表である. 厳密な比較は難しいが, 平

---

(1) ちなみに, 篠原(1967, pp. 22, 28-29)によれば, 内閣統計局の都市勤労者の家計調査は, ことに低所得層において, 消費支出額が過少評価である疑いが濃厚である.

均的にみて，戦間期の日本の生活水準は英国，スウェーデン，米国と比べて明らかに低位であった．しかしその一方，エンゲル係数の値に関するかぎり，わが国はイタリーとはほぼ肩を並べる位置にあった．イタリー人は，フランス人と並んで日常生活における食生活の充実をことさら重んじ，よしんば所得が下っても食費を切りつめるのは極力避けるということであるから，イタリーの数値については，そのような国民性の特徴がここに表現されているとみることができよう．

第4-1表 エンゲル係数の国際比較1)(単位：%)

期　間[1]	イタリー	日本	英国	スウェーデン	米国
1880–1900	68.3	63.8	48.0	36.5	37.7
1900–1920	67.0	62.1	45.9	35.6	35.5
1920–1940	60.7	53.7	43.1	?	31.8
1950–1960	57.3	51.0	45.4	38.6	29.4

(注) 1) 期間の起点と終点とは，国によって多少の違いがある．いずれも当年価格ベース．
[資料] 日本は Ohkawa and Shinohara(1979, pp. 338-41),その他は Kuznets(1966, Table 5–7)による．

エンゲル係数よりももっと包括的な実質生活水準の国際的な比較を試みることは資料の制約のために困難が多い．仮にそれができたとしても，国ごとに国民の嗜好の差だとか生活様式の相異，生活必需品の違いなどがあるため，計算結果の一義的な解釈は必ずしも容易でない．商品やサービスの質や単位を統一することによって諸国通貨の実質購買力(real purchasing power)を相互間に比較可能な形で算出し，これを利用して1人あたり実質国民所得(生活水準の1種の近似値)の国際比較を実施する大がかりな研究は第2次大戦後に初めて試みられるようになったが，その結果によれば，1967年におけるわが国の国民1人あたり実質生活水準は米国の半分弱，また英国の8割程度であった．わが国が英国の水準に達したと判断されるのは1970年のことであるが，同年においても，その水準は米国に比べれば6割程度にすぎなかった(Kravis, Kenessey et al. 1975, pp. 235, 240)．いうまでもなく，これらは国全体の平均水準を示した数値であるが，高度成長期(とくに1962-70年)にはわが国内における所得分布上の不平等は急激に減少したのであるから(溝口 1974)，上記資料をもって第2次大戦後におけるわが国勤労者世帯の生活水準の向上をうかがったと

してもさほどの誤りはないであろう．

ともあれ，以上の議論から，次の4点が明らかとなった．すなわち，(1)20世紀初頭の第1四半世紀におけるわが国工業の賃金水準は先進工業国のせいぜい1/4程度で，辛うじて生存水準を支える程度にすぎなかったこと．(2)したがって，戦間期のわが国勤労者世帯の生活水準は，エンゲル係数の試算から推測すれば，恐らく1860ないし70年代の英国のそれとほぼ匹敵する状況だったかと思われること．しかし，(3)その水準は，とくに世紀の変りめ以降第2次大戦期に至るまでの間に次第に改善する方向にあったこと．(4)ただし，改善の動向は第2次大戦によって中断され，国民1人あたり実質所得が英国なみになるには1970年頃まで待たなくてはならなかったこと．

もちろん，生活水準の低さは労働の一般的過剰だけに起因する問題ではないが，労働の超過供給がその重要な1因であったことは争えない．例えば，1930年当時わが国労働力の15-19歳時における平均余命が42年にすぎなかったといわれる(河野 1968, p. 73)のは，労働過剰から来る生活の貧しさに起因するところが多かったであろう．ちなみに，内閣統計局(第2次大戦後は厚生省)編の『人口動態調査』によれば，わが国の結核による死亡率は，1920年(人口10万人中224人)から1930年(同186人)にかけては徐々に低下していたが，その後は一転して上昇に向かい，1935年(同191人)から1943年(同235人)までは全死亡因中の第1位を占めた．この事実は，生活水準改善の歩みが大恐慌後中断したこと，とりわけ第2次大戦期にかけて国民生活の質が劣悪化したことを反映している．(なお，結核による死亡率は第2次大戦後急速に減少し，10万人あたりにつき1950年には146人，1975年には10人以下となった．)

要するに，以上の観察結果は，戦間期のわが国の労働賃金が国際的にもまた国内的にも低水準にあったことを示すものである．このことは，さらに一層多くの定性的な資料によって確かめることができるが，ここではその詳細には立ち入らない．

ところで，このように供給過多の状況にあったと考えられる戦間期のわが国労働市況は，失業率，殺到率(または求人倍率)，就業構造などの統計指標の上にどのように反映していたのだろうか．以下では，続く3節にわたって統計資

料的な吟味を試みたい．

3. 戦間期における失業率の測定

1925年失業統計調査の概要

　第2次世界大戦前のわが国には，戦後における労働力調査に相当するものは存在しなかった．したがって，戦前のわが国で完全失業者が年々何人くらいいたかを明確に知ることは難しい．

　わが国で初めて失業調査が行われたのは1925年であるが，これは第2回国勢調査(同年10月1日施行)と同時に予算15万円をもって実施され，「労働者又ハ給料生活者タリシ者ニシテ現ニ失業者タルモノ」ならびに「現ニ労働者又ハ給料生活者タル者」(外国人を除く)を対象に，選ばれた都市とその附近における同年10月1日(日雇労働者の場合は9月30日)現在の状況を調査したものである．ただし，有業者であっても雇主と自営業者とは調査から外されたし，給料生活者であっても実収入月額200円以上の者や，芸娼妓・酌婦・仲居などは対象外とされた(内閣統計局『大正十四年失業統計調査報告』第一巻記述編, pp. 1-4, 63)．いいかえれば，ここで採用された労働力の概念は，やや狭義に失すると評することができよう．これらの人々を排除したことによって，調査から算出された失業率(失業者数を調査人口総数で除したもの)は，通常の労働力概念を使用したときに比べて，どちらかといえば高めに出る傾向を生んだかもしれない．これは，1925年調査結果を後年の失業統計と比較するにあたって注意せねばならない点の1つである．

　それはともかく，わが国初めてのこの失業統計調査によれば，1925年当時の失業率は男子5.3パーセント，女子1.4パーセント，男女合計4.5パーセントであった．これらの数字の職業別内わけは第4-2表に示してある．調査人口総数は男子が1,870,300人，女子484,715人，合計2,355,015人だったから，当時の全国人口の約4.0パーセント(調査地区人口の20.3パーセント，同じく世帯数の55.3パーセント)が対象とされたことになる．サンプルの選定法など統計技術的な側面は必ずしも明らかではないが，調査された都市は(東北から西南の順に)札幌市，夕張町，仙台市，足尾町，東京市，横浜市，横須賀市，浜松市，金沢市，名古屋市，和歌山市，京都市，大阪市，堺市，神戸市，尼崎市，岡山

第4-2表 1925年サンプル調査による失業率(単位:％)

調査対象	男	女	男女計
給料生活者	3.28	1.80	3.15
労　働　者	3.82	0.91	3.02
(小　　計)	3.51	1.00	3.06
日雇労務者	19.31	20.66	19.36
合　　計	5.30	1.35	4.48

〔資料〕 内閣統計局『大正十四年失業統計調査報告』第二巻結果表 (1926年)，pp. 2-5による．

市，広島市，呉市，門司市，八幡市，大牟田市，佐世保市，および長崎市の24市町であった．調査地としては太平洋側が多く，また過半数が西日本に位置することがわかる．ちなみに，この調査から得られた失業者総数105,612人のうち，札幌から横須賀までの関東以北の5市2町が占める割合は49.8パーセントである．このような調査地区の設定は，統計数値にも当然それなりの影響を与えたに違いない．いずれにしても，相対的に工業化の進んだところが選ばれたわけであるから，その結果としてここに得られた失業率は，全国的な平均水準に比べて，相対的に高めの値になっていたであろう．

1930年国勢調査による失業者数

さて，1925年に次ぐ第2回めの失業調査は，第3回国勢調査の一環として実施された．第2次大戦前に全国各地を網羅する規模で実施された失業統計としては，1930年のこの調査(悉皆調査)があるだけである．これによると，同年10月1日現在の完全失業者数(U)は男子290,737名，女子29,076名であった．この数字は，1925年調査と同じように，給料生活者又は労働者だった者で1930年10月1日(日雇労働者の場合は9月30日)現在失業中の者のみを対象としたものである．

ただし，給料生活者については月収の上限を設けず，また上記の定義を満たすかぎり芸娼妓・酌婦の類や外国人も排除しない(内閣統計局『国勢調査員必携』[1930年], p. 30；同『昭和五年国勢調査ニ関スル質疑解答』，pp. 69-79)．だから，1930年調査の失業者の定義は，1925年調査のそれよりは多少広義だということができる．しかし，雇主や自営業者が対象にならなかった点は両者

第4章 二重構造興隆期における労働市場の一般的状況

ともに同じであるから,上記の数字によって失業率を算出するためには,有業者数(男子 19,030,237 名,女子 10,589,403 名)のうちから,少なくとも「業主」に分類された人々(男子 6,756,957 名,女子 858,190 名,いずれも商工省調査統計局『昭和5年労働人口配置状況』〔1947年〕(謄写刷),p. 16 による)を差引いた修正有業者数(N)を使用するのが適切であろう.こうして,この年の失業率($U/(N+U)$)の値は,男子 2.3 パーセント,女子 0.3 パーセント,男女総計で 1.4 パーセントと計算される[2].統計数値に関するかぎり,1930年当時の完全失業率は,3パーセントをもって完全雇用の規準とするベバレッジ卿(William H. Beveridge 1944, pp. 124–31)や,経験的に4パーセントをもって完全雇用失業率とみなしたオーカン(Arthur M. Okun 1970, pp. 133–38)の見解に従うなら,まさに超完全雇用の状態にあったといわざるを得ない.

なお,ここで 1.4 パーセントというのは全国平均の数値であるから,さきに紹介した大正 14(1925)年の失業調査結果と比較するために,前段と同様の操作によって市部の失業率を求めると男女合計で 2.6 パーセントとなる(市部失業者数/(市部有業者数−市部業主数+市部失業者数)=150,306/(6,566,750−973,615+150,306)).厳密な比較は難しいが,この結果から判断すると,失業率は,1930年よりも 1925年のほうが高かったことになる.

これら2つの失業調査は,その定義から明らかなように,かつて仕事に就いたことがなく職を探しながらも未だ就職し得ないでいる人々——例えば,新たに学校を卒業した者で未だ就職していない者——を失業者とみなさない.だから,ここから得られた結果は当然過少推計である.しかるに,1930年といえば世界大恐慌の直前であり,「大学は出たけれど……」と言われて大学卒業生の就職難が世の耳目を集めたほど景気が悪かった.同年の国勢調査にもとづく失業者数(ないし失業率)は,就業難や生活の窮乏を訴える当時の新聞記事等(例えば大内 1967, pp. 186–200 を見よ)に照らしてあまりにも低水準にすぎ,真実を語っていないのではないかと疑われたとしてもけだしやむを得ないところであ

---

[2] この他に 1930 年の失業調査の対象から外れた可能性の大きい職種として,いくつかの独立的自由業ないし専門職がある.神官,神道教師,僧侶,医師,歯科医師,産婆,按摩鍼灸師,記者,著述家・文芸家,画家・彫塑家,音楽家・舞踊家などがそれである.しかし,仮にここに掲げた 11 職種を N から差引いた後で改めて失業率を計算しても,その値は男子 2.4 パーセント,女子 0.3 パーセント,男女合計 1.5 パーセントであって,大差は生じない.

ろう.ただ残念なことには,これらの数値を吟味しようにも,それに利用すべき統計資料が欠乏していた.

もっとも,1929年9月以降,内務省社会局は推定失業率なるものを毎月発表している.しかるにこれは労働市場の状況を直接調べたものではない.すなわちこの調査は,失業率は様々の景気動向指標と密接に連動するという仮定のもとに,後者の動きに合わせて,ベンチマークである1925年の統計局の失業調査結果を引き伸ばした(外挿,extrapolation)ものにすぎない.それゆえこの統計は,他の経済統計から独立な,十分に信頼のおける資料として利用するには難点がある(南・尾高 1972, pp. 167-68).したがって,戦前期において曲りなりにも全国各地を同時に網羅する失業統計として拠るべきものには,1925年と1930年に実施された既述の内閣統計局調査の結果があるだけなのである[3].

小田橋の推定失業人口数

ところで,昭和初期に上田貞次郎が主宰した日本経済研究会の1メンバーとしても活躍した小田橋貞寿(1934, pp. 299-300)は,1930年調査の失業率がかくも低い値を示したのは,景気動向の低下とともに労働力率(labor force participation rate,生産年齢人口に占める労働力人口の比率)が減退したからだと考えた[4].つまり,雇用機会が不足したために就職をあきらめて労働力から引退した人々があり,その結果失業率が見かけ上低くなったにすぎぬ,としたのである.労働経済学の用語でいえば,これはまさに限界労働者仮説(marginal もしくは discouraged worker hypothesis)にほかならない.この現象は,米国の若年労働力や主婦の就業行動の特徴として指摘されている事実(Fleisher 1970, pp. 83-88)であるだけではなく,1920年以降のわが国についても,女子労働

---

[3] ただし,この他に,1927年末と1928年末に,中央職業紹介事務局が主要都市の職業紹介所をして当該地の失業者数を推計させ,これを中央で集計した資料があるが(美濃口 1934, pp. 324-25),これは内務省社会局推計と同様,その推計の根拠が明らかでない.また地域調査としては,数点のものがある.例えば,兵庫県社会課『大正十二年九月一日施行臨時失業調査報告』,大阪市社会部調査課『本市に於ける失業者の分布状態』(1926年),大阪市社会部労働課『大阪市失業者生活状態調査』(1933年),京都市社会課『京都市に於ける失業者生活状態調査昭和七年九月一十一月』(1933年),名古屋市社会局『昭和八年五月失業者生活状態調査結果概要』(1933年),東京市役所『東京市失業者生活状態調査』(1933年),同『職業紹介所ヨリ見タル失業状況調査』(1938年)など.

[4] 以下は筆者の敷衍であって,小田橋自身が労働力率という概念を使って議論したわけではない.

第4章 二重構造興隆期における労働市場の一般的状況

力ならびに高年男子労働力に関して観察されたところである(梅村 1971 b, pp. 26-29, 103-06). したがって, 少なくとも縁辺労働力の性格をもつ人達の行動については, 小田橋の想定は正鵠を射たものということができよう.

もっとも, 戦前の統計から厳密な意味での労働力率を求めることは不可能である. 実際に小田橋が使用したのは就業率(有業者人口/全人口)という概念であった. すなわち, 1920年の第1回国勢調査から得られる男女別・年齢階層別就業率を1930年のそれと比較してみると, 1件の例外もなく, 前者の数値のほうが対応する後者の値よりも高いことが知られる. そこで小田橋は, 仮に1920年の就業率が不変のまま1930年にも適用されたならば一体何人の男女が労働力として就業を希望した筈であるかを計算し, その合計値(N')と1930年現在現実に就業している人数(N)との差をもって仮想失業者数(U')としたのである($U'=N'-N$). したがって, U'とUとの差は, 一種の潜在失業者の数ということになる.

小田橋の計算では, U'の値は男女あわせて約237万人(うち男子約86万人), つまり公式数字(U)の約7.4倍(男子のみの場合は約3.0倍)の大きさであった. ところがこの計算では, 1920年には失業者はいなかったものと仮定されている. また1931-32年には, 世界恐慌のため恐らく失業者数は1930年よりも増加したことであろう. そこで小田橋推計を大幅に採用した風早八十二(1937, pp. 278-79)は, 世界恐慌時におけるわが国失業人口は, 少なくとも300万人は下らなかったと論じたのである.

以上の説明からも明らかなように, 小田橋の計算は, 彼のいわゆる就業率の大きさに依存するところが大きい. この計算に必要な1920年の有業者数を得るためには, 正しくは, 同年の国勢調査で「本業者」と呼ばれているもののなかから「無業」の人達を除去すべきであるが, この操作を行うならば, 同年の就業率は小田橋の算出した値よりは多少低めとなる.(念のため付け加えれば, 本業以外の家事使用人, および本業なくして副業のみあるものは有業者に加算しない.)さらに, 1930年の就業者数も, 同年調査の最終報告値(1938年刊)は, 小田橋の利用した数値よりは多少大きめである. このような純粋に計算技術上の理由から, 小田橋と全く同一の手順によって改めて推定した仮想失業者数は, 彼の計算した値の約半分ほど(男子のみでは約65パーセント)に減少する. 結

第4-3表 1930年全国失業人口の推定

年齢	1920年就業率		1930年仮想就業者数(千人)		1930年実際就業者数(千人)		1930年仮想失業者数[1](千人)			1930年実際失業者数[2](千人)		
	男	女	男	女	男	女	男女計	男	女	男女計	男	女
0–14	0.0590	0.0538	702	629	482	589	260	220	40	2	1	1
15–19	0.8302	0.6030	2,755	1,942	2,605	1,990	102	150	−48	28	22	6
20–24	0.9353	0.5682	2,633	1,543	2,585	1,463	128	48	80	53	47	6
25–29	0.9701	0.5296	2,407	1,247	2,400	1,100	154	7	147	51	48	3
30–34	0.9797	0.5389	2,131	1,099	2,131	998	101	0	101	42	40	2
35–39	0.9814	0.5531	1,822	956	1,823	899	56	−1	57	34	32	2
40–44	0.9811	0.5628	1,656	900	1,652	861	44	4	39	30	28	2
45–49	0.9784	0.5588	1,492	850	1,479	816	47	13	34	27	25	2
50–54	0.9678	0.5211	1,365	740	1,344	721	40	21	19	24	22	2
55–59	0.9444	0.4674	1,025	528	998	510	45	27	18	16	15	1
60–	0.7503	0.2724	1,605	721	1,531	643	152	74	78	12	11	1
計	0.6035	0.3475	19,593	11,155	19,030	10,590	1,128	563	565	319	291	28
失業率(%)	—	—					3.67	2.87	5.06	1.07	1.51	0.26

(注) 1) 仮想就業者数−実際就業者数として算出したものである.
2) 「給料生活者又ハ労働者タリシ者ニシテ現ニ失業シテ居ルモノ」. 但し争議中(ストライキ又は工場閉鎖)の者は除く.

〔資料〕 内閣統計局『大正九年国勢調査報告』全国の部第1-2巻(1928-29年)および同『昭和五年国勢調査最終報告書』(1938年).

局,この作業から得られる1930年の推定失業率($U'/(N+U')$)は男女合計で約3.7パーセントとなり,公式数字にもとづく値($U/(N+U)$)の約3.5倍の大きさになる(第4-3表).

なおここで注意すべきなのは,第4-3表から明らかなように,この推定計算からは,1925年失業調査や1930年国勢調査の実際値とは全く逆に,女性の失業率のほうが男性のそれよりも高く出ることである.これは,男性を主たる稼ぎ手とする社会制度のもとでは,景気がいかに悪くなっても成年男子の労働力率は急激には低下し得ないこと,これに反して女子の労働供給行動には既述のように限界労働者仮説のあてはまる部分が大きいこと,を考えればごく容易に理解されよう.いいかえるなら,失業の社会的・経済的費用(コスト)は男子世帯主にとっては無限に大きいため,そのはね返りで,不況による就職難の多くが女子に「しわ寄せ」されたのである(ちなみに,これと似たような現象は,1973-74年の石油価格の高騰によって生じた不況の際にも観察された.例えば,小野

1981, pp. 26-31 を見よ).

男子失業率の推定(1)

　小田橋の推定法は理論的な根拠をもつものではあるが，その一方，労働力率の動きは就学率の動向によって大きく左右されるという事実を考慮に入れていない．折しも大正期の終りから昭和の初めにかけては，義務教育制度が名実ともに充実し，その結果，例えば職工の平均学歴も急速に上昇した（第6章第6節参照）．したがって，学齢期に達した若年層が年々労働力から大量に脱落し，労働力率は顕著な減少をとげたと考えられる．それにもかかわらず，小田橋はヨリ古い時期の高位の就業率を採用したのであるから，そのかぎりでは彼の推定失業率は過大評価ぎみになったと考えなくてはなるまい．

　小田橋推定のこの欠陥に対処する一法として，われわれは第2次大戦前の国勢調査(1920, 1930, 1940の3カ年)を資料に，これから就学人口と非生産年齢人口（と考えられるもの）とを除去することによって労働力人口を求め，さらにこれから各年の有業人口を差引くことによって失業人口を直接推定してみよう．ただし，上述のように，わが国の女子労働力率は景気の動向や年齢によって上下する度合いがはなはだしいので，なるべく推計結果から不確定要因を除くために，この作業の対象は男子に限ることにする．

　まずわれわれは，各年の男子人口数から5歳以下と70歳以上の人口を差引くことによって生産年齢人口を求める．第2次大戦後の一般的定義によれば，生産年齢人口といえば通常15歳以上人口をさすのが常識であるから，6歳から14歳までの若年者を生産年齢人口に含めるのは明らかに行きすぎとも考えられようが，工業化初期の経済にあっては，農林水産業を初め商工業においても，自営業や小規模企業体を中心に幼少年者も生産活動に従事することが皆無ではなかったから，労働力の範囲をできるだけ広く定義するために，ここではあえて生産年齢の下限を学齢期のそれと合わせておく．他方，70歳以上の年齢層は，その数も比較的少なく，生産活動から事実上引退した者がほとんどだったものと考えて計算から除外した．

　次にわれわれは，生産年齢人口から各年の就学者数を除外したものを当該年の労働力人口とみなすことにする．もちろん，この推計は過大である．なぜな

ら，この操作では，利子生活者であるとか，病気その他の理由から労働力に参加していない人々や，いろいろな理由で労働力から早くに引退した人々をも労働力人口に含むことになるからである．しかし，この問題はさしあたり棚あげにして，次に推定労働力人口から当年の有業者数を差引くならば，その残りは推定失業者数にほかならない．(なお，ここにいう有業者のなかには，職業軍人はもちろん，陸海空兵学校在籍者を含めて，兵役に従事する者はすべて算入されている．) そこで，最後に失業者数を労働力人口で除せば，男子失業率の推定値が得られる(第4-4表)．1930年のその値は，小田橋方式による推定値よりもはるかに大きい．ただし，もともと労働力人口が過大推計なのであるから，以上の操作によって得られた失業者数や失業率もまた過大であることはいうまでもない．がそれにもかかわらず，その値はせいぜい6パーセントの水準を超えるものではなかったことがわかる．

第4-4表 男子総合失業率の試算

	1920年	1930年	1940年
人口(千人)	28,044	32,390	34,590[2)]
(控除)			
0-5歳人口(千人)	4,446	5,362	5,478[3)]
70歳以上人口(千人)	688	742	751[3)]
就学人口(千人)	4,963	6,042	7,513
推定労働力人口(千人)	17,947	20,244	20,848
(控除)			
有業人口(千人)	17,081[1)]	19,030	19,599[2)]
推定失業者数(千人)	866[1)]	1,214	1,249
推定失業率(%)	4.83[1)]	6.00	5.99

(注) 1) 無業者もしくは本業のない従属者で副業をもつ者(計94千人)を有業人口に数えない場合には，有業人口は16,987千人，失業者は961千人，そして失業率は5.35%となる．
　　 2) 沖縄，外国人を除く銃後人口．
　　 3) 沖縄を除く全人口．
〔資料〕 内閣統計局『国勢調査報告』各年および赤坂敬子「1900-1940 男女，年令別就学者数の推計」国民所得研究会資料 D 16, 謄写刷, p. 12.

男子失業率の推定(2)

以上と全く同じ考えにたちながら，就学人口数を使わずに失業率を推定する

第4章 二重構造興隆期における労働市場の一般的状況   149

やり方もある．それは，考察の対象を 20 歳以上の青年および壮年の男子に限る方法である．これらの人々の場合には，在学者として労働力人口から排除さるべき者はごく僅少であろう．さらに，既述のように，一家の稼ぎ手として否応なしに働かざるを得ない彼等は，経済動向のいかんにかかわらず，その労働力率を 100 パーセント近い水準に保つことが知られている．したがって，話をこれらの階層の男子に限って失業率を計算するならば，就学率や労働力率の変化による影響をほぼ完全に除去することができる．

そこで，年齢 20 歳から 49 歳までの男子を考察の対象としよう．もしこれらの人々の労働力率を 100 パーセントと仮定すれば，その人口数はそのまま労働力人口に等しい．したがって，ここから就業者数を差引けば，その残りが失業人口数ということになる．さらに，これを労働力人口で除せば失業率が得られる．この計算を 1920 年から 1950 年まで 10 年おきに実行し，実測値と比較した結果が第 4-5 表である．これは，上の説明からも明らかなように，失業がもっとも少ないと期待される階層をとりあげた結果であるが，この場合には，失業率は 3 ないし 5 パーセントで，しかもその水準は年を追って次第に高くなったかにみえる．

ただし，既に述べたように，青壮年男子の労働力率といえども，実際には 100 パーセ

第 4-5 表 国勢調査による成年男子(20-49歳)の推定失業率

暦 年	推　定　値		実　測　値		参考系列(米国)	
	失業者数 (千人)	失業率 (%)	失業者数 (千人)	失業率 (%)	推定失業率 (20-44歳男子) (%)	実測失業率 (全年齢男女) (%)
1920	335	3.09	—	—	4.16	4.0
1930	471	3.76	220	1.76	4.24	8.7
1940	483	3.83	—	—	6.59	14.6
1950	789	5.05	313	2.01	9.08	5.0

(注) 失業率は，いずれも失業者数/(有業者数+失業者数)として求めたものである．ただし，1920 年の本邦有業者は本業者のみ(「無業者」とある者を除外)．また 1940 年のわが国人口・有業者数は，ともに外国人を除く銃後人口を対象としたもので，『昭和 25 年国勢調査報告』第 8 巻(最終報告書)，pp. 460-61 記載の計数による．

〔資料〕 内閣(または総理府)統計局『国勢調査報告』各年；米国の数値は U.S. Dept. of Commerce, *Statistical Abstract of the United States*, 1950 ed., p. 173 および 1955 ed., p.186 (推定失業率)ならびに同じ編者による *Historical Statistics of the United States, Colonial Times to 1957* (Washington, D. C., 1960), p. 73 (実測失業率)による．

ントに等しくはない．しかも，その値は，通常，実質所得の上昇につれてごく僅かながら低下する(例えば，Durand 1975, ch. 5)．これは，世帯の中心的な稼ぎ手の労働供給にあっては，労働1単位あたり実質賃金の上昇がもたらす所得効果(負)が価格効果(正)を上回るためである．19世紀末期から1938年に至るまで，わが国の1人あたり実質個人可処分所得は明らかな趨勢的上昇を遂げた(尾高 1975, p.576)から，成年男子の労働力率は長期的にみれば少しずつ低下したと考えてもおかしくはない．もしそうだとすれば，上述の計算法によって得た失業率は，年を追うに従って次第に過大となっているおそれがある．

しかし，われわれの観察期間中に含まれる1930年には，実質個人可処分所得はそれ以前の数年と比べて明瞭に低下していたし，1940年には，準戦時とあって，できるだけ多くの人が生産活動に駆り出されたであろう．また，1950年を含めて第2次大戦直後の時期には，実質収入の極端な低減のため労働力率はむしろ上昇したことであろう．このように考えるならば，第4-5表に掲げた推定値が過大であるとアプリオリに断定するわけにはいかない．(もっとも，実測値に比べて，われわれの推定値が2倍以上の大きさであることは確かな事実である．)

ところで第4-5表には，米国の成年男子(20-44歳)データに，以上と全く同じ操作を施した結果が，(全年齢階層米国男女の実測失業率とともに)参考系列として掲げられている．1930年以降における推定失業率の上昇率は，明らかに米国のほうが高い．この1つの理由は，恐らく日本にくらべて米国の方が大学その他の高等教育の普及が早かったことにあるであろう．したがって米国の推定値は，わが国のそれに比べてやや過大の気味があるかもしれない．だが，それにもかかわらず注目されるのは，土地や資本財と比べて労働の不足する国として名高い米国の推定失業率が，労働の潤沢な戦間期のわが国のそれとほぼ同じか，もしくはそれ以上の水準にあったという事実である．いいかえれば，この時期のわが失業率は，絶対的にもまた相対的にもきわめて低位だったといわざるを得ないのである．

低位失業率の意味するもの

以上の実測値や推計値のどれをとってみても，戦間期の失業率は，総じて軽微の値にすぎなかった．もっとも，大正後半期に比べて，大恐慌期前後における失業者数が増加したことはほぼ間違いのない事実であるが，それにしても，

第4章 二重構造興隆期における労働市場の一般的状況　　151

当時の顕在失業率が(どのように多く見積っても)1割に達したとは考えられない．さらに，1934年あたりからは工業部門が急激に膨張して早くも1936年には1930年当時よりも約100万人多い有業者を擁したことを考えるならば(梅村1973, p. 115)，大量失業発生という深刻な事態があったとしてもそれが続いたのは数年のことにすぎなかったであろう．

このようなわれわれの所見は，ふつう一般に抱かれている戦間期の経済像と一致しない．前に引用した風早八十二の文献によれば，金融恐慌後のわが国は想像を絶する混乱に陥ったのであって，失業者は巷に満ちあふれたとされている．同じ見解は，多くの歴史書でも踏襲された[5]．

このような喰い違いが起こるゆえんは，1つにはわれわれの推定値が主に男子を扱っているのに対して，既存の統計が男女こみの統計であることに起因していよう．よく知られているように，第2次大戦前の工業生産は繊維業に1つの重心があったが，この産業では就業者の7割がたは女性から構成されていた(梅村 1973, pp. 112, 114 を参照)．ところが，1930年代の繊維産業における労働力投入量は，絶対的にも相対的にも低下する傾向があった．この時期以降の繊維業界は，第2次大戦直前に至るまで操短につぐ操短にあえいだのである．繊維賃金が金属・機械工業などのそれに比べて相対的に低下した(大川・野田他 1967, pp. 46-50)のは，この事実の反映にほかならない．かくて，この時期における解雇の対象となった職工の多数は女工だったものと考えられる．失職者の多くは女性だったのである．ちなみに，1926年と1932年とを比較すると，この6年間に製造工業人口は521万人から476万人へとネットで45万人減少しているが，このうちの91パーセントは女子であった(梅村 1973, p. 115)．つまり，この期間中，男子の場合には，失職者が生ずる一方では(不況期にもかかわらず)新人の補充があり，結果においては1926年当時の就業者数に比して約1パーセントの減少にとどまったのであるが，女子の職場では，男子のように補充が活発に行われず，差引き41万人(同じく約23パーセント)にのぼる有業者の減少をみたのである．

---

(5) なお，大恐慌期の失業をめぐる諸家の議論に批判的な検討を加えた佐藤和夫によれば，1930年の失業者数は男女こみで128万人であった(Sato 1980, p. 21)．ただしこの推計は，1929年内務省社会局の推定失業者数を摩擦的失業者数とみなして，推算の基礎数値に利用している．

しかし，繊維産業に働く女工たちは，その多数が農村出身の「出稼ぎ労働者」だったのであるから，失職した際には長期間工場近辺に滞留することなく帰村した者が多かったであろう．内務省の解雇者帰趨調査によれば，大正13年から昭和11年にかけての13年間に工場を解雇された者(任意退職者を含む)の平均37パーセントは帰農したとのことであるが(『日本労働運動史料』第十巻, p. 209), 以上のような当時の状況を考えるならば，そのうちのかなりの部分は女性だったと考えられる(Sato 1980, p. 12). 野尻重雄の実態調査(1942, p. 370; ただし，その対象村落は東日本に偏っている)によっても，1930年代の10年間に工業的職業を離れて帰村した者の累計191名のうち，約半分(95名)は女性であった．工業的職業をやめて帰村した者の数と，工業に向けて離村する者との比率を計算すると，男子は約9パーセントであるのに対して女子は約15パーセントであったから，女子は男子に比べて「工業への定着性」が低かったということができよう．

4. 戦間期における労働需給バランスの動向

以上のように戦間期の失業統計には問題が多く，信頼のおける数字があるにしてもそれはごく限られた年次について得られるにすぎないのだが，それならばこれに代わり得る何らかの資料は存在しないものであろうか．

労働需給に関する時系列資料としてこの要求に応え得るのは職業紹介統計くらいのものであろう．わが国で初めて公立の職業紹介所が正式に誕生したのは1910年頃のことであるが，この事実は，工業化の進展に伴ってわが国経済が労働需給調整の仲介機能の制度化を必要とし，またこれが業として成り立つことを可能としたことを物語るものである(南・尾高 1972, pp. 168-72 参照).

職業紹介所の編する業務統計からは，求職者数(V_1)と求人数(V_2)とを求めることができる．そこで，労働市場の需給状況をあらわす指標としてまず念頭に浮かぶのは，全雇用数に対する求人数もしくは求職者数の比率を求めることである．事実，1930年の47府県別失業率と同じく求職者・有業者比率との間には，次段に見るように統計的に有意な関係が認められる．ところが，われわれの目下問題としている時期には，職業紹介所の活動が急速に広まったのであるから，上記2比率の動きは労働市場の状況と同時に(またはそれにもまして)紹

介所事業自体の成長のさまを反映していると考えられる．これらの比率から後者の制度的要因を除去するためには，求職者数を求人数で除することによって「殺到率」(V_1/V_2)を求めるか，あるいはその逆数の「求人倍率」(V_2/V_1)を利用するのが適当である．

いま，1930年の国勢調査から得られる府県別失業率をu，また同年の職業紹介事務局『職業紹介事業年報』と国勢調査による有業者数とから計算される求職者・対・有業者比率をvとすると，uとvとの間には

男子：$\log_e v = 0.73 + 2.41 \log_e u,$ $\bar{R}^2 = 0.473$
(18.21) (6.50)

女子：$\log_e v = 2.13 + 1.32 \log_e u,$ $\bar{R}^2 = 0.321$
(5.10) (4.77)

のような正の関係がある．当然のことながら，求職者比率の大きいところでは失業率も高いわけである．

ただし，同様の計測を失業率と求人数・対・有業者比率とについて行うと，これら2者間には理論的には負の対応が期待されるにもかかわらず，実際には統計的に有意な正の関係の存在することがわかる．この結果，同じく地域的に比較した場合，1930年の失業率と殺到率との間には何の関係も認められない．戦前期の求人数と求職者数とは相互に連動する何らかの事情があったのかもしれない．もしそうであるとすれば，戦前期の職業紹介統計を使うにあたっても十分の注意が肝要である（同上書，pp. 173-79を参照せよ）．

ここで想起しなくてはいけないのは，殺到率（または求人倍率）の統計は，労働需給のバランスを時の流れに沿って示すものであるがゆえに時系列的な相互比較に適し，特定の時点における過剰労働量そのものを測定することはできないということである．いいかえれば，人はこれによって労働需給の相対的な締まり具合とその時間的推移とを観察することはできるが，ある年における過剰労働の絶対量を知ることはできない．

以上のような基本的な欠点はあるが，戦前期の殺到率は，同期における貨幣賃金率の変動を比較的良く説明するところからみて（同上書，第4章），需給バランス指標として一応合格である．そこでその値の5カ年平均値を示すと以下のとおりであって，男子については少数の例外を除けばほぼ恒常的に1よりも高い水準で推移したことがわかる．すなわち，わが労働市場は，1930年前後にかけて供給過剰の度合を増したことがこの統計から察せられるのである．

期間(暦年)	男	女	計
1921-25	1.067	0.374	0.947
1923-27	1.169	0.508	1.029
1925-29	1.310	0.646	1.137
1927-31	1.444	0.765	1.216
1929-33	1.448	0.835	1.201
1931-35	1.274	0.768	1.048
1933-37	1.042	0.634	0.865
1935-39	0.834	0.548	0.723

もし殺到率統計の動きが十分信頼に値するものであり，しかも労働市場における需給バランスを正しく反映しているとするなら，以上の数値から次の2つの判定を下すことができよう．まず第1に，供給過剰の程度は1920年なかばよりも1930年代前後のほうが高い．この発見は，1925年の失業率水準が1930年のそれよりも高位だとの前節での観察とは逆である．第2には，労働市況は大正の末期から昭和の初めにかけての7-8年間は軟化する一方だったが，1930年代のなかば以降は次第に締まり気味に転化した．1930年代後半の労働需給バランスが1930年前後に比べて改善したのであるから，昭和10年代における失業率の水準は大不況の頃よりも低下したと考えなくてはならない．したがって，前節で試みた失業率推計(2)は，1940年の値が1930年のそれよりも高いという点では適正さを欠くといわざるを得ない．

5. 戦間期における過剰労働力の実態

このように見てくると，結局のところ，戦間期における顕在失業人口は(ときに信ぜられるほど)大きな値ではなかった．よしんば1930年におけるわが国失業率が6パーセントであったにしても，その値は，同年における米国の8.7パーセント，スウェーデンの12.2パーセント，英国の14.6パーセント，ドイツの15.3パーセントなど，欧米の水準に比してはるかに軽微だったといってよい(米国は第4-5表，その他はB. R. Mitchell, *European Historical Statistics 1750-1970*, Abridged ed., London: The Macmillan, 1978, pp. 68-69 による)．

しかし，それならば，当時における労働市場が過剰労働ゼロの状態だったかといえば，(第2節で見たように)決してそうではなかった．とするなら，わが

国の労働市場は，労働力が潤沢であるにもかかわらず，余剰の労働サービスが失業として顕在化しないような仕組みになっていたと考えるほかはない．労働が過剰であるのにそれが失業者として顕在化しないとすれば，その理由は次のいずれかであろう．すなわち，(1)一部の労働力は失職するや否や求職意欲を失って非労働力化(引退)するか，あるいは，(2)不完全就業ないし過剰就業の形で低生産性・低所得の職に就いているか，である．(2)の状態を，著者はかつて雇用分担(employment sharing)と呼んだことがある(Odaka 1980 a)．農業人口比率の減少と対応して非農業活動に従事する人々が増えたことは前述したが，後者のなかには，いわゆる第3次産業に働く者の増加もあったことを銘記する必要がある．要するに，都市地域の過剰労働力は，完全失業者の姿をとるよりはむしろ中小自営業や第3次産業の中に埋没する——つまり，「全部雇用」(東畑 1956, p. 212)または「過剰就業」(大川 1960, pp. 15-22)と呼ばれるような現象形態をとる——ことが多かったと推察されるのである．

このことは，労働過不足を統計的に判定することをきわめて困難にする．いいかえれば，完全雇用の状態にはほど遠いにもかかわらず，過剰な労働力は失業率の上昇という形では顕在化しないのである．(全く同じ問題は，第2次大戦後にも引続き存在するように思われる．例えば，1973年の石油価格の急上昇(石油ショック)以降，わが国は深刻な不況に見舞われたが，その時ですら男子完全失業率が3.0パーセントを上廻ることは遂になかった(総理府統計局『労働力調査年報』各年)．このときには，各方面で新規採用を手控える企業があいつぎ，さらに，景気が悪いため仕事がなくて手の空いている自社社員を他社へ出向させたり，場合によっては一時帰休させるなど，省力化の努力が払われたのであるから，経済全体としてみたとき，労働市況は相当に軟化していた筈であるが，それでも完全失業率の絶対水準はせいぜいこの程度を出るものではなかったのである．)

このような日本労働市場の特性を理解するため，以下では，戦間期におけるわが国就業構造の変動を，統計資料によりつつ吟味しよう．

労働力の産業間配分
第4-4図は，戦間期における労働力の産業間配分の動向を検討するために，

梅村推計(1973)を利用して，第1次産業A(農林業および漁業)，第2次産業M(鉱業，製造業，建設業およびガス・電気・水道供給業)，それに第3次産業S(商業，金融・不動産業およびその他のサービス業)の部門別における有業者数の趨勢変化率を図示したものである(パーセント表示)．ここに趨勢値とは7カ年移動平均値のことをいう．また図中の中ほどと下方とに記したP, Tの印は，それぞれ第3-5表に掲げた長期波動の山と谷を示している．

同図によれば，男・女いずれについても，第1次産業(A)と第2次産業(M)との間には，就業者数の動きに著しい対照性が認められる．すなわちMの変化率が上昇するときにはAの変化率が減少し，逆にMの変化率が低下するときにはAの変化率が増大している．もっとも，1930年代の後半の女子だけはこの対照性が崩れているが，その一部は，兼業農家が出現して農業を従とする男子が増え，女子がこれの肩代りをしたため，また一部は，第2次大戦をひかえて，徴用された男子の仕事を女子が代替したり，軍需工場への女子徴用を免がれるために農業に従事している旨を申告する者が相当数存在したためである[6]．これに対して第3次産業(S)の就業者数変化率の動きは，1次・2次両産業それぞれの動向の中間的な色彩が濃い．

第4-4図に示した部門別有業者数変化率は，原系列(1906-40年)に7カ年移動平均を施した後，1年ごとに

$$100 \times (当年の雇用 - 前年の雇用)/前年の雇用$$

として計算したものである．分類不詳者は便宜的にSに算入した．また1920年以上前の原系列は日本在住の外国人を含まないので，1920年の数値を利用して，僅かながら上方修正を試みた．

なお，同様の計算は，農業・対・非農業の2部門分割データに対してならば，1872年まで遡って実施することができる．その結果は第4-4図に示されたところと矛盾しない．ただし，農業にせよ非農業にせよ，日露戦争以前における有業者数の趨勢変化率の振幅は，それ以後と比べればきわめて小さく，とくに農業のそれは無視できるほどである．

いま仮に，労働者の移動は主として雇用機会の多少に左右されるものと考えよう．農業によってもっともよく代表されるわが国第1次産業では，伝統的に，相対的に潤沢な労働力を活用して労働集約的かつ土地ないし資本節約的な生産

---

[6] 梅村又次教授の教示による．

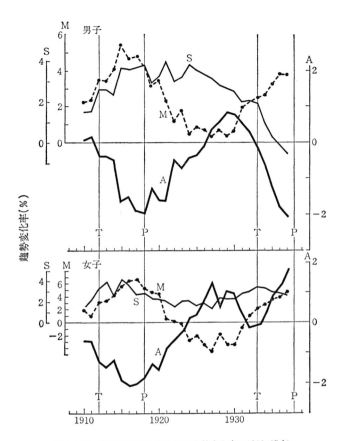

第 4-4 図 産業部門別有業者数の趨勢変化率: 1910-37 年

(注) 1) 梅村推計(1973, pp. 112-15)の有業者数を，A部門，M部門およびS部門(分類不詳こみ)に3分割し，それぞれの趨勢値(7カ年移動平均値)を求めた後，趨勢値の対前年変化率を計算した.
　　2) 原系列のうち，1919年までの統計(梅村のA系列)は日本在住の外国人を含まないため，1920年以降の数値(梅村のB系列)との間に僅かなギャップがある．そこで両系列の1920年値の相対比を求め，これを梅村のA系列に乗じてふくらませることにより両者を接続した．
　　3) 原系列には非農の分類不詳者があり，無視し得ない大きさ(とくに女子)である．これを仮に全部M部門に帰属させると，男子は結果に大差は生じないが，1917年から23年にかけて，女子S部門の変化率は平均5パーセント台に上昇し，逆にM部門の変化率が大幅に減少する．
　　4) 変化率の大小からは，変化量の比較をすることができない．同じ1パーセントでも，多数の就業者を擁する部門と比較的少数の就業者しか存在しない部門とでは，変化の絶対量には大差がある．そこで本図では，各部門の就業者規模に応じて縦軸の単位を調整することにより，変化率の動きとともに変化量の大小をも近似的に把握できるように工夫した．(就業者規模には1910年と1937年〔いずれも趨勢値〕の平均値を利用．男子M部門を1とすると，男子A部門は2.01，男子S部門は1.14，女子A部門は1.64，女子M部門は0.35，そして女子S部門は0.57の大きさである．)

技術が採択されてきたわけであるが，農村や漁村には，その外部に有望な就業機会があれば，ヨリ有利な報酬を求めてあえて離村を辞さぬ男女が少なからず見出されたに違いない．他方，日露戦争を境として，わが国の製造工業も漸く活発になり，各地で都市化の動きが加速されるとともに鉱工業，通信・運輸関係の雇用機会が増大した．第2次産業は農村から労働者を引き抜く力の源泉となったのである．しかも近代工業の勃興は，農村副業として存在した在来工業の活動を圧迫したから，農村から労働力を押し出そうとする力はそれだけ強まったことであろう[7]．

このように，第2次産業に雇用変動の主たる原因を求め，第1次産業はその要求に応じて，必要とされる労働を供給する立場にあったと考えることは，戦間期におけるわが国工業化過程の経験に照らして決して不自然ではない．この見方によれば，急速な工業化によって第2次産業の必要労働量が増大するときには，その需要は主として第1次産業の就業者の増加率が低下する（もしくは負となる）ことによって満たされ，また逆に不況などのためM部門就業者数の上昇速度が鈍る場合には，農業等における有業者の変化率が相対的に増大した．いいかえれば，A部門は雇用変動のクッション機能を演じたものと考えられる．

このような雇用変動のメカニズムの運用のなかで，第3次産業は，一面では新しい雇用機会の創出によって相対的に余剰な労働力を吸収するとともに，他面では第2次産業に対する労働力の給源としても機能したであろう．いうまでもなく，S部門は都市雑業を含む多種多彩の職業を包括している．ちなみに，第2章で使用したSSM調査の結果によれば，農業から非農部門への社会移動はしばしば世代移転を伴い，しかも世代内の労働移動には比較的制限が多かった．このことから推察すれば，農村出身の成年男子が都市へ移住する場合には，次のような2段階の過程を経ることが少なくなかったであろう．すなわち，まず本人が都会へ出て，単純労働ないし筋肉労働を中心とする雑業に就いて生活の基盤を築き，幾年か経た後に本人よりは学歴の高いその息子が社会的威信のヨリ上位の工業ないし商業的職業に就くというルートがそれである．

ともあれ，工業化の本格化した1910年代にあっては，第2次産業的就業機

---

(7) 労働移動を規定する経済的要因には就業機会と賃金格差とがあるが，西川(1966，第5章)によれば，戦前期における時間的変動過程の分析では前者の説明力のほうが優れているとのことである．

第4章 二重構造興隆期における労働市場の一般的状況

会の増大とともに商業・サービス業などの活動も必然的に活発になり，年とともにョリ多くの人達が第3次産業で働くに至った．この時期にあっては，第3次産業は労働力の新規需要者としての性格を濃厚に示したということができよう．その後，第1次大戦後の不況期から世界大恐慌期にかけては第2次産業の雇用吸収力は減退の一途を辿るが，この時期には，第3次産業有業者数の趨勢変化率は第2次産業ほどは低下しなかった（第4-4図）．したがって，工業的職業に就くべくして就業し得なかった人々のうち，商業サービス部門に働くことになった者も恐らくあったことであろう．丁度これと対応するかのように，同じ期間中，都市雑業的な筋肉労働の賃金は，工業賃金の低下を尻目にむしろ相対的な上昇を記録している．例えば，男子の沖仲仕および日雇労働者賃金・対・農業労働者賃金の比率は，1916年から1923年にかけて顕著な上昇を記録し，その結果，1916-1926年の期間にかけて鍋底の形状を描く工業・対・農業間賃金比率（第4-1図）とは全く対照的な（反対方向への）うねりを示した．このことから推察するなら，第1次大戦後の不況下にあって，製造工業は労働力の吸収力を低下させていったが，その代りにS部門は相対的に魅力のある就職先としての立場を堅持したといえるのではなかろうか．

ところが，大恐慌後，第2次産業の活動が再び活発となり，さらに，第2次大戦期になって戦闘要員として駆り出される男子が増大するようになってからは，M部門の就業者数変化率の上昇をよそに，S部門の有業者規模の成長率は着実に低下した．いいかえれば，この時期には，第3次産業(S)は第2次産業に対する労働力の供源としてョリ積極的な役割を果たしたと考えられる．このことは，1930年代におけるA, M, S 3部門相互の労働移動数を直接推定した試みからもこれを確認することができる．

1929年から1936年にかけてのA, M, ならびにS部門相互の労働移動量を，これら3部門における労働引退率が相等しく，またMおよびS両セクターからの帰農率は同一と仮定して試算した牧野文夫(1980)によると，上記の8年間にAからMに流れた純移動量は年平均62千人だったが，AからSに対する純移動は年平均127千人で前者のほぼ倍であった．またSからMへと向かった純移動者は，年平均約96千人であったという（いずれも，前掲論文，p. 364の表2より計算）．いいかえれば，離村した人々の流出先としてはMにもましてS部門が注目さるべきであり，また都市工業的労働力の供給

源としては，農林漁業もさることながらむしろそれ以上にサービス業が重要であった．

この発見が示唆するのは，この時期におけるSとAとは，ともにMに対する過剰労働力の給源として機能しただけではなく，雇用変動の緩衝機能の上ではSの方がAよりもむしろヨリ重要だったらしいということである．

ただし以上の議論は，不況期に都市から農村に向かって大量の還流があり，帰村者が離村者を大幅に上回ったということを必ずしも意味しない．たしかに1920年代後半から1930年代初めにかけては農林漁業有業者数の趨勢変化率は増大（または低下率が減少）したが，その率は10歳以上人口（全国）のそれを上回るものではなかった．すなわち，10歳以上男子人口の趨勢増加率は，戦間期の最高時（1933年）で年率1.46パーセント，同じく女子は1934年で1.62パーセントであった（赤坂敬子「明治31年～大正8年男女・年令各才別人口の推計（改算結果）」（国民所得推計研究会資料C1，謄写刷）および総理府統計局『日本の推計人口』（人口推計資料 No. 36, 1970年）による．ただし，赤坂推計は日本在住の外国人を含まないので，1920年の両系列値の相対比を利用して補正）．ところが，A部門就業者数の趨勢変化率の上限は，男子についてはたかだか0.84パーセント（1929年），また女子については1.74パーセント（1937年）程度にすぎなかった．農村での生産人口増加率が全国平均のそれよりも著しく低かった筈はないとすれば，不況期下の農村は，生産人口の自然増加分を外部に流出させることなくその内部に滞留させるのが精一杯で，それ以外に外部からの帰村者を大量に抱えこむ余地はなかったという勘定になる．（同種の現象は，1950年代のわが労働市場についても梅村（1964, pp. 93-96）によって指摘されたことがある．）いうまでもなく，第4-4図の統計は，労働の移動過程については教えてはくれないから，不況期にあっても大量の帰村者とそれに見合う程度の離村者とがあり，双方が相殺された結果，差引きすると帰村者がなかったように見えるだけなのかもしれない．しかしその場合でも，移動の結果として，A部門の就業者数が生産人口の自然増分にほぼ見合う程度しか増えなかったという事実は変らない．もっとも，ここでわれわれが観察しているのは有業者に限られるから，帰村した後に非労働力化した者（例えば病を得て帰村したような者）については以上のかぎりではない．

以上のように考えると，長期的にみるなら，戦間期の農村セクターは労働の

供給者であり続けたといって誤りではない．これに対して，新興の製造工業はもっぱら需要者の立場にあり，またサービス産業はときに(ネットの)需要者として，またあるときには(ネットの)供給者として機能したということができよう．

なお，第4-4図に示されたようなA, M, S 3部門における有業者数趨勢変化率の相互に対照的な動きは，第2次大戦後の資料(総理府統計局『労働力調査年報(または報告)』1952-78年)からは検出することができない(南1981, p. 240)．しかし，この場合でも，それぞれの部門の有業者数の対前年変化率(すなわち，趨勢ではなくして毎年ごとの変動)を計算すれば，以上で論じたような部門相互間における雇用調整機能の働きを認めることができる(Odaka 1980 a, p. 509)．

小企業部門の雇用クッション

中小企業という言葉は昭和も10年代になるまでは存在しなかったらしい．明治の頃に論ぜられたのは「小企業」ないし「小工場」問題である．ここでは輸入技術の上に構築せられたごく一握りの大工場と，在来技術を利用して(場合によっては農村工業として)営業を続ける小工場とのいわば2極分解的な共存の状態がみられ，両者の中間に位する中堅企業は未だ育っていなかった．(第2次大戦前のわが国で機械工業が十分発育しなかった1因は中小企業の未発達のためだと論ぜられることがあるが，以上の事実はこの点と無関係ではない．)

このような小企業に働く人々が一体何人いたのかを確定することは容易ではない．その1つの方法は，1930年の国勢調査から得られる工業従業者の総数から，同年の『工場統計表』が報ずる従業員5人以上規模工場の雇用者数を差引くことである．早くからこの方法で小企業従業者数の把握を試みた山中篤太郎(1941, p. 109)によれば，この年の製造工業従業者のうち，従業員規模5人に満たない小工場で働く人々の割合は，食品工業では96パーセント，金属製品工業では73パーセント，機械器具工業では46パーセント，そして紡織工業では31パーセントを占めたという(工業全体の平均は63パーセント)．もっとも，経済開発の比較的初期の段階では，これ以外にも農村その他の副業中に含まれる小規模の商業活動があった．

さて，第4-4図で見たのは産業大部門相互間の労働力の融通のありさまであるが，これと同時に，同一産業内においても，経済動向の上下に応じて就業構造の規則的な変化があったと考えられる．既述のように，戦間期のわが国は労働力率が比較的高位でしかも顕在失業者の少ない社会であったが，そのような社会で労働市場が供給過多の状況にあり，しかも大量移民の余地もなかったとすれば，相対的に過剰の労働者は，低生産性のもとでも低所得に甘んじつつなお働き続けていたと考えるほかはない．具体的には，家族従業者だとか，露店販売とか，訪問販売（押し売り）とかの就業形態が例として想い浮ぶ．このような場合には，全就業者中に占める小工場従業員の割合は増大したに違いない．他方，逆に経済動向が上向きとなり市況が活発化したときには，これらの「過剰な」就業者は今迄よりも生産性の高い仕事に吸収され，その結果小規模企業に働く人の比率は減少したことであろう．

　以上はもっぱら労働の供給側の事情であるが，これに対して，需要側の要因が企業規模別就業構造に与える一般的影響を予想するのは困難である．例えば，経済の下降局面にあっては事業の縮小を余儀なくされる企業があり，大企業や中企業のうちから中ないし小企業へ転落するものも生ずる．したがって，そのような時期には，労働需要も，相対的に中小企業の多い構造となる可能性がある．しかし，小企業のうちにも倒産したり店じまいしたりするものがあるから，結局のところ，経済の下降局面における小企業従業者の比率について，需要要因のみを根拠とするアプリオリな予想を立てることは難しい．経済の上昇局面についても，方向は逆だが事情は全く同様である．したがって，もし前段で指摘したような就業構造の規則的な変動が観察されるとすれば，それは主として供給側の要因のしからしむるところと考えてよいであろう．

　第4-5図は，以上の想定の適・不適を確かめるため，1919年から42年の24年間について，民間工場の就業者のうち，金属加工業関係の小企業（従業員規模1-4人）に働く人々の割合を計算したものである．男女別の計数は得ることができない．かんじんの小規模事業所の従業者数は一定の仮定のもとに算出された推計（同図注記参照）であるので，その利用には注意が必要であるけれども，1920年代の後半から30年代の前半の経済の沈滞期にその比重が明らかな増大を示し，またその後の活況期には逆に縮小したのは否定し難いところであ

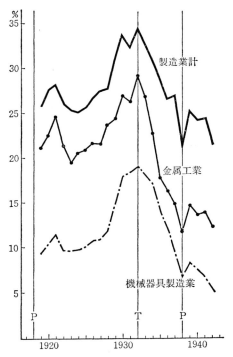

第4-5図　民営工場従業者数中に占める小工場(従業員5人未満)従業者の割合(各年値): 1919-42年

〔資料〕　赤坂敬子「製造業従業者数の推計 1919年-1942年」(国民所得推計研究会資料 C 15,謄写刷)，表12による．小工場従業者の比率は，『大阪市統計書』各年と『大阪市工業調査書』(1939, 40年)とを基礎に推定したもので，概念的に家族従業者をも含む．男女こみ．P と T は長期波動の山と谷を示す(第3-5表参照)．

ろう．全く同じ現象は，程度の大小はあるが，金属，機械器具以外の製造業でもこれを認めることができる．しかも興味深いことには，全観察期間中の上記比率の産業中分類別平均値は，以下に示すように，どちらかといえば最終需要に近接しかつ相対的に労働集約的な生産技術を採用する産業で高水準である(第4-6表)．

このうち機械器具製造業は，第2次大戦後の資料によれば重化学工業のなかでは比較的労働集約的な部門であるが(尾崎 1976, p. 4)，それでも経営体として成り立つためには当然まとまった機械設備とノウ・ハウの蓄積とが必要であ

第4-6表 小工場従業者比率(1919-42年平均, %)

(1)	雑(「その他の工業」)	63.1
(2)	製材・木製品	55.7
(3)	食料品	42.2
(4)	印刷・製本	35.3
(5)	窯業	29.3
(6)	紡織	21.9
(7)	化学	21.5
(8)	金属	20.3
(9)	機械器具	11.6
(10)	全製造業平均	27.4

〔資料〕 第4-5図と同じ.

り，小企業にとっては必ずしも容易に満たし得ない条件を必要としたのかもしれぬ．いずれにしても，戦前期の機械工業は，経済がとくに活況を呈した時期を除けば，収益率がとりわけ高いという部門ではなかった．

なお，上記の産業のうち紡織や化学工業では小工場比率の振幅が非常に小さく，とくに紡織工業の場合にはこの比率が趨勢的に上昇するという独特の現象が見られた．また大恐慌前後に小工場比率の特に顕著な増大を記録したものには，金属・機械のほかには食料品工業があった．

いずれにしても，第4-5図にもられた情報は，不況期にあって職を失った人々が中小の企業や家内工場に身を寄せることによってかつかつの生活を営んだという仮説と少なくとも矛盾しない．そしてそのような過剰雇用の吸収力は，繊維だとか食品生産だとかのような「軽工業」と呼ばれる部門や，「その他」の中に含まれる都市雑業において相対的に大きかったものと考えられる．

これを要するに，戦間期のわが労働市場は概して労働過剰の状態にあったけれども，折にふれて生ずる労働需要の上下変動は，就業機会の再配分によって処理され，顕在失業の発生は微量に抑えられた．しかしその一方では，過剰労働力の圧力は，産業部門としては農林漁業，業態別には中小工場，自営業，サービス業等，性別でいえば女子労働者の上に重くのしかかり，とくに下降局面にあっては，これらの分野の賃金水準を相対的に押下げる結果となったと考えられる．以上に紹介した統計諸情報は，いずれもこのような解釈を支持するものといってよい．

6. 結　　語

　本章の検討から次の4点が明らかとなった．まず，(1)戦間期における失業率は，大不況のさなかにあっても数パーセントの低さであって，同期における欧米諸国の公表数値に比べてはるかに低い水準だった．だが，(2)それにもかかわらず，同期間中のわが国は多量の潜在失業者(大川の用語を使えば過剰就業者)を擁していた．すなわち，労働市場は概して供給過剰の状態のまま推移したのである．このような状態は，第2次大戦期には一時的に緩和したが，基本的には1960年代の高度成長期にいたるまで変ることがなかった．その証拠に，(3)当時における工業賃金は欧米に比べて数段劣った水準にあり，エンゲル係数などから察して，労働者の生活水準は相対的のみならず絶対的にも低いものであった．

　(4)もっとも，このような供給過剰の状態は，労働市場のあらゆる部分で同程度に経験されたのではなかった．ごく概括的にいって，不熟練労働は過剰だったが，熟練労働は不足することが多かったのである．この事情は，明治後期に顕著であったが，その後も，本章で考察した全期間にわたって基本的には不変のままだったように思われる．経済の上昇局面では訓練された労働者は不足がちとなり，農家，自営業，サービス業，小企業部門などから余剰労働力が調達されたが，これはとりもなおさず不熟練労働に対する需要が相対的に高まることを意味し，景気が過熱してくるにつれて熟練労働・対・不熟練労働の賃金格差(skill margin)が減少する傾向を見せた筈である．ところが逆に不況の際には，非労働力化して労働市場から引退する者もあったであろう．このことは，とくに女子労働力についてあてはまると考えられる．また，工業に職を求めようとする人の数自体が減少したであろう．例えば，不況期には，離農する者が(ネットで)少なかった筈である．さらに，工業で失職した者や就職に成功しなかった者のなかには，農家，小工場・家内工業部門，第3次(サービス)産業などにもぐり込む者が多かったであろう．これを要するに，戦間期のわが労働市場は概して供給過剰の状態にあったけれども，その負担は特定の分野——とりわけ農業，サービス業，小企業など——において相対的に重い傾向があった．したがって，例えば同じ製造工業の中でも，不熟練労働を多く抱える小工場の

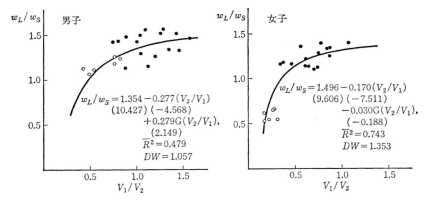

第4-6図 殺到率(V_1/V_2)が規模別賃金格差(w_L/w_S)に与える影響(東京市,1917-38年)
(注) 殺到率は,東京市区内職業紹介所における求職者数(V_1,日雇を含まず)を,同じく求人数(V_2,日雇を含まず)で除したものである.規模別賃金格差とは,東京市区内製造業における大・中企業(1922年までは従業員規模10人以上,1923年からは5人以上)の賃金(w_L)を,同じく小企業の賃金(w_S)で除した比率である.1917-22年の値は○印で記して区別した.$G(x_t)$は,変数x_tの対前年変化率x_t/x_{t-1}を表わす.
〔資料〕殺到率は南・尾高(1972, p. 194),賃金格差は南(1970, p. 228)による.

賃金は,大中工場の賃金に比べて,殺到率(過剰労働の1指標)の動きによリ敏感に反応した筈である.つまり,殺到率が経済活動の短期的な変動を反映して上下すると,大中工場・対・小工場の賃金格差もまた伸縮する傾向を見せたに違いない.第4-6図は東京市の資料を使ってこの点を検証しようとしたものであって,統計的有意性は非常に高いとはいえないけれども,経済循環に対して賃金格差が逆サイクルを描くという現象は,長期波動より短い変動に対してもある程度あてはまることがわかる.

このように,戦間期におけるわが国労働市場は,雇用変動の上下に対する緩衝機構(「クッション」)を具えていた.いいかえるならば,完全失業率の規模を低水準に維持する機能を内蔵していたのである.これは,いわば失業という社会的災害を社会全体が負担しあう仕組みである.この機能(メカニズム)は,第2次大戦後にもそのまま受けつがれた.ただ,有業人口に占める農業の比率が大きかった第2次大戦前には,農業の緩衝機能に対する貢献度は圧倒的に大きかったのである.

第5章　戦前期三菱造船所における生産技術の革新
―― 二重構造発生の技術的要因 ――

　造船工業に賃金二重構造の種が宿ったのは，もとはといえば欧米から西洋型船舶の製造技術が導入されたからである．わが国では，鎖国時代の間，遠洋航海用船舶の建造が禁止されていたので，造船技術においても欧米との間に格差を生じざるを得なかった．この遅れを取り戻すべく急速に外国技術の導入がはかられた際，経済の一隅には資金力の上でも生産技術の上でも相対的に優秀な大工場が出現したが，その一方では，いずれかといえば昔ながらの技術に依存し小規模ながら稼業を続ける中小工場もあって，これら両者の間には生産効率の上でも格段の差がつくことになったのである．ここでは，三菱造船を中心にこのような技術革新の実情について吟味するとともに，現存する経済資料をもとに両部門間における生産性格差の測定を試みてみたい．

1. 近世後期における和洋造船技術の格差

　和船と西洋型船との間には，同じ木造船でも建造法の上で根本的な相違があった．和船はいわば寄せ木細工で，大和型ないし後期日本型商船と呼ばれるものでも外板を主要力材とし，敷（しき），根棚（ねだな），中棚，上棚，それに除棚（のぞきだな）と呼ばれる構造材を順次釘づけて建造され（打ち込み式），作りやすい代りに結合強度に不足していた．帆装も不十分なもので，檣（ほばしら）は取外し式のものが1本だけ，帆はその真中にかかり，恐らく16世紀以降多くの進歩がなかったため不完全な横風帆走しかできなかった（石井 1957, pp. 31-37；片山 1970, pp. 40-41；石井 1983, pp. 44-122）．江戸時代のわが国では，鎖国政策のため外航船製造の需要は乏しく，その結果造船技術も発達する余地がなかったのである．これに対して西洋型船は，竜骨（keel）と呼ばれる底骨を中心に，縦通材，肋骨等によって，丁度動物のあばら骨のような形に船殻が作られ，その上に外板や甲板が張られた．使用される釘はねじ釘である．和船の作りに比べて外圧に対する抵抗力や航海

力ではるかに優っており，遠洋航海に適していた．

　もっとも，近世日本に近代的造船技術の芽生えが全くなかった訳ではない．その動向をいくつかの資料(石井 1957，金子 1964，日本科学史学会 1966，三井造船 1968，片山 1970，寺谷 1979，石井 1983 等)によって大観してみよう．

　わが国で本格的な西洋式帆船が初めて建造されたのは，1605 年英人ウィリアム・アダムス (William Adams, 三浦按針) が家康の委嘱により伊東海岸で 2 隻の小船 (80 t および 120 t) を作製したときに始まるというからかなり昔である．このうち 120 トンの方 (サン・ベナベンツーラ San Buenaventura 号) は，1610 年にフィリピン諸島長官デ・ビベロ (Don Rodrigo de Vivero y Verasco)，日本人商人田中勝介らを乗せ，3 カ月を要して浦賀からメキシコへ渡った．これは，和製船が太平洋を渡った初めであるという．さらに，1613 年，伊達政宗が支倉常長を使節としてヨーロッパへ派遣した際には西洋型新船陸奥丸が用いられた．この船は外人ソテロ (Sotelo) の指導のもとに幕府の船大工らによって建造されたが，竜骨の長さ 35.5 m，幅 10.8 m の 3 檣ガレオン船で，180 名の乗員を擁し，太平洋経由でメキシコ，スペインを廻ってローマへ向かった．鎖国後も，例外的に西洋型船が作られたことが何度かあった (1669 年のオランダ型船，1683 年の蝦夷探険船など)．

　近代的な造船がようやく始まったのは，1853 年に幕府の大船建造禁止令が解かれた後のことであった．丁度その頃 (1854 年)，ロシア軍艦ディアナ (Диана) 号が来航中に津波のため沈没したので，幕府は援助を与えて伊豆の君沢で艦長プチャーチン (Е. В. Путятин) 以下の指導のもとに正味 3 カ月弱で代りの船を作らせ，そのついでに同型船をもう 1 隻作らせた (1855 年)．これは 2 檣のスクーナーだった．この経験によって東海道筋とその近郷ならびに江戸から参集した船大工達は西洋式木造船の製作技術を習得し，その直後には幕府令によって君沢型帆船 (全長 24.6 m，竜骨延長 18.9 m，幅 7.0 m；単価約 2,618 両) 6 隻を戸田で，また 4 隻を石川島で建造したのである．たしかに，和船と西洋船とは設計思想の上では基本的に違っていたけれども，船大工のもつ建造技術という点では欧米に全く追いつけないほどわが国が劣っていた訳ではなかった．それだけではなく，これらの職人達は近代造船技術の伝播の器ともなって貢献した．すなわち，彼等のなかには，その後幕府海軍所属となった者や横須賀船廠

に就職した者も多く，またある者は自営の造船所を開設したり，石川島造船所に入所して千代田型軍艦(後述)建造に参加したという．

しかし，蒸気船となると事情は異なり，その建造には多くの困難が伴ったらしい．もともとわが国近代造船業の系譜には数種類あり，少なくとも

(a) 幕府直営の造船所として運営されたもの(浦賀，石川島，横須賀の各造船所および長崎製鉄所)，

(b) 雄藩の造船所として設立されたもの(金沢藩の七尾，佐賀藩の三重津，薩摩藩の漕ノ浦と牛根，水戸藩の石川島，長州藩の小畑ケ浜および土佐藩の種崎各造船所)，

(c) 江戸時代に大和型船を建造する船大工の事業として発祥したもの(1689年創業の藤永田造船所，1702年創業の市川造船所など)，それに

(d) 維新以後に新興の造船業者(日立造船桜島，大阪造船大阪，小野鉄工大阪など)

の4系統を数えたが，このうち早くから蒸気軍艦を建造し得たのは幕府だけであった．1866年に竣工した邦人建造蒸気船千代田形(木造スクーナー，138排水t，5ノット)がこれだが，この船のための60馬力蒸気機関，ボイラー等は長崎製鉄所(長崎造船所の前身で1856年の創設)，船体は同じく石川島造船所(水戸藩より継承)で製作された．これに対して，雄藩の試みた造船所はいずれも成功せず，買船主義に転向するか幕府その他へ移籍するかに終った．例えば，薩摩藩では，反射炉(reverberatory furnace, 1852)，製鉄用熔鉱炉(1855)，鑽孔機(boring machine, 1856)などを導入して工業化に努めたが，島津斉彬の最終目的とするところは蒸気船の建造にあったといわれている．その努力の成果として1854年には西洋式3本柱の大船以呂波丸を竣工し，さらに1855年には蒸気外輪船雲行丸(長さ16.4 m，幅2.7 m)を江戸で完成，その試運転に漕ぎつけたのではあるが，その事業は結果的には失敗であった．ちなみに，数年後(1858年)雲行丸に搭載の蒸気機関をオランダ人に見せたところ，初めてにしては上出来だが，「蒸汽もれ候て不宜，取直し候得は五十馬力位は可相成……」と評されたという．構造上の欠陥のため，出るべき馬力の1割程度の力しか出せなかったもようである(公爵島津家編纂所 1968，上，pp. 617-18；ただし，カッテンディーケ(邦訳) 1964, p. 95によれば，50馬力ではなく約12馬力，ま

た1割ではなく 1/6 ないし 1/4——つまり実馬力は2ないし3——であった)．また，薩摩集成館の造船伝習方をつとめた市来四郎(1828-1903)が語るところによれば，1854年長崎にオランダ蒸気船スンビン号(Soembing, のちの観光丸)が到着した際，命ぜられて研修に赴いたが，

> 「其初めに鉄製蒸気船の機関，其他の絵図面をも見，或大軍艦を見て大ひに覚りまして，製鉄器械もなく従来の鉄工を以て，迚も実用の蒸気船帆前軍艦をも造り得る事は出来ることでないと感じまして，和蘭人に拠て買入るの得策なるの意見を帰りますと直ぐに述べました，一般も其論に帰しました，其れより蒸気の雛形製造は止めて仕舞ひました，軍艦も同様でござりました…….」(日本科学史学会 1966, p. 34；なお，公爵島津家編纂所 1968, 上，p. 665 記載の引用では，語句に僅かな異同がある．)

他方，(c)の系譜である純粋の民間の造船所は，幕末には西洋技術の導入に恵まれず，造船近代化の風潮の洗礼を受けることもなかった．これは，その主製品が河川・内海・沿岸用の大和型船建造にあったためでもある．このうち最も有名な藤永田(1967年三井造船に合併吸収)は，元禄初期に大坂堂島船大工町の「兵庫屋」として発足した．材料は帆柱商，材木商，船具商等から購入し，常備と臨時の船大工を集めて建造に従事させたほか，船舶の修復を手がけた．当時は33軒の同業者を数えたといわれ，株仲間を組織し，諸大名の御座船を受注することもあった．だが，兵庫屋で蒸気船を造り始めたのは時代をはるかに下って，9代目当主の永田三十郎が1869年ドイツ人技師を招いた時からで，翌1870年に民間造船所として最初の洋式木造外輪汽船神速丸を完成した．しかし，その後も明治初期の同社の代表製品はスクーナー型帆船だったし，とりわけ1884年の船舶検査規則発令(ただし1891年に廃止)後は船主が煩雑を嫌って和船ないし準和船(合の子船)の発注に傾いたため近代化が遅延したのである．藤永田で最初の鋼製貨物船第2永田丸(1,000 t；以下原則として総トン(G. T.) 表示)を進水したのは1900年だった．

一方，幕府直営の造船所は，相対的に他者より進んでいたとはいうものの，その技術的内容は未だ幼稚だった．その後官営時代に入っても，最大の規模をもつ横須賀ですら，艦船修理，鉱山・灯台機械の製造を主たる業務としたのである．買船主義の風潮が弱まり国内生産に眼が向くようになったのは，日清戦

争で政府が造船業発達の必要を痛感し，1896年3月に造船奨励法・航海奨励法を公布してからのことである．したがって幕営ならびに官営時代の長崎造船所も，いずれかといえば精彩を欠く存在であった．同所はようやく機械工場としての体裁を整え，薩摩集成館のために旋盤や平削盤などを製作したが，造船作業の指導は外人技師（初めはオランダ人，後に英国人）に頼り，それですら西洋型木造船を建造し得たにすぎない．

2. 借りた技術にもとづく造船技術の革新

このように，幕末から明治初期にかけてのわが国造船技術は未だ幼年期にあり，将来成長する可能性は十分秘めていたとしても，欧米との技術的な遅れをうめるのは必ずしも容易でなかった．例えば，長崎における海軍伝習の初期の頃には，日本人の造船造機に対する熱意はオランダ人教師を驚かすほどであったけれども，機械工業の基礎知識は至って貧弱であった．蒸気船を輸入した場合には機械修理工場やドックが必要になるという認識もなく，機械工業は鋳鍛鉄業のたんなる延長としてのみ考えていたために，その中心的存在は機械工作にこそあるという事実すら知られていなかった．蒸気機関の原理を教われば直ちにこれが作れるものと思い，その製造は，品質の吟味された材料，経験をつんだ熟練職工，それに精度の高い工作機械を要する大事業だということは直ちには理解されなかった（今津 1966, pp. 57-61）．そのような状態であったから，長崎造船所の前身としての「長崎製鉄所」の建設も，オランダ人の執拗な働きかけがあってこそ初めて実現したといってもよいくらいである．

しかし，1857年秋にオランダから機械設備とともに1名の技師（H. Hardes），10人の熟練職工（三菱造船株式会社(1928), pp. 6-7)によれば，機械工2，轆轤工3，鑪子工1，鍛冶工1，銅細工工1，木型工1，および製缶工1)が到来してからはドックの構築が開始となり，3年半を費して1861年3月に完成した．機械設備の中には17台の工作機械と15馬力の蒸気ハンマーが含まれており，当時のヨーロッパの標準と比較してもひけをとらなかったといわれる（今津 1966, p. 67）．ともかくも長崎に船舶の修理基地ができ上ったことは外国から渡来する船乗りたちにとって大いなる朗報であった．

だが，造船業の成長の道はその後も決して平坦ではなかった．鉄船，さらに

鋼船が導入され，また船型が大型になるに伴い，職工は経験がないために苦労を重ねることが多かった．造船業の展開のためには外国技術を導入することがどうしても必要だったのである．しかし，借りた技術を使用してすら，その成果は貧弱で，国内で建造された700トン以上の船舶は日清戦争終了までわずか2隻（双方とも三菱長崎造船所製）にすぎず，横須賀海軍工廠ですら迅速・安価な製造はできなかった（寺谷 1979, p. 83）．1900年当時におけるわが国識者の評価では，わが国造船業の実力はまだまだ幼少にとどまっていた（同上書, pp. 171-77）．造船奨励法（1896-1917）の制定にもかかわらずこの事情は1910年頃になっても依然として変らず，職工の熟練は未だ不足であり，製品の価格競争力はなく，納期が長かった．1911年における船価を，わが国船主に対する引渡し価格で比較すると，わずかに競争力のあるのは2,000トン以下の船に限られたという（同上書, p. 184）．造船を産業保護政策の対象としたのは失敗だったと指摘する声もあったほどである．わが国造船技術が向上を遂げて，どうやら一応の国際水準に達したのは，造船界が空前の好況を呈した第1次世界大戦期以後のことのようである．

ところで，船殻の製造工程は，材料の罫書，切断，穿孔，曲げ加工の後，各部材を組み立てるという作業から成る．船殻が完成すると引き続き艤装が行われる．第2次大戦前における船殻工作法の改善は，内容的にきわめて単純明快だった．いまこれを整理すると，その要点は以下の6点にまとめられよう（造船協会 1935, pp. 526-34；日本造船学会 1977, pp. 165-70による）．まず第1は，使用材料が木材から鉄，そして鋼へと推移したことである．この変化は，他の革新にくらべて比較的早い時期に起こった．

第2には，切断，穿孔，曲げ加工などの加工作業が，次第に効率のよい方法に切り換えられたことである．例えば，大正期には剪断機械に代わって手動式ガス切断が使われるようになったし，曲げ加工も，加熱した後でジャッキやハンマーで叩いて成型するなど人力を要したものが次第に機械加工されるに至った．

第3に，大正から昭和にかけてのもっとも重要な革新として，鋲鋲法に数回にわたって改善が行われた．手打ちから空気打ち，次いでは熔接への変化がこれである．熔接も初めはガスによったが，後には電気が使用された．すなわち，

船材の組立ては，昭和の初めに至るまでは，鋲接によることがほとんどだった．初期の鋲鋲法は手打ちであり，場所によって撞木打ち，水圧打ちが行われたのである．やがて次第にニューマチック・ハンマー(空気打ち)が使われるようになってからは鋲の据え込みがよくなり，能率も向上したが，導入当初のニューマチック・ハンマーは日本人の体格に適さず，改良の余地も少なくなかったため，その普及には時間を要したという．次いで 1913 年には長崎造船所に酸素アセチレン熔接および切断法が導入され，工程の迅速化に貢献した．さらに同所では，そのわずか 1 年後にスウェーデンから電気熔接機の販売権を買収し，その応用と技術研究に乗り出した．鋲鋲を完全に電気熔接で代替した船は英国で 1918 年に初めて竣工したが，わが国では 1919 年の諏訪丸(長崎造船所製で，同所の従業員港内送迎用)が最初であった．

第 4 には，高架起重機を採用したことである．大型クレーンは船殻の組立等の効率化のために初め海軍工廠(横須賀，呉)で採用され，その後三菱造船所では 1912 年，川崎造船所では 1914 年に設立された．

以上は生産技術そのものに見られた主要な改善であるが，その他に生産管理上の工夫と産業組織上の変化をあげてよいであろう．すなわち，第 5 の改良としては，昼夜兼行作業の実施，標準船型の導入などにより，竣工期間が短縮した．この結果，生産設備の有効利用度(稼動率)が上昇した．

また第 6 には，分業と補助工業とが発達を遂げた．すなわち，第 1 次大戦までは比較的規模の大きい造船所が少数存在しただけであったので原材料を購入する以外はほとんど一切が自家製であったけれども，大戦の影響で市場が拡大した結果，船体機関，および艤装品の分業による生産が試みられるに至り，また他方では軸類，鋳物部品などの製造を専業とするものが現われて，部品によっては外注されるものが生じたのである．これは生産効率の上昇と製造費用の逓減とに役立ったと考えられる．

さて，以上の知識を前提として，再び三菱長崎造船所の事例に立ち帰ってみよう．この工場の場合には，その本格的な発展のきざしが明らかになるのは経営が三菱の手に移ってからのことであった．すなわち，世紀の変りめあたりになってから比較的短期間のうちに様々の技術変化がたて続けに生じたのである．いま，19 世紀後半から 20 世紀初頭にかけての同造船所をめぐり，とりわけ目

立つ変化を，西日本重工(1951)，井上(洋)(1968)，三島(1979)などにもとづき年代記風に摘記すれば以下のとおりである．

1860　「観光船」「咸臨丸」「朝陽丸」等艦船の機関および船体修理のため，長崎飽浦製鉄所を完成．―― 鍛冶場，機械工作場，および鋳物所を中心とする機械工場で，合計29馬力の蒸気缶(ボイラー)，19台の工作機械，1台の蒸気鎚を備える．オランダ機械士官ハルデス他10名の技術員が指導して「千代田型」船の機関作製，アームストロング砲の鋳造，旋盤その他工作機械の製造に携わったが，造船は数隻のみ．

1869　グラバー(Thomas Blake Glover)の小菅ドックを買収したことにより，飽浦製鉄所はドックを備えるに至る．

1879　立神造船所を完成．―― しかし，工部省時代(1871-83)には鉄船の建造はかなわず，小菅船架で6隻の木造汽船と3隻の木造帆船を建造したほかは船舶修繕に従事したにとどまる．

1884　長崎造船所，岩崎へ貸下げ．―― 鉄船製作に1日の長があった大阪鉄工所から英人コーダー(J. F. Corder)を引き抜いて支配人とする．三菱製鉄所(在横浜)から外人技術者3名と外人書記1名とを移転させ，工部省出身の技師6名を継続勤務させるほか，新たに4名の外人技師を雇用する．支配人2(うち外国人1)，社員5名，傭員28名，外国人7名，職工766名の体制である．

1885　大阪鉄工所首席鍛冶職および首席造缶職各1名を引き抜いて小頭とする．1886-88年にかけては，小野浜海軍造船所より工夫長2名，鋼工1名，大阪砲兵工廠から轆轤職1名をそれぞれ引き抜いて小頭に任命．さらに，旧工部省時代の轆轤職1名，鑢子職1名，鋳物職1名，大工職2名を小頭として引き続き勤務せしめる．

1887　長崎造船所，三菱へ払下げ．―― 貸下げ以降の3年間に鉄船建造が可能となり，鉄船タグボート「夕顔」(206 t)と鉄製浚渫船の2隻を製作．

1889-91　大阪商船より600トン級小型鋼船3隻を受注．この頃より工場運営の責任は半ば日本人の手に移る．

1890　国産第1号の3連成往復式蒸気機関を搭載した筑後川丸(610 t)竣工．

1895	最初の外航用鋼船「須磨丸」(1,592 t)竣工.
1896	工場大拡張；第2ドック(371 ft)を完成，海面埋立を実施し造船能力を向上.
1898	最初の6,000トン級新造船「常陸丸」(日本郵船，6,172 t, 3,847馬力)を竣工．ただし，この建造は英国の資材・設計・技術に依存．技術顧問ジェームス・クラーク(James Clark).
1903	国産最大の汽缶を搭載し客船速力の新記録を誇る日光丸(5,539 t, 17.8ノット)を竣工.
1904	英国パーソンズ(Parsons Marine Turbin Co.)より蒸気タービン製造販売権を購入しタービン工場を設立.
1905	第3ドック(728 ft)を完成して1万トン級の造船が可能となる．日露戦争に際し軍艦建造を引き受けるに至り，新技術の修練に励む．わが国造船史上の「新紀元」となる.
1908	パーソンズ式新式タービン商船「天洋丸」「地洋丸」(いずれも約13,400 t, 20.6ノット)竣工．さらに，国産タービン第1号と宮原式汽缶を搭載した「桜丸」(3,205 t)を建造.
1911	海軍が初めて主力艦を民間発注するに際し，巡洋戦艦「霧島」(27,500排水 t, 27.5ノット)を受注．また，明治期最大馬力客船「春洋丸」(13,377 t)を竣工.
1912	第1船台にガントリー・クレーン(gantry crane)を新設.
1915	戦艦「日向」(31,260排水 t)を起工.

なお，1902年から12年に及ぶ11年間に，合計43人の三菱技術者が海外へ派遣された．このうち36人までが英国に赴いたことでも，当時の技術が多く英国に依存していたことが知られる(西成田 1978年6月, p. 46).

こうしてみると，速い変化とはいっても，最初に鉄船を建造した年から数えて，外船用鋼船が竣工する迄に8年，1万トンを超える東洋最初のタービン汽船を完成する迄に21年，そして初めて海軍主力艦を受注する迄には24年を要していることがわかる．この間，造船需要は徐々に増大し，1905年には神戸造船所が開業するまでに至ったわけであるが，その反面，多額の設備投資を要す

る造船経営は決して楽ではなく，利益率（純益・売上高比率）は，長崎造船所の場合 1894-1911 年の平均で 4.4 パーセント，神戸造船所の場合 1905-11 年の平均で 3.7 パーセントにすぎなかった（旗手 1978, pp. 98-100；なお，小林 1977, pp. 232-50 をも参照）．

　タービン汽船の建造が行われた 1908 年頃から大正期にかけて，造船技術の上にはさらに特記すべき幾つかの新工夫が出現した．これらをまとめて「新施行法」と呼ぶ．もと長崎造船所工務長をつとめた三村哲夫の手記によれば，この頃までの同所では英国造船技術をそのまま取入れ，「当時の施行技術としては国内最も優れて居つた」（『懐旧録』下, p. 318）ものの，その作業法は極度に労働集約的だった．例えば，船体の穴明けはポンチだが他は手作業，鋲鋲はすべて手カシメ（ただし保険会社であるロイド（Lloyd's）の要求その他特殊のときのみ水圧締め），填隙は手コーキングといった具合で，「殊に外板のカシメの時

第 5-1 表　20 世紀初頭の新施工法（長崎造船所）

項　　目	記　　事
1. ニューマチック・コンプレッサー	1909-1910 年頃採用し，ニューマチック・ドリル，ニューマチック・リベッター，ニューマチック・コーキングを導入．（熟達職工はこれを喜ばず普及遅し．）
2. アセチレン・ガス	ガス熔接とガス切断のため 1913 年に採用．軽便のためとりわけ切断を効率化．
3. アップライトの廃止	大正初期．
4. 現場板型作業の逓減	大正初期以降．
5. 電気熔接	1918 年に出現．大作業に不向きなアセチレン熔接に比し，作業の簡単化と材料軽減に貢献．昭和初期には GE 式自動電気熔接機を導入．
6. 船体部分の地上組立法	ワシントン軍縮会議（1921 年）後の不況に際し効率増進のため導入，作業の改善に貢献．
7. 家具材料小口の標準化（木工場）	同上の不況期に実施．あわせて木取り墨方に改良を施す．
8. 鋼製家具製作改良	1918 年米国視察を契機に，アート・メタルで家具作製の上，塗装・木目仕上げ．このために特殊機械を導入．
9. 運搬法の合理化	1922 年以降，手押し運搬を排して動力化（自動車，ニューマチック・ホイスト，クレーンの採用）．

〔資料〕　浅倉銀四郎および三村哲夫の手記（『懐旧録』上, pp. 1-2 および下, pp. 318-27）により作成．

など，沢山の横座，先手のカシメ方が外板に沿い前後に長き列を作り，中ハンマーを打振りカシメる様は勇壮なもので，彼等が突掛け草履で活動する様子はイナセな大工の観があつた」（同上）．ところが，これに対する新しい工事法は，いずれも大小の工夫によって資源の効率利用をはかろうとする点に共通の狙いがあったのである．いまこの「新施行法」を，当事者の記録にもとづき整理して掲げれば第5-1表のごとくになる．このうち最も注目すべきものは電気熔接で，わが国ではこれが第1次大戦後実用化されるや否や（DeGarmo 1974, pp. 769-70）早速導入にふみ切ったことになる．この後，1922年2月ワシントン軍縮会議において海軍軍備制限に関する条約が調印された後には，不況を乗り切る目的で合理的経営と作業能率の増進に一層の生産管理的努力が払われたが，三村によるとその内容は例えば次のようなものであった（『懐旧録』下，pp. 343-47）．

(1) 調査係を設け，各機械作業の改善のため時間研究を実施したところ，職工の作業能率は午後低下し残業中は著しく低くなることが判明．そこで残業は月，火，木，金のみにとどめ，水，土の両日は定時止りを励行したところ労働生産性が大いに上昇した．

(2) 定時後にマーキング競技会を行い，技倆の向上を競った．

(3) 始業後鋲打ちの開始までどうしても30分はかかったのを改良するため，1番鋲に祝儀を出すこととしたところ，1カ月と経たぬうちに始業前から打ち出すようになり，鋲打数が増加して収入も増えたためやがて早打ちの習慣が定着した．さらに，1チーム5人の作業を，作業単価は従前のまま3人に減ずる工夫をしたところ，職工収入も増すため成績が著しく改善された．

(4) 工場内に山積する穴明き廃材を全部集め，手空きの職工を利用して必要な設備を建造・改善した．

(5) 各クレーン作業の時間研究を実行し，ガントリー・クレーン式に変更すべきことを提案（1933年以後に実現）．

(6) 立神に参考館を設け，使用工具の実物やその裁断したものを展示し，さらに技師・職工の考案品，改良品等を陳列して職工教育の一助とした，――等々．

これらの努力は徐々に実を結び，戦艦土佐（1920年2月起工，1921年12月竣

エ) 建造の当時「商船の船体1屯当りの人工(にんく)が 25-30 人も掛ったものが，だんだん減少して 15-6 人迄下げる事が出来」，1933 年頃には「遂に 1 屯 10 人迄にこぎつけた」(『懐旧録』下，p. 347) のである.

第 1 次大戦後，1932 年に船舶改善助成施設が実施に至るまで造船業はことさら深刻な不況を経験したが，技術面での停滞はなかったという．艦艇や高級特殊船の建造が増え，長崎造船による太平洋航路優秀船「浅間丸」の完成をみた (1929-30 年) ほか，不況対策の 1 つとして陸上工事部門への進出が図られた．

昭和期になってからも造船を中心とする機械製造技術の導入は続行した．その主たるものはディーゼル機関の採用であるが，ここでも基幹的な技術は再び欧米から「借用」された（この点は三菱造船でも三井造船でも，あるいは川崎造船でも同じである).

以上の簡単な叙述からも，わが国の近代造船業は伝来の船舶製造技術だけでは力不足で，幕末から明治にかけて欧米（オランダ，フランス，イギリス）の生産技術を借り入れる必要があったこと，しかし（恐らくは伝統技能の蓄積のおかげで）比較的急速に新来の技術が定着したこと，がわかる．各造船所は早い時期に高給とりの外国人技術者・職工たちの手を離れて，経営的にも技術的にも独自の運営を行なった．（出資者の中に多数の外国人を持っていた横浜船渠(ドック)(1899 年設立) は例外的な存在だっただけでなく，造船奨励法の恩典を受けられないために自らを経営的に不利な立場に置かざるを得なかったといわれる (寺谷 1979, p. 353).)

ちなみに，土光敏夫 (1983, pp. 91-109) によれば，石川島造船所で国産タービンを作り始めたのは 1922 年頃からであるが，それ以前でも，わが国で様々の輸入機械を使いこなし得たのは，既にそれだけの技術の下地ができていたことを語るものである．もっとも，当時のタービンや発電機は外国製品でも必ずしも優秀なものばかりとはかぎらず，故障を起こすものも多かった．例えば，英国パーソンズ式やジョン・ブラウン (John Brown) 式の船舶用タービンは低速度で構造が複雑なのでよく故障を起こした．これに対し，石川島ではスイスのエッシャーウィス (Escher-Wyss) 社と契約して同社のツェリー (Zölly) 式タービンの販売を始めた (1921 年). このタービンは，英国流の製品に比べてはる

かに単純な構造をもち,高速回転が可能なだけでなく,取り扱いも容易で故障も少なかったからである.しかし石川島ではたんに輸入販売するにあきたらず,これを基礎に研究開発に励んで国産化をめざした.土光の意見では,日本の技術水準はこの頃既に優秀だった.それでこそ技術導入や技術提携に成功したのであってその逆ではなかったのである.

それはともかく,国内造船業者の確立に伴って第2次大戦前期わが国における大型船舶の外国依存度は急速に低下した.いま,汽船輸入額の国内における船舶生産額に対する比率(パーセント表示)によって船舶製造の国産化比率の動向を跡づけるとすれば,その平均値は,長期波動の局面(谷から谷,もしくは山から山)ごとに,次のようである.(東洋経済新報社『日本貿易精覧』1935年,pp. 317-18 および大川・石渡他 1966, pp. 195-96 より算出.ただし,1937-38年のデータは欠如.)

(谷) 1887-1901年: 92.4
(山) 1894-1908年: 74.4
(谷) 1901-1912年: 12.3
(山) 1908-1918年: 5.2
(谷) 1912-1932年: 5.7
(山) 1918-1938年: 4.5

だが,いかに独自の経営能力や技術力を発揮し始めていたにしても,当時の造船業を初めとするわが国機械工業が未だ「借りた技術」の基盤の上に立っていたこともまた否定できない.1930年代以降の三菱重工でも,恐らく1つには製造品目の拡大の必要を反映して,水車,スチーム・タービン,ディーゼル・エンジン等の生産技術修得のために,技師の外国出張があいついだ.いくつかの例をあげると,

○特殊金属応用調査のため,長崎造船技師中村道方欧米へ出張(1935年),
○イスパノイザ発動機研究のため,名古屋航空機技師岡田俊一他2名フランスへ出張(1935年),
○エッシャーウィス社における水車製造・据付方法修得および米国における水車用発電機設計打合せのため,技師李家孝他1名スイス,米国へ出張(1935年),

○スチーム・タービンおよび汽缶研究のため，長崎造船技師安西秀夫スイスへ留学(1936年)，

○ディーゼル・エンジン製作技術修得のため，東京機器技師松田和之スイス，欧米諸国へ出張(1937年)，

等々(『史料』昭和10-12年)．さらに第2次世界大戦期にさしかかってからは，航空機関係のドイツ人技師が招聘されたこともあった．

3. 生産性格差の変動

上述のような造船技術の進歩の結果として，三菱諸造船所の生産効率は年を追うにしたがって上昇した筈である．工学的な技術改良の指標としてもっとも手近なのは物的な平均労働生産性であるから，ここでは(1)1877年以降の三菱長崎造船所と(2)三菱造船所(長崎，神戸，彦島の3造船所と長崎兵器の4事業所から構成)との資料を利用して，これら両造船所の効率改善の軌跡をたどってみることにしよう．幸い，これらの諸工場の生産統計は毎年2回作成された考課表等から求められるので，これを新造船，諸機械器具生産，船舶修理，その他の項目毎に分けて集計し，それぞれを適当な物価指数でデフレートすることによって1934-36年価格に換算し，さらに各年次の年平均工員数で除することによって物的な労働の平均生産性を求めることができる．ただし，長崎造船所の作業収入系列は1924年を以て終了してしまうが，その一方では長崎造船をその一翼とする三菱造船所(1917年設立)の生産統計は1919年から1933年まで求められるので，この両系列を分子に据え，それぞれを対応する工員雇用数(臨時工こみ)で除した商を算出した．この結果が第5-1図である．なお同図では，長崎造船所と三菱造船所の生産性がお互いにほぼ同等の水準にあるものとみなして，両者を点線で接続した．

ところで，(第3章で既に触れたように)三菱造船所は，やがて三菱内燃機(1920年開業)と三菱電機(1921年開業)とを分離した後，1934年に三菱重工業株式会社と改称，その上で同年改めて三菱航空機(三菱内燃機の後裔)を吸収合併した．新会社三菱重工全体の年間売上高と従業員数とは，1919年から42年までの24年間にわたって『三菱重工業株式会社史』(1956年)に記載されている．このデータを利用すれば，第2次大戦開始時に至る同社の生産効率の動き

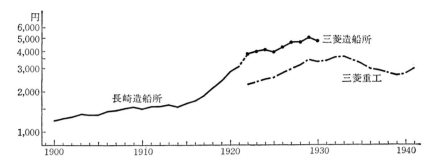

第5-1図 三菱重工における平均労働生産性(1934-36年価格,7ヵ年移動平均)
(注) 長崎造船所と三菱造船所とは年間作業収入/年末工員数として,また三菱重工については年間売上高/年平均従業員(=工員+職員)数として計算.分母,分子ともに暦年単位に修正してある.
[資料] 『統計』第1表ならびに第A4,A10表.

を把握することができる.そこで第5-1図には,この資料から得られる売上高・従業員比率を,生産者耐久施設物価指数(1934-36年基準)で割った結果をもあわせて掲げておいた.

ところで,理論的にいえば,このような生産性の時系列的比較は,付加価値生産性について行うべきであろう.なぜなら,もし他の企業が当該会社に対して中間製品(部品)の供給を行なっているような場合には,後者の売上げの中には前者の製品価格が当然含まれるからである.したがって,仮に原価に占める外注費の割合が上昇した場合には,生産性指数は,当該企業とかかわりのない事由によって見かけ上改善される結果になるかもしれない.いいかえれば,機械工業においては,特定企業の生産総額は,同業者達の生産活動と必ずしも独立ではないのである.だが,1918年以前における付加価値の算出は不可能だったので,ここでの計算では残念ながら総生産額を使用せざるを得なかった.

しかしながら,第2次大戦前のわが国造船業では,製作のために必要な機械・部品類はおおむね自作自給する傾向が強かった.三菱を初めとする大手造船所が種々様々の機械製作を手がけたのは,不況対策のためもあるが,物理的な必要に迫られたためでもあると考えられる.恐らくこれは,程度の差こそあれ他の機械器具についても一般的にいえることであったろう.各種の機械生産に従事する中小の民間企業は多数存在したけれども,普通それらは,小物の機

械および同部品(釘,農機具,自転車,小型木船など)を作ったり機械修理に携わっているにすぎず,完成品製造企業(アセンブラー)のための下請部品生産体制はあまり発達していなかったように思われる.もちろん,既述のように,外注・内作に関する経営政策は第1次大戦の頃から少しずつ変りつつあった.例えば,石川島では船舶用蒸気機関やボイラーを多量に生産して新興の造船所(浅野造船所,その他)に納入する等のことがあった(寺谷 1979, p. 213).とくに 1916 年設立の浅野造船所では,造機・造缶などを外注し,造船プロパーの工事に専念する生産方式を初めて採用したといわれている(同上書, pp. 290-96).しかし,このような動きにもかかわらず,中堅どころの機械工場は技術的にも経営的にもまだ未発達であったから,大工場の要求するような精度の高い規格部品を,納期を厳格に守りつつ供給できる態勢にあるものは少なかったと考えられる.いま仮に,三菱造船所(三菱重工)における外注率を

1 − 粗付加価値額/総収入 ≒ 材料勘定/総収入

の動きによって推測するならば,同所の外注依存度が上昇を始めるのは1934年あたりからで(1937年以降急上昇),それ以前——資料の存在する大正のなかばから1933年頃まで——には顕著な趨勢的変化は認められない.すなわちその平均値は,大正後期(1919-25年)では 0.280,また昭和初期(1926-33年)には 0.255 であった(『統計』第1表,同正誤表 p. 1 記載のデータによる).一般にわが機械工業内で垂直的な下請関係が急速に発達したのは,むしろ第2次大戦中から戦後のこととみてよいであろう(尾高 1981 を参照).もしこの想定が正しければ,平均労働生産性の計測にあたって,上述のように付加価値ではなく総生産額を使用したとしても,実態から著しくへだたることはなかったということになる.

なお,平均労働生産性を算出する際,1935年以降のように雇用水準の変動が激しい時期にあっては,雇用数の年平均値を使うか年末値を使うかによってその結果はかなり異なるので注意を要する.極端な例であるが,もし毎年末に通常より多数の臨時工を採用する慣行があるような場合には,年末値の使用は計測結果の過少評価につながる.

さて,第5-1図を眺めるならば,前節の叙述から予想されたところと符号を一にして,三菱造船所の生産効率は第1次大戦後から1920年代の初頭にかけて著しい増進を遂げたことが一目瞭然である.恐らくこれは「新施行法」導

入による効果を表わすものということができよう．ところがその後，1930年代に入ってから生産性向上の速度は明らかに漸減し，1935年を過ぎるあたりからは低下の傾向すら見せ始めた．各国政府の懸命の努力にもかかわらず，ワシントン条約締結以降の造船業の不況が，生産性の伸びにも色濃く影を落していたのである．いま，第5-1図に即して，実質労働生産性の趨勢変化率（7ヵ年移動平均値の対前年比；年率）を計算すると，1901年（谷）から1912年（谷）までは平均2.0パーセントであるのに対して，1908年（山）から1918年（山）までは3.8パーセント，1912年（谷）から1932年（谷）にかけては6.2パーセント，1918年（山）から1938年（山）の期間は4.1パーセント，そして1932年（谷）から1941年までは－1.1パーセントであった（1930年までは三菱造船値を，それ以降は三菱重工値を使用して計算）．

なお，三菱造船と全く同様の過程によって，物的な平均労働生産性のグラフを，1899-1933年の官営八幡製鉄所（1934年からは民営日本製鉄所へ改組）についても描くことができる（生産額の資料は大蔵省『歳入歳出決算書』各年（1927年までは朝日新聞社『日本経済統計総覧』1930年，pp. 145-48に記載），また職工数は『八幡製鉄所五十年誌』1950年，統計付録から得られる）．その結果によると，同所における実質平均労働生産性の成長率は1913年に1つの頂点に達し，その後1918年頃までやや落ちこみを見せたあと，1920年代を通じて飛躍的上昇を記録したことがわかる．

ところで，以上のような新しい生産技術は，どの企業においても直ちに採用されたのではなかった．先に触れたように，戦前期における近代的鋼船製作の手法はほとんどすべて欧米から移植された「借りた技術」だったが，経済開発の初期にあってそれを導入し得たのは，資金力の点でも人的資源の点でも相対的に余力のある大企業だけであった．逆にいえば，借りた技術がわが国機械工業にくまなく伝播するには相当の年月を必要としたのである．もっとも，鋼船製造業は基本的に労働集約的な産業であるから，同じ機械工業でも相対的に資本集約的な大量生産方式によって性格づけられるような部門（例えば自動車）に比べれば移植し易かったであろう．幼稚とはいえ，過去において船舶製作の思想と経験とが存在したのであるから，一たん開始されるや，技術移転の速度は相対的にみれば必ずしも遅くはなかったと考えられる．

それはともあれ，三菱等の先進大企業に導入された新しい技術は，当該企業

の生産効率を著しく上昇させることによって，他の一般造船業者との間に大きな技術格差を生じたものと予想される．この点は，両者の平均労働生産性の動きを比較すれば容易に検証することができる．

この作業のために三菱諸社との比較の対象としてここで選んだのは，大阪市の造船業界である．これには，大阪市に関して利用可能な統計資料が比較的豊富だという便宜上の事情もあるが，それ以外にもっと実質的な理由がある．それは，大阪地方が歴史的に造船の盛んな土地の1つだったからである．この意味で大阪の事例は，わが国造船事情の雛形を示すものともいえよう．

古来大阪は流通の中心地としてだけではなく工業都市としても繁栄してきた．昭和期になってもこの事情は変らない．なるほど1920年以来の『国勢調査』が伝える工業就業者の絶対数では明らかに東京市の方が大阪市を上廻っているが，従業員規模5人以上の製造業の事業所を調査した『工場統計表』によれば，1935年における全国工員総数のうち13.9パーセントは大阪府によって占められ，東京の12.8パーセントの上を行く規模であった．同じことを工業生産額についてみれば，それぞれが17.0および14.1パーセントの貢献度である．この点に関する大阪の東京に対する優位は第2次大戦後まで継続したように思われるが，1940年代の終りからはようやくその順位が変化している．すなわち，『工業統計表』によれば，1949年の全国工員数合計に占める割合は大阪府が9.1，東京が10.3パーセントで逆転，また1948年の全国生産額合計に占める割合は大阪が12.5，東京が12.5パーセントでほぼ同一であった．もっとも，機械工業については，東京が大阪を凌駕するのはこれよりはるかに早かったように見える．再び『工場統計表』によると，1920年における大阪府機械器具製造工業産出額は212百万円で全国の22.0パーセントを占め，東京府の20.9パーセントを抜く成績だったけれども，この順位は1924年以降には逆転した．

さて，大阪の造船業者は1899年には26を下らず，官営造船所こそ無かったものの，その数は大正期にかけて徐々に増加する傾向が見られた．同地方において古くからこの業に携わった有力会社は大阪鉄工所，小野造船所，藤永田造船所などである．爾来大阪では，大阪鉄工所などの例外を除けば，近海航路用の小型木造船に主力があった．次第に鋼船の建造が増加したのは日露戦争後のことである．とりわけ第1次世界大戦期には，世界的な船腹不足の影響でわが

国造船業界は「未曾有の好況」に遭遇したのであったが，大阪でも「既設の造船所は夫々設備の大拡張を行ひ，他方群小の造船所が俄に簇生した」(大阪市役所 1933, p. 534). その中には設備不完全なもの，作業の質が粗悪なものもずいぶん多かったらしい．

「一番造船の盛んだったのは大阪で，尻無川の川尻にずらりと並んだ所は天下の壮観でありましたが，彼辺は別に造船設備は出来て居らぬのでありますから，いきなり畠の中へ聊かの土台を構へ，其上で何千噸もの船を造るのですから呆れた話で，其又造る船がハルクの改造があり，木船があり，よくまあ盲目滅法に遣ったものであります．

面白いのはトロール船を胴中から二つに切りまして，中央部に継足しをし，大きな商船にする方法で，相当流行した様であります．或る時此方法で船が出来上りまして，……盛なる御祭騒の中に，船橋からゴー・ヘー(前進)が掛りました．所が船が段々ゴー・スタン(後退)をしますので，……段々調べて見ると右廻りの機関に左廻りのプロペラが取付けて在ったさうです．……同じ様な事件は或る相当大きな造船所でも起りました」(広幡忠隆『海運夜話』pp. 55-56, 大阪市役所 1933, pp. 535-36 に引用).

大阪がこのような具合だったから，1916-7年頃の神戸の繁盛も推して知るべしであった．当時農商務省から兵庫県に派遣されていた吉野信次はその様子を次のように伝えている．

「そのころ山下亀三郎さん(1867-1944年，山下汽船会社創立者)が宴会の引出物に，ガラスの箱に鯛の生きたものを出したとかいううわさでした．私も工場監督官の資格で工場主からご馳走になった際にも皿に干菓子を出す．帰りにこれはお土産ですといってもらうと，その皿と菓子が入っている．銀の皿ですね．……そういうことが神戸のその頃の風潮でした．

そのときの川崎造船所は，船を造るのに船台が間に合わないんでね，松方幸次郎さん(1865-1950年，川崎造船社長，……)は海岸の砂の上に船台を組んで，1カ月か2カ月ぐらいで船を造ったという話もありました」(吉野 1962, pp. 36-37).

第1次大戦下における造船業界のこのような活況はもとより阪神地域に限られたわけではない．全国的にみても，当時総トン千トン以上の船舶の建造能力

をもつ民間造船会社数は，1913年の5社から1918年の52社(休業中のもの1社を除く)へと10倍余の増加を示した．これは当然ヨリ小規模な企業の新規参入を意味したから，同じ時期の1社あたり払い込み済み資本金をみると4,630千円から2,107千円へと，また1社あたり職工数(人夫を除く)は5,228人から1,872人へと激減したのである．上記のうち1918年の数値の中には，船腹，鉄・鋼材の欠乏を補う目的で1916年以降製造されるに至った大型木造船の業者も11社含まれているが，これら木造船の建造に従事する企業の規模は1社あたり払い込み済み資本金209千円，同じく職工数196人であって，鋼船業者にくらべて規模が小さかった．ちなみに，同年における1工場あたり職工数の最小値は，鋼船工場で100人，木船工場で17人であったが，最大規模については，鋼船の場合は12,745人(川崎造船所)，木船工場では933人(新潟鉄工所)であった(造船協会 1935, pp. 356-68)．このうち，新規参入した企業，それも比較的小型の木造船を製作したものには，不良製品を出すものも少なくなかったらしい．例えば，総トン数約800トンのある新造木造船の場合には，就航後あまり浸水がひどいのでドック入りして検査したところ，肋骨と外板の敲釘孔に釘を打ち込む代りにパテを充填しただけのところが百数十箇所も発見されたとのことである(同上書，p. 372)．

　しかし，大戦期の繁栄は戦争の終りとともにまたたく間に終了し，にわか造りの造船所は大方廃業せざるを得ない状況に追い込まれた．上に引用した全国統計でみても，1921年には造船所数は19に激減，これに対して1社あたり払い込み済み資本金は7,886千円，1社あたり職工数は3,331人へと変化したのである．なお，これらの数値のうち平均職工数以外は，その後昭和初期に至るまで大きく変化することがなかった．例えば，1927年における企業数は18，1社あたり払い込み済み資本金は8,880千円，そして1社あたり職工数は2,083人であった(同上書，p. 355)．

　第1次大戦期に彗星のごとく現われて消え去った企業の顕著な1例として，内田造船所(横浜市)の例をあげることができよう．同所は，1916年までYokohama Engine and Iron Works(1898年創立，英人経営)として営業してきたものだが，同年買収され，その後1918年内田造船所となってからはブームの波に乗って大躍進を遂げ，かつて(1913年に)従業員数300人だったものがわずか5年後には3,026人を数えるまでに成長した．

同所の技師長や工員はすべて三菱から引き抜かれた者達だったという．同所は1918年5月から1921年1月までに合計12隻総計4万1千余トンの建造実績を誇り，第2次日米船鉄交換契約にも参加してそのうち2隻(各8,520重量t)をこなすほどの勢いであったが，大戦後の不況とともにいち早く大阪鉄工所に身売りして影を消したのである（寺谷1979, pp. 371-89）．

さて第5-2図は，第5-1図で示した長崎造船所ならびに三菱造船所の平均労働生産性を，同時期の大阪市造船業のそれと比較したものである．ただし，この比較にあたっては，製品価格の地域差や企業間差別はなかったものと仮定して，三菱生産性の名目額を大阪生産性の名目額で除し，さらにこの商の趨勢値を算出した．

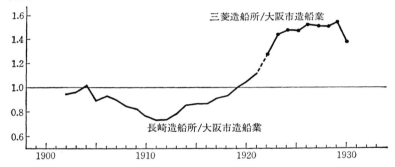

第5-2図 生産性格差の変動：三菱・対・大阪市造船業(7カ年移動平均)
（注）いずれも年間作業収入/年末工員数の相対比である．
〔資料〕 第A4, A10表．

第5-2図に示した生産性の比較については，さきに第5-1図の計算に関連して述べたことが，そっくりそのままあてはまる．すなわち，ここでも理想的には，まず三菱，大阪市双方の付加価値生産性を求め，しかる後に相互の比較をすべきである．しかしここでも，付加価値の測定が困難だという理由から，やむを得ず生産総額生産性を使用した．

なお，『大阪市統計書』に報告されている就業員数に，臨時工が含まれているかどうかは不明である．三菱造船の数値は臨時工こみであるので，もしこれに対応する大阪市造船工場のデータに臨時工が含まれていない場合には，第5-2図に示された比率はその分だけ過少に出ていることになる．

ところで，「工場統計規則」(1923年12月11日農商務省令臨第15号)によれば，この統計調査における職工には，「職工長，伍長，工長，普通職工，臨時職工，日雇職工は

勿論工場建設物の修繕等に従事する常備の大工，左官をも含む」とあり，また徒弟も職工とみなすことになっているから，戦前の職工統計は，少なくとも建前としては臨時工を含んでいた(内閣統計局編『現行統計法規類抄』帝国地方行政学会，1926年，第11輯, pp. 13-16). ちなみに，1934年の内務省社会局調査結果(『臨時職工及人夫ニ関スル調査』)と同年の『工場統計表』とを比較した小原哲郎(1982, pp. 45-46)によれば，後者の職工数は，前者が把握した臨時工数の恐らく9割弱を網羅しているのではないかという. 毎年の大都市の統計書に含まれた工場調査は，商工省の「工場統計」とほぼ軌を一にして実施されたものと考えられるから，上述の建前からすれば，『大阪市統計書』記載の従業員数にも臨時工(の一部ないし大部分)が含まれているとみて，恐らく大過ないであろう.

　第6章第5節で改めて論ずるように，臨時工や人夫名義の職工が発生したのは，もともと，改正「工場法施行令」(1926年)第27条の2に定められた解雇の際の予告もしくは予告手当支給の義務を免れたり，諸手当(皆勤手当，賞与など)の支給を割愛したり，場合によっては健康保険法，労働者災害扶助法の適用を逃れたりすることによって，人件費を節減しようとする意図があったからでもある(北海道立労働科学研究所 1956, 第3部第2章). したがって，臨時工には，仕事の上では普通職工と大差のない者も少なくなかった筈である. しかし，その現在数は，正規の職工数とは異なり，どちらかといえば過少申告される可能性があったと見なくてはならない. そしてその傾向は，恐らく大工場よりは中小工場において強かったのではあるまいか. もしそうだとするなら，第5-2図のグラフの水準は，どちらかといえば過少評価されている傾向にあり，しかもその傾向は，臨時工問題が深刻になった昭和初期にとりわけ強かったということができよう.

　以上のような留保をつけた上で改めて第5-2図を眺めると，1910年代後半から1920年代の前半にかけて，三菱(長崎)造船と大阪造船業で代表される一般造船企業の間に著しい生産性格差が発生したことは紛れもない事実である. この時期における「新施行法」は，三菱造船では活発に導入されたとしても，それが直ちに大小の一般企業へ伝播するというわけには行かなかったのに違いない. そこで，1910年前後には相対的にむしろ非効率的だった三菱のほうが，約20年経った後には生産性の上で一般の造船所をはるかに凌駕するに至ったのである. このような生産性格差の発生と拡大とは，とりもなおさず企業の賃金支払能力における格差の拡大を意味しており，労働市場における賃金二重構造出現の重要なテコとなった筈である.

4. 結　語

　以上の検討の結果,次の4点が明らかになった.すなわち,(1)わが国の造船技術は,近世以来からの伝統にもかかわらず,開国当時においては欧米のそれとかなりの開きがあり,世界的水準に追いつくためには積極的にこれを「借りる」必要があったこと.(2)そのような努力は,幕府,諸藩,明治以来の海軍工廠でももちろん行われたが,明治維新後の民間企業にあっては,資金的かつ人的な蓄積と恐らくは政治的な影響力の大きい大会社を中心として行われた形跡があること.(3)その結果は明治末期から大正期にかけて現われ始め,とくに第1次大戦頃から,大造船工場・対・一般造船工場の労働生産性格差として顕在化したこと.そして最後に,(4)この生産性格差こそは,賃金二重構造発生のための条件を整備するものであったと考えられること.

　ただし,以上の結論に対しては2つのただし書きが必要である.

　その第1は,生産性格差の存在は,賃金二重構造発生のための必要条件ではあっても必ずしも十分条件ではないということである.いいかえれば,仮に生産性格差が存在しても,労働が同質的で,労働市場が分断されておらず競争的であるとすれば,規模別賃金格差は発生しないであろう.事実,農商務省編纂の『本邦鉱業一斑』(1906, 1912および1925年)によって,上記の3カ年における金属鉱山ならびに石炭鉱山の平均労働生産性と1人1日あたり賃金の状況とを金属・石炭鉱山別かつ地域別(クロス・セクション)に観察してみるならば,1人1日あたり賃金額と労働の平均価値生産性(産出高/工数)との間には何の関係も見出すことができず,また賃金水準は規模の大小にかかわりなくほぼ一定である.

　ただし書きの第2は,生産物市場における支配力に関連している.以上の議論では,各年次の製品1単位あたり価格は全国共通で格差はないものと仮定したけれども,もし大企業に生産物価格に対する支配力があるのに対して中小企業の場合はむしろ市場価格を所与として(price takerとして)行動する傾向が強いとすれば,仮に物的生産性は同等であったとしても,大企業の価値生産性は中小企業のそれに比べて増大する可能性がある.本章のわれわれの議論は,両者における製品価格の等一性を仮定したことによって,このような生産物市

場における価格支配力の問題を始めから回避したわけであって，その意味では両者間における物的生産性の格差を過大評価する結果となっているかもしれない．

第6章　戦前期三菱造船所における熟練工の調達と養成
―― 二重構造発生の制度的要因 ――

　この章では，二重構造発生の背景となった組織的・制度的要因を，主として三菱造船の資料に準拠して分析する．そのねらいは，二重構造を演出する立役者としての大企業代表に三菱造船所（1934年に三菱重工業と改称）をとりあげ，同社における組織変化の動向とその要因とを探ることによって，二重構造の発生と展開の制度的事情を理解することにある．ただしここでは，1つの作業仮説として，いま一方の立役者である中小企業は第4章でみたような労働市場条件のもとにおかれ，資金的に弱体で，技術的には相対的に遅れた状態にあったものと想定されている．分析の手順としては，これら中小企業をめぐる制度的要因についても当然触れるべきであるが，資料不足のため，これは将来に残された課題としておく．

　ここで三菱造船所（とくに長崎造船所，神戸造船所ならびに彦島造船所）を対象としたのは，第3章におけると同じく，たまたま豊富な原資料を閲覧し得たからであって，それ以外に特別な理由は全くない．著者の当初の意図では，機械工業における他の主要企業もその対象としたかったが，三菱造船だけでもすでに厖大な作業量に達するので，ここでは焦点を1社に絞ることにしただけである．したがって，この資料にもとづく事実は三菱に特殊なものであって，これをもとに一般化を試みるのは危険な場合もあるかもしれない．しかし三菱造船は，わが国近代造船史の上でも重要な役割りをつとめてきた企業であるから，多少特殊であっても，これを対象とするのは分析的に十二分の意義があるといってよいであろう．（なお，以下で頻繁に利用する諸資料の正式表題と略称とは，巻頭の凡例に明記してある．）

1. 工業化初期における労働者調達

　19世紀末期から20世紀初頭にかけて経済開発が本格化するに伴い，金属機

械工業では職工，とくに腕のある熟練工の深刻な不足を経験した．もともと職人社会では，徒弟遍歴と修業を通じて技能の熟達に努める習慣があり，これを「渡り職人」と称していたから，職工達が労働移動する現象がこの時期に突然始まった訳ではない．彼らの腕(熟練)は社会的通用性が高かったから，労働条件の良し悪しによって職工が移動する誘因はつねに存在した(兵藤 1971, p. 128)．しかし，機械工の養成には時間がかかるため，その供給は短期的には限りがある．工業化の初期には近代的な訓練を経た職工は皆無であって，旧来の職人を訓練しなおしたり，農民や士族の子弟の中から新しいタイプの熟練工の育成に努めたり(隅谷 1955, pp. 216-39)することによって辛うじて西洋型造船業の振興に努めてきたのであるから，突如として戦争景気がまきおこり機械工の需要が急上昇すれば，自然その取り引きも売手市場になる．そこで，好景気の際には，熟練工に限らずわずか2-3年の経験しかない若年工すらも強気となり，たとい僅かでもヨリ良い雇用条件を求めてかなり広範囲に動き廻ることになった．これによってみれば，熟練職工の労働市場は，既に明治初期からある程度全国的規模で成立していたらしい(渡部(徹) 1953, 第3節)．

ところで，明治期における工場労働者の問題は，何も熟練工の定着率の低さに限ったことではなかった．工業化初期には，都市地域での集団密接労働に対する人びとの生理的ならびに心理的抵抗が強い．一般職工は技能の上で未熟なだけでなく，仕事に対する責任感を持たないことが多いだろう．細部に対する注意，精密度や仕事の出来栄えに対する関心，機械的知識など，工業化社会では一般常識のうちに数えられることでも，徐々に培養されなくてはならない．伝統的職人の間で発達した仕事に対する献身の道徳は，他律的な工場規律と必ずしも調和するものではなく，またそれを工業化初期の工場労働者一般に期待することはできない．要するに，工業労働力の陶冶と育成とは経済開発初期の工場経営者が直面する1大課題である．この点で経済史家ガーシェンクロン(Alexander Gerschenkron)とランデス(David Landes)の所説はきわめて興味深い．すなわち，ガーシェンクロンによれば，低開発経済で相対的に不足するのは決して資本ではなく，むしろ訓練された工業労働力である(Gerschenkron 1962, ch. 1)．またランデスによれば，近代工業の生産様式が前近代のそれと区別される基本的な特質は，規律のとれた集団的工業労働者の存在にこそある

のである(Landes 1966, p. 14).

　ランデスの考え方をもっと推し進めたときには，近代工場制度の本質は生産技術や経済効率にあるのではなく，それがもたらす労働組織の規律と監督にこそある，ということになろう．この議論に従えば，工場の制度が近代資本主義(資本家)を生んだのではなく，逆に資本主義(資本家)がその必要に応じて工場を設立したのである(Marglin 1974, sections 2-3). あるいは，クローソン(Dan Clawson 1980, esp. ch. 2)流にいえば，労働者階級に対する支配と管理とを追求する資本の論理が——「階級闘争」の結果——労働者側の抵抗を克服したところにこそ近代工場制度が確立したのである．後述(次節)の工場内請負制の崩壊と直接的労務管理体制の出現は，生産現場における職工の自主管理機能の喪失を告げ知らせる象徴的事件なのであった．

　わが国においても工場労働力の「原始的蓄積」は決して一朝一夕に達成されたものではない．一般職工に関する記事は必ずしも豊富ではないが，明治末期の労働者が決して理想的な状態になかったことは断片的な資料からもうかがい知ることができる．例えば，横山源之助によれば，1890年代末期の機械工場にあっては，監督者が労働者を器械視する弊害があったが，他方職工も工場生活の日が浅いため規律が悪く，「規則を要する工場の労働に熟せざるを以て，やゝもすれば放縦に流れ，監督の眼を脱れて労働を休む」ような者が多かった(横山 1959, pp. 234-35). 三菱長崎造船所で1890年7月に初めて制定された工場規則を見ても，工場作業をめぐって細かな規定が発見される．遅刻，終業，残業，規律等に関する規則があるのは当然のことだが，その内容がきわめて仔細かつ具体的であるところから判断すると，初期の工場は，恐らくこの種の規律をめぐって労務管理上の問題をとりわけ多く抱えていたものと推察される．その禁止条項をいくつか摘記すれば，

　　遅刻者——「定時間后三十分間ハ入場ヲ許スト雖モ二時間分ノ賃料ヲ引去ルヘシ」
　　　(第1条),
　　終業——「…別に命令アルニアラザレバ二十分間以上工場に止マル事ヲ許サズ」(第3
　　　条),
　　　——「汽笛未タ工業ノ終ヲ告ゲザルノ前已ニ其ノ工場ヲ去ルノ用意ヲナス者ハ一
　　　日分ノ賃料ヲ引去ルベシ」(第4条),

残業——「居残事業ヲ命スルトキハ決シテ違背致間敷若シ其命令ニ従ハザル者ハ当日使役ノ賃料ヲ支給セザルモノトス」(第5条),

規律(1)——「工業時間中自己ノ職業ニ関セザル他ノ工場内ニ漫リニ立入リ其工場ノ妨害ト認ルトキハ一日分ノ賃金ヲ引去ルベシ」(第10条)

～(2)——争闘喧嘩その他粗暴の所行は3日分の賃金カット(第12条),

～(3)——「酒類ヲ携ヘ又ハ酩酊シテ工場ニ入ル者」も3日分の賃金カット(第13条),

～(4)——「就業中吸煙又ハ睡眠セシ者」は1日分の賃金カット(第14条),

～(5)——「工場備付ノ諸器械及製造品ヲ故ラニ毀損スル者」,および「取扱方粗漏ニテ毀損スル者」は3日分の賃金カットの上修理代を負担(第15条),

～(6)——「貸渡ノ道具類ト雖モ無謂場所外ニ持出シ又ハ所属ノ物品ヲ盗ミ取リタル者」は警察に引渡し(第18条),

～(7)——「病気故障ト詐リ他人ノ職場ニ雇ハレ工業ヲナス者ハ取糺ノ上三日分以上ノ賃金ヲ引去リ場合ニ依リ解雇スベシ」(第19条),

等々(『労務史』第1編, pp. 45–50). これらの諸問題は度重なる試行錯誤の間に徐々に経営者に認識されたものとみえ, それに伴って工場規則にはしばしば改訂が施された. 例えば, 1894年の規則改正によって補足された条文としては, 無断欠勤30日を超す場合には未支払賃金没収の上雇さるべきことを定めたもの(第22条)があり, また1899年に追加された規定には, 工場内でひそかに私品や他人の注文品を製造することを禁じたもの(第37条)があった(同上書, 第2編 pp. 70, 77). いずれにせよ, 工場規律の確立は, 経済開発の初期にあたり, どの国においても経営者が共通して頭を悩ます問題で, わが国だけが特殊な経験をした訳ではない.

さらに生産労働者に技術の素養がないのにいたずらに生産量の拡大が強調されるため, 製作品の品質は低下するという慨嘆すべき状況が一般的だった. 「技術の鍛錬を欠く上より言へば, ……遠く西洋諸国と比較するを要せず, 未開なる旧幕時代に劣る所」すらあるかもしれなかった(横山1959, p. 235). 年期を入れて腕をみがき, 自己の技能に誇りをもち, 仕事を神聖のものとみなした職人社会の伝統からみて, これは著しい退歩だった. もちろん見習職工制度はあるにしても, 工場側では彼らの技能に十分の注意を払うでもなく積極的に教育を施すでもない. 職工の方でも, 多少仕事に慣れてくるとヨリ高い賃金を

求めて転職してしまい，そのためには多額の職工積立金を捨てて顧みない者すらあって，技能が十分身につくはずもなかったのである(同上書，pp. 235-37).同様の指摘は，当時の文献に多くこれを見ることができる(例えば Foxwell 1901 を見よ).

　わが国職工に技術知識が不足していたことを示唆する1つのエピソードとして，綿紡績業におけるノースロップ(Northrop)式自動織機の導入問題がある.管替式のこの織機は，山辺丈夫らにその優秀さを認められて1900年に150台輸入されたのであるが，その結果は大失敗で，輸入織機の自動化部分品は，1923年まで倉庫に放置された.その原因は，糸の品質があわなかったことと，当時の技術水準が低く，運転技術も未熟であったことによる.この経緯を論じた当時の外国論説の中には，わが国の技術者や職工が機械知識に乏しいため，無理な扱いをして織機を破損すること，にもかかわらず自己の貧弱な技術に対する反省はないことを指摘したものがある.またこのリポートによれば，経営者も賃金の出し惜しみをして，優秀な者に高給をもって報いることがないという弊があったという(日本科学史学会 1966, pp. 143-52).

2. 責任分散型労務管理

三菱造船における間接的労務管理

　金属・機械工業における明治期の労務管理の1つの特色が間接的管理方式にあったことは以前から知られている(大河内 1972, pp. 188-89; 間 1978, 第4章; 兵藤 1971, 第1章; Dore 1973, pp. 385-90 など).この方式のもとでは，生産労働者の雇主はたしかに工場経営者であるけれども，実際の雇入れ，作業管理，配属・昇進，賃金算定等々の管理業務は，すべて「小頭」とか「組長」とかの，いわゆる親方の手中におかれた.これらの親方は，自分の輩下にある職工一団ともどもいわば「丸抱え」となった形で雇用され，人事管理に関する諸権限を委譲されかつ代行したのである.(ただし，鉱業における飯場制・納屋制ほど親方の権限と独立性とが強かったわけではない.)したがってこの時期には，会社組織中に人事課とか勤労課とかの労務担当部署は見当らない.初期の工場経営において，人事構成に占める職員数が生産労働者の規模に比して著しく少ないのは，ひとつには間接的労務管理が実施されていたためであると

いう(間 1978, p. 449).

　例えば,『労務史』によれば, 創業期の長崎造船所では, 新しく職工を採用するときには, 通例, 小頭や組長に命じて知人, 近隣, 縁故者をたどって勧誘募集させた(『労務史』第1編, pp. 5-6). これは長崎造船に限らず, 明治期の工業で通常みられる職工募集法だった. これ以外の方法は, 仲介人に頼るか, 広告等により工場の門前で希望者を募るか, であった(Foxwell 1901, pp. 109-10). 1917年の立神工場争議を回顧した手記によれば, その当時においても, 入社を希望する者の多くは

>「職工中の親戚故旧を頼り, 頼まれたる職工は主としてその所属長である組長又は小頭に紹介して夫々の工場事務に申込み, ……入職後は紹介されたる小頭又は組長を身元引受人とし, 其の組に編入されるのが普通であつた. 是等の関係で小頭, 組長と新入職工又は見習との関係は, 親分子分の如き関係であつた」(阿部政治郎「大正六年 長崎造船所の大罷業」『懐旧録』上, p. 15).

ここには, 一般に労働供給が潤沢だった当時の状況が反映しているといってよい. 赤羽の海軍造兵廠(もとの赤羽工作分局)でも, 割の良い仕事を貰うためには工長の機嫌をとり, つけとどけをせねばならなかったという(鈴木 1931, pp. 143-44).

　さらに,「請負工事」と呼ばれる一種の出来高制度が施かれた仕事場では, 仕事の進め方から賃金支払いに至るまで, すべての段取りが親方の統率と管理のもとにあった. この方式によれば, 工事は組長がこれを請負うから(親方請負制), 仕事の代金(請負金)も一括して組長に支払われ, それが地位, 仕事の巧拙, 出来高等に応じて職工1人ずつに分配された. 例えば, 10の利益金は, 監督である小頭に1, 組長に3, ボースンに3, 残りの3が仕事高に従って職工に, といった具合である. 親分子分の情誼関係は全くこの上に成り立っていたといってよい. 子分はいくら働いても一定のあてがい扶持しか貰えないなどの弊害もあったが,「会社ノ方ハ手数ガ省ケテ楽ダト言フ訳デ其ノ方法ヲ喜ンデ居」たのである. この方式は, とりわけ長崎造船所立神工場の鉄工関係工事で古くから行われていた(『労務史』第1編, p. 25, 第2編, pp. 138-39).

　しかし, 親方の采配を振る領域が大きいとはいっても, 前述のように, 職工や徒弟は企業と直接に雇用契約を結んでいたことを忘れてはならない(兵藤

1971, p. 70). 例えば，新たに採用された「定傭職工」は，3年の期限付きで造船所と契約を結び，この期間中は，勝手な退職は許されなかった[1]. そこで『労務史』は，彼等を名付けて「直傭職工」と呼ぶ. これは，彼等の他に，人夫供給請負人または工事請負人を通じて短期的に使用される労働者（社外工）があったためである[2]. これら直傭工と社外工とは，作業現場においても各々が着用する記章によって識別された（『労務史』第2編, pp. 100-21).

親方請負制（もしくは工場内請負制）は，幕末の頃，長崎造船所の前身がまだ長崎製鉄所と呼ばれた頃から行われていた模様である. 当時は，核となる生産労働者たちが未だ存在しなかったので，伝来の職人を集め，これにオランダ人による実地教育を施すことによって欧米流の機械工作にたえる職工を辛うじて養成した. その際，これらの職人のうちで中心的な役割を果たしたのは船大工，鍛冶職，鋳物職の3種だった（中西 1982, pp. 175-77).

「伝習」の結果，彼らの腕は目に見えて進歩したらしい. 幕末期の長崎製鉄所（実は機械工場）の生産現場を視察した外国人の記録によれば，邦人職人の生産技能は概して満足すべきものであったようである（カッテンディーケ（邦訳）1964, p. 110; 中西1982, pp. 88, 94-101, 171-75 など). 彼等は新しい知識を吸収する意欲に燃え，教わることに対する理解力も高く，技能の進歩も早かった. その中には，早くも蒸気機関を独力で製作した者すらあり，オランダ人技師たちを驚かせた（カッテンディーケ（邦訳）1964, pp. 95-96).

しかし，これらの職工には工場生産に必要な規律の伝統がなかった. 熟練職人たちは市況に応じて地域的に労働移動することもあり，かなりの自由をもって行動することができたもようである. したがって，工場経営の立場からするなら，遅かれ早かれ中間管理層の確立によって工場運営に不可欠な組織原理を樹立し，生産労働者をしてこれに服従させる必要があったといってよい. ところがこれらの生産労働者を指揮監督すべき邦人の現場管理者は未だ育っていなかった. いなむしろ，初期にはその存在の必要性すら十分認識されていなかったというほうが正しいであろう. もちろん，時がたつにつれて現地役人のなかから 管理者(アドミニストレーター) は出現した. 彼らはすべて海軍伝習時代に造機や造船を学び実地に訓練を受けた人々であったから，生産技術に関する一通りの知識は具えてい

---

(1) 一般に明治時代には，職工採用の際の契約は期限つきで結ぶものとされ，その期間は通常3カ年であった．この点は改正工場法の提案に際して識者の間で問題とされたらしく，物価騰貴によって貨幣賃金も上昇する時代に長期にわたって一定の条件のもとに労働者を拘束するのは社会的に不当だという意見もあったもようである(Foxwell 1901, p. 109).

(2) 人夫といっても，単なる日雇人足とはかぎらない．1892年の記録によれば，そのなかには鍛冶，造缶，轆轤，鑢子，銅工，大工，鉄工等々の職人が含まれていた（『労務史』第1編, p. 23).

た筈である．しかし，彼らはしょせん下級武士であって，生産工程を担当する職人と十分に意思を通じたり，これを直接管理し得る立場にはなかったものと考えられる（中西 1982, pp. 114-25）．いいかえるならば，見かけは近代的な工場の建物が作られても，工場生産に不可欠の組織づくりは，（眼に見えないだけに）その必要性が理解されないまま置き忘れられていたのである．

　親方請負制は，このような状況の下でできるだけ生産効率をあげ，かつ生産物の品質を一定水準以上に保証するための方法として自然に定着したものであろう（同上書，pp. 164-71 参照）．ちなみに，1886年（慶応2年）に製鉄所懸（明治元年現在は同頭取）に任命された本木昌造（現地掛の役人として管理職に就いた代表的人物）は，経営管理の改善策として工場内下請制生産を導入することを建議したという（同上書，pp. 143-53）．恐らく，同様の事情は明治中期の長崎造船所にも存在したものと考えられる．

　このようにみるならば，工場内下請制は，工場組織が確立する以前の初期機械工場における生産管理の必要が生んだ，いわば過渡的な生産管理の手法だったということができよう．その導入に際しては，もしかすると西欧における工場運営の経験が参考にされたかもしれない．

　明治期の日本で親方請負制が一体どの程度一般的だったのかは必ずしも明らかではない．この問題に関する資料は，いまのところ社史などに散見される断片的な記事以上に出ないからである．資料として最も有名かつ比較的詳細なのは『職工事情』第3巻に収められた叙述であるが，それとても，職工賃金が工場主から直接に支払われる場合もあったことを否定するものではない．例えば三菱造船所では，請負制になじまない作業については，2週間ごとに，基本賃金や割増賃金などから成る個人別賃金を支払っていたものと考えられる．

　「当所職工ノ賃金ハ明治四十一年九月ニ至ル迄出来高払ニ依ル親方受負制度ヲ一部少数者ニ対シテ採用セシ他ハ総テ日給トシ定時間ヲ以テ一日ト計算セリ，是創業以来常ニ採用シタル賃金支払ノ定則ニシテ一日ノ作業時間定時間ニ満タザル場合若シクハ定時間ヲ超ユル場合ハ別ニ定ムル処ニ依リ計算シ定メ無キ場合ハ通常時間ヲ以テ計算セリ」（『労務史』第2編，p. 129）．

この記事によれば，組長請負工事制は決して全工場に適用されたものではない．『労務史』の執筆当時（1930年）の印象では，賃金制度としてそれはむしろ「極メテ変態ニ属スルモノ」（同上書，第2編，p. 138）と受け取られていた．

　間接的労務管理における権限の構造が必ずしも明確でないのは，なにも資料

不足のためばかりではない.この時代には大工場といえどもフォーマルな経営組織が確立しておらず,経営管理の方式も比較的インフォーマルかつ責任分散型であった.工場支配人と組長などの第一線監督者との職掌関係も,必ずしも明確には定義されていなかったのであろう.間接的管理の実態が判然としないのは,この意味では当然かもしれない.

英米両国における間接的労務管理

ところで間接的労務管理は,近代英米両国の製造工業でも(形態は多少異なるが)かなり広範に観察された.例えば,ヴィクトリア時代の英国工業をめぐる諸研究によれば,工場制工業の成立した産業においても工場内下請制度が一般であった.ここでは,工場主たる経営者(資本家)と生産労働者との間に請負親方が介在していて,後者は一定の仕事を工場主と契約し,原料の仕入れを初めとする生産管理の責任を負っただけではなく,みずから労働者を雇用監督しかつ賃金を支払ったのである.これら下請人のなかには,(製鉄業,ミッドランド等の石炭業や金属加工業におけるように)労働者の監督のみに従事して自らは作業に従事しないタイプと,(綿紡績業,一部の機械工業,石炭業,陶業におけるように)熟練工自身が請負人を兼ねるタイプとが混在した(高橋(克)1960;中川 1961, pp. 138-42; Smelser 1959, ch. IX など).第1のタイプはいずれかといえばわが国の納屋制度に似ており,また第2のタイプは前述のわが国金属・機械工業の場合に近い――職工が直傭関係にある点を除けば――といってよいであろう.英国における工場内下請制度は,往年の問屋制工業(putting-out system)の名残りだという説もあるが,一般に,作業の大半を熟達した職工の腕に頼る分野では,熟練工自らが仕事の段取りや実行計画を決定するのが普通だから,彼等が幅をきかせる仕事場で自主管理が実施されたとしてもあながち不思議はない.例えば,この時期の機械工場では顧客の注文にもとづく少量生産が活動の中心だったから,仕事の切り盛りが職工自身に任されるのはごく自然の成行きであったろう.さらに,工業化の初期には,技術者や専門事務職層の供給が十分でないから,勢い分権的管理体制に多くを委ねる結果となったものであろう.

英国と類似の制度は19世紀後半の米国製造業にも存在した(井上(忠) 1961,

本論第3章; Clawson 1980, chs. 3-4, など). まずこの時期における米国の大工場では，日常生産活動の大部分が第一線監督者でもある職長(foreman)や熟練工に任されるのが普通であった．その権限は，仕事の遂行方法・管理，道具・材料の選択，段取り決定・生産管理，雇用・訓練・人事管理・解雇等々に及び，責任はきわめて重かった(Nelson 1975, pp. 34-40). 工場は，いわば職長の王国だった．職長は自己の実力によってその地位を獲得する．したがって，この王国では技能の熟達こそが出世の鍵であり，職工をして仕事にいそしませる原動力でもあった(もっとも，職長自身は，王国の頂上に位置するため，新機軸や変革に対し保守的となる傾向があった).

一方，仕事のうちあるものは内部請負制(internal contract system)に任された．工場は原料，工具，動力および仕事場を提供し，実際の仕事は(職長以外の)熟練工を頭とする労働者集団によって遂行される．この方式は，第1次大戦期に至るまで，ニュー・イングランドや大西洋中西部地域の機械工場で有力だった．職長制度に任せておくよりも安上りだから，というのがその1つの理由だった．事実，時間給の熟練職工が故意に能率を下げて仕事した場合(output restraint), 職長はこれに対抗するすべがなかったのである(同上書, pp. 36, 46). さらに，工業化初期のニュー・イングランドでは，商人資本を基盤とした大工場が建設される傾向があっただけに，内部請負制は応急的管理方式として重宝がられた，という(中川 1964, pp. 43-45). つまり，慣れない工場管理を職人に委託しただけではなく，出来高制によって作業能率が増大することを期待したのである．米国における工作機械の改良や互換性部品にもとづく機械生産(いわゆる米国式製造法 American system of manufacturing)の発展は，この制度に負うところが多いといわれる(同上論文). この結果，熟練工の立場は著しく強化された．もちろん，すべての仕事が内部請負制によったのではなく，例えば武器製造業の場合には，高度の熟練と生産管理とを必要とする仕事についてのみ採用されたのであるが，この方式のもとでは，職工頭となった熟練工は仕事に関して絶対の権威をもち，その収入は職長をしのぐこともしばしばだった．その結果，職場の統率が困難になることもあったに違いない．請負職工への権力集中は，やがて工場主と労働者自身との間に不満を呼びおこし，内部請負制の崩壊をもたらす1因となる(Nelson 1975, pp. 36-38).

このように,19世紀末の工場管理方式は,日・英・米の各国とも責任分散型であった.わが国は工業化における後発国であり,この時代,特に努力して労務管理の方式を西洋から学んだとも思われないのに面白いことである.なお,これらの史実から明らかなように,労務管理がインフォーマルかつ間接的だったという一般的事実と,生産過程の一部が工場内請負制に依存していたという賃金制度(広義)の問題とは,原理的に区別して理解されなくてはならない.

3. 生産労働者の調達と定着

熟練職工の不足は長崎造船所でも絶えず頭を悩ました問題であった.そこで世紀の変りめの同造船所では,新規に雇入れる職工の多くを有名工場から調達した.『三菱造船所年報』によれば,1903年および1905年中に同所が採用した2,894名および3,801名のうち,九州地域外の有名5機械工場から転入した者は以下の如くであった(1880年代の同様の現象については第5章第2節の年代記を見られよ).

	呉海軍工廠	川崎造船	大阪鉄工	大阪砲兵工廠	横須賀海軍工廠
1903年	82名	40名	46名	—名	7名
1905年	60	81	—	70	23

これらの職工は,その全部を合わせても新規採用者総数に対する比率で各6.0および6.2パーセントにすぎなかったけれども,内容的には中堅熟練工が多かったであろうから,被害者からみれば一度にこれだけの数を失うのは大損失だったに違いない.上記を含めて九州以外の諸工場から調達された職工の全採用者数に対する割合は,(上記の5工場こみで)1903年には6.5パーセント,1905年には6.2パーセント,1912年には3.6パーセント,そして1917年には4.9パーセントとやや低下する傾向を見せたが,その代りに九州地域内の他工場から転入した者の割合は,それぞれ23.2,28.9,30.0,および36.0パーセントへと漸増した.(なおこれ以外に,長崎造船を解雇された後,他に就職しないまま同所に再び雇用された者が,それぞれ全体の0,3.6,4.9および2.3パーセントの比率を占めた.)したがって,この頃の長崎造船では,新規採用職工のうち3割から4割を,他工場での経験工によってうめていたことになる.し

かし一方，同造船所はその職工を失うこともしばしばあった．とりわけ1900年前後は移動頻度が高く，「不遜傲慢ノ職工」が多くて，職工救護法の制定といった厚生福利制度の充実では到底これを抑えることができなかった(『労務史』第2編, pp. 15-16).

職工争奪戦を防ぐため，1911年には同業者同士で協約(「職工ニ関スル規約書」)が結ばれた．この協約は，呉海軍工廠が長崎造船，神戸造船および川崎造船に対して協定したもので，要するに渡り職工ブラックリストの交換と，解雇・除名後6カ月を経過しなければ他所に雇用し得ないこととを定めたものである．この翌年，長崎造船所は同様の協定を佐世保海軍工廠と，また1914年には八幡製鉄所と締結した(『労務史』第2編, pp. 19-20, 30-37)．しかしこの種の協定が非常に効果的だったとは必ずしも思われない．その後第1次大戦のときには，長崎造船の鋲鋲熟練職工20名余が大阪方面にたちまち連れ去られた(同上, p. 18)．第5章第3節でも述べたように，「船を造りさえすれば儲かる」というので，関西地方を中心ににわか作りの造船所が濫立したからである．斯波孝四郎(1920-25年長崎造船所長，1934-42年三菱重工取締役会長)の語るところに従えば，「造船設備なんてものは極めて簡単に出来るので，海岸の空地にクレーンでも立てて，機械だつて知れたもんで，それで直ぐ相当大きな船が造れる．問題は人なんで，適当なエキスパートの人は，直ぐ簡単につくることは出来ない．」長崎造船の技師には英国で造船技術を習得して来た者も多かったが，その給料は他に比べて余りよくなかった．そこで転職者が続出し，「大正五-六年の頃で，霧島等を造った優秀な技師を殆ど根こそぎ持って行かれた．」彼らは部下の職工も連れて移動したから，「結局三菱は造船屋の養成所見たいなもんだつた」(『懐旧録』上, pp. 359-61)．苦労して関西地方から職工を集めたときにも，1週間も経たない内に逃げる者が少なくなかったという(『懐旧録』下, pp. 336-37)．いずれにしても，1916年には，上述と全く同趣旨の争奪自粛協約が，改めて三菱造船部専務理事(塩田泰介)と海軍省艦政局長との間で結ばれなくてはならなかった(『史料』大正6年, pp. 233-34)．

任意退職(quits)による労働移動が激しかったことは，わが労働市場が少なくとも大正期中頃までは開放的で企業間相互の「横断」移動を妨げなかった証拠とされることが多い．だが同時に，造船業では生産計画上の事情によって雇用

第6章 戦前期三菱造船所における熟練工の調達と養成

量が大幅に変動することが多く,職工は自分の意思にかかわりなく退職を余儀なくされることもしばしばあった.景気がよいときには大量の雇入れがはかられるが,不況になれば老練の熟練工でも容赦なく解雇された.例えば日露戦争後の不況の際,1909年に長崎造船が諭旨解雇した約80名のうち「三分ノ一ハ明治十七年当所創業以来在職セシ永年勤続ノモノモアリ此等老練ノ職工ヲ罷免スルハ実ニ忍ビザル処ナリシナリ」(『労務史』第2編,p. 17). また,第1次世界大戦後には(1921年11月),ワシントン軍縮会議の決定にもとづき,戦艦土佐と巡洋戦艦高雄とが,前者は進水後,後者は竜骨を据付けたところでそれぞれ建造中止となった.このときには,長崎造船でも大量の余剰人員が生じたため,希望退職者を募ったところ意外に多数の申出があり,総数3,732人に達した(退職手当1人平均289円).このうち90パーセント弱は並職工,残りの10パーセント強は(多い順に)組長,伍長,女夫,工長で,在職年数別には3年未満の者が63パーセント(中位数は2.2年),また年齢別には30歳未満の者が61パーセント(中位数は27.5歳)であった.これらの者のうち帰農した者が59パーセント(うち漁業4パーセント)に及び,工業に再就職し得たのは10パーセントにすぎなかった(『史料』大正11年,pp. 2,272-83, 2,318). さらに同年末までには,製銅工場を閉鎖(10月),電機工場を三菱電機に移譲する(11月)などしたあげく,第2次整理として841名の特別退職者をみる(退職手当1人平均380円)などのことがあった.ところが,不況の勢いはとどまるところを知らず,翌年秋には再び特別退職者を出さざるを得なくなった.このときには長崎造船の退職者総数1,499名(平均退職手当は556円で,そのうち並職74パーセント,役職者22パーセント;勤続年数と年齢の中位数は各6.1年および36.9歳),神戸造船の退職者総数173名(うち並職53パーセント,役職者47パーセント)であった(同上,pp. 2,770-83). これらの数字によってみると,当初は若年層が相対的に多量の被害を蒙ったわけであるが,約1年後には比較的経験年数の永い者も人員整理の対象とならざるを得なかった(長崎造船の場合)[3]. それに伴い,1人あたり平均退職金額も着実に上昇したのである.

(3) 三菱造船は,ワシントン条約にもとづく事業縮小によって大損害を受けたとして,1924年海軍に対して2,357万余円の補償を要求した.そのうち,退職手当,希望退職者へのプレミアムつき退職金(特別退職手当),および手隙職工(アイドル)への補償金は合計177万余円であった(『史料』大正13年,pp. 3,181-86).

次いで 1924 年にも，長崎造船所では製缶場職工 114 名を減員(11 月)，製鋼工場閉鎖により 111 名を解雇(12 月)するなどのことがあったが(西日本重工業 1951, p. 253)，さらに 1924 年には一層の事業緊縮のため第 4 次の大整理が実施され(6 月)，1,646 名の解雇者を出した(退職手当 1 人平均 532 円). こうして八八艦隊計画遂行の目的で第 1 次大戦終期に 1.8 万を突破する人員を擁していた同所の職工数は，1924 年 6 月には最高時の僅か 4 割弱(6,777 名)へと激減するに至った. 三菱造船全社でも職員・工員合わせた月平均雇用数は 1921 年の 3.3 万人から 1925 年の 1.6 万人へと約半分に減少したのである(『統計』p. 1).

このような大手術の後，三菱造船の業績は徐々に回復したが，それも永くは続かなかった. 長崎造船の大量解雇は昭和初期の世界大不況の到来によって再び繰り返され，1930 年 11 月には職工 1,916 名が解雇の対象となり，結局 1,870 名が工場を去った. このとき造船所が配布したあいさつ状はこの間の事情を次のように説明している. すなわち，造船業の不振は第 1 次大戦後の不況とワシントン軍縮条約による「致命的打撃」に端を発したものだが，その後命令航路の代換船建造やディーゼル船の普及によって一時的に回復したものの，1929 年に始まる世界不況の結果はきわめて深刻で，ディーゼル船も採算がとれなくなった. そこへ新たにロンドン軍縮条約が成立し(1930 年)，ただでさえ設備過剰で苦しんでいたのが前途暗澹たるものとなったのである. 代換船の注文も一巡し，修繕船も減少，陸上用諸機械の注文も甚しく少なくなり，しかも内外業者の競争は激烈でいかに値段を下げても容易に受注できない. このところ 10 年ほどは不景気を見越して仮に工事が繁忙でも本工は増やさず，期限付の臨時雇の採用でがまんしていたのであるが，それですらアイドル時間が増大し「此ノマヽデ行ツテハ皆が共倒レトナルヨリ外ナイ」ので，まず臨時工の雇用は契約期間満了と共にこれを打ち切り，本雇についてもできるだけ三菱関係工場に転勤を試みた末に，ついに常用工の解雇に手をつけざるを得なくなった(『史料』昭和 5 年，pp. 5,037-43). かくて，1930 年中に同造船所の在籍職工数は 8,705 人から 5,123 人へと 3,500 人余も減少した(『統計』p. 12).

世界大不況下における事情は神戸造船でも同様だった. 「不況と云つてもなるべく人員を整理してはならぬ，技術工員は決して一朝一夕で得られるものではない」という労務課長の方針で努力を重ね，釣舟に始まり，たんす，机，戸

棚，下駄までも作って仕事待ち時間（アイドル）を出さぬように試みたのであるが，結局は（長崎造船ほどの大量ではないにせよ）減員せざるを得ず，1930 年中には在籍者数を 4,958 人から 4,038 人へと縮小した（『統計』p. 14）．それでもアイドルが出て，工員は 1 カ月交代で帰休させる始末だったという（『懐旧録』上，pp. 385-86）．

戦前期わが造船業の雇用変動に著しいものがあったことを示す証拠として，第 6-1 図に長崎造船所における職工の入職率（破線）と離職率（実線）の統計を掲げよう．ここで入職率と離職率とは，それぞれ 1 年間の採用者数（h_t）と離職者数（d_t）を前年 12 月末日現在の在籍者数（N^1_{t-1}）で割った商である．定義によって

$$N^1_{t-1} + h_t - d_t \equiv N^1_t$$

であるから

$$1 + 入職率 - 離職率 \equiv N^1_t / N^1_{t-1}$$

の関係があることはいうまでもない．もっとも，在籍職工の定義には時代によって多少の変遷があり，第 6-1 図に利用した統計では，1916 年以降の数値には「臨時傭」と呼ばれた人たちが含まれていることに注意せねばならない．しかし，後述（第 5 節）のように，この時期以降の同造船では，在籍職工中に占める臨時傭の比率は特別の年を除けばあまり大きくなくしかも漸減気味であった．したがって，「臨時傭」こみの資料を使用したことによって，移動率の趨勢が

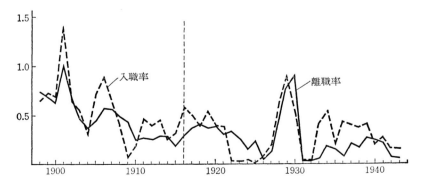

第 6-1 図 長崎造船所における入職率(----)と離職率(──)の変遷（各年値）：1898-1943 年
（注）　1916 年以降の数値は臨時工こみ．
〔資料〕　1898-1922 年：『三菱造船所年報』；1923-43 年：『統計』p. 12.

著しくゆがめられたとは考えられない.一方,第2次大戦期の応召者は,通常在籍のまま兵役に服したので離職者には計上していない(巻末付録(第A11表)を参照).

このように,とりわけ明治から大正へかけて雇用変動のゆれが激しかったのは,労働市場が比較的競争的で労働移動を妨げる障害が少なかったためでもあるが,同時に造船業の産業的特質によるところも大きいというべきである.ちなみに,同じ三菱の工場でも,造船は経済計算優先型で,労務管理も合理的たることをよしとするが,一般機械製造業の場合にはもっと温情的で,経営が許す限りは雇用の安定がはかられたという.三菱の場合,機械の製造販売はもともと景気後退期の穴うめに始められたという経緯があり,経営理念の上でも保護すべき対象として意識される傾向があったのかもしれない.かくて,長崎造船所に比して神戸造船所における雇用変動の幅が小さかったのは,後者では機械製造に重点がおかれていたからである.神戸は三菱造船における新機軸の担い手かつ機械中心の事業所であり,人事の上でも極力馘首を避ける傾向があった(麻生立雄氏の教示による).

ただ注意せねばならないのは,三菱造船では,以上のように度重なる苦難の時期にあって大量の解雇者を出したことは事実であるが,しかし数年をまたずして新規採用も実行したことである.この何よりの証拠に,第6-1図中の入職率と離職率とは,多少のずれはあるが大体において相似の動きをしている.もっとも,不況期には離職率が入職率を上廻り,好況期にはその逆の関係が成り立つから,両者が相似形をなすとはいっても,その大きさまでが一致するという意味ではもちろんない.

なお,入職率と離職率との平行的変化は三菱にだけ特有の現象ではなく,例えば1918-33年の日本鋼管の記録(今泉1933, pp. 272-73)でも同様であったし,さらに製造工業一般の統計からも確認することができる(昭和同人会『統計からみた雇用と失業』1957年, p. 164).

このような入職率と離職率との相似性からして,大不況期をはじめとする(ネットの)雇用減退期は,実は新陳代謝の機能を兼ねあわせていたと評価することができる.つまり,そのような時期には社員の年齢構成を若返らせ,ヨリ少額の人件費を使いながらも,訓練効果が高くかつ新しい時代の要求に対して

第6章　戦前期三菱造船所における熟練工の調達と養成　　207

柔軟に対応のきく人材を揃える努力が払われたことになる．新しい人材の確保と養成を「人的投資活動」と形容するとすれば，不況期こそは，経営体にとって次の飛躍にそなえるための人的投資の期間だったといってもよいであろう．

　ところで，長崎造船所の職工移動率は，戦前期を通じて長期的に低下する傾向が認められた(第6-1図)．1928年から31年へかけての移動率の大きな山は，明らかにロンドン軍縮条約の影響であるから，外生的要因としてひとまずこれを除外して考えてよいであろう．事実，第6-1図に掲げたと同様の資料を神戸・彦島両造船所について検討してみると(『統計』第4表，ただし1922-43年の期間のみ)，上記の大きなうねりは，これら両所の場合にはほとんど認められない．この時期には，三菱造船における軍艦建造は長崎に集中していたのであろう．そこでいまこの山を無視しつつ第6-1図を見れば，とりわけ離職率が趨勢的に低下したことは一見して明らかである．職工の任意退職率も，恐らくは減少する傾向にあったに違いない．(なお，著者編集による『統計』第4表(p. 14)から算出した神戸造船所の離職率は，兵藤(1971, p. 405)の掲げる数値よりも明らかに低めである．これはデータならびに定義上の差によって生じたものと考えられる．)

　しかし，1930年前後の山はそのままにしておいても，長崎造船における職工移動率が長期的に低下したことは簡単な計算によって示すことができる．このためには，経済の長期的な上下運動が労働移動率に与える影響を除くために，長期波動(Ohkawa and Shinohara 1979, p. 24)の1周期(山から山，ないし谷から谷)を単位として入・離職率の平均を計算してみればよい．その結果を見れば，大不況の期間の数年を含み，かつ1916年以降は「臨時傭」を含むデータであるにもかかわらず，明治末期から第2次大戦期にまたがる38年間にわたり，離職率は次のように着実に低下し続けているのである．

		(入職率)	(離職率)
(谷)	1901-12年	0.556	0.480
(山)	1908-18年	0.320	0.320
(谷)	1912-32年	0.297	0.306
(山)	1918-38年	0.289	0.269

　ちなみに，1924-38年における造船業全体の平均入職率を，日本銀行『労働

統計』ならびに同『政府事業労働統計』(1936年以降『官営工場労働統計』と改称)にもとづいて算出すると，民間 0.313，官営 0.117，同様に平均離職率はそれぞれ 0.264 と 0.097 であった．この期間に関するかぎり，長崎造船所における職工の移動性向(入職率，離職率の大きさ)はほぼ民間の一般なみだったといってよい．(もっとも，長崎造船は職工の回転率(＝入職率－離職率)では民間平均の半分以下で官営工場と肩を並べ，また職工定着率(＝回転率/入職率)では上記3者中の最下位(最上位は官営工場)であった.)

以上要するに，三菱長崎造船所における労働者の移動率は，趨勢的には漸減する傾向にあったものと解してよいであろう．

なお，大正末期から昭和初期(1924-38年)のわが国造船業労働者の定着率を吟味した1試算によれば，新たに採用した職工の歩留まり率が安定し，その意味で彼等が会社に完全に「定着」するには，入職後およそ 7-8 年を要したこと，その中でもとりわけ歩留まりが良いのは未経験工として採用された人達(いわゆる「子飼い労働力」)であって，既経験工として入社した職工(「中途採用」)の

第6-1表 大正から昭和初期における職工離職率の動向(単位：％)

年　次	全国	日本鋼管
1918	…	67.9
1919	55.7	78.5
1920(T9)	66.7	75.3
1921	56.5	57.9
1922	73.1	31.4
1923	61.2	43.3
1924	66.4	29.0
1925(T15)	57.0	16.7
1926	53.6	12.1
1927	49.6	7.1
1928	49.8	8.4
1929	52.0	7.1
1930(S5)	49.4	8.9
1931	61.4	9.1
1932	47.0	7.1

(注)　年間離職者総数を平均在職人員数で除したものである(四捨五入ずみ)．
〔資料〕　全国：藤林(1941a, p. 92)および同(1941b, pp. 11-12)；日本鋼管：今泉(1933, pp. 272-73).

場合には離職率もまた高かったことが報告されている(小原 1982, pp. 47-53).もしこの見解が正しければ,生産労働者の定着率が趨勢的に向上した1つの理由は,子飼い労働力の職工全体に占める比率が増大したことにあるといわなくてはならない.

1920年代を境にして労働者の定着率が向上したのは,製造業大企業に広く共通して認められる特色だった.例えば,住友製鋼,三菱神戸造船,呉海軍工廠,八幡製鉄所の資料についてこれを確かめることができる(兵藤 1971, pp. 329, 405).また第6-1表の第3列に掲げる数値は日本鋼管の記録であるが,離職率の低下は造船業にもまして顕著だったことがわかる.ところが,(同表の第2列によれば)製造工業一般についてはこの現象は必ずしも明瞭ではない.この事実は,大正期から戦中期にかけて,わが国製造業の大企業部門で労務管理上(ないしは職工の行動原理上)の何らかの変革が生じたとする仮説と整合的である.

以上をまとめれば,次のようにいうことができよう.すなわち,戦前期の日本造船業では,職工の出入りがきわめて激しく,労働市場は「横断的」かつ流動的であった.しかし長期的にみれば,とくに大企業部門における職工の定着率は時代を下るに従って目に見えて上昇した.これは,恐らく労働市場における二重構造の発生と何らかの関係があるに違いない——と.

4. 三菱造船における近代的経営管理の発祥

日露戦争後25年を経過した1908年10月,長崎・神戸両造船所では業務組織に整理・改訂を施すと同時に,初めて組織規定を制定した[4].元来,三菱造船の工場組織は「予め之を一定せず臨機の処置漸次慣例を為す」という状態(『史料』pp. 111-12)であったが,この方式では事業の発達につれ両造船所の組織に不統一を生じ,企業運営上支障を生ずるおそれがあった.さらに,工場が大規模化するに伴い,「工事施行の順序方法を定め,詳細なる調査報告に基き工費の原価計算を明にするに非ざれば材料人工に冗費あらんも之を発見するの途なく経営粗慢に流れるの弊を免が」れなかったからである(同上).こうして,

---

[4] 1908年は,三菱合資会社が各事業部を独立させ,企業経営の合理化をはかった年でもある(旗手 1978, pp. 101-05).

文書による報告方式の統一,諸規則の整備,業務統計の完備等々をも兼ね加えて,生産工程管理,材料その他の在庫管理,職工作業および賃金管理,ならびに原価管理(会計帳簿組織,決算勘定,固定資本減価償却法などの確立と整備)の徹底がはかられたのである(三菱造船株式会社 1928, pp. 124-31).これを工場組織の官僚制化(bureaucratization)の試みと総称することもできよう.

注意すべきなのは,組織整備の根本目的がひとえに生産効率の向上にあったことである.一般に,機械工業における大工場では,その発展に伴ってますます巨額の固定資本投資が必要となり,また部門別分業生産が進行して費用構造が複雑化する.この結果,生産コストに占める間接費部分は増大せざるを得ない.そこで,次第に激烈化する自由競争に打ち克つ経営上の秘訣は大規模生産における間接費の把握とその節減にあることが認識され,これに伴って会計係の任務が著しく重くなったのである.それのみならず,少量・注文生産を主体とする産業機械の生産にあっては,基準となるべき市場価格がない.したがって,注文引受価格の決定,製品の棚卸価格の決定,あるいは真正利潤の算定のためには,どうしても合理的な原価計算制度が必要であった.リトルトン(A. C. Littleton)やソロモンズ(D. Solomons)の説によると,欧米にあっても,近代的原価計算の発祥の1因が機械工業の展開にあるとされているのは興味のあることである(山下 1979, pp. 436-37).あたかもこの指摘に合致するかのように,三菱長崎造船でも荘田平五郎のもとで比較的早く(1900年)から原価計算制度を導入していたが,1908年の組織整備は,この制度を一段と改善しかつ管理会計上有効に利用するために必要な措置であった.

ちなみに,国際競争力の獲得はこの当時の経営陣の脳裡をたえず支配していたとみえ,職工送迎船の廃止をめぐる長崎造船所の争議(1907年2月)後に出された工場主任技師あての所長諭告でも,同所の賃金はできるだけ相場以上にきめていること,にもかかわらずその水準が欧米に比べ低いのは事実だが物的労働生産性もまた低いこと,したがって生産物価格は高い,つまり国際競争力はまだまだであると述べ[5],このとき賃金だけを引上げるのでは弊害のみが生

---

(5) 1910年の資料によれば,わが国造船業1人あたりの賃金は,相対的な能率の低さを考慮に入れると英国よりも7パーセント高,ドイツよりも64パーセント高だったといわれる(宮永 1928, p. 99).

ずるから効率をあげて単位あたり生産費を下げることこそが肝要だとし，その成果あってこそわが国造船業が成立するのだと強調している(『労務史』第2編, pp. 320-21).

三菱造船所の原価計算制度はこれ以降も徐々に改良され，大正期には原価要素と原価部門計算が整然と取り入れられ，1917年には間接費の配賦基準に機械運転時間を採用して，現代原価計算制度とほぼ同じものが完成した(山下 1979, p. 441;『懐旧録』上, p. 273).

業務組織の整備は，機構の巨大化がもたらす当然の帰結であった．この傾向は，三菱以外にも一般に見られたことで，明治の終りからそのきざしが表われ始め，大正期になって完成へ向かった(間 1978, pp. 441-51, 488-95を参照).

企業組織の巨大化に伴う官僚制化を示す指標として，かつてベンディックス(Reinhard Bendix 1956, ch. 4, sec. C)は従業員中に占める事務系職員(ホワイト・カラー)の比率を利用したことがある．彼によれば，巨大組織を効率よく機能させるためには，仕事場の組織化とその有効的管理が不可欠である．そこで商品・サービスの生産を目的とする近代的大工場でも，生産活動に従事する工員(ブルー・カラー)の他に，組織体の運営に心をくだく専門家を次第に多数必要とするに至った．だから上記2者間の相対比率を見れば，間接的に官僚制化の進行具合を推量する尺度となる筈だというのである．

いま試みに，この議論に従って三菱長崎造船所における事務職員・対・職工の比率を求めると，明治の後半，例えば1899年から1907年までのその平均値は5.1パーセントにすぎなかったが，明治の末から大正期にかけて(1908-17年)は9.3パーセントへ上昇，さらに大正末期から昭和の初期には15パーセントを超す年も出現した(1899-1941年の期間中の最低は1906年の4.4パーセント，最高は1931年の19.2パーセント)．さきに使用したと同様の手法によって，この比率の平均値を長期波動の周期にあわせて整理すれば下のようになる(パーセント表示)．(西日本重工 1951, pp. 19, 38, 66掲載の数値により計算.)

    (谷) 1901-12年： 7.1
    (山) 1908-18年： 9.2
    (谷) 1912-32年：13.0
    (山) 1918-38年：13.4

予期されたように，ここには明らかに趨勢的な上昇傾向が認められる．したがって，組織の大規模化に伴い，人件費の上でも間接費的部分の占める比率が上昇したのは当然である[6]．

もっとも，長崎造船所においては，第2次大戦にあまり間もない1935年頃から，生産労働者数の増大が事務系職員数の上昇を上回る傾向が生じた(1934–39年の5年間に，前者の増加は約1.9倍強だったのに対して後者は約1.8倍)．これは，1つには，基幹要員の徴兵による生産効率の低下を防ぐために，次第に多数の未熟練工を雇入れたという事情によるものであろう．職員の工員に対する比率は，1930年代の終りには再び1割を切るところまで低下したのである．

官僚制化の動きと並行して，間接的労務管理も世紀の変りめから廃止の方向へと向かった．この点をとくに強調する研究によれば，直接的管理体制への移行が本格化したのは日露戦争後の不況を契機とした1907年頃であるという(兵藤 1971, pp. 234–54)．とりわけ親方請負制度は，親方によるピンはね，差別待遇などの弊害が目にあまるようになったので，各大企業ともこれを撤廃した．さらに，間接的管理の下では経営統轄の実を十分にあげ得ない点が反省され，技能訓練を含め人事管理上でもかゆいところに手が届かない不満が昂じた(西成田 1978年9月, pp. 62–68)．何よりも重要なのは，明治期も終りになるとわが造船業は修業期を終え，造船技術の上でも次第に1人だちしつつあったことである．それに伴い，自社に適した管理方法の目鼻もついてきたに違いない．さらに，既述のように，新しい技術が次第に急速に導入されると，新しい技能の修得も必要となり，旧来の職人的技能だけでこと足れりとする訳には行かなくなってきた．このようにして，経営管理は次第に中央集権体制によって統一されるに至ったのである．三菱造船を初めとする代表的大企業で労務管理を担当する専門部課が設置されたのはこの動向のもっとも端的な表現であった．例えば，長崎造船と神戸造船で職工課が設けられたのは1918年のことである(間 1978, p. 490)．

20世紀の初頭以来企業組織が巨大化かつ官僚制化したのは日本だけの現象ではなかった．前述のベンディックスによると，官僚制化指標(職員対職工の

---

(6) ただし，不況期には工員名義の職員もあったらしい(梅村又次教授の教示による)．もしそうだとすれば，上記の比率は下向局面では過少推計気味であろう．

比率)は,英国,フランス,ドイツ,スウェーデンおよび米国の各国で1900年以来持続的に上昇傾向を続けている.また米国にあっても,人事管理が根づいたのは1915年頃からといわれる.その直接の目的は,職長の権限を縮小して労務管理を集中化し,労働移動率を低減させ,情報の流通をよくして苦情等を吸い上げると共に,経営の権威を確立することにあった(Nelson 1975, pp. 149-59).丁度この時期には,この国においても種々の福利厚生プログラムが導入されたり,労働条件の改善をめざして州政府でも法律を制定するなどの動きがあったし,第1次世界大戦期には科学的管理法が普及し,さらに半熟練工および未熟練工の組織化が進んだりして,側面からも管理の集中化を促進した.だから,米国でも日本とほぼ同じ時期に労務管理体制の改革と整備が進行したことになる.欧米文明に傾倒したわが国で,科学的管理法が早くも1911年に池田藤四郎の手で紹介されたのは偶然ではなかった(奥田 1968年9・10月号, p. 316).しかし,当時の欧米諸国は基本的に完全雇用型経済であり,とりわけ米国は(大量の移民が途絶えたために)深刻な労働不足を経験していた.労働供給が潤沢だったわが国とはこの点で基本的な差があったというべきである.科学的管理法や産業工学の技法は高価で不足がちな労働の効率的使用を目ざしたものであるから,これらが第2次大戦前の日本でついに根づかなかったのは当然であろう[7].

5. 「臨時工問題」の登場

経営管理が集中化され,労働定着率が上昇するとともに,人事管理の上でも重要な変化が生じた.その1つは雇用管理をめぐるもので,昭和期に入ってことにやかましく論ぜられた臨時工の採用問題がそれであるが,他の1つは職工の訓練方式の変化であった.さらにいま1つ見逃せないのは,新しい賃金管理法の導入である.以下ではまず最初の2問題について(この順序で)論ずることにしよう.第3の点については,次章で詳細に検討するつもりである.

さて,雇用統計(職工数統計)を扱う際に気をつける必要があるのは,いうと

---

[7] このように,組織の官僚制化や再編成は,必ずしも資本設備導入の代用物だったのではない.さらに,直接的労務管理制の採用や経営管理の中央集権化は日本だけに特有の現象だったのではない.山田盛太郎の先駆的な業績(1977, pp. 209-13)は,これらの点についてやや単純にすぎる見方をとっているように思われる.

ころの臨時職工の取扱いである.『三菱造船所年報』が掲げる長崎造船所の職工数異動統計(1884年～1924年)では,1903年(暦年)以降,「定傭」のほかに「臨時傭」の数字が計上され,この両者を合算したものが「在籍人員」を構成している.さらに1916年以降は,雇入と解雇人員のなかにも,「臨時傭」が含まれるようになった.このような統計の作り方からすると,少なくとも大正期までの同所職工統計に登場する「臨時傭」は,昭和10年代や第2次大戦後(朝鮮戦争後)に正規の職工(本工)の激しい雇用変動を防止する目的で出現したいわゆる「臨時工」とは趣を異にするように思われる.

上のような解釈を裏づける資料としては,『労務史』の次の叙述がある.
「……元来臨時雇職工ハ事業ノ繁閑ニ依リ随時傭罷ノ自由ニ便ナラシムル為設ケタルモノナルモ後(大正四年度年報所載)ニ於テハ寧ロ定傭ニ採用スベキ一階級トシテ採用セラルヽモノアルニ至レリ」(第2編,p.100).
丁度これに呼応する規定が,長崎造船所の改正職工規則(1918年5月)中に見られる.すなわち,その第5-6条によれば,職工は定傭と臨時傭との2種類から成り,新しく雇用される者は「臨時傭トシ六箇月経過ノ後必要ニ応シ其ノ性行技能ヲ詮衡ノ上定傭ニ採用」される定めであった.もっとも,相当の技能・経験があれば,初めから定傭扱いとされたこともある(『史料』大正7年,p.675).なおこの規則中には「定傭」の期限を定める文言は見当らない.これより先(1908年),三菱造船では定傭工に期限をつけることを廃止していたからである(兵藤 1971, p.428).したがって,ここにいう「定傭」とは,「本工」の意味であって,かつての定期職工や,3年間の雇用契約をもった定傭工とはその性格が違うと考えられる.

いずれにしても,これらの記録に従えば,大正期に至る長崎造船の作成にかかる『三菱造船所年報』に登場する臨時傭の中には,純然たる臨時工と,定傭工の準備過程としての試傭工とが含まれていたことになる.(なお,徒弟や見習工も在籍人員中に含まれるのが原則である.)

もっとも,在籍人員統計のうちには臨時傭を含まない系列もある.『労務史』の伝える在籍職工数は明らかにそれであるし,『職工統計』の記録も,1910年までの数値は臨時傭を含んでいない.しかし,大正中期以降の長崎造船所職工統計は,原則として日雇人夫以外のすべての生産労働者(工長,組長,伍長の

第6章 戦前期三菱造船所における熟練工の調達と養成

職制はもちろん,並職工(定傭ないし常用工)の他に試傭工,女工,徒弟および臨時工)を網羅していたと考えてよいであろう[8]。

以上をまとめると,戦前期旧三菱重工の労働統計に登場する「臨時職工」には,少なくとも3種類の異なる範疇が区別される.その第1は明治期における臨時作業用の工員であり,第2は大正期における試傭工であり,そして第3が昭和期になって登場したいわゆる「臨時工」である(昭和同人会 1960, pp. 328-29).このうち最後に掲げた臨時工は,仕事の上では本工と同一系統の生産工程に従事するが,本工と異なって,停年まで継続して勤務する権利(tenure)を与えられていない.その雇用契約は短期であるが,需要のあるかぎりそれが更新されて,結果的には長期間勤めることもある.処遇条件は一般に本工よりも一段と低い(間 1978, pp. 495-99 参照).

第3の範疇である「臨時工」の存在意義は,雇用制度との関連で評価されなくてはならない.例えば,定傭工を中心とする正規の労働者の雇用契約が終身雇用的な色彩を帯びているときには,企業側は労働需要が低下した場合に備えて臨時工を雇う誘因を持つ.生産物需要の起伏が激しい造船業ではこの事情がとりわけよくあてはまる.雇用主にとって,臨時工は不況期の試錬を乗り切るための1つの安全弁だといってもよい.同じ目的は,下請制中小企業や,第2次大戦後にひろく利用された社外工制度(外部企業による生産作業の工場内下請)などによっても達せられる.これらはいずれも,労働が相対的に潤沢な経済事情を反映したものである.

しかし,被雇用者の立場に立てば,景気安全弁としての臨時工制度は必ずしも歓迎出来るものではない.雇用保証の与えられるのは一部の本工に限られ,しかも本工に登用される機会は限られている.さらに,通常,本工と臨時工との間には労働条件の明らかな格差がある.1930年代ならびに1950年代のわが国で,臨時工問題や下請制中小工業問題が社会政策の対象として熱心に論ぜられたのはこのためである[9].

それならば,第2次大戦前の臨時職工(男女)の比重は一体どの程度のものだ

---

[8] したがって,『職工統計』に依拠して作成した筆者の『統計』第4表の在籍人員数集計では,1910年と1911年の間に概念上の不整合がある.同正誤表ではこの点の補正を試みておいた.

[9] 例えば,1935年には労働事情調査所が『臨時工問題の研究』と題する単行本を刊行した.この他にも,臨時工問題を論ずる文献は昭和恐慌後に多く出された.なお,隅谷(1964, II-4)をも参照.

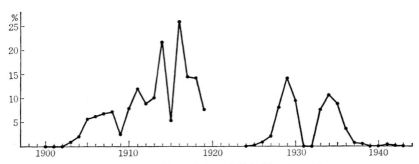

第6-2図 長崎造船所の臨時工比率(各年値): 1900-43年
(注) 在籍人員数(臨時工こみ)に対する臨時工数の比率である. 1920-23年は資料欠如. 1919年までは年度末値, 1925年以降は年平均.
〔資料〕『三菱造船所年報』ならびに『統計』第4, 8表(1924年以降).

ったのであろうか. この問いに答えるため, 『三菱造船所年報』と『統計』とから得られる情報をもとに, 長崎造船における在籍職工総数(臨時傭こみ)に占める臨時工(臨時傭)の割合(パーセント表示)を求めると第6-2図が得られる. また, 同じ比率の平均値を, 旧三菱重工の4事業所についてそれぞれ長期波動の周期ごとに算出すると次のとおりである. (ただしこれらの統計では, 上に述べた臨時工の3範疇を区別することはできない.)

		長崎造船	神戸造船	彦島造船	長崎兵器
(谷)	1901-12年	4.9%	n. a.%	n. a.%	n. a.%
(山)	1908-18年	11.7	n. a.	n. a.	n. a.
(谷)	1912-32年	8.3*	n. a.	n. a.	n. a.
(山)	1918-38年	5.1*(4.4**)	3.3**	2.9**	3.9**

* 1920-23年の観察値欠如.
** 1924-38年の平均値.

これによってみると, 旧三菱重工の4事業所のなかでは長崎造船の臨時工比率がやや高めであること, さらにその比率は昭和期よりはむしろ第1次大戦期に高水準にあり, その後次第に低下する傾向にあったことがわかる. 1924年から1943年に至る20年間に長崎造船で臨時工比率が2パーセントを超えたのは, 相対的な好況期である7カ年だけであった(1928-30年, 1933-30年, および1933-36年). ただし, これら好況7カ年の平均臨時工比率は8.7パーセント(最高は1929年の13.9パーセント)であるから, 需要の多い年にはこの比率が急激に上昇したこともまた事実である[10].

臨時工比率の水準を高いとみるか低いと評価するかは，論者の観点と目的とによってまちまちであろう．ここではただ1点だけ，さきに掲げた第6-1図(長崎造船における入職率と離職率)との関係を注意しておきたい．第6-1図と第6-2図とを比較すれば明らかなように，昭和期においては，臨時工比率の高い年は，入職率もまた高い．この対応関係から推して，1928年頃から1935年頃にかけての激しい労働移動は，恐らくその大半が臨時工の出入りによるものと推定される．(同様このことは，1917-18年頃についてもいうことができるかもしれない．) したがって，もし臨時工を排除して計算することができるならば第6-1図に見られる1928-31年の大きなうねりは姿を消し，戦間期長崎造船における労働定着率の改善の様子が一層明らかになることであろう．

6. 企業内職工養成制度の定着

労務管理方式の変化に並行して，職工の養成方法にも変遷があった．機械器具の場合，1900年代初期の基幹工(熟練工)には伝統的な職人あがりの人達が多かったのであるから，その当時は新人の訓練ももちろん徒弟制によって行われた．ただしこの制度は，西欧の近代的徒弟制とわが国伝来の徒弟制とのあいの子だったといわれる(隅谷 1955, p. 220)．長崎造船所の場合にも，工部省時代から引継いだ徒弟制度が1900年まで存続した．したがって，職工教育は実質的にはそれぞれの徒弟が師事する親方の指導下に実施されたものと考えられる．

旧来の徒弟制度に代わるものとして，長崎造船には見習職工制度が設けられた(1890年)．これは画一の規則のもとに職工訓練活動を規格統一化しようと

---

(10) 臨時工比率の長期的低下の傾向は長崎造船独自の現象だったかもしれない．昭和期における海軍工廠の資料にいわゆる「臨時工」が登場するのは1934年からであるが，全職工(職夫を除く)に対するその割合は，次のように準戦時期にかけてむしろ増大する勢いを示した(『海軍省年報』各年度より計算)．

暦年 (10月現在)	呉海軍工廠		横須賀海軍工廠	
	臨時工比率	職工総数	臨時工比率	職工総数
1931	0%	15,570人	0%	8,557人
1933	0	17,350	0	8,519
1935	10.8	24,311	10.7	12,579
1937	19.6	30,716	24.4	17,909

ねらったもので，満13歳以上で「当時ノ寺小屋七,八年ノ教育ヲ受ケタルモノヲ入職セシメ」，有給で5年間見習をつとめさせることとしたものである（『労務史』第1編，pp. 13-19）．追って1899年，見習職工の名称が職工修業生と変更されるとともにその規則もヨリ詳細となり，修業年限は5年であるが，満期後も引続き職工として働く場合には，（一般定傭工と同じように）最低3年間は勤続すべきものとされた．さらにその翌年には，「年齢幼弱ニシテ教育程度低ク職工修業生ニ入ル能ハサルモノ」を対象に，改めて「見習職工」（年限5カ年，修了後の勤続義務3年）の制度が設置された（同上，第2編，pp. 40, 49）．他方，基幹工（技士・技工）育成のためには1899年に三菱工業予備学校が設けられ，満10歳（1908年からは12-14歳）で尋常小学校卒業以上の学力ある者に門戸を開いた（最低年齢が後年引上げられたのは義務教育年限延長のためである）．同校は，修業期間を5年とし，職工修業生中の希望者のためには夜間部も設置されていた．卒業生は造船所就職の義務はなかったが，あえて奉職した者には「更ニ工業修業生トシテ五ケ年ノ実技ヲ習得セシムルト同時ニ工場勤務ノ時間ヲ割キテ五ケ年毎週五時間一層高等ナル専門ノ学科ヲ修メ」させる建前であった（同上，第2編，pp. 53-57）．もっとも，この制度は必ずしも計画通りには機能しなかったらしい．当時は技能労働に対する超過需要が根強く，職工の引き抜きが激しかったので，せっかく訓練しても歩留まりが良くなかったのである（兵藤 1971, pp. 101-07）．

ところで，20世紀初頭の約20年間は，普通教育の普及という点でもわが国労働力の質が大幅に向上した時期であった．米国制度学派の始祖ヴェブレン（Thorstein Veblen）の意見によれば，近代機械工業にあっては，手工業時代と異なり，綿密かつ細かで即物的な専門的技能を修業する必要はもはや少ない．手工業の時代には，職人が仕事の中心に位置し，彼が器具・道具を駆使して思いのままに作業を進めた．腕とかコツとかいった個人芸に属するものが貴重であり，それら特殊なノウ・ハウ（know-how）は門外不出の秘伝として部外者には公開されなかった．ところが近代の機械工場にあっては，工程と製品は標準化されて職工の個性は生かすべくもない．あらゆる作業は「客観化」されて計算かつ計測可能である．ここでは機械こそが主人であって生産労働者はこれの協力者ないし助手の役割をつとめるにすぎないことが多い．このような環境の

もとでは，個人芸に秀でることよりも，むしろ一般的知識とか情報に明るく，基礎理論や工場生産体系の全体に通じていて的確な判断を下せるという素質が大切である．かくて，読み・書き・そろばんを中心とする体系的訓練が必要となり，座学の重要度も上昇する(Veblen 1914, pp. 306-09)．この意味で，職業訓練方式に変革が起こるのはまさに時代の要求するところであったのである[11]．

　三菱造船もこの点で例外ではなかった．とくに1917年以降の長崎造船所では，尋常小学校卒以上であることが見習工の資格要件とされたから(長崎造船所見習職工規則，『史料』大正6年，p. 300)，制度的にも学歴の重要性が定着した(同じ趣旨の規則は神戸造船所でも1918年に施行されている(『史料』大正7年，p. 551))．いま試みに『三菱造船所年報』を利用して同所における職工の教育程度をみると，世紀の変りめ(1899年)においては尋常小学校を卒業した者は全体の46.9パーセント，また高等小学校以上の学歴のある者は同じく9.6パーセントにすぎなかったが，これらの比率は1910年には64.2および15.9パーセントへと上昇し，さらに1920年になるとそれぞれが90.3および32.2パーセントの水準に到達した．これに反して「無教育者」の比率は，同じ3時点で測って19.4パーセントから9.9パーセントを経て2.7パーセントへと激減した．生産労働者の学歴水準がかくも急激な変化をみせたのは，わが国の近代経済史のなかでも最初にして最後の経験であったろう．

　ただし，平均学歴は，職工の構成や分布と無関係ではない．近代のわが国では一般に若い世代ほど平均的に高学歴の筈であるから，職工の平均年齢が低く(したがって平均勤続年数が短く)なる時には平均学歴水準もまた上昇したに違いない．それゆえ，本文での議論が厳密に成立するためには，年齢構成変化が学歴に与える効果を除去しなくてはならない．ちなみに，20世紀の初めには，新入職工は次第に新規学卒者を中心として採用されるようになったから，職工数が増大(減少)する年には，それにつれて平均学歴も高く(低く)なったと考えられる．

　事実，長崎造船所における「本職」職工の中位(median)年齢(A)の変化率と尋常小卒

---

[11] ただし，このように論じたからといって，職工に体化された熟練(skill)の重要性が失われたことを必ずしも意味しない．保全や修復を含む機械工業の熟練作業においては，たたきあげの職工の「腕」がものをいうことが多かった．とりわけ，そのような「腕」が基礎学力によって裏打ちされたときには，職工の実力は一段と強化されたことであろう．

以上の学歴をもつ職工の割合(E)の変化率(いずれもパーセント表示)との間には次のように負の関係が認められる(『三菱造船所年報』各年のデータにより計算).

$$\{100(E_{t+1} - E_t)/E_t\} = 3.281 - 0.715\{100(A_{t+1} - A_t)/A_t\},$$
$$(5.737)\ (-4.601)$$

$$\bar{R}^2 = 0.478,\ t = 1898\text{-}1921\ \text{年},\ DW = 1.574$$

すなわち,仮に中位年齢が不変だったとしたとき,尋常小学校卒業以上の職工の割合は年率3.28パーセントの速度で複利的に増大したことになる.この仮定上の計算(理論値)を実際値と対比させつつ表示すれば第6-2表が得られる.これによれば,E の理論値と実際値との差はきわめて少ない.明らかに,職工の中位年齢(A)は意外とその変動幅が小さく(最大時でも年率7.3パーセント),E に与える影響もあまり大きくはなかったのである.したがって20世紀の初頭に長崎造船所職工の学歴水準が急速に上昇したのは疑う余地のない事実であって,職工の平均(中位)年齢が低くなったために生じた見

第6-2表 長崎造船所における職工の中位年齢と学歴の変動 (1899-1922年)

年	中位年齢(A) 実際値(歳)	尋常小卒以上の職工(E) 実際値(%)	理論値(%)	(参考) 平均勤続年数 (実際値)
1899	27.6	46.9	46.9	2.75
1900	28.1	46.5	48.4	2.83
1901	27.7	48.7	50.0	2.28
1902	28.0	51.3	51.6	2.92
1903	28.2	54.4	53.3	3.08
1904	28.9	54.9	55.0	3.58
1905	28.0	58.8	56.8	2.83
1906	27.0	65.4	58.7	2.67
1907	27.2	68.6	60.6	2.92
1908	28.0	65.0	62.6	3.25
1909	29.2	63.8	64.7	4.67
1910	29.4	64.2	66.8	5.17
1911	29.3	68.0	70.0	4.75
1912	29.2	70.7	72.3	4.67
1913	28.7	74.8	74.7	4.28
1914	29.5	76.0	77.2	5.00
1915	28.8	79.3	79.7	4.75
1916	27.7	83.8	82.3	4.17
1917	27.2	88.5	85.0	3.58
1918	27.7	88.3	87.8	4.00
1919	25.9	92.6	90.7	3.83
1920	27.8	90.3	93.7	4.17
1921	26.6	93.1	96.8	4.25
1922	29.2	92.4	100.0	5.58

〔資料〕『三菱造船所年報』(明治31年度-大正14年度)により計算.

第6章 戦前期三菱造船所における熟練工の調達と養成

かけの現象ではない．

なお，官営八幡製鉄所においても，職工の中で尋常小学校卒業以上の学歴をもつ者の割合は1922年には89.3パーセント，1924年には91.9パーセントであった(1935年にはさらに97.3パーセントへと改善(尾高 1972a, p. 61))．長崎造船所職工の学歴上昇の動きは，恐らくこの時期のわが国大工場に共通して観察された一般的動向の反映と考えてよいであろう．

ともあれ，若年層の間で普通教育が急速に普及した一方では，既述(本章第3節)のように大企業の間で「子飼い」の人事方式が一般化し，新規入職者に占める青少年の比率が漸増した．この結果，企業内訓練も一般学力よりはむしろ専門的職業教育に重点を置くようになり，必要年数も短縮する傾向を示し始める．(修業年限が短くなったのは，資本集約度の上昇とともに熟練形成過程が次第に効率化かつ単純化したためでもあろう．)すなわち，三菱造船における見習職工の年限は，初期の5年(1890年当時)から4年(1917年当時)，さらには3年(1923年当時)へと逓減しているし，工業予備学校の修業年限も創立当初の5年から4年(1906年)ないし3年(1908年)へと短縮した．他方，全く同じ理由によって，上級訓練課程の資格要件は上昇した．例えば，1904年，工業予備学校の第1回卒業生のうちから職工修業生となる者が出現したのを機会に，後者の資格要件は引き上げられて，工業予備学校卒業もしくはこれと同等以上の学力が要求されることになった(『労務史』第2編，p. 46)．(ちなみに，同校は1918年には三菱工業学校と改称され，その系譜は1923年の長崎三菱職工学校，1935年の私立長崎三菱青年学校へと継承された．)

もちろん，新施工法の導入等によって，従来とは全く異なる訓練科目が必要になることもあった．とりわけ1920年代には，電気熔接法の普及に伴い，長崎・神戸・彦島各造船所は電気熔接工養成制度を設け(1921年10月)，徒弟修業中もしくは終了したもので17-20歳未満の者を選び6カ月にわたって訓練を施すことになった．後年(1934年5月)の彦島造船所の記録によれば，そのカリキュラム(4カ月に短縮)は講義，見学および実習から成り，うち座学は化学大意(20-30時間)，冶金学大意(同上)，電気学大意(同上)，および電気熔接概論(15-23時間)の4項目に分かれていた(『史料』大正10年および昭和9年，pp. 2,190-97, pp. 6,612-21)．

このようなさまざまの変更や調整を経た後に，三菱造船所の企業内職工養成制度は大正期の半ばには完成した体裁をとるに至った．1919年の記録によれば，長崎造船所におけるフォーマルな職工訓練制度は次のような構成であった．

(大分類)	(中分類)	(小分類)	(資格・配属)	(定員)	(年限)	(初年度手当)
職工・徒弟	職工修業生	研習生	三菱工業学校補習科卒業またはこれと同等以上の学力，17-20歳；設計課配属．	60人	2年	45銭/日
		実習生	三菱工業学校本科卒業またはこれと同等以上の学力，16-20歳；工場配属．	510	3	35
	見習職工		尋常小学校卒業，12-16歳；工場配属．	3,000	4	15-20

なお，職工修業生には毎朝7時から1時間，三菱工業学校補習科(研習生の場合)もしくは同実習科(同実習生の場合)での座学が課せられた．同様に，見習職工は毎夕4時から2時間，長崎市立飽ノ浦工業補習学校での座学が必須であった(『史料』大正8年，pp. 1,194-200)．もちろん，これ以外にインフォーマルな，仕事に就きながらの実地訓練(on-the-job training)が重要だったことはいうまでもない．

その後，青年学校令の実施を機会に，旧三菱重工では職工養成事情を調べることになり，1935年暮の中央労務会議の席上，各事業所の調査結果を検討した．この会合では，

(1) 職工学校は，その運営に鋭意努力の結果，職工養成機関としてはほぼ満足すべき状態にあること，

(2) 同校卒業生の歩留まりは世間並み以上，一般職工との折合いもきわめて良好，初期卒業生の多くは既に中堅熟練工として衆望を担っていること，

(3) 生徒の気風も「職工ヲ自己ノ天職ト為サントスル確固タル考ヲ有スル者多ク」，往時の学生気分は消え，したがって実習生に対する工場側からの苦情もないこと，そして

(4) 工場と学校との連絡は円滑に推移していること

等が結論された(『史料』昭和10年，pp. 7,501-02)．職工学校に対する生産労働者自身の評価のほどは不明であるにしても，少なくとも工場側では職工養成制度に一応満足し，また自信を持っていたことが窺われる．

以上の事情を背景として，ここで第1次大戦期以降1964年に至る職工養成

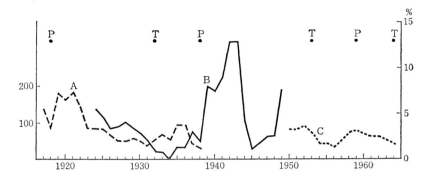

第 6-3 図 製造工業における見習職工比率(各年値): 1917-64 年
(注) A: 1 工場あたり徒弟数(左軸目盛り), B, C: 三菱工場見習工比率(右軸目盛り).
〔資料〕『統計』第 15 表および尾高 (1972 a, pp. 46, 112).

概況の統計グラフを眺めてみよう. 第 6-3 図は, 数少ない資料を駆使して, 製造業における徒弟もしくは見習工増減の動向を推察する材料としたものである. 図中の A 線は『工場監督年報』(内務省社会局労働部)にもとづき, 一般製造業における 1 工場あたり徒弟数を算出したもの, また B, C 線には, それぞれ三菱工場の在籍工員数中に占める見習工(養成工)の比率(パーセント)を描いた. このうち B は旧三菱重工 4 社(長崎・神戸・彦島各造船所および長崎兵器)の加重平均(各年 10 月現在値)で, 在籍工員数には臨時工を含めてない. 見習工の名称は時とともに変り, 三菱諸社の場合には 1934 年までは徒弟, 1935 年から 39 年までは見習工, そして 1940 年以降は養成工と呼ばれた. 1939 年だけは「速成工」という範疇が併存したので, この年の数値にはこれを含んでいる. 名称の変遷とともに制度上の変更もあったに違いないが, この図ではそのような背景的事情は一切無視してある. 最後に C は, 『三菱日本重工業株式会社史』(1967 年)にもとづき, 横浜造船のデータを採録した. (三菱日本重工業とは, 財閥解体命令に従い旧三菱重工が 3 分割されたうちの 1 社である.)

いうまでもなく, A, B, C の各線はその水準を相互に比較することはできない性格のものであるが, しかしそれぞれの変動状況を対比することは許されよう. 図中に示した長期波動指標を参考にしつつ観察すれば, A, B, C のどれをとっても, 労働者訓練は経済の上昇局面で数量的に盛んとなり, 逆に下降局面で衰退する傾向があるといえそうである. もちろんこの対応は完全ではなく,

とくに 1940 年代にはずれが甚しいが，しかし長期波動指標は元来戦中期を考慮の外において作成されたものであるからやむを得ない．また，第 2 次大戦中における見習工比率の上昇はむしろ異常であって，この時期には訓練の質も大幅に低下したと考えられる．

訓練の内容的変化を物語る 1 例として，1933 年 12 月の『史料』には次の記事がある．これによれば，景気の上昇に伴って労働需要が活発化した結果，長崎造船所で採用する職工の質が低下するという問題を生じた．経験工と称する者でも町工場の自己流作業法に馴れているだけで，「当所ニ於テ使役スル場合素人ト大差ナク加フルニ相当年輩ノモノ多キ為メ職工学校出ノ若手中堅職工ノ手先トシテ働カセ難キ場合」も少なくなかった (p. 6,430)．このため，改良の 1 案として，長崎造船では短期養成工 (有給) 制度を発足させた．高等小学校卒業 (もしくはこれと同程度の学力ある者) で満 16-25 歳の者を毎月 15 ないし 30 名程度採用し，職種ごとに 1 ないし 3 カ月の養成を施すこととしたのである．対象とする職種は機械，仕上，製缶，艤装，およびガス熔接の 5 種類だった (同上，pp. 6,430-35, 6,454-58)．1933 年といえば，上記のグラフでは旧三菱重工 4 社の見習工比率が谷に位した時期であるが，やがて戦時経済下にあって隆盛をきわめる簡便訓練方式のはしりがすでにここに現われていたのであろう．

7. 分断的労働市場発生の制度的要因

以上のように，19 世紀終りから第 2 次大戦直前に至るまでの史実を通観すると，20 世紀始めの約 20 年間は，三菱重工諸社にとって組織上の 1 大変革期だったことがわかる．同社をめぐる経済環境を振り返るならば，1896 年に制定された航海奨励法 (1917 年まで有効) および造船奨励法 (1909 年まで有効) による生産補助と，3 度にわたる戦役によって増大した新造船ならびに船舶修理の需要とは，設備投資を促進させる基本的誘因であった．この結果，三菱造船の資本集約度 (資本・労働比率) は次第に増大し，これに対応して同社の技術水準も飛躍的な発展を遂げたものと考えられる．

ところが，20 世紀前半の造船技術は，いかに資本集約的になったとはいっても基本的に労働集約的なタイプに属し，またその生産工程は，製品の性質上，規格化による大量生産が容易でなかった．さらに，中小企業が質量ともに未成熟な当時は，下請制によって垂直分業をはかることも難しかった．したがって，製品需要が増大すると，その成長率を下廻る速度でではあるが，職工を初めと

する労働需要もまた着実に伸びたのは当然である.

　これら2つの事実から論理的に導かれるのは，世紀の変りめの三菱造船では(1)工場組織が急速に大規模化し，さらに(2)技術変化に対応して既存労働力の質の改善をはかりかつ新規労働者に積極的な訓練を施す必要を生じたろうということである．そして大規模の近代的工場では，伝統的家内工業では必要のなかった新しい組織原理が発達した[12].

　伝統的な職人の世界にあっては，職人たるものは仕事への献身を求められた．すぐれた職人であればあるほど，たゆみなく働き，精確で細部にまで心を配った仕事をし，高水準の製品を仕上げるものと期待されたのである．そしてその製品は「彼の」作品として他人の製品とは区別された．同時に彼は，おのれのペースで仕事をしてよかった．つまり，仕事のやり方に関する限り，彼には十分の裁量権が与えられていた．この伝統は，初期の工場にあっても，形を変えつつではあるが生き残った．とりわけ初期の西洋式造船業では，中核となる労働力は従来の機械職工を中心に構成され，外国人技術者の指導を仰ぎつつ作業したのであるから，仕事場の統率原理は当然のこととして職人社会のそれであった．とくに工場内請負制度の施かれた場合には，工場内の作業は小集団ごとの自主管理に任されていた．

　ところが，ベンディックスも言うように，職人式の作業管理は，工場の規模が成長したときには不便である．まず，仕事の分業化が進んで多数の製品部門が生まれ，そのそれぞれが多少なりとも専門化した活動に従事するようになると，製品ならびに作業内容の規格化が要求される．さらに，総合的な作業計画を作成し，各職場の仕事の進捗状況を把握し，相互の調整をはかりかつ統率する機能が必要となる．過度に分権化した工場組織のもとで，職場の小集団同士がそれぞれ情報交換をしたり作業の調整をしたりするとすれば，それに要する費用と労力の浪費とはばかにならない大きさだからである．しかも，労働運動が擡頭すると，分権化された職場組織のもとでは経営の権限が形骸化するおそれがある．こうして，集権化された行動原理が発達し，職人社会を特徴づけた自主決定権は消滅する．「労務管理」が必要となり，すべての労働機会は企業

---

[12] 以下の議論は，その精神において，ジャコビー(S. Jacoby 1979)の考えと期せずして共通のところが多い.

内でのみ与えられるものとなり，職業倫理も internal 化されるに至る．今や職工には，命令に対する従順，一定の速度による生産，精度その他に関する規格の遵守，集団規律への服従などが求められ，自律性が許容される範囲はごく僅かとなる．一方，これに対応して，経営者の側でも，企業家としての危険負担機能と同時に，組織体を動かすオーガナイザーとしての技能や，科学的管理法を含む合理的な経営計画，統率力，権限委譲などが必要になってくる．工業の組織原理は，かくて大きな変容を遂げるというべきである (Bendix 1956, pp. 8-10, 54-55, 203-04, 440-41 を参照).

このような変容は，工業化（とりわけ工業生産の大規模化）に伴って生ずる一般的な現象といってよいであろう．工場の生産活動は組織化され，その統率原理は客観化される（ヴェーバー (Max Weber) 流にいえば「合理化」される）．賃金や雇用に関する決定も，個人的な裁量には任されず，一定の規則にのっとって行われる．企業外部の労働市場が1国ないし1地域全体にわたる賃金・雇用の決定にあずかるのとは対照的に，企業固有の人的資源配分の原理（内部昇進制）がここに樹立されるのである．1970年代の造語を使えば，これを「内部労働市場 (internal labor market)」の成立といってもよい (Doeringer-Piore 1971 参照). (もっとも，賃金をパラメターとする労働需給の自律的調整機構—市場—が企業内部に存在するわけではないから，この用語は必ずしも適当とはいえないが.)

企業内の人的資源配分は，外部労働市場の市況と無関係ではあり得ないが，しかしそれと一定の独立性を保つことも十分可能である．例えば，企業は職工に対して一般には通用し難い独特 (firm-specific) の教育訓練を施して，自己の生産活動にだけ有効な技能を付与しようとするかもしれない．このような職工の労働は，特殊の人的投資を授けられた結果として，労働市場で取引される労働サービス一般と完全には代替的でない．経営者は，このような特殊技能に見合う独自の企業内賃金体系を編み出して労働移動を最少にとどめようと努力するし，職工の側でも職場を変る誘因が低くなるであろう．かくて，労働コストは古典的な経済学教科書で想定されたような変動費 (variable cost) ではなくなり，むしろ半固定費 (quasi-fixed cost) とみなさるべきものとなる (Oi 1962). 仮に一般労働市況が上下に変動しても，特定職種の賃金や雇用量は直ちには変

化しないであろう．これを総合的にみれば，労働市場の機能が緩慢(less sensitive)になったと評価されることであろう．

このような傾向がどの程度一般的に認められるかは，経済発展の度合，産業や職種の差，生産物市場ならびに労働市場の構造によって左右される．例えば英国の工業の場合には，雇用・賃金の決定に際して外部労働市場の影響力がわが国よりも強く，逆に内部市場は比較的未発達だったようである．英国の工業化は長期間にわたって徐々に進展したので，その間に外部労働市場の取引網が十分に発達し，労働の銘柄(職種)とそれに対応する価格(賃金率)を市場で決定する方式が定着した．労働組合も職能別に組織される傾向が圧倒的に強く，第2次大戦後のわが国のような企業別組合組織とまさに対照的である．したがって賃金やその他の雇用条件は外部市場の力で決まる部分が多く，個々の企業はこれを与件として受取る以外にない．ドーア(R. P. Dore 1973, ch. 10)はこれを市場指向型(market-orientation)の労働市場構造と呼び，わが国のような内部組織指向型(organization-orientation)と区別した．

外部市場の力は，銘柄を明確に定義し易い職種で最大限に発揮される．比較的職人的色彩の濃い職業はそのよい例である(大工，鍛造工，電気工等々)．ここでは個々人の仕事の範囲がそれぞれはっきりと定義され，したがってその出来栄えも他人のそれと独立に評価され得る．賃金制度にも請負制や出来高制を採用し易い．機械加工や建築業にはこの種の例が少なくない．これに反して人が巨大な機械設備や組織と協業する性格が強い職業では，手先の技能よりはむしろ判断力や一般的知識(応用力)が要求される．労働は資本財と補完的である性格上，設備や組織と切り離した形でその貢献度を測ることは難しい．したがってここでは時間給が一般で，能率給としてもせいぜいのところ集団出来高制を採用できるにすぎない．化学工業などの装置産業はこのよい例である．このように，経済全般としては市場指向型であっても，産業や職種によってその度合は一様ではない．概して設備や組織と補完的な職種ほど，（他の事情にして等しいかぎり）内部昇進制の発達を促し易いであろう．

以上のような類型化は米国にもあてはまる．内部労働市場の発達度に関しては，米国の経験は英国と日本との中間に位すると考えられるが，この場合にも内部昇進制が比較的整備体系化されているのは装置産業であって，これに比べ

れば機械工業における生産労働者の市場はずっと横断的で，そのゆえか内部化がもっとも遅れた1例だとの報告がある(小池 1977, 第2-3, および7章).

わが国造船業の場合には，以上のような一般的な事情のほかに，20世紀初期に急速に採用された新しい技術の性格によっても「内部労働市場」の形成が促進され，あるいは補強された側面があったかもしれない．わが国の場合，新しく導入された技術は欧米から「借りられた」だけではなく，技術変化の速度が(欧米の経験に比べて)急速であった．したがって，それに対応する技能の養成もこれを無から積み上げるに等しいことが多く，しかも修得された技能が社会全体に伝播する時間的余裕が無かった．特定大企業に導入された先端技術は，それ自体としては普遍的な技術体系の一部であるにもかかわらず，それが20世紀初頭のわが国という工業化途上の経済環境の中へ短期間に矢つぎ早に移植されたことによって，あたかもそれぞれの企業特有(firm-specific)の技術であるかのような様相を呈したであろう．大企業相互間に技術体系が異なり，その結果横断的労働市場の成立が妨げられたとの指摘は，まさにこの点に着目したものというべきである(氏原 1966, pp. 414-21, 429-39; 山本(潔)1967, pp. 63-65; 隅谷・小林・兵藤 1967, pp. 184-94 など)．ちなみに，低開発経済に対して外国技術が急速に導入される場合には，一般的技術体系(general technology)とは別個の企業特有技術が発生したかのように見えることは稀ではない．低開発国では市場一般の発展が遅れており，ましてや技術情報の交換に携わる市場は未発達であるから，先進国では珍しくない技術でも，さしあたりこの国にとっては特定の企業固有の技術である．(このような観察例としては Baranson (1978, p. 15)がある.) しかし，この意味での固有性は，技術の国内伝播が進みまた「借りられた」技術の量が相対的に少なくなるにつれて，その影響力も漸次減退することであろう．

8. 結　語

近代的機械工場(造船所)は，その成長に伴い，たんに規模が大きくなっただけではなく，組織運営原理の上でも改良を加える必要が多々生じた．この結果として，企業内における人的資源の配分とその経済評価を担当する機能が制度として定着するに至った．このような新しいシステムは，さしあたり近代化の

先兵だった大企業で誕生したと考えられる．それは，そのような組織変革の必要がここでとりわけ大きかったからである．

　この過程は，近代経営における労務管理機能の出現を意味するものであるが，それは結果的には分断的労働市場の成立を促すものでもあった．一方では，大企業部門における雇用と賃金は，――ここで使用される技術習熟のためには平均以上の素質と独特の訓練とを要するという事情を背景として――労働市場一般のそれとはやや独立して決定される．しかも，上記のような新しい組織原理（「内部労働市場」）の出現によって，この部門に対する（外部）労働市場の影響は間接的かつ緩慢になった．そこで，大工場における賃金は市況に対する反応がのろく(sticky)，経済の上昇局面には相場の動きに遅れて上方改訂され，逆に下降局面では下方硬直的となる傾向が生じたのである．これに反して中小企業部門では，労働の質や組織管理をめぐる事情が相対的に単純明快であるので，その賃金も市況に対してはるかに敏感な反応を示しつつ上下すると考えてよい．この結果，両者間の格差は，長期波動の山へかけては拡大し，逆に谷から山へ向っては縮小するという規則的変動をくり返す傾向を生んだのである．

　賃金二重構造の発生と変動には，このような労働市場固有の事情の他に，(本章では触れなかったが)生産物市場や資金市場の事情も影響している可能性がある．例えば，もし大企業の生産物市場が寡占的であれば，不況に際しても大企業生産物の価格は相対的に下方硬直的であるのに反して中小企業の生産物価格はヨリ急速に下降し，その分だけ労賃部分への圧迫も大きいことになるであろう．また，大企業のほうが金利の上で有利となる事情があるとすれば，その分だけ大企業の投資活動は刺激されて生産効率が上昇し，支払能力も一層改善することであろう．さらに，労働市場自体に非競争的要素が存在するとすれば，以上の諸要因と補強しあう形で，規模別賃金格差の出現が促進される場合もあり得よう．われわれはこのような可能性を否定するものではない．しかし本章では，仮にこれらの事情を一切無視したとしても，労働市場固有の理由によって賃金二重構造が発生する必然性があったことを，主として大企業側の史的資料に拠りつつ示唆しようとしたのである．

第7章　第2次大戦期とその前後における賃金・雇用制度の変遷

　20世紀初めのわが国の大機械工場は，一方では激しい需給変動に対応して絶えず雇用調整をはかる必要に迫られるとともに，他方では近代的技術・技能の育成の必要と大組織運営の管理的要請とに応ずるため，雇用制度の安定や企業内訓練制度の導入をはかることとなった．雇用水準は上下どちらの方向にも十分調節可能でなくてはならないが，それと同時に，新しい技術を習得した人的資源が企業内に定着し高い労働意欲をもって生産活動に従事することも不可欠であった．これら2つの相対立する要求をいかに両立させ調和させるかが，新たに生れ出ようとする近代的労務管理制度の直面した大きな課題だったといえよう．

　もちろんこの事情は，機械工業のもつ基本的な特徴によるところが多いから，課題そのものには時代・地域を問わず一般的通用性があるといわなくてはならないが，われわれの関心は，これらの一般的要請に対して，わが国機械工業が特定の状況のなかでいかなる解答を用意したかを探ることにあった．昭和初期の大機械工場が，(前章で論述したように)改めて「臨時工」制度を導入して本工とそれ以外の生産工程従事者とを区別したのは，このような解答作成の1つの具体例であった．すなわち，基幹工には若年者(新規学卒者)を採用して技能養成をはかり，事情の許すかぎり永年勤続を奨励すると同時に，他方では雇用保証のない臨時工を採用することによって景気変動に対する安全弁を設けたのである．もっとも，本工にも完全な雇用保証があったわけではなく，その雇用水準には，必要に応じて大幅に変更の手が加えられた．これはとりわけ造船業の場合に顕著だった．労働の質はできるだけ高水準に維持するとともに，雇用量はできるだけ流動的に動かし得るというのが経済計算の要求するところだったからである．しかし，その一方では，長期勤続を奨励する仕組みもまた作動していた．退職金制度と年功による賃金算定方式とはその顕著な具体例であった．

第7章　第2次大戦期とその前後における賃金・雇用制度の変遷　　231

ところで，第3，5および6章の分析で利用した資料は，第2次大戦以前を対象としたもので，年代的には1938年頃をもって終了していた．1939年4月には賃金統制令（勅令第128号），同年10月には賃金臨時措置令（勅令第705号）ならびに会社職員給与臨時措置令（勅令第706号），そして1940年には改正賃金統制令（勅令第675号）が実施に移されて，自由な労働市場が機能する場はもはや失われたともいえるのであるから，考察をひとまずこの時点で終るのには十分な理由があった．しかし，以上の分析を第2次大戦後の労働経済の議論と結びつけるためには，これとは別個に，第2次大戦中およびその前後の事情が解明されることが望ましい．これはなかなか実行し難い作業なのであるが，幸い三菱重工業株式会社本社勤労部の手で作成・保管された月別データを――一部の欠如はあるものの――閲覧できたので，これを整理の上，いささか分析を施すことにした．これによって非常時における労働市場機能を吟味すること，さらには，第2次大戦の直前や直後における賃金二重構造の動向を検討することが，さしあたってのここでの目的である．

そこで以下では，まず第1節で戦前期における退職金制度の実情について一瞥した後に，戦間期・戦中期・戦後初期における賃金雇用制度の変貌を，三菱重工関係の資料に依拠しつつ辿ってみることにしよう（第2，3節）．そしてその上で，戦中から戦後初期にかけての賃金二重構造の動向を，統計的に探ることにしたい（第4節）．

1. 三菱重工の職工退職金制度

三菱重工には，古くから永年勤続を奨励する労務管理方式が存在した．例えば，1897年暮に制定された長崎造船所職工救護法は，賃金の一定率を強制的に積立てさせ，これを基金として，業務内外の負傷や疾病治療費ならびに休業手当と，死亡・隠退・解雇の際の退職金支給とに充てることを目的としたもので，本来の趣旨からいえば福利厚生制度に属するものであるが，結果的には職工の実質所得を相対的に向上させることによって離職率を低下させる効果が多少はあったかもしれない．

また，1920年末における同社の職員退職手当は，退職当時の日給相当分に換算して比較すると，その配分は次のように勤続年数に応じて増大する仕組みで

勤続年数	職員 正員	職員 准員	職工
5年	300 日分	150 日分	50 日分
10	900	450	150
20	3,900	1,500	420
30	6,900	2,250	860
35		2,550	1,160
45			2,000

あった(『史料』大正9年, p. 1,940 による).

この制度によれば, 永年勤めれば勤めるほど勤続1年あたりの退職金支給率は上昇する. しかも, 職工が永く勤続した場合, 技能の上達や昇進の結果としてその賃格(基本給)は時とともに次第に上昇するから, 手取りの退職金額は, 勤続年数が増えるにしたがい上に記した率以上の速度で増大する. この事実を示すため, 1920年代初期の三菱長崎造船所における勤続年数別賃格表を利用して, 入職後1年の職工の日給単位で年功別退職金額を表わすと第7-1表(C)列のとおりである.

仮に, 新規に入職した職工が退職金額の現在価値を目安に, 自分にとっての

第7-1表 三菱長崎造船所の職工退職手当(1920年現在)

勤続年数	(A) 平均賃格[1] (勤続1年を1.0とする指数)	(B) 退職金 (退職時の賃金相当分)	(C) 退職金額 名目値 (A×B)	(C) 退職金額 実質値 (A×Bの現在価値, 割引率8%)
1	1.00	10 日分	10 賃格・日	9 賃格・日
5	1.18	50	59	40
10	1.56	150	234	108
15	1.61	275	443	140
20	1.69	420	709	152
25	1.84	610	1,122	164
30	2.72	860	2,339	232
35	2.96[2]	1,160	3,434	234
40	3.00[3]	1,520	4,560	210

(注) 1) 1921–22年の平均;三菱長崎造船所資料.
2) 勤続年数36年の値で代用.
3) 推定値.

〔資料〕 平均賃格は『統計』第16表(pp. 118–19), 退職金は『史料』大正9年, pp. 1,966–67 による.

最適勤務年数を求めたとする．いま勤続に伴うその他の有形無形の便益や費用は一切無視し，さらに割引率8パーセントを仮定すると，簡単な計算によって，35年の永年勤続が一番望ましいことがわかる（第7-1表第5列）．この計算は，一種の実質評価にもとづいているので，企業内賃金構造が不変でかつ賃金水準が経済状勢に応じて的確に改訂されるかぎり，物価騰貴の影響を直接蒙ることは少ない．しかし，年齢給の傾斜が上昇すれば，永く勤めようという誘因は当然大きくなる．また容易にわかるように，割引率が高ければ高いほど永年勤務の誘因は相対的に弱くなる．

いずれにせよ，30年勤続の後に40歳代後半で退職した者が2年4カ月（弱）分の給料相当分というまとまった資金を入手するとすれば，とりわけ腕の熟達した経験工の場合，第2次大戦以前ならば，退職後に小規模の機械修理工場を開業することくらいはできたであろう．この意味で，退職金制度は，職工を定着させて落着いた環境で仕事に励むよう仕向けるとともに，彼らがあまり老化しないうちに独立して再度新たな職業生活を始められるようにとの配慮をも含んでいたかもしれない．

ちなみに，「海軍工務規則」（1911年）では，海軍工廠の職工は（特別の技能ある者を除き）55歳で解雇されることになっていたし（明治44年10月，海軍省達第117号，第28条），旧三菱重工でも，工員の停年は早くから55歳前後ときめられていたようである．三菱長崎造船所の職工救護法（1897年制定）によれば，退隠手当を支給する年齢は1等職工の場合は満60歳，2等ならば満55歳，3等以下では満50歳と定められていた[(1)]（『労務史』第1編，p. 37）．停年制度は大正末期には工業界一般にも少しずつ普及し，1925年に協調会が調べた75工場のうち，工員に関して停年の規定を有するものは24パーセントあったといわれる．この比率は，1933年の工業クラブ調査では44パーセントであった．また，1935年当時，工員に対する退職金制度を持つ企業は従業員規模100人以上で53パーセント，10-50人の小企業では11パーセントだったという

[(1)] なお，第2次大戦期に近づいた1939年の夏頃には，超過労働需要を反映して，定年工員の再雇用を認める動きが具体化した．従来でも工員のうちのある者を「其ノ都度伺出ノ上期限付トシテ使用シ得ルコト」になってはいたが，そのなかでもとりわけ工長と組長とは稀少価値があるので，彼らに限って「作業上必要アル場合ハ五十五歳ヲ超ユル者ト雖モ引続キ定傭トシテ雇傭シ得ルコト」（『史料』昭和14年，p. 9,551）としたのである．

(昭和同人会 1960, pp. 275, 294). もっとも, 1934年の資料では, 停年による退職者は, 実際には退職者総数中の1パーセントに満たなかったともいう (同上書, p. 329)から, 当時は, 腕に覚えのある職工はむしろ中途退職して小工場主にでもなる傾向が強かったのかもしれない. なお, 退職金の支給は, 1936年の「退職積立金及び退職手当法」によって, 50人以上の従業員を擁する工鉱業主に義務づけられた.

大企業の停年が55歳と定められていたのにはそれなりの根拠があったものと考えられる. なぜなら, 当時のわが国では, 人が現役の従業員として十分に働けるのは平均的に55歳頃までという経験的事実があったからである. 内閣統計局の作成した生命表によれば, 男子人口の平均寿命(出生時における平均余命)は世紀の変り目(1899-1903年)には43.97歳にすぎず, 昭和10年代(1935-36年)になっても46.92歳であった(内閣統計局 1902, p. 16 および水島 1961, p. 41). このうち労働人口(男子)だけを取り出して考えた場合には, 1930年当時, 15歳から19歳までの人たちの平均余命は41.75年, 同じく20歳ないし24歳の者については38.08年にすぎなかった(河野 1968, p. 73). したがって, 大正から昭和初期頃の企業が10歳代の終りから20歳代の初めの青年たちを新規採用した際, その人々が健在であるのは平均的に55歳から60歳あたりまでと予想して大過なかったわけである. そこで, 新規採用が主として若年層に限られ, また支障のないかぎり終身的雇用を建前とする場合には, 高年時における作業効率の低下なども勘案の上, 55歳を停年と定めたのは, 経済計算からみて決して不合理ではなかった[(2)].

なお, 労働力人口の平均余命がいちじるしく改善したのはようやく第2次大戦後のことである. この結果, 上記の数値は1960年にはそれぞれ49.07年(15-19歳)および44.36年(20-24歳)に達するに至った(同上書, p. 73). したがって, 上述の論理からすれば, 1960年代における大企業男子従業員の停年は60歳まで延長されて当然だったということになろう.

---

(2) 年齢の上昇とともに平均死亡年齢は徐々に上昇する. 例えば, (1930年時の男子労働力人口の場合)20歳の青年は平均的に58歳まで生存するが, 40歳の人は同じく63歳まで生存すると期待される(河野 1968, p. 73の表5による). したがって, 終身雇用を前提とせず中・高年者の採用を自由に実施する場合には, 従業員の平均死亡年齢もやや高めに算出されるであろう.

2. 年功賃金体系の発祥

　勤続年数別(年功的)昇給制度が大企業を中心に確立したのは1930年代のことであるらしい．この制度は，従業員が毎年一定時期にその勤務成績・作業能率などを査定されて，あらかじめ用意された年功別(勤続年数別)賃金推移表に従って昇給する仕組みである(昭和同人会 1960, p. 289および孫田 1978, pp. 31-67)．

　昇給制度そのものはもちろん賃金労働の成立以来見られたことで珍しくないが，職工各人が毎年必ず昇給した訳ではなかったし，とりわけ間接的労務管理の時代には，上司の手加減や依怙贔屓によって不公平な取扱いを受けることも稀ではなかった模様である(横山 1959, p. 221)．それでも，経験を積んだ職工ほど技能水準・判断力・統率力などで優ることは確かだから，平均的にみれば経験年数(もしくは，勤続年数ないし年齢)と賃金収入との間には正の関係が観察された．いいかえれば，勤続年数別昇給制度の存在いかんにかかわらず，勤続年数や年齢とともに賃金が上昇するのは決して珍しくない(むしろ当然の)現象だった[3]．例えば，『労務史』は明治中期に三菱長崎造船所に勤務した船大工2名の経歴表を載せているが，これによれば，両名の賃格はその技量もしくは地位が上るごとに階段状に上昇したことが明瞭である(第1編, pp. 9-13)．同様の資料は，1920年代の三菱長崎造船所，同神戸造船所(『統計』第16表および兵藤 1971, pp. 455, 460)や，昭和初期の官営八幡製鉄所(『(八幡)製鉄所工場労働統計』1931-34年)に見ることができるし，また製造工業一般については，内閣統計局『労働統計実地調査』(1924, 1927, 1930, 1933, 1936および1938の各年)からその一端をうかがうことができることは前述した(第3章第4節)．

　しかし，このような統計現象が事後的に観察されたとしても，それは個別具体的な昇任・昇給等が勤続年限だけを頼りに決定されたことを必ずしも意味し

---

[3] 「年齢とともに収入が増える」というだけなら別に日本に限った現象ではない．古くから有名なものではエリオット・ジャックの議論がある(Elliott Jaques 1967, esp. ch. 9)．また梅村(1971 a), Shimada (1981), 小池(1981 b, pp. 47-80)をも参照．ちなみに，小池によれば，西欧(EC)諸国に比較したときのわが国の賃金(いずれも1970年代)の特徴は，企業内のさまざまの格差(職員対工員，役付対平職員，学歴別など)がやや小さい点に求められる，という．

ない．この点をめぐる実例を数人の企業家の回顧談に拾うと次のとおりである．

(a)「よく三井は実力主義，三菱は年功主義などといわれるが，……三菱でも戦前はそれほど年功主義ではなかった」(向井忠晴・三井物産)；

(b)「……昇進も年功序列によらず，働きをみて能力主義で行なわれた．……会社間の異動も相当にさかんで」あった(高島基江・三井鉱山)；

(c)「〔第2次大〕戦後，あたかも"日本の伝統的しきたり"であるかのごとくいわれる「年功による昇進や昇給」は，少なくとも池田が活躍した三菱にはみられなかった」(池田亀三郎・三菱油化)；

(d)「所属事業の実績差による昇給格差と対照的に，個々人の能力差による昇給格差はかなりはっきりしていた」(大屋敦・住友本社)；

等々(野田(一) 1967, pp. 109, 138, 191 および 204 による)．

これに対して，ここに新しく導入された年功別昇給制度は，技能のいかんにかかわらず基本賃金が年齢(もしくは勤続年数)の函数として規定されるところにとりわけ重要な特色がある．もっとも，賃金額の最終的決定にあたっては，勤務状況，仕事の難易，技能の高低，学歴，家族状況その他の属人的要素が加味されるのはもちろんである．勤務成績のいかんによっては，昇進速度にも差が生ずる．したがってこの昇給制度は，運用しだいでは高度に競争的な人事登用の原理ともなり得た．実際，この制度は主として子飼いの基幹工を対象に運用され，全員が毎回昇給する訳ではなかった．

三菱重工の場合，年功別昇給制度の導入はかなり古く，職員については遅くも1919年，職工に関しては遅くも1933年からであった(神谷 1958, p. 6)．昇給の時期は毎年6月および12月の2回とされ，毎回昇給予算額の範囲内で各事業場所長の権限によって決定された(「職工昇給内規」『史料』昭和8年，pp. 6,380-83)．昇給は機械的でも自動的でもなく，「技能，人物，成績，勤怠等ヲ考査」(同上，p. 6,382)して決定されたが，その最終的な拠り所は内規の定める年齢と本給との関係(昇給線)であった．戦前期の三菱重工職員について昇給線を作成してみると，成績最優秀の者の昇給曲線が直線になる仕組みで，それ以外の者の昇給実績は年齢とともに逆放物線状に寝てしまう傾向があった．一方，同じく工員は，入社以後平均本給に達する頃までは割に早い速度で昇給するが，その後の昇給幅は徐々に小さくなり，昇給線自身が全体として逆放物

線を描く．恐らくこれは，労働力の質の変化に対応する形だったのであろう（神谷 1958, p. 16）．

このように，勤続年数別昇給制度は，それが導入された時点では人的配分の競争的原理と矛盾するものでは必ずしもなかった．それは，定着率が向上し，企業内教育を通じて等質化した労働力の賃金報酬を決定する１つの原理にすぎなかった．

この新しい賃金原理がなぜ年齢（もしくは勤続年数）を基盤に構成されたかは議論のあるところであろう．一説には，ここに徳川時代以来の身分制度や商家の経営方式の名残りを認め，それが明治以降わが経営界に浸透した経営家族主義の中に取り入れられたことを示唆するものがある（中野(1964, 第３章）；間(1978, 第１章)など．後者への批判的見解としては，津田(1968, 第２章)など）．

たしかに，町人的経営法の伝統や慣習は，さまざまの形で明治以後も生き残ったに違いない．その名残りの一端は，種々の経営用語（丁稚，子飼い，年期，歳暮，等々）にも見られる．しかし，人事管理に関するその直接的影響は，仮にあったとしても，主として事務系正社員の雇用や賃金制度に見られたであろう．とりわけ身分制的色彩の濃い伝統であればなおさらのこと，明治期においては，それが直ちに職工の労務管理にまで及んだとは考え難いのではなかろうか．

職工の雇用・賃金制度が大企業経営者一般によって真剣に問題とされるようになったのは，むしろ直接的労務管理の必要が高まってからであろう．そのような労務管理思想の代表としては，例えば，大正末期に伍堂卓雄（呉海軍工廠）が唱えた「生活賃金」の議論をあげることができる（孫田 1970, pp. 247-72 に引用）．伍堂によれば，労働者の生活必要を満たしかつ思想の穏健化をはかるためには，効率一本やりの（つまり生産性基準のみから割り出された）賃金制度では不適当で，むしろ労働供給者の生活の必要とするところを十分に反映した賃金体系が樹立されねばならない．そしてそのような生活需要（ニーズ）の計算は，結果的には年齢給の体系を示唆している．この体系の下では，若年で単身時代の賃金は安く，年齢が上るにつれて昇給し，働き盛りを迎えて家庭的にももっとも出費の嵩む年代に最高の所得が得られる．このような「生活賃金」思想と「子飼い」方式による長期勤続の奨励とが結びつけば，論理的に年功的賃金制度が生まれるのは明らかである．（もっとも，伍堂の提案は軍縮問題の余波のため

にうやむやとなり，海軍工廠では結局実行に移されなかった(昭和同人会 1960, pp. 263-64).)

それはいずれにもせよ，昭和初期以前(1935年頃まで)の企業内賃金決定の方式は，経済効率計算から大きく乖離していたとは考え難い．ちなみに，この当時は政府自身も，商工省を中心として，産業合理化運動を活発に推進した．その目的はまず第1には産業再編成であったが，第2には生産技術の合理化がとりあげられ，規格統一，科学的管理法の普及などが唱えられたのである(吉野 1962，第3章)．民間においても，標準作業動作研究や刺激給制度を含めて，経営合理化の努力が相次ぎ，例えば三菱電機は，時間研究の成果を土台に標準原価計算制度を完成した(奥田 1969年9・10月号，p. 324)．

昭和初期の民間における「合理化」運動は，欧米流の人事管理をたんに機械的に移植しようとしたのではなかった．例えば，先述の伍堂のように，賃金は人格や年功にも大いに関連を持つべきだとする考え方は，昭和初期のわが経営界では通念化しつつあり，これを容認した上での，いわば日本的職務給を発見する努力が種々試みられたのである．その中でも注目に値するものとしては，1929年に労使協定の成立をみた横浜船渠の賃金体系があった．この体系は，年齢給と職務給とを組み合わせたところに最大の特色があり，その大要は次のごとくだった(同上論文，1971年7・8月号，pp. 217-18；孫田 1970, pp. 273-85)．

このうち日給の65パーセントを占める年齢給は，勤続5年，家族規模3.8人で34歳の男子職工の必要生活費(月額)約60円を標準とし，年齢もしくは勤続が1年増えるごとに1銭ずつ昇給する仕組みである．資格給とは，組長と伍長とに対する役付手当(10銭ないし60銭)を指し，また，採点給とは工具に与えられるもので，作業点・技量点および勤務成績を個々人別に評価して決定された．作業点および技量点(各1-15点)は，それぞれ職種別評点と工場主任による技

量評価のことである．(産業合理化運動の詳細については，奥田(1969 年 3・4 月号-1971 年 7・8 月号)を参照.)

3. 能率主義労務管理の退潮と定期昇給制度の成立

ところで，このような合理化・効率化の動きの一方では，イデオロギーとしての経営家族主義(ないし温情主義；paternalism)を唱導する議論が次第に盛んになった．ここでは，欧米流の計算づくめの経営思想は日本の風土になじまないから，むしろ日本古来の情誼の伝統にもとづく労使関係の樹立こそが重要だとされた．この種の議論は既に「工場法」の制定をめぐる反対意見の1つとして公けの場で展開されたことがあり，一般市民にとってもなじみの深いものだったであろう．

経営家族主義は，もともと「イエ」の伝統にもとづき，従業員の間に経営共同体理念を浸透させるため，また企業者自身の経営哲学樹立の必要上登場した経営理念である(村上・公文他 1979, pp. 457-59)．この思想がわが国で今日に至るまで多くの支持者をもつのは，それが経営組織を円滑に運営する上で合理的な機能を発揮するからに違いない．企業体が経済計算を度外視してたんに温情主義にもとづいた福利厚生や労働条件の改善を実施したとしてもそこには自ずから限度があるからである(なお Taira 1970; Dore 1973, pp. 269-75 をも参照)．この点に関連して興味深いのは，武藤山治(鐘紡社長)の次の発言である．彼は，自社の(温情主義的)職工待遇が模範的であると自画自讃したあとで，しかし「其動機は決して人道上からでも何でもなかつた．矢張り算盤珠からである」(武藤 1963, p. 510)と述べている．

ところで，経営家族主義がわが国固有の古来の伝統だとする見解については，少なくとも3つの留保を必要とする．

その第1は，経営家族主義と呼ばれるものは，必ずしもわが国特有の現象ではないことである．工業化以前の社会にあっては家族的結合が社会関係の重要な基盤であったから，その名残りで，初期工業化時代の企業家も家族主義に拠って自分の社会的権威の正当性(legitimacy)を確立しようとした事例が英国にも発見される(Bendix 1956, pp. 46-60)．またスメルサー(Neil Smelser 1959, chs. IX-X)によれば，産業革命の初期に起こった労働騒擾の多くは，伝統主

義的労使関係の崩壊に対する労働者の抵抗だった.さらに,西欧における工業化の後進地域ドイツにあっても,19世紀前半に,熟練労働者を確保する目的で,企業家が経営家族主義を奉じて実践したといわれるのは興味深い(Jantke 1955, SS. 174-80).米国でも,古くは18世紀末から19世紀初頭のニュー・イングランド地方における紡織工場(Slater 工場)には同種の経営思想がみられたという(中村(勝) 1966, pp. 188-89).

　他方,逆にわが国の経営管理がすべて経営家族主義に則っていたということもできない.「明治時代は素より,大正から昭和へかけて,経営に於ける労資関係は,必ずしも優れて高度の経営家族主義的事態をもって満たされていたわけではない」(藤林 1949, p. 7)のである.

　第2に,「日本古来の」伝統とはいっても,それが具体的にどのような経緯を経て大正・昭和時代の資本主義的企業経営の中に再現したのかは,未だ明らかにされていない.キッコーマン醤油の歴史を調査したフルイン(Mark Fruin 1980, pp. 441-48)によれば,18から19世紀へかけては,経営者(所有者)は経営管理の日常業務にはほとんどかかわることがなく,経理,製造,販売,人事などの実務は番頭その他の専門家に任されていたという.生産労働者の労務管理は徹底した契約原理に貫かれ,労使関係は賃労働の提供者とその購買者との間柄以上のものではなかった.したがって,生産労働者を包摂する形で経営共同体が存在したとは言い難い.フルインの発見の線上で推測するなら,「イエ」原理にもとづく経営共同体思想の確立とその実践とは,むしろ20世紀に入ってから実現した新機軸だということになろう.

　いずれにせよ,1910年頃以降のわが国工業界で採用された経営管理の方式が,近世の古い経営法をそっくりそのまま踏襲したものであった筈はない.近代経済成長の諸要請によって生じた諸問題を解決するために,当時の社会経済環境に即した新しい対処法が編み出されたが,それが同時に伝統的な「イエ」文化と整合的なものに仕立てられたのは,わが国文化の連続性という特徴からしてごく自然の成り行きだったのであろう.いいかえれば,大正から昭和にかけて出現した経営管理の諸技法は,その方法において新しく,その精神においては旧時代に連なるものだったのであろう.

　最後に第3には,経営家族主義にもとづく経営者の「恩情的」労務対策は,

えてして自己満足的で，もうけ第1主義を隠蔽するにすぎない欺瞞的なものに堕する危険がある．早くからこの点を憂えて警告を繰り返した知識人の1人には藤林敬三があった(藤林 1949，第1-3章)．

ともあれ，経営家族主義は元来必ずしも経済合理主義と相対立するものではない筈であるが，やがて全体主義的思想がこれと結びつき，経営家族主義の情緒面だけが偏重されるに至った．経営家族主義は，経済計算を含めて欧米文化に対抗するイデオロギーとして利用されたのである．契約を水くさいと感じ，腹芸で互いに理解し合えるとする日本人の感性がこの傾向を助長したという事情もあったかもしれない．その結果，第2次大戦が近づく頃には，賃金制度も経済合理性とは逆の方向に向けて走り出した．

ちなみに，海軍工廠ではつとに1937年から請負賃金を廃止したといわれるが(昭和同人会 1960, p. 303)，とりわけ1940年から施行された(第2次)賃金統制令のもとでは，企業はそれぞれの昇給制度を確立しその昇給内規を定めて政府の認可を受けるものとされ，初任給も，性，学歴，年齢，経験，業種，および地域ごとに，政府の手によって定められることとなった(同上書，p. 290)．賃金統制令の目的はもちろん物価騰貴を防ぐことにあったが，このように賃金決定方式そのものに政府の手で枠がはめられたことは，制度としての年功序列型賃金を一般に浸透させる効果があったろう．

民間企業家の間でも，1930年代の半ば頃から「皇国勤労観」なるものが云々された．勤労は奉仕なのだから欧米的実利主義にもとづいた賃金制度(なかんずく請負賃金，出来高給)は不可とされ，労働が商品だとの誤謬観を排するために日給制はやめて月給制を採用すべしと論ぜられたのである(同上書，pp. 302-03)．三菱神戸造船所においても，職工(工員)の日給制度は，第2次大戦たけなわの1944年に廃止となり，代って工員給与制度が施かれることになった(3月31日施行)．この制度は，同所勤労部長(当時)によれば，「生産増強と，生活安定と，事務簡捷とを狙つたもの」(『懐旧録』上，p. 387)であったが，同時に請負制度も打切られることとなり，その結果「6〜7万枚の伝票が1,500枚に減つた」(同上)という．これらの変化は，時期の早い遅いはあるにせよ，全国一様に実施された．(なお，工員月給制を他社に先がけて実施した企業としては，ベビー・パウダーの製造元和光堂(1913年)やパイロット万年筆(1921

年)などがあった(広崎 1943 参照).)

新賃金制度の発祥は,その多くを戦時下の賃金統制という変則的な環境に負っているが,とりわけ厚生省による生活賃金思想の唱導が与えた影響は大きいと思われる.わが国の賃金制度が基本的に月給制に統一され,出来高給等の能率給の色彩を薄くしたのも,賞与や退職金支給における工員・職員間の格差を廃止するに至ったのも,さらにはいわゆる年功型賃金体系が社会的な制度として定着したのも,すべては戦中期以降のできごとといってよい.このような政策の一環として,戦時期になってからは,政府筋から,年齢・勤続年数中心の賃金体系作成が求められた.もちろん,そうはいっても能率給的な要素を皆無にすることはできなかったが,定額給(本給)が賃金の大部分を占めるべきものとされる一方では,業績給は定額給の3割程度を保つように指導され,また定期賞与は年2回,職階や勤務成績に応じて支給するものときめられたのである(昭和同人会 1960, pp. 304-18).こうして,能率給制度は事実上崩壊し,生活賃金思想が万能となった.これはたんに戦時の異常現象であるにとどまらなかった.第2次大戦直後の賃金決定方式は,大部分以上のような戦中期の遺産を引き継いだものとみなすことができる.(この点を特に強調するのは孫田(1970)であるが,中村(隆)(1978, pp. 145-46)にも同趣旨の指摘がある.)

このような変化に対応して,昇給制度の運用も能率主義を離脱し,従業員全員が毎年2回一斉に昇給することになった.これを定期昇給制度という.この制度が開始されたことを記す文書としては,例えば1944年のものがあるが(昭和同人会 1960, pp. 285, 289-90),識者の意見によれば,それが全国に普及したのは第2次大戦後になってからのことであった[4](同上書, p. 333 および孫田 1978, pp. 152-55).

4. 戦中,戦後における賃金体系

以上のような賃金思想の変化は,賃金統計の上にも大きな影響を与えたことはいうまでもない.そこで次に,戦前から戦後にかけての工員賃金構成の変遷

---

(4) 定期昇給制度はもともと三菱造船で実施していた方法である.そこで,第2次大戦後日本経営者団体連盟(日経連)がこれを唱導するようになったときには,三菱重工から各方面へ説明に駆り出されたものだという(麻生立雄氏の教示による).

を，統計の上でたどってみることにしよう．この目的のために利用するデータは，大戦前の(旧)三菱重工に属した4事業所(長崎，神戸，彦島の各造船所と長崎兵器製作所)である．統計の出所は，第3章で利用したと同じく(旧)三菱重工の『工員統計』であるが，この資料は，1944年から1949年までのあしかけ6年間は戦時期の混乱を反映して整理が完璧でなく，部分的にはデータが全く欠落しているところもある．そこで，この期間の資料についてだけは，簡単な統計処理を施す前にその整理・統合を試みる必要があった(巻末の付録(第A 11 表)を参照)．

なお，戦前の彦島造船は1943年に下関造船と改称，また長崎兵器は1945年に一たん閉鎖された後，1946年に長崎精機として再出発した．

ところで，第2次大戦後，旧三菱重工は過度経済集中排除法と企業再建整備法にもとづき，1950年，西日本重工，中日本重工，東日本重工の3社に分割された．これら諸社は，講和条約の発効(1952年)に伴い，それぞれ三菱造船，新三菱重工，三菱日本重工と改称したが，1964年6月に至って合併し，新たに三菱重工業株式会社として再出発した．3社分割当時(1950年)の払い込み済資本金と年間売上額とは，西日本が9億ならびに101億円，中日本が13億ならびに129億円，そして東日本が7億ならびに84億円であったが，1964年の合併直前には，各々224億と833億円，306億と1,663億円，そして230億と697億円に成長していた．

なお，3社のうち三菱造船に所属する事業所は，長崎，下関，広島の3造船所と，広島精機製作所，長崎精機製作所(1951年7月長崎造船に合併)，および福岡機械製作所(1962年開設)である．また，新三菱重工の擁する事業所には，神戸造船所，名古屋製作所(1956年名古屋航空機製作所，1960年名古屋自動車製作所を分離・新設)，水島(自動車)製作所，京都製作所，および三原製作所がある．最後に，三菱日本重工業の事業所は，横浜，七尾の2造船所(後者は1952年に閉鎖)と，東京製作所ならびに川崎製作所であった．

以上の経緯にかんがみ，本章では，必要のあるときには1950年に分割される以前の三菱重工を(旧)三菱重工と呼んで，1964年以後と区別することにした．しかし，誤解の恐れがないところでは，3社分割時代も含めて，たんに三菱重工という呼称ですませたところもある．

さて，既に第3章で述べたように，第2次大戦前の(旧)三菱重工諸工場における工員賃金は，大約3つの部分から成っていた．すなわち，

実働賃金(W_1)

奨励加給金または請負利益金(W_2)
その他(W_3)
　　　┌賞与
　　　┤諸手当
　　　└扶助金

このうち加給金は刺激給制度によるプレミアムで，本来の請負仕事制度によるものと，請負制が適用されない職種であるために前者の平均を支給するものとがあった．いうまでもなく，W_1 と W_2 とが本来的な賃金であり，W_3 は附加的な手当(fringe benefits)であると考えられる．賃金は日給ベースで計算されていた．

ところが，戦時期になると，「賃金月給制度」が導入されたためであろう，賃金統計も月給ベースで計上せられるようになった．また，戦禍が激しくなるとともに物財は不足して物価騰貴も甚しく，経営側としても，被雇用者の生活水準維持をはかりまたその不満を解消する目的で，賃金条件を改善する必要に再三迫られた．だが，このような不確実性の高い時期には，制度の改定はできるだけ避け，応急措置によって対処することが多かった．企業としては，不確実な事態に対していちいち半恒久的な制度を変更していたのでは煩雑この上もなく，それよりはむしろ一時しのぎの対策で急場を取りつくろい，事態が落着いてから本格的な対策をたてようとするからである．（この点は第1次大戦の際のインフレーション期においても同じであった（昭和同人会 1960, pp. 254-60).) それのみでなく，戦時中には賃金統制令が厳然として存在したから，経営者といえども賃金を勝手に変更できなかった．このような理由から，基本賃金以外のさまざまの諸手当が支給されるに至り，戦中から終戦直後にかけて賃金体系が著しく複雑化したのである．

もっとも，工員の場合，賃金体系そのものは終戦に至るまでそれ以前と基本的に同一であった．1943年8月現在の賃金規則集によれば，当時の三菱重工における工員賃金は，本給（または実働賃金），請負利益金，奨励加給金，手当，実物給与，賞与および臨時給与の7種類から構成されており，これらの項目自体はそれ以前と変るところがなかった．しかし，手当の中には種々の名目のものがあり，早出・残業等の歩増や休日出勤手当等の従来からの手当金以外に，

防空演習手当，兵役手当，家族手当等々があった．実物給与といわれるものの内容は，制服，制帽，巻脚絆(ゲートル)等に限られ，少なくとも規則の上では，現物賃金制度(トラック・システム)がみられた訳ではない(『史料追補』pp. 22,789-847).

なお，戦中・終戦直後においては，工員は事務系職員に比べて給与内容が相対的に優っていたらしい．工場では，生産活動が忙しくなったときには，奨励加給金や残業手当などによって手取り収入が増加したためであろう．「家族手当」なるものが初めて支給されたのは職員に対してだけ(1941年7月)だったし(『史料』昭和16年，p. 10,854)，終戦直後(1946年2月)職員給与を改訂した際にも，その目的の1つは「給与上ニ於ケル工員ノ職員ニ対スル跛行的優位ヲ是正シ職・工両者間ノ給与ノ均衡ヲ計」る点にあった(『史料』昭和21年，p. 16,327).もっとも，この制度改訂以前にも，職員に対しては慰労金一部前渡，一時給与金や特別給与金の支給，物財支給等々の臨時措置がとられてはいた．

第7-2表 1947年における三菱重工の給与体系表抜粋

事業所	賃金区分		工　　員	職　　員
神戸造船所	a)	本　　給	日給	月給
	b)	臨時手当	日給×2.0[1]	月給×2.0
	c)	生計手当	年齢・家族数により増額	同左
	d)	勤務手当	職責・地位・勤続年数により決定	月給×1.0＋職責による付加額
	e)	奨励加給金	本給と連結して決定	—
下関造船所	a)	本　　給	日給	月給
	b)	臨時手当	日給×2.5	月給×2.5
	c)	勤務手当	勤続1年につき5円増	同左
	d)	出勤手当	出勤1日につき10円	同左
	e)	家族手当	扶養家族数に応じ支給	同左
	f)	奨励加給金	実働賃金×平均成績係数(2.15)	1日あたり平均給料額×1.8×出勤日数×成績係数

(注) 1) 養成工は日給×1.6.
〔資料〕『史料』昭和22年，pp. 18,210-14.

なお，旧三菱重工の賃金・給与体系は，終戦後約2年間を経過するまでは全社共通であった．各事業所ごとに独立採算制を採り，工場単位で業績に応じた給与を決定することにしたのは1947年6月以降で，労働組合との交渉の結果である(『史料補遺』p. 22,991).いまここに，1947年の時点で新たに制定され

た給与体系のうち,神戸造船所と下関造船所(旧彦島造船)の例を引用してみよう(第7-2表).この時期では,工員と職員とが賃金体系としても区別され,しかも前者は未だに日給ベースで計算されていたことがわかる.給与体系大変革期の様相がうかがえる1コマである.

ところで,暫定的だった筈の非常時の賃金体系は,第2次大戦後に制度化されて定着するに至った.三菱重工の勤労統計の上でこの変化が明示的に生じたのは1948年1月である.この時点以降の同社の賃金統計は,技術的な手直しや,事業所相互間の細かな異同はあるものの,原理的には次のような形に整理することができる.

(1)　基本給ないし基準額
　　A　固定給
　　　　A_1　実働賃金または本給
　　　　A_2　割増金
　　　　A_3　臨時手当
　　　　A_4　勤続手当または年齢給
　　B　生活給
　　　　B_1　本人給
　　　　B_2　家族給
　　C　能率給
　　　　C_1　奨励加給金
　　　　C_2　請負利益金
　　　　C_3　出勤手当
　　D　その他(休暇手当,超過勤務手当,宿直手当など)
(2)　基準外賃金
　　E　臨時給与
　　F　報奨金
　　G　特殊作業手当
　　H　交通費補助
　　I　その他諸手当

これほどまでに複雑な形態の賃金制度が実施されたのは,第2次大戦後の著し

第7-3表 固定賃金(本給)中に占める臨時および勤続手当の割合　　　（単位％）

年(3月現在)	臨 時 手 当 (A₃)				勤 続 手 当 (A₄)			
	長崎造船	神戸造船	下関造船	長崎精機	長崎造船	神戸造船	下関造船	長崎精機
1944	3.1	3.6	3.2	3.3	—	—	—	—
1945	—	?	?	—	—	—	—	—
1946	37.6	—	—	?	—	—	—	—
1947	?	?	?	?	—	—	—	—
1948	49.0	38.2	62.0	58.7	10.3	—	2.2	3.9
1949	57.2	51.1*	45.9	72.6*	7.7	—	14.1*	—*

（注）　—印は該当する項目がないこと，？印は不明を表わす．また，＊印の箇所は，2月現在の数値で代用したものである．
〔資料〕『工員統計』により算出．

い特徴といってよいであろう．それだけではなく，上に記した固定給部分(A)の内に占める臨時手当(A₃)の割合を見ると，第7-3表に示すように，1949年には驚くべき大きさに達しているのである．

いま，第2次大戦期をはさんで，工員賃金の構成比の変遷を調べるために，三菱重工における1924-49年の賃金体系を，次のように分類し直してみる．

W_1(固定賃金部分)……AおよびB

W_2(能率賃金部分)……C

W_3(賞与的部分)………DないしI

このような給与のくくり方は，もとより恣意的操作だとのそしりをまぬかれないが，それでも時系列的観察のためには多少の役に立つであろう．第7-1図

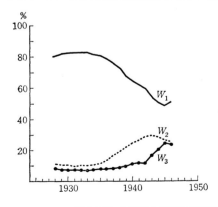

（注）　長崎，神戸，彦島(下関)の3造船所と長崎兵器(精機)とを合算したものである．ただし，1944-49年の資料には欠損部分が多い．また1947年の値は直線補間によって補ったものである．
〔資料〕『統計』第6-7表より算出．

第7-1図　工員給与構成比の趨勢変化(男女こみ，7カ年移動平均)

はこの結果(趨勢値,パーセント表示)を図示したものであるが,実働(あるいは固定)賃金部分は1930年代の前半以降急激に低下し,終戦直後には,「臨時手当」を含んでいるにもかかわらず6割の域に達しなかったことがわかる.さらに,いわゆる賞与(ボーナス)に相当する部分は,1940年以前においては相対的に小さく,それがきわめて重要な地位を占めるようになったのは戦中から戦後にかけてであることも明らかである.(なお,上記4工場のなかでは,長崎精機の比率が他の3事業所とはやや異なった動きをするのが認められたが,これは同社が造船に携わらない純然たる機械工場であることに起因するのであろう.)

以上の検討から得られる収穫は少なくとも2つある.その第1は,ごく当然のことではあるが,手当部分のどこまでを本来的な賃金所得とみなすかによって,賃金統計の解釈には大きな差が生じ得ることである.しかし,上述したような賃金制度の移り変わりから考えれば,さしあたり W_1 から W_3 まで全部をひっくるめて賃金とみなすのが適当であろう.第2には,わが国の賃金制度の1大特質として,家族手当その他の「属人的」要素の多いことがしばしば指摘されるが,工員賃金に関するかぎり,この現象はむしろ戦時中から終戦後にかけて顕著になったのであって,その意味で比較的近時の現象と考えられることである.

さて,終戦後の諸改革が一巡して,企業経営が落ち着きをとり戻したのはようやく1950年代に入ってからのことであった.それとともに,賃金体系はそれまでとは逆に次第に簡素化し,手取り収入中に占める本来の賃金部分の比率が上昇するようになった.さらにその後,経済成長が定着して生活水準が改善するようになってからは勤続給部分の比重が徐々に減り,代って職能給の占める部分が増大した.ここにいう職能給とは欧米流の職種賃金(job rate)よりもはるかに広義の概念で,仕事の種類とその難易度,責任の重さ,勤務成績などを総合して決定される賃金である.労働省の『賃金労働時間制度総合調査報告』によれば,基本給に占める仕事給(職務給,職能給,職種給など)の割合は,1966年の製造工業では9パーセント弱であったが,1972年には30パーセント強へと上昇していた.極大企業に限ればこの割合はもっと高めで,1973-74年当時の聴き取り調査では(恐らく労働省調査とは概念的な違いはあるが),会社によっては職能給的要素が既に5割を超えたところもあった(Galenson and

Odaka 1976, pp. 611-12, 邦訳 pp. 25-28).

以上のような企業内賃金構造の変遷を振り返ると，1930年代の終りに始まる約30年間は，企業別賃金体系の歩みにとって1つの大きな迂回路だったように思われる(昭和同人会 1960, pp.332-35)．この道中で問われ続けた基本的な問題は，生活保障給と能率給とをいかに調和させるか，であった．これを日本的職能給確立のための模索過程だったといってもよいであろう．この過程では，早い時期に米国において始められた科学的管理法が導入され，動作研究(time-motion study)の結果が賃金管理に応用されたりもした．しかし，米国的な労務管理法は，しょせん労働不足経済の産物である．わが経済が労働過剰の状態を脱して完全雇用を達成したのはようやく1960年代も後半になってからのことであるから，昭和初期といえばこれらの先覚的な努力が根づくにはまだまだ時期尚早であった．そればかりか，戦中期には能力主義的傾向が根本的に否定されるに至り，日本全国の賃金体系が皇国労働観一色に塗りつぶされたのである．このような迂回は，今から考えれば無駄な努力にすぎなかったようにも思われるが，日本経済に適応する方法を発見するための1学習過程としては，あるいは全くの徒労ではなかったかもしれない．

5. 経験年数と賃金水準

以上のように，第2次大戦およびその前後のわが国の賃金体系には思想的にも制度的にも変化が生じたわけだが，実際問題として，経験年数の長さは造船工業賃金水準に当時どの程度の影響を与えたのであろうか．ここでは，この点を統計的に考察してみよう．

第7-4表は，戦間期から第2次大戦後にわたるわが民間造船業(ただし，戦後は「輸送用機器」によって代用)の職業別賃金について，職種と経験年数(戦後については勤続年数)とが実収賃金水準に与える効果を，分散分析の手法を使って分離・測定しようと試みたものである．この作業のためには，1930, 1933, 1954および1957年の4時点を選び，分類規準が相互に比較可能なように調整した上，インフレーションの影響を除去するため1930年価格で表示したデータを利用した．その上で，経験年数階層 i ，職種 j の1人1日あたり賃金 w_{ij} (銭表示)の値は，経験年数効果(x_i; $i=1,\ldots,9$)と職種効果(y_j; $j=1$,

第7-4表 経験年数と職種の賃金効果(1930年価格，銭/日)[1]

変数	調査年	1930	1933	1954	1957
定　数	μ	194.5	227.9	219.9	240.0
経験年数[2]					
0.5年未満	α_1	−103.7	−68.7	−77.9	−102.1
0.5−1年	α_2	−68.5	−90.4	−64.7	−82.1
1−2	α_3	−59.0	−65.9	−81.5	−75.8
2−3	α_4	−30.0	−35.2	−44.9	−76.0
3−5	α_5	−22.2	−25.9	−32.2	−46.1
5−10	α_6	22.0	12.3	30.6	19.2
10−15	α_7	54.8	52.1	61.5	77.0
15−20	α_8	81.6	85.3	111.3	133.7
20年以上	α_9	125.0	136.4	97.8	152.2
職　種					
木　工	β_1	1.2	−18.9	−26.4	−40.1
鋳物工	β_2	−2.3	−11.3	4.0	17.6
鍛冶工	β_3	−2.9	−2.4	15.1	11.7
旋盤・プレス工	β_4	−5.1	13.7	−15.0	−28.9
撓鉄工	β_5	−5.3	6.0	5.0	17.4
仕上・組立工	β_6	14.4	12.9	17.3	22.3
$\bar{R}^2$		0.942	0.971	0.857	0.906
DW		1.954	2.915	2.197	2.334

(注) 1) 男子生産工のみを対象．1930年価格にするためには，大川・野田他(1967, p. 136)所載のCPI指数(都市，家賃こみ)を利用．対象とした産業は，戦前は民営造船業，戦後は輸送用機械器具製造業で，職種の内容は以下のように戦前と戦後で多少異なる：

j	戦　前	戦　後
1	木　工	造船大工
2	鋳物工	鋳物工
3	鍛冶工・鉄工	鍛冶工
4	旋盤工・プレス工	旋盤工
5	製缶工・撓鉄工	撓鉄工
6	仕上工・組立工	造船艤装工

　　2) 第2次大戦後は勤続年数．

〔資料〕 内閣統計局『労働統計実地調査』昭和5年，同昭和8年，労働省『職種別賃金実態調査・個人別賃金調査結果報告書』昭和29年，および同『職種別賃金実態調査結果報告書』昭和32年．

……,6)との2者に分解できるものと考え,線型モデル

$$w_{ij} = \mu + \alpha_i x_i + \beta_j y_j + \varepsilon_{ij},$$

を設定する.ただし,x_i と y_j とは共に1または0の値をとるダミー変数,μ は定数,ε_{ij} は誤差項である.また,パラメター α_i, β_j が一義的に決まるように,$\sum_i \alpha_i = 0, \sum_j \beta_j = 0$ の2条件を追加して計算した(この点の統計技法については,Draper and Smith(1966, ch. 9)を参照).なお,企業の規模が w に与える効果については,第2次大戦前の該当資料が存在しないため,戦前,戦後を通してのモデル分析はできない.

第7-4表の計算結果によると,戦前・戦後を通じ,職種の与える効果は(パラメーターの大きさで判断して)比較的僅少である.職種別賃金水準の順位は必ずしも一定していないが,仕上・組立工の賃金が他の職種に比して高水準にあること,木工や旋盤工のそれは相対的に低いこと,がわかる.さらに,同表の回帰計算結果が示す職種効果の値($\hat{\beta}_j$)を使って賃金の職業間バラツキ(標準偏差,$\sqrt{\sum_j \hat{\beta}_j^2 / (n-1)}$)を計算すると,その値は1930年の7.44に始まり,1933年

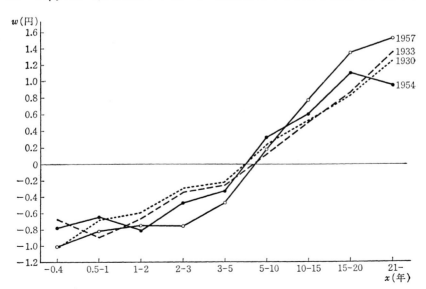

第7-2図 経験年数(x)の賃金効果: 1930, 1933, 1954 および 1957 年
(注) 第2次大戦後の x は勤続年数を表わす.
〔資料〕 第7-4表.

には 13.27, 1954 年には 17.26, そして 1957 年には 27.17（いずれも銭単位）へと着実に上昇した（$n=6$）.

他方，経験年数の賃金に及ぼす効果は，観察期間中のいずれをとるにしても非常に明瞭である．第7-2図は，就業年数の効果を視覚に訴えるため，4時点におけるパラメター α_i の推定値 $(\hat{\alpha}_i)$ の大きさを勤続年数別に描いたものであるが，この図によれば，(1)就業年数が上昇すれば賃金は確実に上昇すること，(2)上記(1)の傾向は第2次大戦前の1930年代にも1950年代とほぼ同程度の強さで疑いなく認められること，(3)しかし，いずれかというなら，「年功賃金」的傾向は1950年代半ば以降やや増大したと思われること，を読みとることができる．さらに，$\hat{\alpha}_i$ 値を利用して賃金の勤続年数階層間バラツキ（標準偏差 $\sqrt{\sum \hat{\alpha}_i^2/(n-1)}$；$n=9$）を計算すると，その値は 1930 年に 75.90, 1933 年に 77.37, 1954 年に 76.33, さらに 1957 年には 98.84（いずれも銭単位）であって，勤続年数の賃金に与える影響力はこの30年間を通じてほぼ一定であるが，1955年以後にはやや拡大している．

この結果に照らして考えると，経験年数の上昇と共に賃金額が上るという意味での「年功」型賃金体系ならば，1930年までに成立していたと考えねばならない．これに対し，戦中から終戦後間もない頃の大企業における制度変更は，この体系を，たんなる経験年数ではなく勤続年数がいわば自動的に賃金を決定するものとした点にその特徴を認めるべきであろう．

ともあれ，職種別ならびに年功別の賃金格差は，1950年代には徐々に大きくなった．第2次大戦後の賃金統計によれば，一般的な各種所得格差の拡大傾向は，恐らく1950年代の終りに最高頂に達したと考えられる（例えば，Galenson and Odaka 1976, Table 9-8）．「二重構造」という言葉が1957年に造られたのは決して偶然ではない．

6. 戦間期から大戦直後へかけての賃金二重構造

それならば，第2次大戦をはさむ激動期に際して，賃金二重構造は一体どのような変化を示したのであろうか．この問いに答えるために，われわれは第3章や第5章での議論にならい，大企業部門の代表として三菱重工をとりあげ，これを機械器具製造業の平均水準と比べてみよう．分析の材料とするのは，そ

第7章 第2次大戦期とその前後における賃金・雇用制度の変遷

れぞれの部門における工員賃金と労働生産性とである.

　比較に先立ち,われわれは資料の整備に手をつけなくてはならない.まず三菱重工であるが,同社は,第2次大戦期に傘下事業所の集合離散が頻繁をきわめたとはいえ,事業所単位の資料には高度の連続性があるから,第2次大戦前から終戦直後にかけては同社の『工員統計』ならびに『三菱重工業株式会社史』(1956年)を使い,また終戦後1963年までは,1950年に大戦前の(旧)三菱重工が分割されて誕生した3社(西日本重工,中日本重工,および東日本重工)の統計を利用して,戦時期を中心とする労働市場の状況の一端が時系列的に見通せるように工夫してみた.なお,1950年以降の資料は,1967年に刊行された3部作の社史,『三菱造船株式会社史』,『新三菱重工業株式会社史』,ならびに『三菱日本重工業株式会社史』と,三菱造船株式会社と新三菱重工業株式会社それぞれの有価証券報告書(1950-63年度)とを利用したものである.

　以上の資料解説を背景として,まず,工員賃金が,年とともにどのように変化したかを観察してみよう.第7-5表は,第2次大戦期を中心とする前述の三菱重工4事業所の工員総賃金収入を,家賃を含む消費者物価指数(都市・農村の総合)で除することによって,実質所得の動きを求めてみたものである.明

第7-5表　三菱4事業所における実質賃金の動向(男女こみ)[1]

暦年	旧三菱重工工員1人1カ月あたり賃金(円)[2]	消費者物価指数[3] 1934-36年=1.0	実質賃金(1934-36年価格,円/月)
1936	70	1.0236	68
1938	74	1.2094	61
1946	836	48.21	17
1948	6,760	191.11	35
1950	12,180	230.49	53
1952	16,814	277.79	61
1954	18,369	314.89	58
1956	21,559	317.55	68
1958	24,624	328.20	75

(注)　1)　長崎,神戸,彦島(下関)の各造船所と長崎兵器(精機)との加重平均.
　　　2)　1948年までは臨時給,手当,賞与一切こみ.1950年以降は毎月きまって支払う給与のみ.
　　　3)　家賃こみ.
〔資料〕賃金額は第A11表,物価指数は大川・野田他(1967,p. 136)による.

らかに，この数字で表現された生活水準は戦争中急速に低下し，第2次大戦後1956年頃になってようやく大戦開始時期のレベルに回復した様子がうかがえる．もっとも，大戦中から1950年にかけての物価データには，やや信頼性を欠く面があるかもしれない．さらに，戦時期の労働力には，学徒動員を初めとして種々の臨時要員を含んでおり，女子工の割合も上昇したと考えられるから，労働力構成の変化を調整すれば，賃金収入の低下は，見かけほど大きいものではなかったであろう．しかしそれにしても，その水準は1946年には1936年の4分の1程度になったわけで，生活窮乏のさまが一目瞭然である．

それならば，旧三菱重工の工員の収入を，機械器具工業全体の労働者所得水準と比較したらどのような結果が得られるだろうか．第3章で論述した戦前の一般的な傾向からすれば，両者の相対比(旧三菱重工/全国平均)は，経済が——戦時中なりに——フル回転し，労働力が一般に不足がちだった時期には比較的低位に終始し，大戦後，経済が崩壊の淵をさまよっていた間は逆に上昇したであろうと予想される．第7-3図は，上に定義した相対比率によって賃金格差の動態を実際に図示したものであるが，資料的な弱点はあり，また時期の上でいささかの不整合はあるものの，1930年代末期から1940年代にかけての格差の動きは，ほぼ予期されたとおりであるように観察される．

以上の観察事実と関連して，労働生産性の動きはどうだったであろうか．この問いに答えるために，まず(旧)三菱重工全社の実質平均労働生産性を計算し

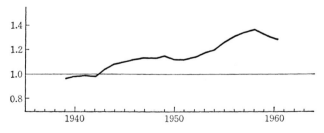

第7-3図　第2次大戦期およびその前後における賃金格差の変動：三菱4事業所・対・全国旋盤工(7カ年移動平均)

(注)　三菱重工については，長崎造船，神戸造船，彦島(下関)造船，および長崎兵器(精機)の男女工員に対する1カ月平均現金支払額を利用．これに対応する旋盤工賃金は，全国の平均月収値と考えられるものを採用(ただし，職種別データの欠如している1940-48年および1950，1952年については，機械器具製造業の男女平均月収の動きに合わせて推計)．

〔資料〕　第A11表．

第 7-6 表 (旧)三菱重工の実質労働生産性試算

暦年	従業員1人あたり年間売上高(千円)	機械・装置物価指数 (1934-36年=1.0)	実質平均労働生産性 (1934-36年価格,千円)
1936	3.3	0.991	3.3
1938	2.7	1.509	1.8
1940	3.4	1.458	2.3
1942	4.5	1.526	2.9
1944	5.4	1.761	3.1
1950	383	188.5	2.0
1952	1,091	308.0	3.5
1954	1,235	285.5	4.3
1956	1,643	377.4	4.4
1958	2,404	343.5	7.0
1960	2,932	349.1	8.4

(注) 従業員(=工員+職員)1人あたり年間総売上高を物価指数で除した商が第4列の値である．なお，工員には臨時工を含む．

〔資料〕名目生産性は『統計』第1表(戦前)，同正誤表 p. 2 (戦後)による．物価指数は大川・野田他(1967, p. 136)による．

てみたのが第 7-6 表である．労働の生産効率は，同社では 1930 年代の後半期に沈滞したことがわかる．その動きは，戦時中僅かながら改善するかに見えた．ところが，終戦後は生産性は全く振わず，1950 年の水準は 1936 年のそれに及ばないほどであった．三菱諸工場における生産効率が活気を取り戻し，急速に上昇し始めるには 1950 年代なかば以降まで待たなくてはならなかった．

このデータをもとにして，(旧)三菱重工と全国の機械器具工業との生産性格差(再び相対比率によって表現)を算出した結果が第 7-4 図に掲げられている．ただし，この図の計算では，分母に(工員だけではなく)全従業員がとられていることが第 5-2 図とは異なる．また，1950 年以降については，付加価値生産性の計算も試みたので，その比較も参考のためあわせて掲げることにした．

第 6 章 5 節において，第 2 次大戦前における臨時工の採用について論じたが，同様の現象は戦後にも復活した．そこで，第 7-4 図の計算では，その分母は，正規の従業員だけではなく臨時工や臨時職員を含むものとして統一をはかった．

経済活動の循環的変動とともに労働市場の状態も堅調と軟調をくり返すのは当然であるが，わが国の工業界では，既に戦前から中核となる労働力にはできるだけ永年勤続を

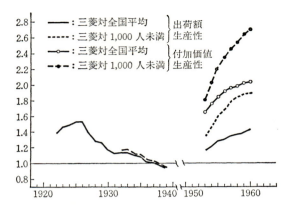

第7-4図 生産性格差の変動：三菱4事業所・対・全国機械器具製造業(7ヵ年移動平均)
(注) いずれも平均労働生産性(名目額，分母は従業員総数)の相対比率である．ただし，従業員数(＝工員＋職員；いずれも臨時雇こみ)は，三菱では年間平均値(第2次大戦前)もしくは9月30日現在(第2次大戦後)，全国機械工業では年末現在．なお，本図における機械器具とは，一般機器，電気機器，輸送機器，医療およびその他機器一切を含む．
〔資料〕『統計』第1表，同正誤表 p. 2；通商産業省『工業統計50年史』資料篇1(1961年)，pp. 196-97)，同『工業統計表』産業編，1950-63年度版．

期待し，内部賃金構造の決定においても年功的要素を重視する傾向があったことはすでに述べた．しかし，例えば市場が軟調なときに就業者数は減らさないというのであれば，当然のことながら経営的負担は過大にならざるを得ない．そこで，雇用保証のある本工の他に，臨時工や社外工が採用されることとなったのである．とりわけ経済復興後間もない時期(1950年代)には労働供給がまだまだ潤沢であったから，比較的良質の臨時工を雇い入れて，これを景気変動のクッションとするのには何の造作もなかった．こうして，すでに戦前に導入されていた臨時工制度は，戦後雇用制度の確立とともに，いわばその重要な構成要素の1つとして再現し，定着するに至ったのである．

なお，第2次大戦後の臨時工制度は，以上のように，本工の雇用システムの固定性の系として発生し運用されたものであるから，日常の処遇(とくに賃金)の上では，必ずしも本工にひけをとらないことに注意する必要がある．とりわけ好況のときには，若年の臨時工の収入は，同年輩の本工のそれに優るも劣らなかったといわれる．ちなみに，第2次大戦後このような臨時工問題が認識され，実地調査によってその実態が初めて明らかにされたのは1951年のことであった(労働省労働統計調査部『臨時工実地調査報告書』1951年2月，謄写刷．孫田良平執筆)．

さて，第7-4図によれば，労働効率の点から見た(旧)三菱重工の相対的な優位は，第2次大戦中は大幅に低下していたといわなくてはならない．が，そ

第7章 第2次大戦期とその前後における賃金・雇用制度の変遷

れにもかかわらず，生産性の格差は，1955年以降再び急激に増大した．この変動のさまを，前にみた賃金格差の動き(第7-3図)と比べてみると，両者の動きにはきわめて類似したものがあるように思われる．恐らく，ここにおいてもまた，労働生産性における格差の存在は，賃金二重構造が出現するための必要条件だったのに違いない．つまり，大企業を中心とする高度の技術革新の展開こそが，労働供給が一般に潤沢な経済において，二重構造を発生せしめる1前提条件だったわけである．

しかし，今一度第7-4図を眺めると，戦前と戦後とでは，いささか事情の異なる点もあるように観察される．第1に，戦後における生産性格差は，三菱と全国平均値との比較(第7-4図の実線)でみるかぎり，1920年代に比較していささか低位に位置していることである．そして第2に，戦前には，格差を測るに際して規模合計(全規模の加重平均)を規準にしようとも(実線)，あるいは従業員規模999人以下を標準にしようとも(点線)，その結果はほとんど変ることがなかったのに，戦後にあっては，このいずれをとるかによって計算結果が著しく異なることである．

まず第2の点について考えると，この事実は，戦後において大企業(従業員規模1,000人以上)が産業中に占める割合が増大したこと，さらに，それらの大企業と旧三菱重工との間の生産性格差はほぼ解消したこと，を物語るものと思われる．産業構造の変化と，技術の伝播との結果がたぶんここに反映しているのであろう．他方，第1の点に関しては，生産性格差の幅が戦前に比べて縮小したにもかかわらず，1950年代の賃金二重構造は，1920年代のそれに劣らぬ規模で発生したことを注意したい．この点は，第2次大戦後の労働市場に，戦前には見られなかったある種の構造変化が生じたとする見解を支持するものである．

それならその構造変化とは何であろうか．筆者は，これには大別して2つの要素があると思う．その1つは賃金制度の変更であり，他の1つは労働組合の確立である．まず前者に関しては，賃金統制令の施行以来，生活賃金の思想が定着したことをあげなくてはならない．その結果，特に大企業の賃金は，誰彼を問わず基本的に年齢ないし勤続年数と対応してきめられるようになった．労使間の賃金交渉の結果，電産型賃金体系やマーケット・バスケット方式などが

採用され，職務のいかんにかかわらず，一定の生活必要物資を購入するに足る賃金が一率に要求されたことも，このような賃金決定の思想をむしろ補強し定着化させる働きをなしたものと考えられる．

他方，戦後には労働組合運動が合法化したから，経営者は以前のような絶大な「経営権」を維持することができなくなった．わが国の労働組合は企業別組合の形をとるものが大部分であり，中小企業よりも大企業において組織率が高く，しかも雇用維持に対してことさら強い関心を寄せる傾向がある．景気が悪い時は，仮に賃金カットは受け容れても，首切りに対しては執拗な抵抗が試みられる．その結果，いわゆる本工数は，景気変動に対して敏感に反応しなくなる．戦後大企業において雇用維持制度（終身雇用制）が確立したのは，ひとつには労働組合の影響によるであろう．そしてこの制度のもとでは一種の平等主義が一般化し，年功型賃金制を受容しやすい体質が形成されたのである．職員と工員との身分的差別を撤廃せよという要求は，この傾向を一層強めた．しかも寡占的な生産物市場に面した巨大企業の場合，とりわけ高成長・高収益の時代には，組合の要求を受け容れやすい体制にあった．かくて，高生産性の企業は，相対的に潤沢な資金を賃金部分に充当し，賃金二重構造の天井を支える結果となったのであろう．

一般的に言って，戦後諸改革の結果として，わが国市民生活には大なり小なりの変革が生じた．例えば生産の側面においては，通商産業省の実施したもろもろの産業政策は，民間企業が欧米からの進んだ技術を急速に導入するとともに設備投資を活発に行うにふさわしい条件を整備する効果があった．消費面においても，欧米的な生活様式（衣・食・住）の影響が一般化かつ増大し，それに伴って在来的要素が相対的に減退した（尾高 1975 を参照）．学歴社会の進行も，わが国の社会構造を物心両面から平準化するのに役立ったと思われる．戦後における労働市場の変化は，以上のような社会経済的環境の移り変りのもとで進行し定着したことを忘れてはならない．

7. 結　　語

本章では，旧三菱重工データを中心として，第2次大戦中およびその前後の労働市場の状況について若干の考察を試みた．いうまでもないが，この時期に

は，統計資料の不備がとりわけ目立つ．その意味では，われわれが得たいくつかの結論も，すべて留保つきで主張されねばならぬものである．

にもかかわらず，以上の分析には，暫定的にもせよ，いささか注目されて然るべきものが含まれている．それは，第2次大戦を境として，労働市場の機能には制度的な変化が生じたのではないか，ということである．なるほど，労働市場の二重構造は，20世紀の初めに発生し，以来1960年代後半に至るまで，長期の波を打ちつつ連綿として存在してきた．その構造を規定したのは，戦前にあっては，主として技術体系の要請と，熟練労働力の調達および管理の要因とであった．ところが，戦後においては，これ以外に，制度的な要因が附加されたように思われるのである[5]．

---

[5] 戦前・大戦後の労働市場の機能を比較したとき，戦後における制度変革の影響を見逃し得ないことについては別の機会にも指摘したことがある(南・尾高 1972, p.74)．

第8章 高度成長期とその前後における賃金二重構造

　第2次大戦後の規模別賃金格差については，その資料も豊富であり，第1章で概観したように，これを活用した統計分析が多数試みられている．ここでは，これらの諸研究によって明らかにされたところを前提としつつ，それに多少の新しい材料を付け加えることによって，高度成長期とその前後における賃金二重構造の動きを長期的な経済発展の文脈中に位置づけてみたい．

1. 賃金二重構造の定着と変貌

規模別賃金格差の趨勢

　労働サービスの質について標準化した資料を使用するならば，1950年代に顕著だった賃金二重構造は，同年代の後半から1960年代の前半にかけて急速に減退した（第8-1図）．高度成長期下，二重構造は解消に向かったといってよい．失業率や殺到率統計の趨勢から判断しても，日本の労働市場は1960年代のなかばに完全雇用の状態に接近したと考えてほぼ間違いないであろう．その結果，労働市場の底辺はいわば「底あげ」されて，相対的に経済条件の劣る中小企業においても，従来のように劣悪な給与や労働条件で労働者を雇用するわけにはいかなくなったのである．とりわけ新しく中学を卒業して就職しようとする少年たちは「金の卵」と呼ばれ，彼らを中心とする若年労働者の給与条件は急速に改善し，場合によっては中小企業の初任給水準が大企業のそれを凌駕することもあった（中村（厚）1965を参照）．その後，強い超過需要のもとで上昇した若年労働賃金の影響は次第に波及して，規模別賃金格差も縮小するに至る．低賃金だけを武器としていたような企業は，生産効率の改善に成功しないかぎり市場競争で淘汰されざるを得ない．こうして，二重構造発生のための必要条件である（時間あたり）労働生産性格差も急速に減少することになった（第8-2図）．わが国の中小企業は質的な転換を経験し（あるものは「中堅企業」へと脱皮し），それとともに労働市場も1つの構造的変貌を遂げたのである．

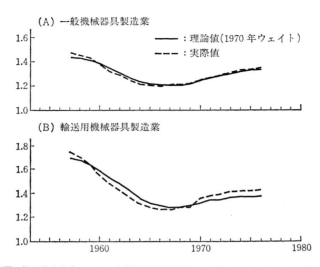

第8-1図 第2次大戦後における企業規模別賃金格差の推移：機械工業(7カ年移動平均)
(注) 1時間あたり平均現金給与額(毎月きまって支払う給与のみ)について，従業員1,000人以上の企業と同じく10–99人の企業との相対比を求め(1954–79年)，次いでその7カ年移動平均値を算出したもの．破線は実際値を，また実線は性別，生産労働者・職員別，および年齢別構成を1970年現在の状態に固定した標準化賃金を基礎としている．なお，(A)中には電気機械器具製造業を含まない．
〔資料〕『統計』正誤表，pp. 10–21の合計欄．

　しかし，だからといって規模別賃金格差が全くなくなったわけではない．完全雇用経済にあっても，賃金格差には循環的変動が伴う．ただ，労働の潤沢な経済に比べて，変動の振幅が相対的に小さいという基本的な違いがあるだけである．事実，1970年代の日本経済がドルの変動相場制移行(「ニクソン・ショック」)や石油危機(「オイル・ショック」)の結果たび重なる不況に見舞われた頃には，規模別賃金格差は再び拡大する気配を見せたのである(第8-1図)．

　第8-1図で示した計算については一言説明が必要である．図中の実線は，労働省統計調査部『賃金構造基本調査』(年次によって表題に異同あり)を利用して，1時間あたりの平均賃金データを，企業の従業員規模，性，職種(生産労働者・対・職員)，および年齢階層に関して標準化したものである．すなわち，特定年(1970年)における労働者構成を規準として採用し，この規準を他のすべての年次に適用することによって，仮に労働者構成が変化しなかった場合の平均賃金額を求めたのである．(なお，1959, 1962–63，および1965–66年の資料は存在しないので，趨勢値の算出に先立ち直線補間によって補った．) 同じ計算を臨時給与こみのデータについて実施することは，1967年以前について

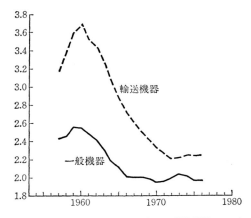

第 8-2 図　付加価値生産性格差の推移：従業員規模 1,000 人以上・対・同じく 10-99 人 (7 ヵ年移動平均)

(注)　通商産業省『工業統計表』産業編，1954-79 年版より得られる名目生産性(付加価値額/年末現在従業員数)の規模間格差を，労働省『毎月勤労統計調査総合報告書』各年から得られる常用労働者 1 人平均月間総実労働時間の規模間比率によって補正したものである．ただし，後者の事業所規模分類は 500 人以上および 30-99 人であるから，前者の分類規準とは完全には合致しない．

は不可能であったので，ここでは図示を断念した．

賃金二重構造の定着と変貌のメカニズム

　ところで，第 3 章で論じたように，わが国の賃金二重構造は 1910 年代以降に発生したと思われるが，戦間期における賃金格差のうねりには，建設循環(長期波動)の下降局面で高く，上昇局面では低いという規則性が観察された．だがこのような対応関係は，第 2 次大戦中から戦後の高度成長期にかけては消失したかに見える．一時あたかも「日本経済につきまとう陰鬱な宿命」(香西 1981, p. 85) のように受け取られがちだった規模別賃金格差の拡大現象は，1950 年代に始まり 1960 年前後までには終了した．ところが，このような二重構造の興隆期は，民間投資率の動きからすればむしろ成長の上昇局面にあたっていた．次いで賃金二重構造は 1960 年代の前半縮小に向かうが，この時期は建設循環が一息いれた期間であって，その意味ではむしろ下降局面であった．ちなみに，民間資本形成の変動にもとづいて作成された長期波動指標によれば，第 2 次大戦後，1970 年代なかばまでに発生した谷は 1953 と 1964 の両年，同じ

く山は1959年と1969年とであった(Ohkawa and Shinohara 1979, p. 24)[1].

既述のように,規模別賃金格差がほぼ解消したと考えられるに至ったのは1965-66年頃であるが,第2次大戦後において二重構造の動きと長期波動との(逆)対応関係が成立するのはこの時期が初めてである.その後わが国は,変動為替相場の採用(1971年)や石油価格の高騰(1973-74年)に色どられた不況期に突入するが,この時期には,(第8-1図でみたように)賃金格差が再び拡大するきざしが見られるのであるから,両指標の(逆)対応関係は引き続き成立しているように思われる.

このように見てくると,第2次大戦後の復興期から高度成長が軌道に乗った1960年代の初頭(1964年の東京オリンピックはその象徴的な出来事である)までは,これを構造変革の時期と解するのが適切であろう.この時期には,活発な技術導入に伴う設備投資活動によって大企業部門の生産効率は大幅に改善されたが,労働市場では「産業予備軍」が堆積するいっぽうであった.すなわち,終戦直後の約5年間は,復員,引揚げ,軍需工場就業者の解雇等によって「総労働力の1/4以上の者が……職業戦線に殺到した」し(梅村 1964, p. 67),さらに1950年代の前半には,生産年齢人口の増加と労働力率の上昇の結果として,労働力が3パーセント以上の趨勢成長率を示した(同上書,pp. 80-89)のである.梅村によれば,労働力の増加率がほぼ正常に復したのは1956年下期に入ってからのことであった(同上書, p. 81).これ以降,労働市況は急速に引き締まるに至るが(梅村 1971 b, p. 140参照),それでも1956年あたりからは農林業就業者数が絶対数において減少を始める.それに加えて,1952-62年期の工業技術の変革は,大戦前と同様,労働節約的な偏り(バイアス)をもっていた可能性が強いといわれる(渡部(経) 1970, pp. 133-37).

このようなわけで,1950年代中の非農林業部門における労働需給は,概してまだ緩みがちな状況にあったと考えてよいであろう.高度成長の開始にもかかわらず,労働供給面での構造的変化のために,少なくとも1950年代の末ま

---

[1] 南亮進の転換点仮説(1970, pp. 122-23)では,わが国経済における「転換点」の析出にあたって,1959-64年の時期に,成長率の下降局面にもかかわらず賃金格差が縮小したことを重視している.たしかにこの事実は,戦後労働経済の動向を解釈するにあたって無視できない1点である.しかし,長期波動との不整合という点からするなら,1953-59年の上昇局面に二重構造が出現したという点もこれと同様に重要な問題点であると思われる.

では，労働市場は買い手市場に終始したと考えられる．事実，職業安定所における殺到率（求人倍率の逆数）統計をみても，1960年代の初頭に至るまでは，求職者数が求人数を大幅に上回る状態に明け暮れたのである（南・尾高1972, p. 195）．1957年度の『経済白書』がわが経済の直面する課題として二重構造の解消を急務としたのは，まさにこのような事情を背景としてのことであった．

ここで，造船業における生産技術の動向に一言触れておくのは無駄ではあるまい．第2次大戦後のわが国造船業では，もろもろの新技術が導入されて生産効率が上昇した．例えば，マーキングは手書きによらず，設計原図を縮小し，これを鋼板上に写真的に焼き付ける．切断は数値制御（numerical control, 略称 NC）により機械的に行う．大型船も分割してブロック建造する．熔接も自動機による，等々，枚挙に暇がない．しかし，この産業には，装置産業を特色づける量産効果が存在しない．注文生産が主流であるし，全く同一モデルの船を複数隻建造する場合でも人員や船台に限りがあるから順々に造る．少品種少量生産であるから，同一機能のものならば小型船でも大型船と同じように手間がかかる．このような理由で，造船が労働集約的作業だという基本的特徴は昔も今も変らない．

ちなみに，1980年現在，建造原価のおよそ60パーセントは材料費（うち鋼材20，エンジンなどの主機14，その他（外作など）26），約30パーセントは工費および製造間接費（うち賃金10，外注工事2，間接費18〔間接賃金はこのうちの6割〕）に充てられ，残りの約10パーセントを構成するのが利益，直接経費（手数料，使用料支払い（ロイヤルティ）），一般管理費，販売費などであったという．ただし，材料費中に占める購入部品の割合は歴史的には上昇してきた．なぜなら，規格品（またはそれに類するもの）は自作するよりも専門業者から購入したほうが安上りだからである．下請部品工業のネット・ワークを広範に組織し，産業内分業を推進することによって生産力の急速な増強をもたらしたのは，第2次大戦後のわが機械工業の共通の特色である．このような事情は中小企業の成長を促し，雇用機会の増大につながったとともに，賃金二重構造形成の下地を作るものでもあった．

労働市場の制度にも，戦前と比較して大きな変化が生じた．それは，既に前章で触れたように，労働運動の公認である．その結果として，大企業部門における賃金・雇用の決定は，労働市場一般の動向を直ちには反映しない可能性が強まった．この意味では，戦後における労働改革は，結果的にみれば，第2次大戦前にその萌芽をみた分断的労働市場の構造を改めて制度化する効果があったといえるであろう．

1950年代における規模別賃金格差は，以上のような経済の構造変革の帰結と

して出現したものと考えられる．この時期には，労働供給事情の大幅な緩和のために，経済の上昇局面が到来したにもかかわらず賃金水準一般の改善は必ずしもはかばかしくなかった．ところが，活発な設備投資によって大企業部門の労働生産性(＝支払能力)は眼に見えて向上したので，強力な労使交渉を背景として，大企業の賃金労働条件はいち早く改善するに至ったのである．

やがて，高度成長の効果が浸透するにつれて，1960年前後からは過剰労働のプールが漸く減退を始めた．この結果，規模別賃金格差も一転して減少に向かったわけである．1964年の成長率の谷は，設備投資の一服という形で出現したにすぎず，実質国民総生産の伸びの上では明瞭な屈折が見られなかったから，労働市況に対する影響の上では，1959年から64年にかけてを下降局面と呼ぶのは必ずしも適当でないのかもしれない．いずれにしても，高度成長期の後半には，賃金二重構造は一貫して減退の一路を辿ることになった．

2. 1970年代の賃金構造

ところが，第8-1図で観察したように，1970年代の初頭以降，機械工業の規模別賃金格差は再現するきざしを見せた．このような傾向は，何も機械工業だけに限られない．この事実は，例えば労働省刊行の『毎月勤労統計調査総合報告書』からも容易に確かめることができる．それによれば，1950年代終りから顕著な縮小の趨勢を示した賃金格差は，1960年代のなかば以降その縮小の勢いに衰えを生じ，次いで1970年代に入ってからは逆に拡大に転じているのである．もっとも，1980年における格差の幅が1950年代なかばのそれを凌ぐに至ったところは多くはないが，それにしても，このような全般的傾向は，賃金統計に標準化操作を施した上でも大きく変わることはないであろう．いずれにせよ，1970年代のわが国では，（潜在的）経済成長率の逓減と外生的ショック（石油価格の高騰に伴う不況の到来）とによって労働市況にもかげりが生じ，その結果中小規模企業一般の賃金上昇率が鈍ったと考えられる．

このように，賃金格差と経済動向との(逆)対応関係は，少なくとも統計数字の上では1970年代以降も引き続き存在している．先にふれたように，規模別所得格差は1960年代の高度成長期には解消に向かい，中小企業のなかには大企業顔負けの初任給をはずむところも出現した．しかし，これは労働市場の構

造が変貌したためというよりは，労働需給バランスの引き締めによって二重構造の底辺部分が上方へせり上ったために生じた現象にすぎなかった．

そこで次に，二重構造そのものの動向を検討する1手段として，第2章で取りあげた労働移動表をもう1度検討しよう．このためには，1年間のうちに労働移動を経験した人々を対象として，転職前の企業規模と転職後の企業規模をたずね，その答をマトリックス形式に整理する．次にこのマトリックスに標準化の操作を施して標準移動表を作成する．標準化を行うのは，異なったタイプの移動パターンを相互比較する必要のためである．

いまこの作業の材料として，労働省『雇用動向調査』(1964-80年)をとりあげ，各年の標準化移動表を計算してみよう．16年間中には調査結果表の分類形式が少しずつ変化しているので，各年に共通の企業規模分類は，従業員規模5-29人，30-99人，100-499人，それに500人以上の4種類に限られるが，これはやむを得ない．調査の対象となったのは原則として非農林漁業部門の被雇用者で，事務系従業員(ホワイト・カラー)と生産労働者(ブルー・カラー)との双方を含む．

ただし，1966年の調査は，前職が農林漁業だった者を排除していない．また1975年以降は，大企業の規模分類がそれ以前とやや異なり，100-499人の代りに100-999人を，また500人以上の代りに1,000人以上をもって代用した．この意味で，以下に掲げる計算結果は，1974年以前と以後で厳密には接続しない．

第8-3図(パネルB)は，上記の計算結果のなかから，男女別に，小企業製造業(従業員規模5-29人または30-99人)から大中企業(従業員規模500人以上)への上昇移動の(標準化)性向を描いたものである．第2章で発見したところによれば，1950年代のわが国労働市場における「二重構造」の1つの端的な表現は，極小企業と大企業との社会的距離が大きいという事実であった．この発見にかんがみ，ここでは，規模間移動のなかでも相対的に困難度の大きいと思われる種類の移動2種を選び，以上に説明した標準化の操作を施した上で，時系列的比較に便ならしめるように作図してある．

この図によれば，労働の上昇移動は，1960年代後半にはやや上昇のきざしを見せたにもかかわらず，その後の10年間には困難にこそなれ容易になることはなかった．とりわけ注目されるのは，移動率のこの低下がいわゆる石油危機

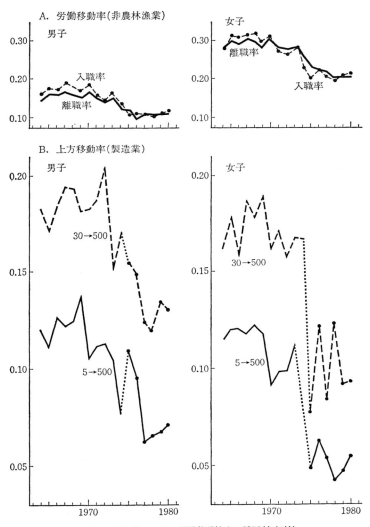

第 8-3 図 1970 年代における労働移動性向の低下(各年値)

(注) 1) パネル A は,鉱・工・商ならびにサービス業における入・離職者年間総数を同年初頭(1月1日)の在籍従業員数で除した商を表わしたものである.入職者には新規就職者を含む.
 2) パネル B は,該当年中の製造業内部の転職者数を企業の従業員規模別(5-29 人,30-99人,100-499 人,500 人以上の 4 種類)標準移動表にまとめた結果のなかから,実現が比較的困難と思われる 2 種類の上昇移動(5-29 人規模または 30-99 人規模から 500 人以上規模へ)を選んで,それぞれの相対頻度を図示したものである.ただし,パネル B の数値は,1975 年を境として厳

密には前後に接続しない．同年以降の数値に黒丸を付けて区別したのはこのためである．
　　3) パネルBの作成にあたって，1968，69両年の資料は，労働省所蔵の集計原表から求めた．
　　4) パネルA・Bとも，従業者の中には常用名義，臨時・日雇名義の者，ならびにパートタイマーを含む．同一企業内の異動(転動)は，労働移動とはみなさない．
〔資料〕　労働省統計情報部『雇用動向調査報告』各年より算出．

以後の不況に対応していると考えられることである．ちなみに，1974年から1978年にかけて，非農林業の雇用の絶対数は500人以上規模の企業では減少し，それに対して1-29人および30-499人規模では上昇している．500人以上規模で雇用が再び上昇し始めるのは1978年のなかば以降であるが，この頃には，労働の移動性向の低下傾向も一服したように見える．

しかも注目すべきなのは，上方移動率の動きが入職率(年間入職者数/在籍者数)および離職率(年間離職者数/在籍者数)の双方の変化(第8-3図パネルA)とよく対応しているかに見えることである．労働者の企業間上方移動性向は，経済市況の上下に対応して推移する傾向があると考えてよいであろう．しかし，それにも増してここで注目したいのは，大・小企業間の社会的距離は，労働移動率によって判定するかぎり，1970年代中，縮小することがなかったという事実である．

このことによってみれば，わが労働市場の二重構造は未だ解消しているとはいえないことが明らかであろう．例えば，大企業を中心とする終身雇用制度は1980年代に至っても健在であり，年功序列型賃金体系は力を弱めたとはいえ未だ明らかに存在している．これらの労働慣行は，戦前からの労務管理の伝統を基盤として戦中期から終戦直後に定着し，その後の高度成長期の好条件の下で確立したものである．高度成長の下では雇用規模が絶えず拡大し，また技術革新の結果労働生産性が上昇を続けたので，これらの慣行が経営者を束縛することはなかった．それどころか，これらの制度は技術導入に対する労働者の抵抗を除去し，また配置転換および昇進人事に大幅な自由度を与えたという点で，企業の成長にとって大きな長所を有していたのである．

だが，1970年代以降，これらの与件は変ってしまった．したがって，1960年代の日本経済の1大特色だった労務管理方式が不変のまま維持される保証はない．1970年代のわが労働市場は，この意味で1つの転期に入ったというべきであろう．

3. 総括——長期的観点からみた第2次大戦後の賃金二重構造

　第3章から本章にわたって詳細に吟味した二重構造の統計指標を1カ所にまとめて鳥瞰できるようにしたのが第8-4図である．ただし，この図は既出の数値をたんに再録したものではなく，今まで本書で利用した統計を取捨選択し，また第2次大戦後の求人倍率を新たに付け加えることによって，大正以降1970年代に至る期間の全体像が浮き上るように工夫してある．もっとも，ここに描かれた諸統計データは，必ずしも同性質を共有する資料ではない．さらに，仮に資料の名称は不変でも，期間の経過とともにその内容に変化が生じたという可能性もある．したがって，この図からは，主として各指標の変動のさまを読みとり，絶対水準上の相互の喰い違いはあまり深刻に受けとめないほうがよい．

　だが，それにもかかわらず，ここに掲げた3種類(A, B, C)の相対比率統計には，ごく大まかながらいくつかの規則性が認められる．第1に，パネルAの賃金格差(WD)には，パネルCの求人倍率(VA, vacancy-applicant ratio；第4章第4節で利用した殺到率の逆数)とは反対方向に動く傾向がある．すなわち，求人倍率が増大(減少)するときには，賃金格差は概して減少(増大)する傾向が認められる．労働サービスの供給過剰の度合いが大きいほど，賃金二重構造もまた顕著に現われるのである．

　第2に，もし賃金二重構造をもたらした1つの要因が先進大企業における技術革新の動向にあるとするなら，パネルBの生産性格差(PD)は，賃金格差の指標(WD)と恐らく正の対応をもっているであろう．第8-5図によれば，この関係は賃金格差と求人倍率との場合ほど明らかではないけれども，それでも，概して生産性格差の著しい期間には，賃金格差の幅もまた大きいように思われる．

　以上の視覚的な観察を確認するため，第8-4図中の3種類の系列(いずれも趨勢値)相互間の単純相関関係数を算出してみると次のようになる．すなわち，まず第2次大戦前については，賃金格差系列(WD)として神戸の資料(a)を使用した場合には，1916年から1935年にかけて

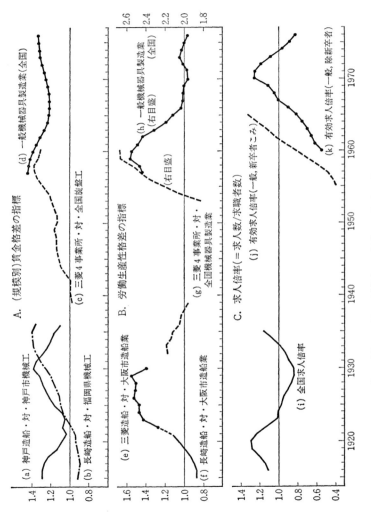

第 8-4 図　二重構造関連指標の通観 (7 カ年移動平均): 1915-76 年

(注) (a), (b), (c): 三菱系工員賃金と機械工業の代表的職種別賃金(いずれも日額)との比較.
(d): 1,000人以上企業と10-99人企業の全従業員賃金(時間あたり)の比較. 性別, 年齢別, 生産工・職員別構成を1970年基準に標準化してある.
(e), (f): 作業収入/工員数の比較.
(g): 三菱重工全社と全国機械器具製造業(機械工業全般)との比較. 戦前は出荷額生産性, 戦後は付加価値生産性を利用.
(h): 1,000人以上事業所と10-99人事業所における付加価値生産性の対比.
(i): 全国の職業紹介所における紹介記録による. ただし, 1912-20年の数値は東京市と大阪市との加重平均を基礎に推定.
(j), (k): 公共職業安定所における有効求人数を有効求職数で除した商. 「有効」とは安定所に登録してあるだけでなく実際に求人(職)活動を続けていることを, また「一般」とは日雇労働者を含まないことを表わす. ただし(k)系列では新規学卒者を除外してある.
〔資料〕 (a)と(b)は第3-2図, (c)は第7-3図, (d)は第8-1図, (e)と(f)は第5-2図, (g)はいずれも第7-4図, (h)は第8-2図による. (i)と(j)とは南・尾高(1972, pp. 192-95), また(k)は『職業安定業務月報』(1962年まで)ならびに総理府統計局『日本統計月報』による.

$$\begin{array}{c|cc} & VA(-1) & WD \\ \hline VA(-1) & 1.000 & -0.796 \\ PD(-1) & -0.750 & 0.295 \end{array}$$

という結果が得られる. ここでマトリックス表示の行と列との交点に記入された数値は, それぞれ対応する2変数間の相関係数を示す. なお, 生産性格差のデータは, (f)と(g)の両系列を, いずれも趨勢値のまま(ただし, 1930年の(g)の値を(f)のそれと同一水準に引きあげた後に)1930年において接続したものである. カッコ内の−1は1年前の観察値を表わす. 他方, 賃金格差の指標として(a)の代りに北九州の資料(b)を採用したときは, 上に対応する値は

$$\begin{array}{c|cc} & VA(-1) & WD \\ \hline VA(-1) & 1.000 & -0.708 \\ PD(-1) & -0.750 & 0.708 \end{array}$$

である. いずれの場合も, $VA(-1)$ と WD, もしくは $PD(-1)$ と WD の間に, 非常に強くはないにしてもそれぞれ負と正の対応関係が成立している. なお, VA と PD にラグをつけなかったときにも, それらと WD との間には各々負と正の相関が存在するが, その程度は上に記した場合よりも——とくに生産性格差について——ずっと弱い.

そこで参考のために, WD を被説明変数とし, $VA(-1)$ と $PD(-1)$ とを説明変数とする線型多重回帰式を最小自乗法によって測定してみると, WD 系列として(b)を使用したときにのみどうにか満足な結果が得られる[2].

$$WD = 1.259 - 0.501VA(-1) + 0.297PD(-1),$$
$$(2.535)\ (-1.692) \qquad\quad (1.686)$$
$$\bar{R}^2 = 0.523, \quad DW = 0.139.$$

WD の観察期間は前段と同じく1916年から1935年までである.明らかに強度の系列相関が存在しているが,これは移動平均値をデータとしてそのまま利用したためでやむを得ない.説明変数のパラメターは,$VA(-1)$ または $PD(-1)$ を単一の独立変数として別々に測定したときに比べて有意性が低い(t値が小さい)が,これは $VA(-1)$ と $PD(-1)$ 相互間に存在する負の相関が上記の測定結果を不安定にしたためと解せられる.

次に,第2次大戦後(1955-76年)について同じことをくり返すと,変数間の相関係数は

	VA	WD
VA	1.000	-0.714
PD	-0.672	0.618

であって,3者間に戦前と同方向の関係のあることがわかる.(ただし,戦前とは異なり,VA と PD にはラグをつけないほうが成績がよい.)なお,この計算にあたっては,一方では賃金格差の2系列(c)と(d)を,また他方では生産性格差の両系列(g)(戦後)と(h)を,それぞれ1960年で接続した.(接続に際しては,(d)または(h)系列を基準とし,それぞれの1960年値(趨勢値)に合致するように,(c)または(g)系列の水準を調整した.)さらに,求人倍率については,まず系列(j)の原資料(各年値,1952-62年)から新卒者を除き,ついでこれをそのまま(k)の各年値データ(1963-79年)と継続させた後,改めて全期間(1952-79年)について7カ年移動平均を施した.

ここでも,先と同様,回帰式の推定を試みると,その結果は

$$WD = 1.226 - 0.158VA + 0.099PD,$$
$$(5.699)\ (-2.605) \qquad (1.205)$$

---

(2) WD 系列に(a)を使用したときの推定結果は次のとおりである.
$$WD = 2.542 - 0.937VA(-1) - 0.293PD(-1)$$
$$(14.698)\ (-9.082) \qquad\ (-4.779)$$
$$\bar{R}^2 = 0.826, \ DW = 0.991.$$
明らかに,PD のパラメターが符号条件を満たしていない.問題点の1つは,第8-4図から容易に察せられるように,1910年代後半におけるデータ相互間の動きが不整合なことにある.神戸造船所特有の事情もあるいはあったかもしれない.

$$\bar{R}^2 = 0.497, \quad DW = 0.214$$

である.パラメターの有意度や系列相関については,戦前と全く同じ現象が観察される.

こうしてみると,賃金格差(WD)と求人倍率(VA)ならびに労働生産性格差(PD)との対応は,いずれも統計的にはやや弱い関係でしかないことを認めなくてはならない.(とりわけここでは変数の各年値ではなく趨勢値を利用したのであって,それゆえに相関関係が強調される傾向が内在するにもかかわらずこの程度の結果しか得られなかったことを注意すべきである.)

この理由は,1つには,統計データの性格や資料的不備に帰せられるであろう.しかし,基本的には,以上のような統計的説明からは脱落した要因があることを想起しなくてはならない.とりわけ,生産技術の違いや企業組織上の要因にもとづく労働の質の問題が重要である.

以上の各章で論じきたったように,賃金二重構造の問題には,格差の大きさの問題と,その変動の問題とがある.後者については,本節が試みたような,やや機械的な説明が有効であろう.しかし,それと同時に,賃金格差が継続的に存在することを説明するためには,需給ギャップや支払能力の差以外に,制度的要因(例えば非競争的集団の存在)を考えるか,あるいは,統計的な標準化の操作が可能な労働者の諸特性(性,年齢,学歴,職種,等々)以外にも,無視すべからざる労働の質の差があるとするほかはないように考えられる.そして,本書のこれまでの論述によれば,わが国の労働市場には,恐らくこの両者の要因がともに存在したのである.(ちなみに,大企業と中小企業における内部昇進制の有無に注目することによって,賃金二重構造の根本的要因は労働の質にありと喝破した議論には小池(1981a,第6章)がある.)

しかし,以上のような基本的な問題はあるにしても,生産性格差の水準が高いときと求人倍率が低迷するときとには賃金格差が興隆しやすく,また逆に生産性の開きが小さく労働市場が堅調なときには賃金二重構造は減退するという一般的傾向はほぼ検証されたといってよいであろう.賃金二重構造の指標は周期的な上下運動を繰り返し,しかもその背後には,あたかもそれと共鳴するかのように,生産性格差の変動を伴っていたのである.

終章 賃金二重構造の理論

1. 経済発展と賃金構造

　われわれは，近代経済成長下における日本労働市場の顕著な特色の1つを賃金二重構造に求め，この現象を主軸として議論を展開してきた．ここで二重構造と呼んだのは，同一地方の同一産業内にあっても，企業（または事業所）の規模が大きいほど働く者の賃金収入が多いという現象である．もし同じ労働に携わっているのに職場の大きさが違うというだけでその待遇が違うとするなら，それは経済的不平等の存在を示唆するように見える．しかもこの現象が長期にわたって継続するとすれば，その理由を経済合理的に説明しようとするのは，知的探求心の当然要請するところである．二重構造論が第2次大戦後10年を経た頃のわが国論壇でしばしば論ぜられたのは，このような理由があったからにほかならない．

二重構造の3要因

　賃金二重構造のもっとも単純明解な説明は，市場が不均衡の状態にあるとすることである．労働市場の需給調整機能に時間的遅れ(lag)があるのは，情報量の不足，移動費用等からして驚くにはあたらない．理論的にも，ヨハンセン(Leif Johansen 1958)の示したところによれば，労働供給一定のもとでは，賃金格差の大きさは労働生産性格差の変化と相関していることが知られる．残念なことに，不均衡のありなしやその程度を現実の統計数値によって厳密に実証することは困難である．しかし，格差が長期(例えば5年以上)にわたって存続し，しかもその存在形態に一定の規則性が観察されるとすれば，そこには単なる不均衡以外の理由もあるに違いない．いずれにせよ，仮に不均衡があるとすれば，その実態を探ることによって具体的な労働市場の仕組みとその働きを明らかにすることが必要である．

　規模別賃金格差のいま1つの有力な説明法は，企業によって労働の質に違い

終章　賃金二重構造の理論

があると考えることである．労働の質とは，仕事に対する資質（仕事への意欲，集団作業における他人との協調性，規律への服従，指導力，等々の社会文化的要因）のありなし，職業または職種の差，しばしば年齢や経験年数によって表わされる熟練の度合，などをいう．もし大企業では何らかの理由によって比較的質の良い（したがって高価な）労働を購入するのだとすれば，規模の大きくなるに従って平均賃金が高くなることの一応の説明になる．

　この点に関しては，相当程度統計的に検証することができる．すなわち，第2次大戦後における日本労働市場の実証分析によれば，賃金二重構造は，労働の質の差を調整した場合にはその大きさが縮小することが確かめられている．つまり，企業規模別賃金格差の値を，性別，産業別，年齢（経験年数）別，職種別（典型的には工員・事務員の別）など，労働の質を代表する指標のうち統計的に測定可能でしかも資料の存在するものによって標準化（もしくは分散分析）したときには，格差の幅が確実に減少するのである．とくに，年齢（経験年数）の標準化がもたらす影響は大きい．このかぎりでは，二重構造とは，労働の質の二重構造のことにほかならない．すなわち，規模の大きい企業ほど相対的に「優れた」労働を雇用しているというのが二重構造の1つの実相である．（もっとも，標準化後の規模別賃金格差指標（理論値）は，各年値の動きが標準化前の値（実測値）のそれときわめて類似しており，前者の変化動向を知るだけならこれを後者で代用しても実用上大きな不都合は生じない．）

　しかし，賃金格差の大部分が質の差によって説明されたとしても，二重構造問題がそれで片付いたわけではない．なぜなら，大企業ほど「良質な」労働を使う実体的理由は一体何かというのが，直ちに答えられねばならない次の問いだからである．

　さらに，上記のような統計操作によって，規模別賃金格差が全部説明されつくしたわけではないことに注意せねばならない．標準化や分散分析のあとでも，規模の大小は賃金格差の固有要因として無視し去ることはできない．この1つの理由は，統計的には測定できない質の差がまだ残っているためであろう．例えば，同一の学歴でも大企業の従業員ほど「一流校」の卒業生が多くしかも学校成績の順位が上だったとか，あるいは規模の大きい工場ほど勤労意欲が高かったり，職業教育に熱心であるために作業の質にムラがなくしかも高水準であ

る，等々の事情があるのかもしれない．そしてそのような要因をすべて洗いあげて行けば，規模別賃金格差は，市場の不均衡や攪乱的要因（ランダム）に帰せられるもの以外は，すべて説明されつくしてしまうのかもしれない．（どちらかといえば，筆者の考え方はこの立場に近い．）

　さて，賃金二重構造を説明する第3の仮説は，もろもろの制度的要因を強調する．日本的労務慣行であるとか，経営家族主義であるとか，日本型労働組合の組織だとかがそれである．もちろんそのような要素が存在することは事実であるが，しかし規模別賃金格差を説明するためには，これらの制度的要因と経済計算上の理由とを組み合わせた形で議論しなくてはならない．換言すれば，もし社会文化的要因が経済計算上の考慮を優越したことが確かであるのならば，その理由が解明されなくてはならない．今までのところ，そのような作業はまだ十分に展開されていない．

　労働市場の制度や組織的な側面でむしろ重要なのは，わが国の賃金二重構造が，単一の同質的な労働市場のなかで発生したのではないという事実である．すなわち，労働移動の経路とその相対頻度から判断すると，昭和初期以降（遅くとも第2次大戦直後）のわが国労働市場は，大企業向けのそれと中小企業向けのそれとに分断されていたという解釈が成り立つ．例えば，（イ）大企業は主として新規学卒者を採用して訓練することによって「子飼い」の労働力を維持・育成するため，いったん入職した者の離職・転職や，職歴なかばからの中途採用は比較的少ない．ところが，これらの事情は中小企業には必ずしもあてはまらない．あるいはまた，（ロ）大企業をやめて中小企業に再就職することはできてもその逆は難しい，といったような平均的傾向が実証的に指摘されている．いいかえるならば，市場競争を妨げるような構造が存在したのである．もしそうだとすれば，経済理論から演繹的に導かれた諸要因が規模別賃金格差のすべてを説明できなくても無理はない．

　だが，ここでもさきと同様，分断的労働市場の存在を認めたからといってそこで探究が終るわけではない．なぜなら，ここで取り上げらるべき実質的な問いとは，一体なぜそのような市場の構造が生成されたかという点にこそあるのだからである．

二重構造興隆期の3特徴

　分断的市場構造を背景とするわが国の賃金二重構造は，そもそも20世紀初頭，工業化のスパートによって出現したように思われる．機械工業(したがって男子職工)を中心とする歴史統計的資料の吟味によれば，企業規模別賃金格差は，先進工業地域(とりわけ関西およびその附近)においては1910年代から発生し，1920年代の中頃から1930年代の初めにかけて全国に波及した．その後，第2次大戦の混乱期に格差はいったん縮小したが，大戦後(とりわけ1950年代の後半)には再び著しい拡大を見せ，社会科学者のひろく注目するところとなった．ところがその後における高度成長期中にその影は次第に薄くなり，1970年代初頭に始まる低成長の時代に再び頭をもたげ始めるまでは，一般市民の視界から完全に消え去ったのである．

　したがって，賃金二重構造のきわだった興隆期としては，さしあたり1920年代の後半と1950年代の後半とを考えればよい．ところがこれら両時期には，中・長期的な経済趨勢という観点からみて，次のような共通の3大特徴があった．すなわち，

(i) 工業化の足どりが早まり，それに伴って新しい技術が導入されて労働生産性の顕著な改善が記録されたこと，

(ii) 製造工業にとっては外生的な要因により労働供給が一度に激増するという事情があったこと，そして

(iii) 企業組織や産業組織の上で新機軸が種々導入されたこと，

がそれである．第1次大戦を契機にわが国は重化学工業化への道を辿り始めたのであるが，それは一面では，明治以来の工業化学習の成果でもあったし，また他面では大企業を中心として欧米の先進技術が一層広範に導入されることをも意味した．(この時期には，いくつかの大企業で外資導入が試みられたり，外国企業による直接投資の試みもあったことも想起されてよい．) 他方，第2次大戦後には，戦争中外国との交流が途絶えていたせいもあって，いったん経済成長が始まるや，いわば国外に「堆積」していた欧米技術を一挙に吸収しつつ，旺盛な設備投資がくり返されることになったのである．これらの「借りた」技術は，相対的に労働不足ぎみの環境で開発されたものであるから，どちらの時期にも，いずれかといえば労働節約的な効果があったと考えられるが，同時に

それは，大企業を中心として，導入された技術体系を使いこなせる新しい技能労働への需要を発生させた．

さらに，これらの両時期には，農業の土地生産性の増大を背景に，農村の余剰人口が，拡大する都会的就業機会をめざして大量に都市へ吸い寄せられた．これに加えて，第2次大戦直後には多数の外地引揚者が労働人口に加算された．こうして，工業の労働供給曲線は下方（南東方向）への大幅な移動(シフト)を経験し，とりわけ非熟練工の労働市況は軟調にならざるを得なかったのである．

以上2つの要因の働きによって，一方では新しい技能労働に対する根強い需要が生ずるとともに，他方では，労働一般の相場が相対的に切り下げられるという事態が発生した．その一方では，近代経済成長の進行とともに，伝統的な技能体系に対する需要は次第に減退した．したがって，もし新しい技能労働力が主として大企業に集中し，伝統的な技能工とその他の一般工員は中小企業に相対的に多く見出されたとするならば，大戦後の両時期において大幅な規模別賃金格差が生じたとしても不思議ではない(1)．

さて第3に，両大戦後はいずれも制度的な改革が試みられた時期であった．1920年代には，生産規模の拡大に伴い大企業では内部組織の改造が試みられた．労務管理の面でも「直接的」管理が定着し，多くの大企業で勤労部が開設された．当時は，大正デモクラシーの下で，企業の外部では労働組合を組織しようとする動きを無視することはできなかったし，工場法が施行となり（1916年），わが国が国際労働機関（I. L. O.）に加盟（1919年）したこともあって，経営側としても労務管理思想の上でやや自己防衛的な対応を迫られたという事情もあったであろう．これに対して，第2次大戦後は，経済民主化の一環として労働3法が公布となり，企業別組合組織が制度として定着した．組合の主張もあり，戦中期以降の制度的改変の影響もあって，大企業を中心とする人事管理はとりわけ雇用保証に重きを置き，また定期昇給制を採用した．

ここに付け加えたいのは，職業教育訓練の必要から生ずる組織的要因である．世紀の初め頃から，「借りた」技術による工業化に必要な労働力を調達しかつ統率するため，大企業の内部には人的資源を格付けし配分する機能が発達した．

---

(1) これを第1-1図（第1章第3節）で登場したモデルに即していうなら，相対需要曲線ddの北東方向シフトと，相対供給曲線ssの北西方向シフトとが同時に生じたと考えられる．

終章　賃金二重構造の理論

経済発展の初期,海外から導入された技術がまだ国内に普及していなかったり,生産システムや技術そのものに特殊性が強かったりした場合,そこで必要とされる熟練や技能には市場性が乏しい.この場合には,労働者自身が訓練費用を負担する誘因は皆無であるから,職業訓練の費用は企業が全額負担せざるを得ない.しかも,技能に市場性がないのだから,その賃金水準も企業によって内部的に決められなくてはならない.

いま仮に,ある企業が市場の賃金相場(w_0)によって未熟練工 A 氏を雇用し,所定の(特殊な)訓練を与えたとする.ところが,訓練が完了した後も,A の労働は市場においては w_0 以上には評価されない.それゆえ,A は強い移動誘因を持たず,企業の側にも w_0 より高い賃金を支払う理由はないように見える.しかしながら,市場交換性に乏しい熟練労働ではあっても仮に A が離職したとすれば,彼(女)の訓練のために投ぜられた訓練費用は無駄になってしまう.しかもその補充には時間を要するから,少なくともしばらくの間生産効率の低下が生じ,また,新たな訓練のために必要となる費用分だけ余計な支出が増えるであろう.そこで,離職率を最低限に抑えることは経営者にとって大きな関心事となり,その目的達成のためには w_0 以上の賃金を支払うことが経済計算に即した経営方針になる.

この場合,実際どの程度の格差をつけるかについては,公平を期しまたできるだけ客観性を保持するために,一定の原則(ルール)が必要である.そこで企業独自の賃金体系が作成される.市場で決まる(外部)賃金構造とは別に,企業自身が決定する(内部)賃金構造(internal wage structure)がこうして誕生するのである.

以上の議論が大綱において的を射ているとすれば,企業内訓練の実施される所では雇用の決定は企業における長期意思決定の一部となり,労働費用には固定費(overhead cost)的色彩が濃くなってくる.さらに,そこでは企業内賃金体系の設立が 1 つの重要な帰結になるが,そのような体系は改訂が比較的困難である.これらの理由から,現代大企業の賃金はとりわけ下方硬直的になりやすいと考えられる.

ともあれ,これらの制度的・組織的な変革は,いずれも大企業に「内部労働市場」を確立することによって,そこでの賃金体系を市場の賃金相場に対して相対的に非感応的なものとした.大企業での賃金(決定)は,(外部)労働市場の

それとやや距離をおいたものとなったのである．これらの結果，大企業の平均賃金は，中小企業のそれに比して，時間的な遅れをもって動く傾向が生まれたと考えられる．

賃金二重構造の周期変動

　以上のような構造的変化の一方では，賃金二重構造には周期的な変動もあることを注目せねばならない．すなわち，19世紀の終りから20世紀のなかば過ぎに至るおよそ80年ほどを通観すると，規模別賃金格差の上下運動は，一方では労働市場の需給バランスによって，また他方では大中小企業間の労働生産性格差の上下運動によって説明されるところが少なくない．それゆえ，1930年代の後半や1960年代のなかばのように労働市場が堅調な状況では，賃金相場の底辺が押し上げられて賃金二重構造の影が薄くなった．このような時期には，新しい技術体系が次第に中小企業にも伝播して，生産性格差を縮小させる力が働いたであろう．とくに第2次大戦後の高度成長期には，中小企業においてさまざまの技術的・組織的革新が試みられ，経営的にも新旧の入れ替わりがあったと考えてよいふしがある．

2. 労働市場組織における日本的特色

日本労働市場の特殊性と一般性

　わが国経済発展を論じた研究には，日本の経験の特殊性を強調するものと，特殊性は程度問題で，日本のケースも基本的には一般理論で説明され得るとするものとがある．これは文化論に共通してみられる2類型である．日本資本主義論争における講座派と労農派の対立なども，同じ観点から整理することができよう．もっとも，特殊性を強調する論者にも2種類あり，先進欧米諸国に対して後進的であるがゆえに特殊な問題が発生したとする立場もあれば，後発国の経験は，先進国とその価値体系が異なるため同一の物差しでは測れないとする立場もある．前者の場合には欧米諸国（とりわけ英国）の経験が判断の基準となり，そこからの距離が大きければ大きいほど後進性も強いと論ぜられる．これに対して後者は民族主義的立場にも通ずるもので，これによれば近代化の道は決して唯一ではなく，したがって英国の経験は必ずしも手本にはならないと

いうことになる．19世紀英国の自由貿易論に拮抗したドイツ歴史学派の保護貿易論はその1例といえるかもしれない．

面白いことに，わが労働市場制度の変遷をめぐっても，全く同様に2種類の異なった見解がある．その第1は，欧米に比較してわが国労務管理制度の特殊性を強調するもので，その典型はアベグレンである．このタイプの考え方に従えば，日本大企業の雇用制度（終身雇用制度や年功序列賃金など）はいわば前工業社会の遺産であって，その底を貫くのは前近代的な親分・子分の関係である．企業主と被雇用者とは主従の関係になぞらえてもよく，両者間には近代的な契約観念は存在しない(Abegglen 1973, ch. 7)．企業に就職するとは，自己の生涯の大半を特定の集団のために捧げることであり，ここでは金銭では測定不可能の忠誠が誓われている．当然のこととして労働移動率はきわめて低い．これに対して，経営者の側でも従業員生活の福祉向上に気を配り，その賃金も能率によるよりは生活の必要度，年齢，学歴などで決まる部分が多い．労使関係の底流にあるのは経営体を一個の大家族になぞらえる考えであって，金銭取引きや契約関係をあまりに強調するのは「水くさい」こととして斥けられる．つまり，ここに見られるのは合理主義にもとづく近代的なユニヴァーサリズム(universalism)ではなく，特定の個人と集団間の固有の価値体系にもとづくパティキュラリズム(particularism)なのである．ここで後者を代表する思想は，ふつう経営家族主義(paternalism)と呼ばれる．

アベグレンの書物（初版）は1958年に世に問われ(*The Japanese Factory*, 邦訳『日本の経営』)，その主張の簡潔さと分り易さとで有名になった．とりわけ興味深いのは，日本の実業家によってこの議論が当然のこととして受け取られたことである．この事実は，経営的信条としての経営家族主義がわが国でひろく受け容れられていることを物語る．経営者にとって自分の社会的権威の正当性(legitimacy)を立証することはその活動上不可欠であるから，非凡な企業家であればあるほど自己の経営信念の樹立に心をくだくであろう．しがって，資本主義の発達には経営イデオロギーの展開がつきものである(Bendix 1956参照)．わが国の経営家族主義は，この意味でその社会的機能を果たしてきたものと考えられる．もちろん，日本人はその国民性として自己の国際的イメージにとりわけ敏感であり，従来から日本文化論や日本人論が氾濫する傾向がある

から，米国の専門家が「日本的経営」の存在価値を認めたという事実そのものが，日本人にとって歓迎さるべきニュースだったということもあるかもしれない．(全く同じことは，ヴォーゲル(Ezra Vogel)の著書(1979)についてもいうことができよう．)

しかし，先駆者の業績はたえず批判にさらされる運命にある．アベグレンの議論もその例外ではなかった．例えば，日本の工場労働者を実態調査したある研究では，日米の差はアベグレンのいうほど大きくはなく，日本でも近代的価値体系は十分に機能していると指摘された(マーシュ・万成 1977)．もっともこれらの論争は，何をもって経営家族主義と定義するかによってその帰結も大いに異なってくる．アベグレン自身の定義はこの点いささか広義にすぎ，それゆえに不明確さを伴っていたといえるが，しかしそのためかえって巷の通俗的概念を包容する力があった．いずれにせよ，われわれは，アベグレン仮説そのものの是非もさることながら，それが人々にいかに受容されたか(あるいは否定されたか)という社会現象にも注目すべきであろう．

ところで，アベグレンを俟つまでもなくわが国社会学者の間では経営家族主義をめぐる綿密な検討が古くから行われてきた．1960年代までのこれらの研究では，いずれかといえば(アベグレンと同じように)わが国組織の社会的構成原理の特殊性と非近代性とを強調する傾向が強く(例えば間 1974, 1978)，これと反対に一般理論から出発しようとする立場(例えば富永 1973, 第3論文)はむしろ少数派だった．例えば，間宏の見解は，わが国労務管理における経営家族主義の重要性を強調する点で，明らかに「特殊性」学派のそれである．彼は，日英両国の工場実態調査を比較検討する際にも，マッキーバー(R. M. MacIver)的な概念図式を援用して次のように論じた．つまり，英国電機工場の社会関係が階級(class)，個人主義(individualism)，および機能的集団(association)によって代表されるとすれば，日本のそれは身分(status)，集団主義(collectivism)および第1次集団(community)によって説明される，というのである(間 1974)．これら2種類の社会関係が将来どう変化するかについては間は必ずしも明瞭な分析を与えていないが，近代化論の立場にたつとすれば，経済の近代化に伴い日本的なタイプは次第に英国的なそれに近づくというのが暗黙の前提であろう．

経営家族主義の一部である恩情主義の考え方が欧米にも見られなかったわけではない(第7章第3節参照).ベンディックスも指摘するように,英国においてすら,産業革命期の初期には,親方・徒弟関係を基礎とする情誼的労使関係が存在した(Bendix 1956, pp. 54-57).英国とわが国の差は,むしろ工業化の過程で伝統主義的なイデオロギー(経営家族主義)が果たした役割の違いにある,といってよいかもしれない.コール(Robert E. Cole 1971)によれば,英国では企業家が近代的合理主義を促進しようとして伝統主義からの解放を唱えたのに対して,労働者側は伝統主義をむしろ守る立場にあり,その意味で進歩と保守の対立が生まれた.ところが後発資本主義国である日本の場合には,工業化こそが国の独立を守る手段であったため,伝統主義的価値観も工業化のために動員されるという結果をもたらした.つまり,経営家族主義は企業家によって積極的に活用され,労働者はどちらかといえばこれを批判する立場におかれたのである[2].(例えば,第1次大戦後の労働運動昂揚の一因は,「主従の情誼」に対する反発にあったといわれる(兵藤 1971, pp. 331, 335).)ドイツの場合は英国と日本との中間であった(Cole 1971, pp. 60-65).

このように,自発的に資本主義化が進行したところとそれが外部から移入されたところとでは,新しい生産の仕組みを支えるイデオロギーの内容とその役割もまた異なったものとなった.その結果を特定の時点で横断的に比較すれば,英国に比べてわが国は「後進的」という評価が下されたのも無理はない.しかし,この用語法は必ずしも適切ではなかった.なぜなら,ここで「後進的」というのは劣っているということではなく,以上のような史的連関の中から生まれた経済開発の1つの類型を示す形容詞にすぎない筈だからである.

それはともかく,第2次大戦後約25年間にわたってわが国知識人階層を風靡した見解によれば,欧米に比べてわが国社会は近代化が遅れており,その意味で早急に解決さるべき多くの問題を抱えているとされた.終戦後早い時期には,それらの問題点が「封建遺制」だとして論ぜられたこともある(日本人文学会 1951).わが国は後発の資本主義国であるために,典型的な資本主義発展

---

(2) 同じような役割の転倒は,わが国のマルキシズムの場合にも見られたといえよう.わが国には自由主義にたつ市民社会の伝統がなかった.そこで,西欧ならば市民的自由主義の立場から伝統主義が批判され,その自由主義を今度はマルクス主義が批判したところを,わが国ではマルキシズムが伝統主義を批判する役目をも担うことになった.

のプロセスを経た英国に比較して種々の「歪み」があると考えられたのである．したがって，欧米を規準に考えるとわが国の経済社会がきわめて特殊であるのは当然だが，しかし，近代化が進めば，後進性は徐々に取り除かれて，究極的には欧米のような標準型に近づくと期待されていたように思われる．その意味では，わが国における「特殊性」学派は，欧米型近代社会への収斂理論(convergence theory)をその内に秘めていたといってよい．マルキシズム的見解の多くもその例外ではなかった．アベグレンのように，わが国の社会が根本的に欧米と異質であるとして収斂理論を斥けるものは，文化人類学的研究を除けばむしろ少なかった．

新しい収斂理論の登場

ところが，1970年代に至って全く類を異にする収斂仮説が登場した．この立場によれば，技術変革に伴う技能訓練法の変化(半熟練工の相対的増大)と大組織による生産様式の普及にしたがって，どの経済でも内部労働市場が発達する傾向がある．人がある企業組織に参加したとき，そこでの職場配置，賃金決定，昇給ならびに昇進などはすべて組織内の規則にしたがって行われ，しかもある程度の雇用保証が伴う[3]．したがって，賃金と雇用の決定が一般市場(「外部」労働市場)に委ねられるのは一部の限られた職種にすぎない，という．もちろん，この傾向は大企業ほど強い．この観点からすれば，日本の年功的終身雇用制度はむしろ期せずして時代の先端を行くものであった．これに反して英国の雇用制度では，早くから横断的労働組合組織が発達したために，むしろ外部市場に多くを頼る仕組み(market-orientation)が根強く定着し，内部労働市場の発展を阻害している．米国は日英両者の中間に位するといってもよいであろう．いずれにせよ，この説では日本式雇用制度こそが「先進的」なのであって，「後進型」である英国の制度でも，徐々にではあるが組織指向要因が浸透するであろうというのである．この意味で，この議論は従来の収斂理論とはまさに逆さまである．

この新しい収斂仮説を唱える代表選手はドーアと小池とである(Dore 1973;

---

[3] 思想的にも，1960年代から，雇用の継続性を労働者の権利とする立場が欧米に登場したことを注目したい(Meyers 1964)．

小池 1977). このうちドーアの場合には日英間の労働組織原理の違いを強調する点ではむしろアベグレンに近いといっていいが，ただそれが逆立ちした収斂理論に統合されているところが新しい．もっとも，彼の場合は特殊要因と一般法則とがどう連絡しているかが必ずしも明らかでないため，収斂仮説の根拠が明確ではない．これに比べて小池の研究は，「独占資本主義段階」における技術の特質と，仕事に就きながらの訓練(O.J.T.)を中心とする職業教育の発展とを根拠として，内部昇進制（内部労働市場）普及の一般的傾向を明快に説く．小池の場合はドーアよりも「発展法則」の一般性がはるかに強く主張されており，その意味ではドーア説を一段と昇華せしめたものと評することができよう．

逆立ちした収斂仮説の登場は，恐らく戦後経済社会の変貌と対応するものであろう．戦後経済成長の過程の中で欧米諸国とわが国との経済力格差は急速に縮小した．わが国の文化的価値体系は欧米のそれに比べれば異質であるが，しかしそれとても，種々の研究のおかげで欧米人にとって全く理解を超えるものでないことが次第に明らかになった．1980年代に至っても日本人は相変らず「国際性」に不足しているが，それにもかかわらず国際社会で活動する機会が増えるにつれて経験が蓄積され，さらに経済力の上昇によって精神的余裕が生まれ，自信をもつようになった．こうして，日本人の意識に占める欧米文化の意義も次第に相対化されるに至ったのである．逆立ちした収斂理論を受容する社会的基盤はこうして用意されたということができよう．

3. 結 論

以上われわれは，明治以降数多くの先達たちによって蓄積されてきた統計資料にもとづき，わが国労働市場における二重構造をめぐって，若干の記述統計的分析を試みてきた．ここで得られた所見を簡単にまとめると，およそ次のようである．

(1) いわゆる賃金の二重構造（あるいは傾斜構造）と呼ばれるものは，機械器具工業においては1920年代に顕著になったものと考えてよい．ただし，このことは，地域により（例えば大阪地方），あるいは産業によって（例えば繊維産業），1920年以前にも二重構造が出現し得たことを否定するものではない．しかし，この現象が，重工業において一般化し，普遍的に見られるに至ったのは

第 1 次大戦後の不況期だったことを確認したのである．

(2) 賃金二重構造は決して固定不変のものではなく，時間的な変動を繰り返して今日に至ったものである．所得格差の度合が一般に好況期に小さく，不況期に大きい傾向があるのはすでによく知られているが，わが国における企業規模別の賃金格差の場合には，第 2 次大戦後の 20 年ほどを除けば，その変動が建設循環(もしくは長期波動)のうねりと正反対の上下運動を繰り返していることが明らかとなった．いいかえれば，建設循環が山の時点では賃金格差が最小となり，前者が谷の所では後者が最大となる，という規則性が発見されたのである．

(3) 1920 年代における二重構造の発生は，世紀の変りめ以来，わが国の工業化がようやく本格化し，労働市場においても構造変化が生じたことと対応していると考えられる．この点に関連して問題となるのは，高速度の工業化に必要な技術の体系やノウ・ハウが先進諸国から導入されると同時に，従来から存在した伝統的な技術の体系も共存したことである．その結果，1920 年代以降の大企業と中小企業との間には，少なからぬ労働生産性の差が生じた．大企業では新鋭の設備導入によって生産の効率化が実現したのに対し，小企業では以前からの生産方法が継続して採用されたからである．生産性格差発生の時期は，あたかも (1) で述べた賃金二重構造誕生の時点と合致する．それだけではなく，賃金格差の時系列的な変動は，生産性格差のうねりと規則的に対応しているように思われる．

(4) ひるがえって労働市場全般の状況を考えるならば，1910 年代以降には，広がる都市化の波と相まって，大都市工業地帯を中心に，本格的な不熟練労働者のプールが形成されつつあったと考えられる．そしてその人びとの賃金相場は，労働市場の逼迫と弛緩とに応じて敏感に上下したのである．だが他方では，「借りた技術」を習練したり体得した熟練労働者は，特に好況期には不足がちだった．20 世紀になってから，機械製造業の大工場で，基幹工を対象とする企業内養成制度が軒なみ実施されるようになったのはゆえなしとしない．

ところが，一定の組織と不可分に結びついた技術体系の下で育ち，そこで定着した熟練労働者の場合には，その賃金の一般的相場が立ちにくい．特に，外国から導入した最新の技術を使って操業している場合には，他にそれと全く同

一の生産組織が存在しないこともあろう．ある特定の工場にだけ必要とされる(firm-specific)ような知識や技能もあるかもしれない．そこで，それらの人びとの賃金決定の原理は，企業内で決定されざるを得ない．それのみではなく，そのような企業内賃金制度は，いったん決められてしまうと簡単には変更がきかなくなる．熟練工の賃金が，相対的に景気の動向に不感応であり，とりわけ不況期において下方硬直的であるのは，1つにはこのためではなかろうか．このように考えてよいとすれば，先進的技術を体化した大企業工業労働者の賃金水準と，一般労働者の市場賃金相場との相対比が，建設循環のうねりと逆行して規則的な変動を示すという現象も，ひとまず矛盾なく説明がつくように思われる．

（5）上述のような議論の系として，われわれは二重構造の将来についてもある程度の見通しをつけることができよう．まず需要面については，技術の伝播が進み，また新しい技術体系の導入速度が鈍化するに伴い，技術の格差構造は次第に影をひそめるに至るであろう．例えば，中小規模の部品メーカーなどをとってみても，当該企業の生産能力が優秀であるかぎり，規模が小さいからといっても直ちに企業の生産性が低いということには結びつかない．同様に，特定銘柄の労働サービスに対しては，企業規模の大小を問わず，ほぼ同額の報酬が支払われる筈である．この意味で，所得の規模別格差がかつて有した技術的な基盤は次第に失われてゆくと考えざるを得ない．さらに，技術体系そのものの変遷によって，伝統的な「腕」だとか「カン」や「コツ」が威力を発揮する分野は次第にせばまり，逆に一般的知識や応用力の占める重要度が増大してきた．このようにして，企業独自の――他に移植不能の――技術体系というもの（仮にそういうものが存在するとして）がもつ意義も，かつてほど大きくはなくなったといえるであろう．

規模別賃金格差の上下運動は，分断的労働市場が存続するかぎり，今後も継続して繰り返されるであろう．しかし，その一方では，技術体系の急激かつ大企業偏在的な変化，労働の無制限的供給の再来，企業もしくは産業組織の根本的な改変などに起因する労働市場の深刻かつ大幅な構造変動が訪れないかぎり，1920年代後半や1950年代末期のように灰色で陰鬱な「二重構造の時代」が再来することは恐らくないであろう．

付録 雇用・賃金・生産統計の推計手続き

　数量分析を実施するためには，統計数字の持つ意味について吟味をしておくことは不可欠の作業である．それゆえ，ここでは，本文第 3-7 章で利用する目的で用意し，付属統計表（後掲）に収めた 11 種類の統計系列の推計にあたって問題となったいくつかの点を，ごく簡単に記録しておくことにしよう．なお，推計ないし加工を経た賃金統計は，原則としていずれも円単位以下 4 位で四捨五入したものである．（巻末の付属統計表中には，小数点以下 2 位までしか表記してないものがあるが，これは原資料の数値をそのまま採用したためである．）

第 A 1 表．陸軍省所管工場の職工数および賃金日額

　陸軍省工場の統計には，調査時点の変更のために，紛らわしい箇所が数カ所ある．1891-1905 年の統計はすべて『大日本帝国陸軍省統計年報』によっており，12 月 31 日現在の数字であるが，日露戦争後の 1906 年から 1920 年までは『日本帝国統計年鑑』に依ったため，会計年度ベースに変更となり，3 月 31 日現在となった．この期間利用する資料を変えたのは，『陸軍省統計年報』からは支払賃金総額のみが得られ，労働延人員数が求められないためである（ただし男女職工人員はこの全期間にわたって掲載されている）．

　ところで，『日本帝国統計年鑑』では，1914(大正 3)年 3 月 31 日付の調査が欠如している．そこで，暦年との対応をつけ，しかも継続した系列を作成するために，1906-13 年の 8 年間にあっては，「t 年度」と記してある統計をそのまま「t 年」(暦年)に読みかえることにした．したがって，この期間中は，表記の年の 3 月末の数字が計上されたことになる．一方，1914-20 年の 7 年間については，「t 年度」の統計は「t-1 年」(暦年)に読みかえた．そこでこの時期の数字は，暦年中の記録ではなくその翌年の 3 月末のものが記されているわけである．

　次いで 1922 年以降は，再び『陸軍省統計年報』に依拠したので，調査時点は 12 月 31 日となるが，資料を変換した結果 1921 年のデータが欠如し，直線補間によってこれを埋めなくてはならなかった．なお，1922 年から後は手当額が別計となっている．

　1929 年からは，砲兵工廠を地域別にとることができない．千住製絨所に関しても，会計年度中職人工夫賃金支払総高(W)と暦年末総工員数(L)しか求められないので，1929-36 年の女子賃金は次のようにして推定した．

　(1) まずおのおのの年について，$W/306L = \overline{w}$ によって，男女平均 1 日あたり賃金

($\bar{w}$)を求める．306は1928年の延労働日数である．ただし，Lは1929-31年の3年間は得られないので，直線補間によって補った．

(2) 1924-28年の5年間における($\bar{w}/w_f$)の比率の平均を求めて1.385を得る．w_fは女子1人1日あたり平均賃金である．

(3) 上記(1)で求めた$\bar{w}$を(2)で得た1.385で除することによって，女工1人1日あたり賃金を推定する．

上の推計で利用したWが与えられるのは1936年までであるので，w_fの推定が得られるのもこの年で終りとなる．

なお，ここにいう東京砲兵工廠には仙台派出所等が，また大阪砲兵工廠には名古屋，広島，熊本派出所等が含まれている．しかしその人員は全体に比すれば僅かなものであるから，それぞれの平均賃金が大きく左右されるとは考えられない．

第A2表．海軍省所管工場，内閣印刷局および秀英舎の職工数と賃金日額

海軍省と印刷局の工場統計は，主として『日本帝国統計年鑑』から採ったもので，それゆえに陸軍省工場について説明したと同様の年代調整の問題があった．1906-20年に関する取扱いは陸軍省の場合と全く同じである．ただし，海軍工廠の1907年の数字（『年鑑』No. 27所載）はその前年のものと全く変るところがないので，やむを得ず直線補間によって推定した．1922年以降は年末現在の値で，1921年の欠損を直線補間で補ったのも陸軍工廠の場合と同様である．

なお，海軍工廠に関しては，これを造船部と造機部とに分けることができる．（呉の場合には製鋼部も具えていた．）しかし部門別の統計が公表されて利用できるのは1911年までであるので，ここではあえて部門別に分割することは試みなかった．

ところで，『日本帝国統計年鑑』によれば，海軍工廠の賃金統計は1924年を最後にして消えてしまう．『海軍省年報』は1940年に至るまで職工数を掲げ続けたが，賃金については何も語るところがない．しかるに，1923年に始まる6年間の職工統計は，海軍大臣官房の記録文書『大正十二年以降統計報告綴』（東京大学図書館蔵）中にこれを見出すことができたので，この期間についてはこの数値を採用した．原表は工場調査個票の写しから成り，15歳以上の男子普通職工の賃金と雇用（12月現在）を伝えるものであるが，1923-24年の値は『日本帝国統計年鑑』のそれとやや異なる（ただし雇用数については両者の差は僅かである）．

なお，呉海軍工廠のうち造船部職工に関しては，全く別の資料にもとづく賃金系列が1914年以後12年間にわたって得られるが，われわれの推計結果と比較すると全体にやや低めであり，ことに1917年から22ないし24年にかけては大幅に過少である（付録第1表参照）．この理由は詳らかではないが，(イ)造船部賃金は実際に低めであったか，

付録第1表　呉海軍工廠賃金の2系列

年次	A(円)	B(円)
1914	0.78	0.80
1915	0.79	0.81
1916	0.75	0.84
1917	0.74	1.14
1918	0.73	1.36
1919	0.78	1.36
1920	0.86	2.56
1921	1.61	2.52
1922	1.71	2.49
1923	1.75	1.84
1924	1.80	2.55
1925	1.87	2.80

(注)　Aは参考系列．これ以前もしくは以後は不明．Bは本系列．
〔資料〕　A:『呉海軍工廠沿革誌』(1898年；復刻版1981年，あき書房)．B:第A2表．

(ロ)第A2表の系列(付録第1表におけるB)が実収所得の推定であるのにここに紹介された比較系列(A)のほうは手当が全く考慮されていないか，あるいは賃格に近い性格のものではないかとも推察される．

　次に，株式会社秀英舎の1人1日あたり男女平均賃金は，次のようにして推計したものである．すなわち，(1)まず『秀英舎創業五十年誌』(1928年)に報告されている毎年度の給与総額から，役員を含む職員(役員，社員，雇員)の給料合計に相当すると考えられる額を差引く．ここで職員(ホワイト・カラー)の平均給料に代用したのは，各年における官吏(勅奏・判任官ならびに雇・傭)の平均俸給高である(『日本労働運動史料』第十巻，1959年，p.283所収)．(2)次に，上で得られた数値を，秀英舎男女職工総数(年度末現在)で除して1人あたり賃金年額を求め，さらにこれを年間推定平均操業日数(300日)で割ることによって1日あたり賃金に直す．

　いうまでもないが，このようにして求めた推計賃金値は，(1)で代用したホワイト・カラーの俸給が低(または高)すぎたり，(2)で仮定した平均操業日数が少な(または多)すぎたりする度合に応じて過大(または過少)に評価されている可能性がある．

第A3表．鉄道省大宮工場および八幡製鉄所の職工賃金

　これらの統計は，いずれも第A3表末尾の文献に掲げられている数値をそのまま転用したものである．

付録　雇用・賃金・生産統計の推計手続き　　　291

第A4-A6表．三菱系諸工場の在籍職工数および賃金日額，ならびに基準外賃金の系列

　三菱諸社の労働統計は，主として三菱重工『職工統計』(1940年以降は職工を工員と改称したのに伴い『工員統計』と変更)に依拠し，同社の手によって作成された他の諸資料を参考にしつつ編成したものである．そのうち，長崎，神戸，彦島造船と長崎兵器の4事業所に関する諸統計の全貌は，拙編『旧三菱重工の労働統計：明治17年—昭和38年』(一橋大学経済研究所統計係加工統計シリーズ18，1978年，略称『統計』)および同正誤表(1982年)に収めたので，推計過程の詳細はここでは繰り返さない．(なお，原資料中に発見されたいくつかの明らかな計算まちがいはこれを訂正した．)

　『職工統計』その他の1次資料を使用するきっかけとなったのは，昭和同人会編『わが国賃金構造の史的考察』(1960年)である．さきに著者は，論文「北九州における貨幣賃金の変動」(1976；初稿1967年)において長崎造船所の貨幣賃金系列を用いたのであったが，その時使用した資料は，上掲書(pp. 450-51)と『長崎造船所労務史』(稿本，1930年)，および『三菱長崎造船所史』(正・続〔正編は1927年，続編は1951年刊行〕)の4書であった．ところが，『労務史』掲載の明治年間データ(1897-1916)は平均賃格――すなわち，のちの定額賃金もしくは基準賃金――であって実収賃金ではない(同書第2編，pp. 134-36)．さらに，松谷豊一氏の手によって作成された『史的考察』に所載のデータは，われわれが『造船史』から推計した統計よりも高めである．これは，前者が勤労部資料にもとづくのに反し，後者が給与部のデータであるという資料上の差もあるが，ヨリ本質的には推計手続上の問題であった．すなわち，後者による原系列は時間あたり賃金であって，上記論文所載の筆者の旧推計はこれに推定労働時間を乗ずることによって求めたものだったのである．

　この点を資料的に解決するため，筆者は丹生谷龍氏の助力を得るとともに，神谷庄一氏および松谷豊一氏をわずらわして，三菱重工に保存されている貴重な資料を閲覧し，それにもとづいて改めて推計作業を実施した．この作業にはかなりの労力が必要だったため，1968年8月から1969年秋に至るまで，継続して約1年余を費したが，その結果判明したのは，『史的考察』と『造船所史』の資料には部分的に相違するところもあるが，全体として矛盾はないこと，また新推計は『史的考察』の系列を肯定するものであること，であった．この結果をもとに，筆者は論文「賃金傾斜構造の長期変動」を書いた(1970年)．

　その後暫時文献探索の作業は休止状態にあったが，1975年秋から翌年2月にかけて，第2次大戦中前後の労務関係資料を中心に改めて文献調査を実行する必要が生じ，再び神谷庄一氏の紹介によって麻生立雄氏を訪ねた．このときには統計資料の再吟味だけではなく，制度の変遷等に関する記録をも対象に検討したのである．さらにその後，長崎

造船所に付置された水の浦史料センターをも訪問して資料の蒐集に努めた．加工統計集『統計』と本文第3, 5-7章に報告した作業結果とはこれらの資料を動員することによってようやく成ったものであるが，それでも豊富な統計諸資料のごく一部分を活用し得たにすぎない．これらを総合した長崎造船所の数量史的分析は，機会があれば別途これを試みたいと思っている．（なお，旧稿(Odaka 1968)に掲載した長崎造船所関係の推計結果(pp. 96-97)は，『統計』所載の推計によって全面的に代置されたものと理解して頂きたい．）

以上の作業を遂行する際にお世話くださった三菱重工業株式会社の関係者の方々はもちろんのこと，筆者を神谷氏に紹介する労をとられた細谷新一教授，資料蒐集と管理に日夜努力されている一橋大学経済研究所日本経済統計文献センターのスタッフの方々，さらにフィルム撮影に尽力された森永一夫技師に対してあつくお礼をもうしあげたい．

なお，ここで，本文では利用しなかった賃金統計を2点だけ紹介しておこう．その第1は，明治初期のもので，長崎造船所が未だ「長崎工作分局」であった頃の賃金・雇用事情を伝えるものである．同局の『年報』がそれで，参考のため，ここから得られる初期の職工賃金を摘記すると付録第2表のごとくである．

付録第2表　初期長崎造船の賃金資料
(単位：日給，銭)

年度[1]	鍛冶工	造缶工	職工平均	人足
1876	23.8[2]	24.5	24.6	19.1
1877	25.0	25.0	25.0	20.0
1878	30.0	30.0	30.0	20.0
1879	40.0	40.0	39.7	20.0
1880	29.0	30.0	29.6	21.0
1881	30.0	30.0	30.0	25.0

(注)　1) 表記年の7月から翌年6月まで．
　　　2) 原表中の鍛冶工延使用人員 36,845.6人を16,845.6人と訂正して計算した結果である．
〔資料〕　長崎工作分局『年報』第1, 第3-7回．

なお，同じ報告書によれば，英人機械師長の給料(月額)は1876年と1881年とにはそれぞれ270円および300円で，1カ月実働25日として考えれば職工平均賃金の40ないし44倍の高さだった．

残念ながら，今のところ上記の職工賃金が一般水準より高かったのかどうかを確かめる方法は存在しない．しかし，『日本帝国統計年鑑』の伝える鍛冶工の賃金(全国平均)は，1880年に1日あたり35.0銭，また1882年に32.3銭であったから(『日本労働運動

史料』第十巻 1959年, p. 275), 少なくとも長崎工作分局がとりたてて高額を支払ったという積極的な根拠はない. 恐らくは長崎地域の相場がほとんどそのまま適用されたのではあるまいか.

第2の統計は神戸造船に関するもので, 兵藤(1965, p. 83)によると, われわれのものとはやや異なった賃金系列が得られる(付録第3表の系列C). これを『統計』第6表(pp. 34-35)から得られる本給の系列(実働賃金(w_1) + 加給金(w_2), 同表の系列D)と比較するならば, 1907年と1930年を除き, Dの方がつねに高めである. とりわけ1909年から1918年にかけては, 両系列の差は少ないときでも(Cを基準として)約1割(1918年), 多いときには3割以上(1915年)にのぼる. しかし1920年代以降は, 両者はきわめてよい一致を見せているといえよう. このように, 三菱諸社のように大きな事業所では, 集計の目的, 担当者, 時期などが違えば, 同一の統計でも異なった数字となることがある.

付録第3表 神戸造船賃金の2系列　　(単位: 円)

年次	C	D	年次	C	D	年次	C	D
1905	0.613	n. a.	1914	0.852	0.960	1923	2.69	2.721
1906	n. a.	0.645	1915	0.85	1.139	1924	2.57	2.588
1907	0.738	0.692	1916	0.86	1.000	1925	2.63	2.678
1908	0.767	0.831	1917	1.09	1.280	1926	2.72	2.823
1909	0.791	0.970	1918	1.46	1.597	1927	2.79	2.828
1910	0.835	1.007	1919	1.80	1.921	1928	2.85	2.908
1911	0.853	1.086	1920	2.32	2.385	1929	2.82	2.857
1912	0.834	1.078	1921	2.15	2.157	1930	2.71	2.688
1913	0.840	0.952	1922	2.42	2.555	1931	2.38	2.404

〔資料〕　Cは三菱神戸造船所『創業以来職工統計』, またDは旧三菱重工『職工統計』による(本文参照).

第A7表. 職業別賃金日額

職業別賃金系列は, 原則として地域毎の諸傭賃金をそのまま採用したもので, ただ鍛冶, 鋳物および船大工については付録第4表のウェイトを適用して総合をはかった. 付属統計表に「機械工」として掲げたのがその結果である. 周知のように, 「諸傭賃銀調」およびそれに継続する賃金調査は, 「……商工会議所ノ所在地若クハ其ノ附近ニ於テ相当信アリト認メラルル会社, 工場若クハ個人等ニ付普通一人前ノ技倆ヲ有スル者ノ賃銀ヲ毎月一回一定ノ日ニ於テ調査セシモノナリ　而シテ給料以外食費手当其ノ他物質上ノ給与ヲナスモノアルトキハ之ヲ金銭ニ換算シ合算セリ」と説明される内容のものである(商工大臣官房統計課『明治三十三年乃至昭和四年賃銀統計表』(1930年)凡例による). なお, 後年においては, 「……見習工, 養成工, 徒弟又ハ特殊ノ雇傭条件ニ依ル低給者

付録第4表 職種別ウェイト表 (単位: %)

府県名	分類コードおよび職種名		
	(76)鍛冶工	(80)鋳物工	(197)木型工・船大工
東 京 府	65.373	34.627	—
神奈川県	68.432	31.568	—
愛 知 県	64.653	35.346	—
大 阪 府	52.930	47.069	—
兵 庫 県	73.342	26.658	—
広 島 県	75.518	24.482	—
福岡県(Ⅰ)	61.461	24.350	14.188
福岡県(Ⅱ)	71.623	28.376	—
全　　国	59.004	22.131	18.864

(注) (77)「鉄工」の数値は，分類内容の詳細が不明であるので使用しなかった．また，福岡県(Ⅰ)は「造船工」系列作成のため，福岡県(Ⅱ)は「機械工」系列作成のためにそれぞれ使用したものである．
〔資料〕『昭和五年国勢調査報告』第2巻(職業および産業)，1935年，第3表．

若クハ高給者等ハ之ヲ除外ス」という解説が付されている(同課『賃銀統計表』(1938年)凡例).

われわれは，1900年以降は上に引用した資料を利用したが，それ以前(1894-99年)の地域別集計については次のような方法を利用した．すなわち，『日本帝国統計年鑑』からは「上等」の賃金のみが得られるため，それぞれの職種毎に全国平均の上等・中等比率を求めて，これによって「普通」賃金に換算したのである．1893年およびそれ以前については，同年鑑から地域別賃金を求めることはできない．なお，この期間中の賃金で「賄付」と注記されているものは，食事代を計上するため原数値に1.5を乗じて使用した．

東京紡織(女)と北九州(福岡県)とに関しては，欠損を補いあるいは延長をはかった所がある．まず東京については，紡織工業賃金の代表として長期系列の得られる「綿力織女工」を選んだが，この系列には1924-27年の4年間に及ぶ欠損部分がある．そこでわれわれは，1920-23および1928-31年の合計8年間にわたる綿力織女工賃金・対・製糸女工賃金の比率の平均(1.0483)を計算し，この比率を1924-27の各年の製糸女工賃金に乗ずることによって，上の穴を埋めることにした．次に福岡県の職種別賃金は，『福岡県統計書』によるかぎり1936年までしか得られない．ところが商工省『賃銀統計表』による福岡市のデータは1939年まで連続している．そこでわれわれは，鋳造工，鍛冶工および木型工の3職種を選び，1934-36年の3年にわたって福岡市・対・福岡県間の相対比率の平均(それぞれ1.1044，1.1918および1.0453)を求め，これらによって1937-

39年の福岡市賃金を除すことにより北九州の職種別賃金の推定とした．木型工の賃金は船大工のそれの代用として用いたものである．なお，このようにして求めた北九州の賃金を参考のために掲げると次のとおりである（1日1人あたり，円）．

	鍛冶工	鋳造工	木型工
1937年	2.156	2.327	2.401
1938年	2.114	2.128	2.411
1939年	2.366	2.409	2.573

第A8表．東京市製造工業の工場規模別賃金

『東京市統計年表』各年を基礎とし，産業小分類を統一基準のもとに組みかえることによって計算したものである．なお，産業分類基準としては通商産業省『工業統計50年史』資料編1(1961年)を参考にした．

第A9表．大阪市機械・船舶製造業の職工数および賃金日額

『大阪市統計書』を利用して求めた2系列（船舶製造および機械製造）は，同書中の機械器具工業統計から，それぞれ船舶・船具製造業と原動機・工作機械等製造業とを選んで，細目の得られる場合にはそれらの加重平均賃金を計算したものである．同統計書では1913および1930年に製表形式の変更がみられるが，特に機械製造業の場合は，重工業に対応する系列を作成するために諸器具，精密機械等は除外した．具体的に採用した小分類をあげると，1906-12年には鉄製品および金属製品，それ以後1929年に至るまでは原動機，製造用機械およびその他の機械である．1930年からは分類がさらに細かくなるが，蒸汽缶，原動機，電気機器，電線，無線有線機械，電池，農業機具，紡織機器，工作機械，食品製造機械，印刷機械，その他加工用機械，昇降機，ピストン，水圧器等がその主たる内容である．

付録第5表　規模別職工統計（大阪市）

使用職工数		5 人 以 上				5 人 未 満			
年次および産業		男		女		男		女	
		職工数(人)	賃金(円/日)	職工数(人)	賃金(円/日)	職工数(人)	賃金(円/日)	職工数(人)	賃金(円/日)
機械製造業	1937	44,615	1.752	3,775	0.808	2,215	1.243	16	0.625
	1938	53,935	1.952	4,085	0.875	2,042	1.416	34	0.672
船舶製造業	1937	9,305	2.694	42	1.036	53	1.984	—	—
	1938	n.a.	n.a.	n.a.	n.a.	n.a.	n.a.	n.a.	n.a.

〔資料〕　『大阪市統計書』1937および1938年版．

なお，東京市と同じように，1937・38年の両年についてだけは，大阪市の工場統計にも規模別（職工5人以上，5人未満）の集計がある．その結果を，参考のために上記2産業についてだけ示せば付録第5表の如くである．同市においても，これらの年に規模別賃金格差が存在したことは明らかである．

第A10表．造船業における年間作業収入

長崎造船所の生産統計（作業収入）は西日本重工（1951, p. 20）に記載の数値，また三菱造船所のそれは同所の考課表（営業報告書，各年）から採ったものである．また，三菱重工全社の生産高（売上高）は，三菱重工（1956, pp. 682-83）から採用した．いずれの系列も，すべて著者が暦年単位に補正したものである．

戦前期の旧三菱重工の考課表は，その多くのものが神戸大学経済経営研究所経営分析センターに所蔵されており，一部分の欠落はあるが，由井常彦編『営業報告書集成』（マイクロフィルム，雄松堂，1966年）の中にも収められている．また，1916年以降1945年までの営業実績の概要は，三菱重工（1956）中にも採録されている（pp. 663-94）．

これらの生産高統計を実質化するにあたっては次のような手続きがとられた．まず長崎造船と三菱造船の資料は，新造船作業高，陸上機械その他生産，修繕船作業高，および雑収入の4項目から構成されているので，それぞれを対応する物価指数でデフレートすることによって1934-36年価格に換算した（新造船と陸上機械等とには大川・野田他（1967, pp. 158-59）所載の船舶物価指数を，また修繕船および雑収入には機械工業男女賃金指数（同上書，p. 248）と篠原（1972, p. 232）記載の鉄鋼価格指数との単純平均値を使用）．他方，1919年以降の三菱重工全社の生産高（売上高）は，利用した資料からは生産物の内容構成が明らかでないので，仮に生産者耐久施設物価指数（大川・野田他 1967, pp. 158-59）を使って実質化してある．

大阪市船舶製造業の生産高（総収入）は，すべて『大阪市統計書』各年に依拠したもので，全期間を通じて家内工業を含み，1910年までは船舶部品こみである．対象とした工場は原動機の有無を問わない．1930年以降は加工賃および修理料が別計であるが，本推計ではこれも合算してある．なお，大阪府に関する同様の情報は，1909年以降『工場統計表』から求めることができるが，この資料は1910年から1913年までと1915年から1918年までを欠いているのでここではその利用をさし控えた．

なお，第A10表に参考として掲げた就業人員総数は，直接作業に携わる人員（職工，徒弟，家族従業者）を男女こみで計上したものだが，日雇は含めなかった．

第A11表．第2次大戦期およびその前後の1人1カ月あたり職工（工員）賃金

第2次大戦期をはさむ約四半世紀における賃金二重構造の動態を示す資料は多くない．

付録 雇用・賃金・生産統計の推計手続き

　当然のことながら大戦期の資料は散逸が甚だしく，労働市場の実態を見きわめるのは容易でない．また，話を第2次大戦後に限ったときにも，規模別賃金格差の時系列データが得られるのは，1948年からのことである（小野 1973, ch. 8 を見よ）．これは，労働省の『毎月勤労統計調査』において，同年秋から母集団に復原した賃金データを報告することに改められたため，抽出率を異にする従業員規模階層ごとに平均賃金を計算する必要が生じたからである（梅村又次教授の教示による）．

　そこで，第2次大戦前後の規模別賃金格差の状況を通観する1つの手がかりとして，労働市場一般における熟練工労働サービスの対価を示す機械工（旋盤工）の賃金系列と，大企業賃金データの代表としての旧三菱重工の職工賃金系列とを推定した．その結果が付属統計表中の第A 11表である．

　このうち旋盤工（男子）の職種別1人1カ月あたり賃金系列は，以下のようにして推計したものである．まず1936-39年については，商工省『賃銀統計表』の1日あたり賃金（男子）に，内閣統計局『賃金毎月統計』から得た機械器具製造業の1月あたり平均作業日数（男女）を乗ずることによって月収値とした．他方，1949年の値は，労働省『昭和二十四年個人別賃金調査結果報告，補遺そのⅡ』（11月調査），p. 89 に報告されている数値を採用した．一方，これらにはさまれた1940-48年の値は全くの推定値であって，まず内閣統計局『賃金毎月統計』を資料として，機械器具製造業の男女1カ月あたり推定月収（賃金日額×1カ月あたり作業日数）指数を2本（1939年基準ならびに1949年基準）作り，これらの助けによって，1939年の賃金を後方へ延長した系列と1949年の賃金を前方へ延長した系列とを作成したのち，双方系列の幾何平均をとったものである．最後に1950年以後の統計はいずれも労働省の調査によるもので，1950・1952の両年は『毎月勤労統計調査総合報告書』1961年，pp. 84, 91 から得られる機械器具工業の1カ月あたり現金収入総額指数をもとに，1940-48年について施したと同一の手法（上述）によって推計したもの，1951年と1953年は，同省『職業別賃金調査結果報告』昭和26年10月分，pp. 13-17; 昭和28年7月分，p. 4 よりそれぞれ算出したもの，そして1954-63年の期間は，同省『賃金構造基本調査』（もしくはタイトルは違うがそれと同内容のデータ）各年により，機械製造業（電気機械器具，輸送機械器具は除外）におけるきまって支給する現金給与額（企業規模合計値）を利用したものである．なお，1961-62年の値は自動・非自動旋盤双方の加重平均値である．

　次に，三菱重工のデータは，長崎，神戸，彦島各造船所ならびに長崎兵器の4事業所についての月別労務統計を系統的に集計したものである．第2次大戦前の資料は，いうまでもなく第3章で利用したものと同一であるが，これを戦中から終戦直後の混乱期にかけて延長するのは必ずしも容易ではなかった．例えば，戦中・戦後数年間にわたる毎月の勤労報告は順不同に積み重ねられたままであるため，まずこれを整理する必要があ

ったが，その際事業所名が不明だったり，どうしても埋めることのできない欠如部分が生じたりした．

戦時期，もしくは準戦時期における雇用・賃金統計解釈上のいま1つの問題は，この時期に召集され軍隊勤務になった従業員の取扱いである．1932年，シナ事変が発生した時の記録によれば，召集者に対する給料は，召集の翌月からその解除の前月まで通常の1/2の額が支払われた．本人が戦地に派遣された時には，場合によっては給料の2/3の額が支給されることもあった．いいかえれば，さしあたり「休職者」としての取扱いをうけたのである．これらは，いずれも軍隊支給額と合算した額が従来三菱重工で受取っていた本給にほぼ見合う（ただしそれを超えない）金額となるための措置であった（『史料』昭和7年, pp. 5,679-81）．これらの変則的な事情によって三菱各社の賃金・雇用統計にどの程度の歪みが生じているかは，残念ながら十分には検討することができなかった．

以上のような戦時期資料をめぐる整理・統合作業の結果は，とりあえず『統計』にまとめてあるので，第A11表においては，1936-49年については第A4-6表にもとづき，上記4事業所それぞれの1人1カ月あたり職工総収入(1日あたり諸手当こみ賃金総額×1カ月あたり平均就業日数，男女こみ)を求めたのち，各年の各社における賃金支払人員数をウェイトとして，4社の加重平均値を算出した．(在籍人員によらず賃金支払人員をウェイトに利用したのは，兵役による不在人員を排除するためである.)ただし，1945年だけは就業日数が不明であるので直接に月収を推定した．また，1947年は賃金そのもののデータが欠如しているので，旋盤工の1950, 1952年についてと同じ手法により推定した．また，1950-63年のデータは，三菱重工関係3社(三菱造船，三菱日本重工ならびに新三菱重工)の社史と有価証券報告書に依拠したもので，その数値は『統計』正誤表の第A2表(p.3)に記載されている．これは常用工員の1人1月あたり賃金で，ボーナスは含まないものと考えられるが，男女こみの数値である．

付属統計表

第A1表　陸軍省所管工場の職工数(L)および賃金日額(w)
(w: 1人あたり実収総額)

暦年	東京工廠 (男子)		大阪工廠 (男子)		千住製絨所 (男子)		千住製絨所 (女子)	
	L^a (人)	w (円)	L^a (人)	w (円)	L^a (人)	w (円)	L^a (人)	w (円)
1891	2,091	0.566	1,038	0.603	280	0.285	334	0.131
1892	2,232	0.481	1,375	0.525	276	0.293	318	0.131
1893	2,830	0.484	1,001	0.604	259	0.307	289	0.132
1894	3,472	0.483	2,088	0.543	257	0.302	319	0.125
1895 (M 28)	4,637	0.399	1,857	0.592	364	0.271	499	0.117
1896	5,032	0.623	1,682	0.584	377	0.276	471	0.126
1897	5,179	0.544	2,045	0.685	340	0.331	407	0.156
1898	5,787	0.576	1,252	0.397	363	0.371	412	0.165
1899	6,906	0.600	3,105	0.743	363	0.378	470	0.175
1900 (M 33)	7,970	0.623	4,026	0.867	351	0.396	431	0.190
1901	6,581	0.718b	4,800	0.739b	444	0.280b	435	0.192c
1902	7,220	0.649b	4,143	0.512b	436	0.294b	509	0.194c
1903	11,514	0.649	8,857	0.595	756	0.366	1,477	0.196
1904	n.a.	0.663c	n.a.	0.580c	n.a.	0.367c	n.a.	0.205c
1905 (M 38)	n.a.	0.676c	n.a.	0.566c	n.a.	0.369c	n.a.	0.213c
1906	18,907	0.690	13,937	0.551	949	0.370	1,414	0.222
1907	16,750	0.764	11,856	0.589	849	0.389	1,121	0.229
1908	14,831	0.761	10,207	0.638	598	0.405	640	0.245
1909	13,503	0.783	8,233	0.689	534	0.496	514	0.258
1910 (M 43)	12,516	0.747	8,187	0.685	516	0.499	519	0.264
1911	13,708	0.854	8,932	0.708	498	0.503	553	0.293
1912	14,398	0.876	9,688	0.758	486	0.523	542	0.303
1913	12,399	0.842	9,219	0.755	434	0.536	443	0.309
1914[4]	12,627	0.867	12,851	0.768	561	0.663	795	0.367
1915 (T4)	21,517	0.939	24,288	0.736	521	0.675	602	0.364
1916	21,778	0.916	23,876	0.740	523	0.683	580	0.377
1917	13,667	0.952	14,986	0.827	426	0.783	488	0.437
1918	15,328	1.306	12,025	1.066	397	1.220	520	0.552
1919	13,652	1.371	8,707	1.196	420	0.863	626	0.949
1920 (T9)	13,138	2.318	8,541	1.794	543	0.737	721	1.032
1921	11,863d	2.515c	7,756d	2.181c	489d	1.670c	691d	1.143
1922	10,460	2.712	6,498	2.567	422	2.603	686	1.334
1923	3,473	3.315	4,438	2.979	380	2.690	603	1.198
1924	2,775	3.167	3,656	3.378	359	2.997	454	1.489
1925 (T14)	2,857	3.450	3,312	2.955	265	2.745	353	1.546
1926	2,589	3.321	3,302	3.013	280	2.692	359	1.561
1927	2,505	2.38	3,130	3.39	298	2.06	346	1.26
1928	2,184	3.41	2,508	3.75	284	2.19	332	1.03
1929	n.a.	n.a.	n.a.	n.a.	n.a.	n.a.	n.a.	1.330
1930 (S5)	n.a.	n.a.	n.a.	n.a.	n.a.	n.a.	n.a.	1.195

暦年								
1931	n.a.	n.a.	n.a.	n.a.	n.a.	n.a.	n.a.	1.271
1932	n.a.	n.a.	n.a.	n.a.	687b	n.a.	n.a.	1.416
1933	n.a.	n.a.	n.a.	n.a.	659b	n.a.	n.a.	1.747
1934	n.a.	n.a.	n.a.	n.a.	n.a.	n.a.	n.a.	1.576
1935(S10)	n.a.	n.a.	n.a.	n.a.	n.a.	n.a.	n.a.	1.137
1936	n.a.	n.a.	n.a.	n.a.	n.a.	n.a.	n.a.	1.308

(注) a. 年末もしくは年度末現在(「雇用・賃金・生産統計系列の推計手続き」参照). 1891–1902年は延人員/就業日数により推定. b. 男女計である. c. 直線補間により推定. d. 10月31日現在.
〔資料〕『日本帝国統計年鑑』および『大日本帝国陸軍省統計年報』.

第A2表 海軍省所管工場, 内閣印刷局および秀英舎の職工数(L)と賃金日額(w)
(w: 1人あたり実収総額)

暦年	横須賀工廠 (男子)		呉工廠 (男子)		内閣印刷局 (男子)		秀英舎 (男女)	
	L^a (人)	w (円)	L^a (人)	w (円)	L^a (人)	w (円)	L^a (人)	w (円)
1891	2,831	0.300	1,395	0.330	518	0.34	364	0.30
1892	3,030	0.335	1,826	0.314	527	0.35	389	0.31
1893	2,581	0.344	1,637	0.330	541	0.35	487	0.33
1894	3,173	0.348	2,474	0.330	589	0.33	550	0.25
1895(M28)	4,121	0.335	3,310	0.322	650	0.35	581	0.41
1896	3,751	0.338	4,080	0.334	809	0.32	634	0.27
1897	3,683	0.396	4,498	0.392	225	0.39	651	0.27
1898	3,830	0.449	5,652	0.440	873	0.36	652	0.38
1899	3,832	0.472	6,383	0.468	1,117	0.35	768	0.38
1900(M33)	4,638	0.492	6,488	0.493	1,165	0.388	729	0.52
1901	5,261	0.512	7,736	0.517	1,128	0.443	732	0.60
1902	6,761	0.537	12,378	0.549	1,328	0.444	808	0.64
1903	6,551	0.579	12,847	0.608	1,133	0.492	1.057	0.55
1904	n.a.	0.581b	n.a.	0.624b	1,476	0.513	876	0.64
1905(M38)	n.a.	0.584b	n.a.	0.643b	1,763	0.496	893	0.65
1906	14,753	0.586	22,909	0.665	1,761	0.513	968	0.68
1907	13,332b	0.603b	22,207b	0.735b	1,576	0.541	969	0.82
1908	11,911	0.625	21,505	0.820	1,479	0.575	1,046	0.77
1909	11,408	0.670	19,420	0.766	1,549	0.602	985	0.83
1910(M43)	11,649	0.715	23,140	0.876	1,551	0.597	1,029	0.88
1911	11,093	0.723	23,874	0.788	1,617	0.599	991	0.94
1912	8,569	0.765	20,782	0.759	1,586	0.608	1,138	0.84
1913	9,916	0.758	19,637	0.774	1,527	0.610	963	0.87
1914	10,602	0.789	19,070	0.802	1,550	0.597	867	1.12
1915(T4)	10,423	0.789	19,752	0.813	1,565	0.605	989	0.93
1916	11,120	0.810	21,084	0.837	1,485	0.602	1,122	0.76
1917	11,626	0.988	22,462	1.139	1,659	0.751	992	0.99
1918	13,491	1.306	25,145	1.356	1,793	0.711	888	1.20
1919	11,121	1.807	26,422	1.356	1,731	0.879	897	1.68
1920(T9)	18,752	2.376	31,342	2.563	2,267	1.537	1,071	2.07
1921	17,351b	2.401b	27,910b	2.527b	2,166b	1.821b	1,127	2.37

付属統計表   301

1922	15,950	2.425	24,477	2.491	2,065	2.104	1,174	2.45
1923	13,253	2.60	22,194	1.84	n. a.	n. a.	1,080	2.67
1924	11,060	2.49	20,949	2.55	1,540	2.004	1,130	3.17
1925 (T 14)	10,158	2.73	20,311	2.80	1,520	2.448	1,150	3.05
1926	9,971	2.78	19,865	2.21	n. a.	n. a.	1,300	2.91
1927	10,408	3.03	19,496	3.07	n. a.	n. a.	n. a.	n. a.
1928	10,765	2.90	19,516	3.10	n. a.	n. a.	n. a.	n. a.

(注) a. 工廠と印刷局は年末もしくは年度末現在(「雇用・賃金・生産統計系列の推計手続き」参照. b. 直線補間により推定.
〔資料〕 内閣印刷局と1922年までの工廠:『日本帝国統計年鑑』; 1923-28年の工廠: 海軍省官房『大正十二年以降統計報告綴』(部内資料); 秀英舎: 株式会社秀英舎『秀英舎創業五十年誌』1928年, pp. 95-100.

第A3表 鉄道省大宮工場および八幡製鉄所の職工賃金　　　(1人あたり日額)

暦年	大宮鉄道工場 (円)	八幡製鉄所(男子) (円)	暦年	八幡製鉄所(男子) (円)
1899	0.408	n. a.	1916	0.654
1900(M33)	0.464	n. a.	1917	0.690
1901	0.472	n. a.	1918	0.780
1902	0.469	0.539	1919	1.450
1903	0.464	0.567	1920(T9)	2.180
1904	0.469	0.521	1921	2.405
1905(M38)	0.457	0.508	1922	2.482
1906	0.456	0.573	1923	2.486
1907	0.499	0.590	1924	2.532
1908	0.527	0.640	1925(T14)	2.538
1909	0.551	0.654	1926	2.631
1910(M43)	0.546	0.665	1927	2.550
1911	0.554	0.688	1928	2.917
1912	0.584	0.678	1929	2.986
1913	0.610	0.670	1930(S5)	2.915
1914	n. a.	0.662	1931	2.673
1915(T4)	n. a.	0.646	1932	2.739
			1933	2.952
			1934	3.034
			1935(S10)	3.177
			1936	3.074

〔資料〕 大宮工場: 隅谷(編)上(1970, p. 199); 八幡製鉄所: Odaka(1968, p. 98).

第A4表 三菱諸工場の在籍職工数(L)および賃金日額(w):I[a]
(L: 年末現在, w: 1人あたり実収総額)

暦年	長崎造船所		神戸造船所		彦島造船所		長崎兵器	
	L (人)	w (円)	L (人)	w (円)	L (人)	w (円)	L (人)	w (円)
1894	1,450	0.423	—	—	—	—	—	—
1895 (M28)	1,749	0.482	—	—	—	—	—	—
1896	2,607	0.507	—	—	—	—	—	—
1897	3,799	0.542	—	—	—	—	—	—
1898	3,430	0.612	—	—	—	—	—	—
1899	3,558	0.593	—	—	—	—	—	—
1900 (M33)	3,792	0.584	—	—	—	—	—	—
1901	5,209	0.625	—	—	—	—	—	—
1902	5,193	0.586	—	—	—	—	—	—
1903	5,708	0.583	—	—	—	—	—	—
1904	5,402	0.616	—	—	—	—	—	—
1905 (M38)	7,139	0.569	243	0.613 [b]	—	—	—	—
1906	9,447	0.636	928	0.645	—	—	—	—
1907	10,355	0.636	1,681	0.692	—	—	—	—
1908	9,690	0.702	2,181	0.831	—	—	—	—
1909	5,847	0.730	1,860	0.970	—	—	—	—
1910 (M43)	5,819	0.647	1,800	1.007	—	—	—	—
1911	7,264	0.691	2,499	1.086	—	—	—	—
1912	8,017	0.682	3,377	1.078	—	—	—	—
1913	9,488	0.709	3,174	0.952	—	—	—	—
1914	10,445	0.720	3,191	0.960	194	0.953	—	—
1915 (T4)	9,810	0.716	3,686	1.139	286	1.259	—	—
1916	12,707	0.723	4,960	1.000	382	1.483	—	—
1917	14,328	1.053	6,643	1.280	480	1.486	375	1.143
1918	14,321	1.345	10,316	1.597	680	2.105	514	1.319
1919	16,788	1.605	9,995	1.921	756	1.924	612	1.649
1920 (T9)	16,822	2.027	9,469	2.385	742	2.146	810	1.977
1921	18,146	2.196	6,876	2.157	674	2.209	980	2.134
1922	11,887	2.058	5,806	2.555	600	2.528	1,082	1.991
1923	9,250	2.057	5,348	2.721	693	2.022	2,091	2.462
1924	8,553	2.253	4,912	2.700	740	2.257	2,358	2.548
1925 (T14)	6,672	2.644	4,228	3.056	735	2.148	2,251	2.572
1926	6,849	2.495	4,308	3.031	722	2.188	2,087	2.574
1927	7,408	2.504	4,506	3.036	703	2.223	1,092	2.668
1928	8,516	2.542	5,101	3.136	706	2.349	1,092	2.932
1929	8,705	2.553	4,958	3.077	799	2.145	1,087	3.041
1930 (S5)	5,123	2.493	4,038	2.908	704	2.307	1,058	2.725
1931	5,197	2.403	4,004	2.656	688	2.117	658	2.492
1932	5,177	2.445	4,070	2.858	655	2.232	718	2.654
1933	7,068	2.521	4,431	3.148	650	2.285	784	2.808
1934	9,565	2.639	5,023	3.189	750	2.418	881	2.945
1935 (S10)	8,973	2.601	5,490	3.234	693	2.480	894	3.002
1936	12,163	2.527	6,330	3.290	691	2.455	944	3.082
1937	14,324	2.770	8,449	3.404	703	2.709	1,568	2.930

付属統計表   303

1938	17,195	2.893	10,631	3.475	695	3.126	1,934	2.715
1939	19,416	2.807	12,877	3.195	692	3.072	3,315	2.649
1940(S15)	18,329	2.993	13,065	3.440	670	3.246	3,975	2.630

(注) a. 賃金は1人1日あたり賃金総額(=実働賃金+加給金+賞与+諸手当+扶助金)を年間労働延人員(mandays)で除すことによって求めた値である． b. 兵藤(1971, p. 312)による．
〔資料〕 『統計』第4,6表ならびに『統計』正誤表，付表A3．

第A5表 三菱諸工場の在籍職工数(L)および賃金日額(w)：II[a]
(L：10月末日現在，w：1人あたり実収総額)

暦年	名古屋航空機		神戸電機	
	L (人)	w (円)	L (人)	w (円)
1925(T14)	1,373	3.172	1,215	3.107
1926	1,539	3.104	1,224	2.974
1927	1,585	2.962	1,138	2.820
1928	1,782	3.147	1,196	2.979
1929	1,731	3.046	1,245	2.991
1930(S5)	2,093	3.192	1,255	2.930
1931	2,245	3.140	905	2.868
1932	2,236	3.663	775	2.975
1933	5,738	3.625	1,106	3.340
1934	6,153	3.289	1,311	3.154
1935(S10)	6,211	3.426	1,392	3.199
1936	6,975	3.482	1,727	3.093
1937	12,003	3.325	2,324	2.988
1938	16,016	3.454	3,237	2.627
1939	21,070	3.663	4,222	2.427
1940(S15)	25,405	3.554	5,504	2.344

(注) a. 名古屋航空機では，実働賃金+加給金+賞与+手当+扶助金．神戸電機では手当，扶助金を含まない．
〔資料〕 三菱重工業株式会社『職工統計』．

第A6表 基準外賃金(賞与・諸手当等)の系列[a] (1人あたり日額，円)

暦年	東京工廠 (男子)	大阪工廠 (男子)	千住製絨所 (男子)	千住製絨所 (女子)	横須賀工廠 (男子)	呉工廠 (男子)	内閣印刷局 (男子)
1922	0.227	0.239	0.253	0.115	0.303	0.281	0.258
1923	0.439	0.251	0.453	0.159	0.313[b]	0.834[b]	n. a.
1924	0.242	0.273	0.345	0.130	0.410[b]	0.886[b]	0.239
1925(T14)	0.265	0.242	0.273	0.124	n. a.	n. a.	0.329
1926	0.275	0.242	0.256	0.114	n. a.	n. a.	n. a.

暦　年	長崎造船所 (円)	神戸造船所 (円)	彦島造船所 (円)	長崎兵器 (円)	名古屋航空機 (円)	神戸電機 (円)
1925 (T14)	0.444	0.378	0.149	0.134	0.206	0.230
1926	0.208	0.208	0.159	0.134	0.130	0.143
1927	0.186	0.208	0.189	0.123	0.142	0.115
1928	0.192	0.228	0.182	0.172	0.159	0.135
1929	0.173	0.220	0.138	0.177	0.166	0.143
1930 (S5)	0.171	0.220	0.154	0.166	0.162	0.144
1931	0.185	0.252	0.150	0.164	0.133	0.131
1932	0.193	0.234	0.147	0.142	0.163	0.131
1933	0.188	0.232	0.159	0.144	0.132	0.158
1934	0.157	0.216	0.156	0.169	0.094	0.137
1935 (S10)	0.161	0.217	0.174	0.166	0.121	0.157
1936	0.156	0.215	0.194	0.179	0.144	0.146
1937	0.279	0.351	0.304	0.234	0.226	0.135
1938	0.290	0.348	0.530	0.235	0.161	0.109
1939	0.234	0.256	0.463	0.201	0.131	0.102
1940 (S15)	0.215	0.247	0.367	0.128	0.134	0.099

(注) a. 1941年以降の三菱諸工場を除き，ここに掲げた年次以外の資料は得られなかった．基準外賃金とは，三菱3造船，長崎兵器および名古屋航空機の場合，賞与＋諸手当＋扶助金であり，神戸電機の場合では賞与のみのデータである．他の諸工場についてはその明細は不明．b. 海軍省『大正十二年以降統計報告綴』からは手当額が不明である．

〔資料〕第1段：『日本帝国統計年鑑』，第2段：旧三菱重工『職工統計』．

第A7表 職業別賃金日額 a （1人あたり，円）

暦　年	東京市 機械工 b	東京市 印刷植字工	東京市 綿力織女工	横浜市 機械工 b	名古屋市 機械工 b	大阪市 機械工 b	神戸市 機械工 b	広島市 機械工 b	福岡県 機械工 b	福岡県 造船工 f
1894	0.378	0.381c	n.a.	0.487c	n.a.	0.490c	n.a.	0.370c	n.a.	n.a.
1895 (M28)	0.379	0.354c	n.a.	0.610c	n.a.	0.570c	n.a.	0.340c	n.a.	n.a.
1896	0.409	0.380c	n.a.	0.867c	n.a.	0.757c	n.a.	0.423c	n.a.	n.a.
1897	0.432	0.338c	n.a.	1.039c	n.a.	0.558c	n.a.	0.595c	n.a.	n.a.
1898	0.498	0.387c	n.a.	1.117c	n.a.	0.555c	n.a.	0.606c	n.a.	n.a.
1899	0.728	0.453c	n.a.	1.060c	n.a.	0.667c	n.a.	0.554c	n.a.	n.a.
1900 (M33)	0.626	0.43	0.41	0.705	0.511	0.622	n.a.	0.568	0.537	0.539
1901	0.589	0.43	0.20	0.678	0.535	0.570	n.a.	0.573	0.550	0.557
1902	0.597	0.52	0.21	0.810	0.546	0.579	n.a.	0.471	0.550	0.557
1903	0.607	0.58	0.20	0.752	0.603	0.706	n.a.	0.592	0.544	0.551
1904	0.892	0.51	0.19	0.643	0.635	0.635	n.a.	0.535	0.530	0.539
1905 (M38)	0.915	0.56	0.22	0.664	0.551	0.696	0.84d	0.582	0.602	0.614
1906	0.797	0.54	0.26	0.812	0.529	0.656	0.85d	0.583	0.601	0.624
1907	0.789	0.64	0.26	0.940	0.614	0.734	1.00d	0.568	0.736	0.747
1908	0.715	0.66	0.31	0.958	0.637	0.811	1.10d	0.597	0.720	0.724
1909	0.639	0.66	0.31	1.115	0.628	0.731	1.10d	0.612	0.811	0.819

付属統計表

暦年										
1910 (M43)	0.748	0.68	0.38	1.221	0.618	0.761	1.073	0.642	0.784	0.794
1911	0.742	0.69	0.31	0.960	0.685	0.768	1.073	0.662	0.763	0.772
1912	0.718	0.70	0.35	1.050	0.718	0.745	0.800	0.665	0.767	0.781
1913	0.782	0.71	0.46	1.061	0.650	0.748	0.800	0.715	0.763	0.775
1914	0.702	0.75	0.46	1.016	0.598	0.753	0.800	0.747	0.732	0.749
1915 (T4)	0.723	0.75	0.46	0.978	0.604	0.720	0.672	0.750	0.707	0.729
1916	0.855	0.78	0.57	0.958	0.694	0.783	0.713	0.803	0.807	0.817
1917	1.038	0.85	0.63	1.285	0.868	0.962	0.943	0.978	1.089	1.111
1918	1.258	0.91	0.79	1.885	1.053	1.068	1.782	1.263	1.547	1.557
1919	2.006	1.43	0.98	2.416	1.633	1.281	1.479	2.068	2.021	2.056
1920 (T9)	1.806	2.83	1.03	3.278	2.261	2.147	2.355	2.655	2.380	2.443
1921	1.944	2.90	1.20	2.844	2.448	2.155	2.290	2.595	2.016	2.106
1922	1.977	2.92	1.03	3.332	2.698	2.285	2.435	2.555	1.824	1.924
1923	2.044	2.86	1.07	2.128	2.772	1.988	2.644	2.490	2.040	2.098
1924	2.054	2.83	0.98c	2.159	3.074	2.023	2.637	2.637	2.217	2.255
1925 (T14)	2.054	2.95	1.03c	2.182	3.067	2.035	2.687	2.397	2.190	2.261
1926	2.061	3.02	0.92c	n.a.	3.167	2.106	2.694	2.474e	2.154	2.179
1927	2.081	3.20	0.83c	n.a.	3.684	2.365	2.461	2.689e	2.211	2.240
1928	2.464	3.25	0.87	n.a.	3.634	2.497	2.076	2.825e	2.218	2.258
1929	2.456	3.46	0.93	n.a.	3.336	2.576	2.193	2.712e	2.223	2.199
1930 (S5)	2.258	3.43	0.91	n.a.	3.181	2.444	2.185	2.361e	2.031	2.081
1931	2.780	3.30	0.85	n.a.	2.715	2.132	2.125	2.361e	1.897	1.927
1932	3.111	3.16	0.81	n.a.	2.691	2.551	2.099	2.824e	1.723	1.751
1933	3.815	3.05	0.77	n.a.	2.871	3.144	2.063	3.233e	1.689	1.701
1934	3.693	3.02	0.75	n.a.	3.021	3.336	2.981	2.666e	1.711	1.751
1935 (S10)	3.410	n.a.	0.79	n.a.	2.872	3.253	3.102	2.487e	1.781	1.817
1936	3.390	n.a.	1.02	n.a.	2.777	3.315	3.153	2.487e	1.784	1.823
1937	3.643	n.a.	n.a.	n.a.	3.028	3.462	3.295	2.705e	2.205	2.232
1938	4.513	n.a.	n.a.	n.a.	2.846	3.671	3.347	2.962e	2.118	2.160
1939	5.097	n.a.	n.a.	n.a.	3.202	3.562	3.525	n.a.	2.378	2.460

(注) a. 東京市綿力織女工以外はすべて男子工賃金。b. 鍛冶工と鋳物工との加重平均。（ウェイトは付録第4表に掲げてある。）c. 推計値（「雇用・賃金・生産統計の推計手続き」を参照）。d. 鍛冶工賃金のみ。e. 賃金指数系列から逆算の上算出。f. 鍛冶工、鋳物工および船大工の加重平均。（ウェイトは付録第4表に掲げてある。）

〔資料〕『日本帝国統計年鑑』各年；商工省『明治三十三年乃至昭和四年賃銀統計表』1930年、『福岡県統計書』各年により推計。

第A8表　東京市製造工業の工場規模別賃金（産業別・性別）

(1人1日あたり、円)

暦年	紡織(男子)		紡織(女子)		金属(男子)		金属(女子)		機械器具(男子)		機械器具(女子)	
	大	小	大	小	大	小	大	小	大	小	大	小
1917	0.66	0.67	0.36	0.33	0.790	0.771	0.340	0.33	0.859	0.761	0.327	0.31
1918	0.908	0.883	0.496	0.451	1.043	0.963	0.460	0.428	1.048	1.010	0.431	0.446
1919	1.427	1.343	0.808	0.756	1.747	1.620	0.768	0.724	1.797	1.689	0.785	0.773
1920 (T9)	1.692	1.485	0.920	0.858	1.860	1.714	0.852	0.781	1.949	1.793	0.836	0.886
1921	1.917	1.697	1.006	0.981	2.109	1.837	0.908	0.849	2.320	1.963	0.935	0.886

暦年											
1922	1.939	1.638	1.094	0.897	2.035	1.872	0.967	0.990	2.325	1.966	1.023	0.938
1923	2.080	1.788	1.172	0.925	2.276	2.043	1.146	0.840	2.465	2.248	1.103	1.096
1924	2.152	1.587	1.088	0.822	2.134	1.981	1.065	0.980	2.383	2.130	1.168	1.054
1925(T14)	1.925	1.433	1.026	0.881	2.147	1.882	1.052	0.966	2.397	2.029	1.153	0.850
1926	1.855	1.526	0.987	0.868	2.030	1.817	0.991	0.933	2.294	1.918	1.122	0.777
1927	1.768	1.491	0.944	0.950	2.035	1.814	1.000	0.969	2.279	1.935	1.069	0.763
1928	1.865	1.721	0.952	0.969	2.06	1.83	0.90	0.87	2.26	1.97	1.03	0.87
1929	1.582	1.356	0.861	0.805	1.84	1.61	0.85	0.74	2.01	1.72	1.00	0.90
1930(S5)	1.386	1.015	0.810	0.694	1.61	1.33	0.79	0.72	1.80	1.41	0.89	0.79
1931	1.29	0.95	0.73	0.61	1.40	1.14	0.75	0.67	1.67	1.30	0.72	0.86
1932	1.24	0.95	0.69	0.59	1.42	1.11	0.68	0.54	1.55	1.21	0.73	0.54
1933	1.21	0.91	0.67	0.57	1.38	1.08	0.63	0.52	1.54	1.15	0.69	0.49
1934	1.21	0.92	0.66	0.56	1.33	1.04	0.62	0.53	1.49	1.09	0.69	0.50
1935(S10)	1.18	0.90	0.64	0.57	1.34	1.02	0.60	0.52	1.46	1.17	0.68	0.50
1936	1.24	0.94	0.66	0.61	1.35	1.04	0.63	0.54	1.50	1.08	0.70	0.55
1937	1.267	1.007	0.705	0.674	1.488	1.160	0.675	0.618	1.62	1.251	0.740	0.475
1938	1.529	1.076	0.786	0.685	1.863	1.250	0.808	0.732	1.914	1.571	0.881	0.766

暦年	窯業(男子)		窯業(女子)		化学(男子)		化学(女子)		製材・木製品(男子)		製材・木製品(女子)	
	大	小	大	小	大	小	大	小	大	小	大	小
1917	0.76	0.65	0.32	0.32	0.633	0.612	0.338	0.305	0.87	0.82	0.34	0.30
1918	0.944	0.880	0.431	0.383	0.870	0.977	0.429	0.463	1.231	1.097	0.473	0.354
1919	1.591	1.587	0.704	0.708	1.388	1.493	0.695	0.748	2.074	1.839	0.878	0.711
1920(T9)	1.762	1.507	0.792	0.825	1.478	1.708	0.774	0.839	2.307	1.954	0.841	0.811
1921	1.981	1.644	0.836	0.877	1.706	1.639	0.833	0.824	2.785	1.983	0.932	0.819
1922	2.076	1.636	0.932	1.068	1.738	1.697	0.884	0.888	2.467	2.214	0.926	0.882
1923	2.086	1.700	1.019	—	1.843	1.940	0.961	0.800	3.136	2.814	—	1.000
1924	2.350	1.671	0.990	0.850	1.910	1.907	0.974	0.882	2.810	2.436	0.947	1.144
1925(T14)	2.215	1.856	0.979	1.000	1.878	1.802	0.903	0.963	2.542	2.101	1.119	0.703
1926	2.108	1.710	0.947	0.900	1.829	1.641	0.906	0.789	2.409	2.034	0.947	0.891
1927	2.143	1.663	0.918	1.000	1.826	1.584	0.866	0.869	2.413	2.044	0.907	0.728
1928	2.18	1.95	0.85	1.00	1.81	1.69	0.92	0.87	2.375	2.014	0.888	0.781
1929	1.84	1.59	0.83	0.90	1.73	1.53	0.85	0.71	2.026	1.651	0.911	0.818
1930(S5)	1.71	1.28	0.81	—	1.68	1.37	0.85	0.68	1.671	1.253	0.755	0.469
1931	1.56	1.07	0.69	0.53	1.59	1.11	0.81	0.69	1.43	1.11	0.88	0.59
1932	1.45	1.08	0.70	0.53	1.44	1.05	0.71	0.57	1.38	1.04	0.63	0.53
1933	1.42	1.00	0.66	0.60	1.41	1.04	0.68	0.52	1.33	1.06	0.60	0.53
1934	1.39	0.97	0.65	0.50	1.38	1.00	0.66	0.53	1.36	1.04	0.55	0.48
1935(S10)	1.34	0.98	0.61	0.53	1.34	1.02	0.66	0.53	1.34	1.04	0.62	0.48
1936	1.34	0.99	0.62	0.51	1.38	1.06	0.66	0.55	1.40	1.10	0.61	0.54
1937	1.457	1.308	0.654	0.763	1.468	1.133	0.720	0.590	1.585	1.238	0.695	0.595
1938	1.649	1.321	0.817	0.851	1.669	1.330	0.810	0.740	1.874	1.538	0.782	0.664

暦年	印刷・製本 (男子)		印刷・製本 (女子)		食料品 (男子)		食料品 (女子)		その他 (男子)		その他 (女子)	
	大	小	大	小	大	小	大	小	大	小	大	小
1917	0.73	0.68	0.45	0.44	0.65	0.52	0.36	0.30	0.731	0.719	0.331	0.364
1918	0.962	0.907	0.580	0.566	0.877	0.646	0.411	0.426	0.931	0.910	0.486	0.390
1919	1.846	1.735	1.030	0.895	1.566	1.231	0.741	0.653	1.436	1.423	0.694	0.736
1920(T9)	2.118	1.926	1.279	1.223	1.523	1.122	0.784	0.699	1.545	1.465	0.781	0.782
1921	2.420	2.132	1.454	1.423	1.587	1.064	0.860	0.690	1.810	1.693	0.889	0.863
1922	2.512	2.168	1.520	1.413	1.581	1.225	0.899	0.877	1.903	1.634	0.930	0.929
1923	2.575	2.271	1.573	1.317	1.941	1.432	1.131	0.910	2.064	1.751	0.978	0.884
1924	2.560	2.148	1.620	1.178	2.068	1.559	1.071	1.034	1.981	1.797	1.044	0.921
1925(T14)	2.491	2.044	1.628	1.048	1.553	1.332	0.875	0.838	1.886	1.591	1.031	1.113
1926	2.446	2.001	1.601	1.125	1.624	1.183	0.923	0.770	1.832	1.553	0.994	0.830
1927	2.332	1.899	1.445	1.003	1.583	1.676	0.895	0.767	1.834	1.486	0.925	0.954
1928	2.34	1.96	1.53	1.25	1.69	1.36	0.92	0.84	1.876	1.593	0.957	0.877
1929	2.03	1.58	1.36	0.96	1.58	1.17	0.85	0.79	1.636	1.384	0.903	0.888
1930(S5)	1.89	1.28	1.30	0.75	1.44	0.98	0.82	0.66	1.499	1.116	0.825	0.719
1931	1.75	1.16	1.30	0.74	1.31	0.87	0.73	0.63	1.26	0.89	0.73	0.61
1932	1.64	1.15	1.14	0.68	1.27	0.76	0.68	0.52	1.23	0.88	0.70	0.58
1933	1.55	0.98	1.13	0.58	1.24	0.72	0.67	0.50	1.21	0.87	0.66	0.56
1934	1.54	0.97	1.09	0.62	1.22	0.71	0.65	0.50	1.15	0.87	0.63	0.56
1935(S10)	1.53	0.97	1.06	0.55	1.21	0.74	0.67	0.53	1.15	0.88	0.64	0.57
1936	1.57	1.01	1.05	0.70	1.21	0.78	0.65	0.53	1.16	0.90	0.64	0.58
1937	1.65	1.10	1.06	0.69	1.31	0.86	0.71	0.59	1.242	0.802	0.684	0.643
1938	1.812	1.310	1.119	0.797	1.45	1.00	0.78	0.70	1.351	1.174	0.818	0.796

(注) 大工場(「大」と略記)は, 1922年までは職工10人もしくはそれ以上のもの, 1923年以降は5人もしくはそれ以上のものを指す. 職工とは15ないし16歳から50歳までの生産労働者で, 事務系職員や家族従業者は含まない. また, 原表に掲載の電気ガス製造業は除外した.
〔資料〕『東京市統計年表』各年.

第A9表 大阪市機械・船舶製造業の職工数(L)および賃金日額(w)

暦年	機械製造業 (男子)		船舶製造業 (男子)		暦年	機械製造業 (男子)		船舶製造業 (男子)	
	L (人)	w (円)	L (人)	w (円)		L (人)	w (円)	L (人)	w (円)
1906	6,140	0.630	4,604	0.629	1917	8,953	0.88	12,305	1.05
1907	8,121	0.710	4,413	0.642	1918	8,133	1.13	14,560	1.18
1908	8,556	0.606	3,513	0.654	1919	7,679	1.94	23,464	2.03
1909	6,684	0.572	3,246	0.571	1920(T9)	6,693	1.82	8,097	2.10
1910(M43)	9,733	0.374	2,521	0.540	1921	7,276	2.280	5,053	2.55
1911	5,510	0.657	4,248	0.680	1922	5,917	2.086	6,213	2.39
1912	8,495	0.500	4,004	0.532	1923	5,360	2.312	3,759	2.83
1913	5,110	0.58	4,546	0.61	1924	5,974	1.948	3,550	2.71
1914	4,244	0.62	4,478	0.66	1925(T14)	7,545	2.396	4,471	2.79
1915(T4)	9,186	0.62	5,036	0.67	1926	7,858	2.305	4,831	3.03
1916	8,322	0.64	5,434	0.68	1927	7,163	2.375	5,178	2.98

1928	8,719	2.526	6,830	2.57	1934	24,156	1.666	5,423	2.62
1929	8,917	2.284	6,355	2.73	1935(S10)	29,305	1.594	6,659	2.47
1930(S5)	11,481	1.964	4,411	2.55	1936	28,120	1.608	9,278	2.47
1931	11,103	1.840	3,870	2.46	1937	46,830	1.728	9,036	2.72
1932	13,537	1.783	4,150	2.35	1938	55,977	1.933	n. a.	n. a.
1933	18,680	1.736	4,750	2.32					

(注) 徒弟, 日雇を含まず. また, 1920年までの船舶製造業は「部品」こみ.
〔資料〕『大阪市統計書』各年.

第A10表 造船業における年間作業収入

暦 年	長崎造船所		三菱造船所		大阪市船舶製造業 (当年値) (千円)	(参考系列) 大阪市船舶製造業就業人員 (年末現在, 人)
	当年値 (千円)	1934/36年価格 (千円)	当年値 (千円)	1934/36年価格 (千円)		
1897	2,017	3,303	—	—	n. a.	n. a.
1898	2,124	3,800	—	—	n. a.	n. a.
1899	2,431	3,936	—	—	965	1,319
1900(M33)	3,528	5,357	—	—	725	643
1901	4,559	7,144	—	—	1,256	2,496
1902	4,315	6,868	—	—	1,249	651
1903	4,552	7,243	—	—	1,167	804
1904	5,048	7,407	—	—	2,780	3,183
1905(M38)	6,389	9,143	—	—	3,878	4,517
1906	8,928	12,510	—	—	4,182	4,686
1907	11,307	14,521	—	—	3,866	4,227
1908	10,371	14,663	—	—	4,418	3,582
1909	6,571	10,065	—	—	5,247	3,321
1910(M43)	6,089	9,185	—	—	7,216	2,605
1911	7,155	10,528	—	—	6,610	4,513
1912	9,173	12,345	—	—	5,630	4,291
1913	8,761	12,034	—	—	7,090	4,987
1914	12,008	17,249	—	—	5,477	4,803
1915(T4)	9,967	15,578	—	—	5,893	5,076
1916	22,923	26,501	—	—	9,712	5,472
1917	31,219	20,154	—	—	28,998	12,386
1918	59,385	25,753	—	—	85,584	14,717
1919	48,526	34,332	104,760	78,945	78,996	23,556
1920(T9)	59,474	42,304	98,302	71,701	30,365	8,112
1921	48,471	67,920	66,779	100,118	9,843	4,415
1922	33,047	38,324	56,268	69,639	13,428	6,269
1923	36,837	45,392	67,217	87,980	10,348	3,784
1924	29,276	32,814	56,121	67,534	8,928	3,565
1925(T14)	n. a.	n. a.	47,170	58,235	10,923	4,487
1926	n. a.	n. a.	49,737	63,765	7,738	4,851
1927	n. a.	n. a.	39,204	45,323	12,819	5,197
1928	n. a.	n. a.	37,816	48,112	14,408	6,851
1929	n. a.	n. a.	62,878	81,238	14,726	6,372
1930(S5)	n. a.	n. a.	58,625	84,474	18,410	4,424
1931	n. a.	n. a.	30,211	47,502	8,666	3,879

1932	n.a.	n.a.	41,170	64,328	8,121	4,150
1933	n.a.	n.a.	34,536	49,479	11,031	4,762
1934	n.a.	n.a.	n.a.	n.a.	12,605a	5,428
1935(S10)	n.a.	n.a.	n.a.	n.a.	12,143	6,672
1936	n.a.	n.a.	n.a.	n.a.	22,548	9,298

(注) a. 原数値(22,605円)を誤りとみなして訂正.

〔資料〕 長崎造船所は西日本重工業(1951)により，また三菱造船所は同社の営業報告書によって集計．大阪市については『大阪市統計書』各年による．

第A11表 第2次大戦期およびその前後の1人1カ月あたり職工(工員)賃金

暦 年	旋盤工(男子)(円)	旧三菱重工(円)	暦 年	旋盤工(男子)(円)	旧三菱重工(円)
1936	68	70	1951	14,447	14,892
1937	72	73	1952	15,284	16,814
1938	75	74	1953	15,691	17,856
1939	77	70	1954	14,669	18,369
1940(S15)	76	73	1955(S30)	14,601	19,664
1941	85	80	1956	16,535	21,559
1942	95	92	1957	18,110	23,425
1943	108	120	1958	16,286	24,624
1944	123	126	1959	18,159	25,888
1945(S20)	141	136	1960(S35)	20,151	27,993
1946	613	836	1961	21,719	29,734
1947	2,181	2,720	1962	28,757	30,923
1948	5,924	6,760	1963	31,403	32,787
1949	9,116	9,744			
1950(S25)	10,633	12,180			

(注) 推計過程については「雇用・賃金・生産統計の推計手続き」を参照．

引用文献一覧

○ 著者(姓・名)のアルファベット順に配列. ただし, 同
一著者による著作が複数点あるときは公刊年順. 共著
の場合は単独著作の後に配置.
○ 凡例に掲載の7点と統計類は除外.

Abegglen, James C. 1958. *The Japanese Factory*, Glencoe Ill.: The Free Press(占部郁美・森義昭(訳)『日本の経営』ダイヤモンド社, 1960年; reprinted in J. Abegglen, *Management and Worker, The Japanese Solution*, Tokyo: Sophia University, 1973).
Abramovitz, Moses. 1961. "The Nature and Significance of Kuznets Cycles," *Economic Development and Cultural Change*, Vol. IX, No. 3(April 1961), pp. 225-48.
—— 1968. "The Passing of the Kuznets Cycle," *Economica*, N. S., Vol. XXXV., No. 137-140(Nov. 1968), pp. 349-67.
相原茂・鮫島龍行(編) 1971.『統計日本経済―経済発展を通してみた日本統計史―』経済学全集 28, 筑摩書房.
Aitchison, J. and J. A. C. Brown. 1957. *The Lognormal Distribution, with Special Reference to Its Uses in Economics*, Cambridge: Cambridge University Press.
Allen, R. G. D. 1938. *Mathematical Analysis for Economists*, London: Macmillan.
有沢広巳 1956.「日本資本主義と雇傭」『世界』No. 121(1956年1月), pp. 23-34.
—— 1957.「経済拡大は雇用問題を解決しうるか」『世界』No. 135号(1957年3月), pp. 34-44.
Baranson, Jack. 1978. *Technology and the Multinationals, Corporate Strategies in a Changing World Economy*, Lexington, Mass.: Lexinton Books.
Becker, Gary. 1975. *Human Capital: A Theoretical and Empirical Analysis, with Special Reference to Education*, 2nd ed., New York: Columbia University Press(佐野陽子(訳)『人的資本―教育を中心とした理論的・経験的分析―』東洋経済新報社, 1976年).
Bendix, Reinhard. 1956. *Work and Authority in Industry; Ideologies of Management in the Course of Industrialization*, N. Y.: John Wiley(大東英祐・鈴木良隆(訳)『産業における労働と権限, 工業化過程における経営管理のイデオロギー』東洋経済新報社, 1980年).
Beveridge, William H. 1944. *Full Employment in a Free Society*, London: George Allen and Unwin.
Blumenthal, Tuvia. 1966. "The Effect of Socio-economic Factors on Wage Differentials in Japanese Manufacturing Industries,"『季刊理論経済学』Vol. XVII, No. 1(Sept. 1966), pp. 53-67(飯尾晃一(訳)「日本の製造工業の賃金格差に対する社会経済的諸要因の影響」西川俊作(編)『労働市場』日本経済新聞社, 1971年, pp. 229-47).
—— 1968. "Scarcity of Labor and Wage Differentials in the Japanese Economy, 1958-64," *Economic Development and Cultural Change*, Vol. XVII, No. 1(Oct.

1968), pp. 15-32.

Boudon, Raymond. 1973. *Mathematical Structures of Social Mobility*, London: Elsevier.

Clark, Colin G. 1957. *The Conditions of Economic Progress*, 3rd ed., London: Macmillan(大川一司・小原敬士・高橋長太郎・山田雄三(編訳)『経済進歩の諸条件』原書第2版, 上下, 勁草書房, 1953-55年).

Clawson, Dan. 1980. *Bureaucracy and the Labor Process; The Transformation of U. S. Industry 1860-1920*, N. Y.: Monthly Review Press.

Cole, Robert E. 1971. "The Theory of Institutionalization: Permanent Employment and Tradition in Japan," *Economic Development and Cultural Change*, Vol. XX, No. 1(Oct. 1971), pp. 47-70.

大同毛織株式会社　1960.『糸ひとすじ』上下, 1960年.

DeGarmo, E. Paul. 1974. *Materials and Processes in Manufacturing*, 4th ed., N. Y.: Macmillan.

Denison, Edward F. 1961. "Measurement of Labor Input: Some Questions of Definition and the Adequacy of Data," in N.E.B.R, *Output, Input and Productivity Measurement*, Studies in Income and Wealth, Vol. 25, Princeton: Princeton University Press, pp. 347-72.

Doeringer, Peter B. and Michael J. Piore. 1971. *Internal Labor Markets and Manpower Analysis*, Lexington, Mass.: D. C. Heath and Co.

土光敏夫　1983.『私の履歴書』日本経済新聞社.

Dore, Ronald P. 1973. *British Factory-Japanese Factory, The Origin and National Diversity in Industrial Relations*, Berkeley and Los Angeles: University of California Press.

Draper, N. R. and H. Smith. 1966. *Applied Regression Analysis*, N. Y.: John Wiley(中村慶一(訳)『応用回帰分析』森北出版, 1968年).

Durand, John D. 1975. *The Labor Force in Economic Development, A Comparison of International Census Data 1946-1966*, Princeton: Princeton University Press.

江崎光男　1977.『日本経済のモデル分析』創文社.

Feinberg, S. E. 1970. "An Iterative Procedure for Estimation in Contigency Tables," *Annals of Mathematical Statistics*, Vol. 41, No. 3(June 1970), pp. 907-17.

Feller, William. 1968. *An Introduction to Probability Theory and Its Applications*, Vol. I, 3rd ed., N. Y.: John Wiley.

Fleisher, Belton M. 1970. *Labor Economics, Theory and Evidence*, Englewood Cliff: Prentice-Hall(水野朝夫・兼清弘之(訳)『労働経済学』総合労働研究所, 1977年).

Foxwell, Ernest. 1901. "The Protection of Labour in Japan," *Economic Journal*, Vol. XI, No. 1(March 1901), pp. 106-24.

Friedman, Milton and Simon Kuznets. 1954. *Income from Independent Professional Practice*, N. Y.: N.B.E.R.

Fruin, W. Mark. 1980. "The Family as a Firm and the Firm as a Family in Japan: The Case of Kikkoman Shōyu Company Limited," *Journal of Family History*, Winter 1980, pp. 432-49.

藤林敬三　1941 a. 「吾国に於ける労働移動の研究―特に先きの欧州大戦当時の労働移動現象について―」『三田学会雑誌』35巻3号(1941年3月), pp. 65-121.

―― 1941 b.「吾国工鉱業労働者の労働移動の研究――特に世界大戦後,満洲事変の勃発に至るまで――」『三田学会雑誌』35巻8号(1941年8月), pp. 1-76.
―― 1949.『労資関係論』経営評論社.
藤野正三郎 1965.『日本の景気循環―循環的発展過程の理論的・統計的・歴史的分析―』勁草書房.
―― 1968. "Construction Cycles and Their Monetary-Financial Characteristics," in L. Klein and K. Ohkawa, eds., *Economic Growth: The Japanese Experience since the Meiji Era*, Homewood: Richard D. Irwin, pp. 35-68(邦文版「建設循環とその貨幣的・金融的機構」篠原三代平・藤野正三郎(編)『日本の経済成長,成長コンファレンスの報告と討論』日本経済新聞社,1967年, pp. 53-88).
――・藤野志朗・小野旭 1979.『繊維工業』大川・篠原・梅村(監修)「長期経済統計」第11巻,東洋経済新報社.
福田徳三 1922.『社会運動と労銀制度』改造社.
舟橋尚道 1961.「資本集中と賃金構造についての感想」(pp. 47-51)および「企業内賃金構造」(pp. 293-326)篠原三代平・舟橋尚道(編)『日本型賃金構造の研究』労働法学研究所.
Galenson, Walter, with the collaboration of Konosuke Odaka. 1976. "The Japanese Labor Market," in Hugh Patrick and Henry Rosovsky, eds., *Asia's New Giant, How the Japanese Economy Works*, Washington: The Brookings Institution, pp. 587-671(邦文版「日本の労働市場」貝塚啓明(監訳)『アジアの巨人・日本 IV,労働・都市・社会問題』日本経済新聞社,1978年, pp. 1-108).
Gerschenkron, Alexander, 1962. *Economic Backwardness in Historical Perspective, A Book of Essays*, Cambridge: Harvard University Press.
Glass, David V.(ed.). 1954. *Social Mobility in Britain*, London: Routledge and Kegan Paul.
権田保之助 1971.「東京市に於ける労働者家計の一模型」中鉢正美(解説)『家計調査と生活研究』生活古典叢書7,光生館,pp. 103-13.
Goodman, Leo A. and William H. Kruskal. 1954. "Measures of Association for Cross Classifications," *Journal of the American Statistical Association*, Vol. 49, No. 268 (Dec. 1954), pp. 732-64.
―― 1963. "Measures of Association for Cross Classifications III: Approximate Sampling Theory," *Journal of the American Statistical Association*, Vol. 58, No. 302 (June 1963), pp. 310-64.
Guttman, Louis. 1968. "A General Nonmetric Technique for Finding the Smallest Coordinate Space for a Configuration of Points," *Psychometrika*, Vol. 33, No. 4(Dec. 1968), pp. 469-506.
Hansen, Morris H., William N. Hurwitz and William G. Madow. 1953. *Sample Survey Methods and Theory*, 2 vols., N. Y.: John Wiley.
橋本能保利 1927.「本邦製鉄業労働事情概説(七)」『社会政策時報』79号(1927年4月),pp. 75-108.
旗手勲 1978.『日本の財閥と三菱―財閥企業の日本的風土―』楽游書房.
間宏 1974.『イギリスの社会と労使関係―比較社会学的考察』日本労働協会.
―― 1978.『日本労務管理史研究―経営家族主義の形成と展開―』再版,御茶の水書

房(初版,ダイヤモンド社,1964年).
Hicks, J. R. 1963. *The Theory of Wages*, 2nd ed., London: Macmillan.
広崎真八郎 1943.『工員月給制度の研究』東洋書館.
北海道立労働科学研究所 1956.『臨時工,後編』北海道立労働科学研究所.
兵藤釗 1965.「第1次大戦後の労資関係(2・完―重工業大経営を中心として―」『経済学論集』31巻1号(1965年4月),pp. 62-85.
―― 1971.『日本における労資関係の展開』東京大学出版会.
今泉嘉一郎 1933.『日本鋼管株式会社創業二十年回顧録』.
今津健治 1966.「長崎造船所創立の技術的背景」『社会経済史学』32巻2号(1966年6月),pp. 54-73.
井上忠勝 1961.『アメリカ経営史』神戸大学経済経営研究所.
井上洋一郎 1968.「日本近代造船業確立期における三菱長崎造船所」『経営史学』Vol. 3, No. 1(1968年3月),pp. 33-52.
石井謙治 1957.『日本の船』創元社.
―― 1983.『図説和船史話』至誠堂.
石川滋 1961.「インドの二重構造」『一橋論叢』45巻6号(1961年6月),pp. 25-53.
―― 1962.「アジア諸国の大企業と小企業」『経済研究』13巻2号(1962年4月),pp. 137-56.
―― 1967. *Economic Development in Asian Perspective*, Tokyo: Kinokuniya Bookstore.
伊東光晴 1962.「二重構造論の展望と反省」川口弘ほか『日本経済の基礎構造』春秋社,pp. 169-212.
伊藤繁 1982.「明治大正期の都市農村間人口移動」森島賢・秋野正勝(編)『農業開発の理論と実証』養賢堂,pp. 55-74.
Jacoby, Sanford. 1979. "The Origins of Internal Labor Markets in Japan," *Industrial Relations*, Vol. 18, No. 2(Spring 1979), pp. 184-96.
Jantke, Carl. 1955. *Der Vierte Stand; Die Gestaltenden Kräfte der Deutschen Arbeiterbewegung im XIX. Jahrhundert*, Freiburg: Verlag Herder.
Jaques, Elliot. 1967. *Equitable Payment; A General Theory of Work, Differential Payment, and Individual Progress*, Penguin Books.
Johansen, Leif. 1958. "A Note on the Theory of Interindustry Wage Differentials," *Review of Economic Studies*, Vol. XXV(2), No. 67(Feb. 1958), pp. 109-13.
Johnston, John. 1960. *Statistical Cost Analysis*, N. Y.: McGraw-Hill.
神谷慶治・沢村東平(監修) 1962.『新しい農業分析』東京大学出版会.
神谷庄一 1958.「三菱造船の昇給制度について」謄写刷,日本経営者団体連盟事務局,1958年7月.
金子栄一(編) 1964.『造船』現代日本産業史IX,現代日本産業発達史研究会.
片山信 1970.『驚異の記録・日本の造船工業―発展とその秘密―』日本工業出版.
Kattendyke, Willem J. C. R. H. van(水田信利(訳)) 1964.『長崎海軍伝習所の日々』東洋文庫26,平凡社(原書刊行は1860年).
風早八十二 1937.『日本社会政策史』日本評論社.
Keat, Paul. 1960. "Long-run Changes in Occupational Wage Structure, 1900-1956," *Journal of Political Economy*, Vol. LXVIII, No. 6(Dec. 1960), pp. 584-600.
経済企画庁経済研究所 1960.『資本構造と企業間格差』研究シリーズ第6号.

Kendrick, John K. 1961. *Productivity Trends in the United States*, N.B.E.R. Study, Princeton: Princeton University Press 1961.
木村安二(編)　1939.『小林作太郎伝』東京芝浦電気株式会社.
Knowles, K. G. J. C. and T. P. Hill. 1954. "On the Difficulties of Measuring Wage Differentials," *Bulletin of the Oxford University Institute of Statistics*, Vol. 16, Nos. 11/12(Nov./Dec. 1954), pp. 393–409.
小林正彬　1977.『日本の工業化と官業払下げ―政府と企業―』東洋経済新報社.
―――　1981.「千住製絨所の払下げ問題」土屋守章・森川英正(編)『企業者活動の史的研究』日本経済新聞社, pp. 103–22.
小池和男　1977.『職場の労働組合と参加―労資関係の日米比較―』東洋経済新報社.
―――　1981 a.『中小企業の熟練―人材形成のしくみ―』同文館.
―――　1981 b.『日本の熟練, すぐれた人材形成システム』有斐閣選書388, 有斐閣.
河野稠果　1968.「労働力生命表」南亮三郎・館稔(編)『労働力人口の経済分析』勁草書房, pp. 60–74.
香西　泰　1981.『高度成長の時代―現代日本経済史ノート―』日本評論社.
公爵島津家編纂所(編)　1968.『薩藩海軍史』上中下, 復刻版, 原書房.
Kravis, Irving B., Zoltan Kenessey, Alan Heston and Robert Summers. 1975. *A System of International Comparisons of Gross Product and Purchasing Power*, Baltimore: The Johns Hopkins University Press.
Kruskal, J. B. 1964 a. "Multidimensional Scaling by Optimizing Goodness of Fit to a Nonmetric Hypothesis," *Psychometrika*, Vol. 29, No. 1(March 1964), pp. 1–27.
―――　1964 b. "Nonmetric Multidimensional Scaling: A Numerical Method," *Psycometrika*, Vol. 29, No. 2(June 1964), pp. 115–29.
Kruskal, William H. and Judith M. Tanur, eds. 1978. *International Encyclopedia of Statistics*, Vol. 1, N. Y.: The Free Press.
熊谷尚夫　1957.『資本主義経済と雇傭』日本評論社.
Kuznets, Simon. 1966. *Modern Economic Growth*, New Haven: Yale University Press (塩野谷祐一(訳)『近代経済成長の分析』上下, 東洋経済新報社, 1978年).
Landes, David S. 1966. "Introduction," in D. S. Landes, ed., *The Rise of Capitalism*, N. Y.: Macmillan, pp. 1–25.
Lane, K. F. and J. E. Andrew. 1955. "A Method of Labour Turnover Analysis," *Journal of the Royal Statistical Soceity*, Series A. No. 118(1955), pp. 296–323.
Layard, P. R. G. and A. A. Walters. 1978. *Microeconomic Theory*, N. Y.: McGraw-Hill (荒憲治郎(監訳)『ミクロ経済学―応用と演習―』創文社, 1982年).
Leibenstein, Harvey. 1960. "Technical Progress, the Production Function and Dualism," *Banca Nazionale del Lavoro Quarterly Review*, No. 55(Dec. 1960), pp. 3–18.
Lester, Richard. 1967. "Pay Differentials by Size of Establishment," *Industrial Relations*, Vol. 7, No. 1(Oct. 1967), pp. 57–67.
Levine, Joel H. 1972. "A Two-parameter Model of Interaction in Father-Son Status Mobility," *Behavioral Science*, Vol. 17, No. 5(Sept. 1972), pp. 455–65.
Lingoes, James C. 1973. *The Guttman-Lingoes Nonmetrric Program Series*, Ann Arbor, Michigan: Mathesis Press.
孫田良平(編著)　1970.『年功賃金の歩みと未来―賃金体系100年史―』産業労働調査

所.
―――― 1978.『年功賃金の終焉,昇給ゼロ時代への対応』日経新書 283,日本経済新聞社.
牧野文夫 1980.「1930年代の労働移動」『経済研究』31巻4号(1980年10月)pp. 362–67.
Marglin, Stephen A. 1974. "What Do Bosses Do?," *Review of Radical Political Economics*, Vol. 6, No. 2(Summer 1974), pp. 60–112(邦訳「ボスたちは何をしているか―資本主義的生産におけるヒエラルキーの起源と機能―」青木昌彦(編)『ラディカル・エコノミックス』中央公論社,1973年,pp. 91–178).
Marsh, Robert M.・万成 博 1977.『近代化と日本の工場―組織の社会学的分析―』東京大学出版会(英文版 *Modernization and the Japanese Factory*, Princeton: Princeton University Press, 1976).
Marshall, Alfred. 1920. *Principles of Economics*, 8th ed., London: Macmillan(馬場啓之助(訳)『経済学原理』全4巻,東洋経済新報社,1965–67年).
Marx, Karl. 1867. *Das Kapital, Kritik der Politischen Ökonomie*, Bd. 1(長谷部文雄(訳)『資本論』河出書房,1964年).
Meyers, Frederic. 1964. *Ownership of Jobs: A Comparative Study*, Los Angeles: Institute of Industrial Relations, University of California.
南 亮進 1970.『日本経済の転換点』数量経済学選書2,創文社(英文版 *The Turning Point in the Japanese Economy*, Tokyo: Kinokuniya Bookstore, 1973).
―――― 1981.『日本の経済発展』東洋経済新報社.
――――・尾高煌之助 1972.『賃金変動―数量的接近―』一橋大学経済研究叢書25,岩波書店.
――――・小野旭 1973.「経済成長と二重構造」大川一司・速水佑次郎(編)『日本経済の長期分析―成長・構造・波動―』日本経済新聞社,pp. 189–218.
――――・―――― 1978.「分配率の趨勢と変動」『経済研究』29巻3号(1978年7月),pp. 230–42.
――――・――――・高松信清 1981.「戸数割資料による戦前期の所得分布の研究」1–2,一橋大学経済研究所ディスカッションペーパー Nos. 38–39,1981年3月.
美濃口時次郎 1934.「日本現下の失業量の測定」上田貞次郎(編)『日本人口問題研究』第二輯,協調会,pp. 311–41.
三島康雄 1979.『三菱財閥史明治編』教育社歴史新書126.
三菱重工業株式会社 1956.『三菱重工業株式会社史』.
三菱造船株式会社長崎造船所職工課 1928.『三菱長崎造船所史』.
三井造船株式会社 1968.『三井造船株式会社50年史』.
宮地幹夫(編) 1981.『わが国の貧困問題関係文献目録(暫定版)』一橋大学経済研究所溝口研究室,1981年3月.
宮永 進 1928.『帝国造船保護政策論』日本海事学会.
Miyazawa, Ken'ichi(宮沢健一). 1976. *Input-output Analysis and the Structure of Income Distribution*, Berlin: Springer Verlag.
溝口敏行 1974.「戦後日本の所得分布と資産分布」『経済研究』25巻4号(1974年10月),pp. 345–66.
水野朝夫 1973.『賃金構造変動論』新評論.
水島治夫 1961.『府県別生命表集,大正10年―昭和31年』,生命保険文化研究所.

森本厚吉　1971.「日米『最小生計費』論」中鉢正美(解説)『家計調査と生活研究』生活古典叢書 7, 光生館, pp. 151-71.
Mosteller, Frederick. 1968. "Association and Estimation in Contingency Tables," *Journal of the American Statistical Association,* Vol. 63, No. 321(March 1968), pp. 1-28.
村上泰亮・公文俊平・佐藤誠三郎　1979.『文明としてのイエ社会』中央公論社.
武藤山治　1963.『武藤山治全集』第 1 巻, 新樹社.
内閣統計局　1902.『日本人ノ生命ニ関スル研究, 一名日本国民新死亡表』.
内務省衛生局　1970.「東京市京橋区月島に於ける実地調査報告第一輯」, 関谷耕一(解説)『月島調査』生活古典叢書 6, 光生館.
内務省社会局第二部　1923.『細民生計状態調査』.
中川敬一郎　1961.「19 世紀イギリス経営史の基本問題—自由貿易体制下の企業経営とそこに現われた『自己破壊』の様相—」増田四郎・小松芳喬・高村象平・矢口孝次郎(編)『社会経済史大系Ⅶ, 近世後期Ⅱ』弘文堂, 1961 年, pp. 121-74.
——　1964.「ニュウ・イングランド産業革命と大量生産体制の発展(1-2)」『経済学論集』29 巻 4 号(1964 年 1 月), pp. 16-33 および 30 巻 1 号(1964 年 4 月), pp. 35-50.
中村厚史　1965.「「初任給の変動とその影響」に関するメモ」『経済分析』第 14 号(1965 年 4 月), pp. 61-76.
中村勝己　1966.『アメリカ資本主義の成立』日本評論社(増補第 3 版, 1976 年).
中村秀一郎　1964.『中堅企業論』東洋経済新報社.
中村隆英　1971.『戦前期日本経済成長の分析』岩波書店.
——　1978.『日本経済, その成長と構造』東京大学出版会(第 2 版 1980 年).
中西洋　1982.『日本近代化の基礎過程—長崎造船所とその労資関係 : 1855-1900 年—』上, 東京大学出版会.
中野卓　1964.『商家同族団の研究—暖簾をめぐる家研究—』未来社.
那須皓(編)　1938.『本邦生活水準研究文献録』日本国際協会太平洋問題調査部.
N.B.E.R.(National Bureau of Economic Research). 1943. *Cost Behavior and Price Policy,* N. Y. : N.B.E.R.
Nelson, Daniel. 1975. *Managers and Workers, Origins of the New Factory System in the United States 1880-1920,* Madison : The University of Wisconsin Press(小林康助・塩見治人(監訳)『20 世紀新工場制度の成立—現代労務管理確立史論—』広文社, 1978 年).
NHK 放送世論調査所(編)　1979.『現代日本人の意識構造』NHK ブックス 76, 日本放送出版協会.
日本人文学会　1951.『封建遺制』有斐閣.
日本科学史学会(編)　1966.『日本科学技術史大系』第 18 巻(機械技術), 第一法規出版.
日本経営史研究所(編)　1971.『日本銀行作成労働統計』Ⅱ, 雄松堂書店.
日本社会学会調査委員会　1958.『日本社会の階層的構造』有斐閣.
日本造船学会(編)　1977.『昭和造船史』第 1 巻, 原書房.
西川俊作　1966.『地域間労働移動と労働市場—昭和戦前期・繊維労働者の地域間移動—』有斐閣.
西成田豊　1978-79.「日露戦争後における財閥造船企業の経営構造と労資関係—三菱造船所の分析(Ⅰ)—」(1)〜(4)『龍谷大学経済経営論集』18 巻 1 号(1978 年 6 月), pp. 38-60; 同 2 号(同年 9 月), pp. 59-70; 同 3 号(1978 年 12 月), pp. 95-111 およ

び同4号(1979年3月), pp. 63-77.

西日本重工業株式会社長崎造船所　1951.『三菱長崎造船所史続編』.

野田一夫　1967.『財閥,経営者にみる生態』中公新書129, 中央公論社.

野田孜　1960.「雇用の傾斜構造」大川一司(編)『過剰就業と日本農業』春秋社, pp. 107-20.

野尻重雄　1942.『農民離村の実証的研究』岩波書店(復刻版, 農山漁村文化協会, 1978年).

小田橋貞寿　1934.「我国の就業人口と失業並びに其将来」上田貞次郎(編)『日本人口問題研究』第二輯, 協調会, pp. 299-310.

尾高煌之助　1966.「労使関係の経済学」『一橋論叢』56巻3号(1966年9月), pp. 266-87.

―――　1967 a. "The Structure of Japanese Labor Market," 『季刊理論経済学』Vol. XVIII, No. 1(June 1967), pp. 25-42(邦文版「日本労働市場の構造分析」西川俊作(編)『労働市場』日本経済新聞社, 1971年, pp. 185-205).

―――　1967 b. "A Study of Employment and Wage-Differential Structure in Japan," Unpublished Ph. D. dissertation, University of California(Berkeley), Ann Arbor: University Microfilm, Inc.

―――　1968. "A History of Money Wages in the Northern Kyūshū Industrial Area, 1898-1939," *Hitotsubashi Journal of Economics*, Vol. 8, No. 2(Feb. 1968), pp. 71-100.

―――　1970.「賃金傾斜構造の長期変動」上下『日本労働協会雑誌』No. 136(1970年7月), pp. 12-19およびNo. 137(1970年8月), pp. 11-19.

―――　〔1972 a〕.「日本における産業教育の展開」日本経済研究センター『教育の経済学』(未定稿), 謄写刷.

―――　1972 b.「戦前期大阪地方消費者物価指数の推計(1903-39)」『一橋論叢』67巻3号(1972年3月), pp. 18-39.

―――　1975.「個人消費」大川一司・南亮進(編)『近代日本の経済発展―「長期経済統計」による分析―』東洋経済新報社, pp. 34-62, 576-77.

―――　1976.「北九州における貨幣賃金の変動」梅村又次・新保博・西川俊作・速水融(編)『数量経済史論集1, 日本経済の発展・近世から近代へ』日本経済新聞社, pp. 179-94.

―――　1978. "The Place of Medium- and Small-scale Firms in the Development of the Automobile Industry―A Study of Japan's Experience―," *Japan's Historical Development Experience and the Contemporary Developing Countries: Issues for Comparative Analysis*, Tokyo: International Development Center of Japan, pp. 121-52.

―――　1980 a. "Employment Sharing in Japan," in Edmond Malinvaud and Jean-Paul Fitoussi, eds., *Unemployment in Western Countries*, London: Macmillan, pp. 496-520.

―――　1980 b.「労働市場」熊谷尚夫・篠原三代平(監修)『経済学大辞典』第II巻, 東洋経済新報社, pp. 38-48.

―――　1981.「戦間期における下請制機械部品工業発達の諸要因」中村隆英(編)『戦間期の日本経済分析』山川出版社, pp. 167-88.

尾高邦雄(編) 1958.『職業と階層』毎日新聞社.
――― 1981.『産業社会学講義,日本的経営の革新』岩波書店.
O.E.C.D.(Organization for Economic Cooperation and Development). 1965. *Wages and Labour Mobility,* Paris.
小原哲郎 1982.「戦前期「子飼い労働力」の検証―我が国造船業について―」『職業訓練大学校紀要』11号B(1982年3月), pp. 41-61.
大川一司(編) 1960.『過剰就業と日本農業』春秋社.
――― 1962.『日本経済分析―成長と構造』春秋社(増補版1969年).
――― and Henry Rosovsky. 1965. "A Century of Japanese Economic Growth," in W. W. Lockwood, ed., *The State and Economic Enterprise in Japan,* Princeton: Princeton University Press, pp. 47-92(邦訳「日本における経済成長の百年」大来佐武郎(監訳)『日本経済近代化の百年』日本経済新聞社, 1966年, pp. 31-78).
―――・石渡茂・山田三郎・石弘光 1966.『資本ストック』大川・篠原・梅村(監修)「長期経済統計」第3巻, 東洋経済新報社.
―――・野田孜・高松信清・山田三郎・熊崎実・塩野谷祐一・南亮進 1967.『物価』大川・篠原・梅村(監修)「長期経済統計」第8巻, 東洋経済新報社.
――― and Henry Rosovsky. 1968. "Postwar Japanese Growth in Historical Perspective: A Second Look," in L. Klein and K. Ohkawa, eds., *Economic Growth: The Japanese Experience since the Meiji Era,* Homewood: Richard D. Irwin, pp. 3-34 (邦文版「戦後日本の経済成長・その歴史的パースペクティブ:再論」篠原三代平・藤野正三郎(編)『日本の経済成長, 成長コンファレンスの報告と討論』日本経済新聞社, 1967年, pp. 2-31).
―――・――― 1973.『日本の経済成長―20世紀における趨勢加速』東洋経済新報社(英文版 *Japanese Economic Growth—Trend Acceleration in the Twentieth Century,* Stanford: Stanford University Press, 1973).
―――・南亮進(編) 1975.『近代日本の経済発展―「長期経済統計」による分析―』東洋経済新報社.
――― and Miyohei Shinohara, eds. 1979. *Patterns of Japanese Economic Development, A Quantitative Appraisal,* New Haven: Yale University Press.
Oi, Walter Y. 1962. "Labor as a Quasi-fixed Factor," *Journal of Political Economy,* Vol. LXX, No. 6(Dec. 1962), pp. 538-55.
岡 実 1971.「職工の生計状態」中鉢正美(解説)『家計調査と生活研究』生活古典双書7, 光生館, pp. 51-84.
岡田鉦介 1942.『職場の偉人小林作太郎伝』新紀元社.
岡本幸雄・今津健治(編) 1983.『明治前期官営工場沿革』東洋文化社.
大河内一男 1972.『労使関係論の史的発展』社会政策論集(Ⅱ), 有斐閣.
奥田健二 1968-71.「日本の能率運動史」(Ⅰ)-(Ⅸ)『IE Review』Vol. 9, No. 5(1968年9・10月), pp. 313-18; Vol. 9, No. 6(同年11・12月), pp. 393-98; Vol. 10, No. 1(1969年1・2月), pp. 54-61; Vol. 10, No. 2(同年3・4月), pp. 121-27; Vol. 10, No. 3(同年5・6月), pp. 191-98; Vol. 10, No. 5(同年9・10月), pp. 323-28; Vol. 11, No. 5(1970年9・10月), pp. 317-24; Vol. 12, No. 4(1971年7・8月), pp. 215-22 および Vol. 12, No. 6(同年11・12月), pp. 363-72.
Okun, Arthur M. 1970. *The Political Economy of Prosperity,* Washington, D. C.: The

Brookings Institution.
小野 旭 1973.『戦後日本の賃金決定』東洋経済新報社.
―― 1981.『日本の労働市場―外部市場の機能と構造―』東洋経済新報社.
Ono, Keinosuke(小野桂之介) and Konosuke Odaka. 1979. "Ancillary Firm Development in the Japanese Automobile Industry—Selected Case Studies(I)," Discussion Paper No. 24, Institute of Economic Research, Hitotsubashi University, Dec. 1979.
大阪市役所(編) 1933.『明治大正大阪市史』第 2 巻(経済篇上), 日本評論社(複刻版, 清文堂出版 1966 年).
Ostry, Sylvia W., H. J. D. Cole and K. G. J. C. Knowles. 1958. "Wage Differentials in a Large Steel Firm," *Bulletin of the Oxford University Institute of Statistics*, Vol. 20, No. 3(Aug. 1958), pp. 217-64.
大内 力 1963.『日本経済論』上, 東京大学出版会.
―― 1967.『日本の歴史 24: ファシズムへの道』中央公論社.
尾崎 厳 1976.「新しい技術体系の確立と技術開発」『Keio Business Forum』No. 18 (1976 年 11 月), pp. 1-15.
Palmer, Gladys L., with the assistance of Carol P. Brainerd. 1954. *Labor Mobility in Six Cities; A Report on the Survey of Patterns and Factors in Labor Mobility, 1940-1950*, N. Y.: Social Science Research Council.
Phelps Brown, E. Sir Henry, with Margaret H. Browne. 1968. *A Century of Pay; The Course of Pay and Production in France, Germany, Sweden, the United Kingdom, and the United States of America, 1860-1960*, London: Macmillan.
―― 1977. *The Inequality of Pay*, London: Oxford University Press, 1977.
Prais, S. J. 1955. "Measuring Social Mobility," *Journal of the Royal Statistical Society*, Ser. A, Vol. 118, Part 1, pp. 56-66.
Rao, C. Radhakrishna. 1952. *Advanced Statistical Methods in Biometric Research*, N. Y.: John Wiley.
Reder, Melvin W. 1955. "The Theory of Occupational Wage Differentials," *American Economic Review*, Vol. XLV, No. 5(Dec. 1955), pp. 833-52.
―― 1962. "Wage Differentials: Theory and Measurement," in *Aspects of Labor Economics, A Conference of the Universities-National Bureau Committee for Economic Research*, Princeton: Princeton University Press, pp. 257-317.
Rees, Albert and George P. Shultz. 1970. *Workers and Wages in an Urban Labor Market*, Chicago: University of Chicago Press.
Reynolds, Lloyd. 1951. *The Structure of Labor Markets; Wages and Labor Mobility in Theory and Practice*, N. Y.: Harper.
―― and Cynthia H. Taft. 1956. *The Evolution of Wage Structure*, New Haven: Yale University Press.
Ricardo, David. 1821. *On the Principle of Political Economy and Taxation*, 3rd ed., London: John Murray(Piero Sraffa, ed., The Works and Correspondence of David Ricardo, Vol. I., Cambridge University Press, 1953; 堀経夫(訳)『経済学および課税の原理』リカード全集 1, 雄松堂, 1972 年).
Rosovsky, Henry. 1966. "Japan's Transition to Modern Economic Growth, 1868-1885," in H. Rosovsky, ed., *Industrialization in Two Systems*, N. Y.: John Wiley, pp.

91-139.
Rothchild, K. W. 1954. *The Theory of Wages*, Oxford: Basil Blackwell.
三枝博音・飯田賢一(編) 1957.『日本近代製鉄技術発達史―八幡製鉄所の確立過程―』東洋経済新報社.
佐々木孝男・中村厚史 1963.「技術革新と賃金変動」労使関係調査会『労使関係実態調査』IX, pp. 61-164.
Sato, Kazuo(佐藤和夫). 1973. "The Dual Structure and Productivity Differentials in Japanese Manufacturing," Discussion Paper No. 285, Dept. of Economics, State University of New York at Buffalo, July 1973.
―― 1980. "Japan's Unemployment in the Great Depression: Part II, A New Estimate," mimeographed, Sept. 1980.
Schumpeter, Joseph A. 1954. *History of Economic Analysis*, N. Y.: Oxford University Press(東畑精一(訳)『経済分析の歴史』全7巻, 岩波書店, 1955-62年).
Shimada, Haruo(島田晴雄). 1981. *Earnings Structure and Human Investment, A Comparison Between the United States and Japan*, Tokyo: Kogakusha.
篠原三代平 1955.『所得分配と賃金構造』一橋大学経済研究叢書4, 岩波書店.
―― 1961.『日本経済の成長と循環』創文社.
―― 1967.『個人消費支出』大川・篠原・梅村(監修)「長期経済統計」第6巻, 東洋経済新報社.
―― 1970. *Structural Change in Japan's Economic Development*, Tokyo: Kinokuniya Bookstore.
―― 1972.『鉱工業』大川・篠原・梅村(監修)「長期経済統計」第10巻, 東洋経済新報社.
汐見三郎 1921.「所得分配統計を論じて森本博士に答ふ」『経済論叢』12巻3号(1921年3月), pp. 460-87.
――・宗藤圭三・毛里英於菟・武田長太郎 1941.『改訂国民所得の分配』第3版, 有斐閣.
〔塩田泰介〕 1938.『塩田泰介氏自叙伝』内山正居筆記, 謄写刷.
昭和同人会(編) 1960.『わが国賃金構造の史的考察』至誠堂.
Siegel, Sidney. 1956. *Nonparametric Statistics for the Behavioral Sciences*, N. Y.: McGraw-Hill.
Slichter, Sumner H., James J. Healy and E. Robert Livernash. 1960. *The Impact of Collective Bargaining on Management*, Washington, D. C.: The Brookings Institution.
Smelser, Neil. 1959. *Social Change in the Industrial Revolution, An Application of Theory to the Lancashire Cotton Industry 1770-1840*, London: Routledge and Kegan Paul.
Solow, Robert M. 1957. "Technical Change and the Aggregate Production Function," *Review of Economics and Statistics*, Vol. XXXIX, No. 3(Aug. 1957), pp. 312-20.
Stoikov, Vladimir. 1973 a. "The Structure of Earnings in Japanese Manufacturing Industries: A Human Capital Approach," *Journal of Political Economy*, Vol. LXXXI, No. 2(March/April 1973), pp. 340-55.
―― 1973 b. "Size of Firm, Worker Earnings, and Human Capital: The Case of Japan,"

Industrial and Labor Relations Review, Vol. 26, No. 4 (July 1973), pp. 1,095-106.
隅谷三喜男 1955.『日本賃労働史論』東京大学出版会.
―― 1964.『日本の労働問題』東京大学出版会.
―― 1966.『日本労働運動史』有信堂.
――(編) 1970-71.『日本職業訓練発展史』上下, 日本労働協会.
――・小林謙一・兵藤釗 1967.『日本資本主義と労働問題』東京大学出版会.
鈴木文治 1931.『労働運動二十年』一元社.
Tachibanaki, Toshiaki (橘木俊詔). 1975. "Wage Determinations in Japanese Manufacturing Industries—Structural Change and Wage Differentials," *International Economic Review,* Vol 16, No. 3 (Oct. 1975), pp. 562-86.
―― 1982. "Further Results on Japanese Wage Differentials: Nenko Wages, Hierarchical Position, Bonuses, and Working Hours," *International Economic Review,* Vol. 23, No. 2 (June 1982), pp. 447-61.
Taira, Koji (平 恒次). 1970. *Economic Development and the Labor Market in Japan,* N. Y.: Columbia University Press.
高橋長太郎 1955.『所得分布の変動様式』一橋大学経済研究叢書 5, 岩波書店.
高橋克嘉 1960.「一九世紀末イギリス賃労働の構造変動への一接近」『一橋論叢』43巻2号(1959年2月), pp. 208-21.
高野岩三郎(編) 1933.『本邦社会統計論』経済学全集第52巻, 改造社.
―― 1971.「東京ニ於ケル二十職工家計調査」中鉢正美(解説)『家計調査と生活研究』生活古典叢書 7, 光生館, pp. 89-101.
寺西重郎 1982.『日本の経済発展と金融』一橋大学経済研究叢書別冊, 岩波書店.
寺谷武明 1979.『日本近代造船史序説』巌南堂書店.
東畑精一 1956.「農業人口の今日と明日」有沢広巳・宇野弘蔵・向坂逸郎(編)『世界経済と日本経済』岩波書店, pp. 211-36.
――・神谷慶治(編) 1964.『現代日本の農業と農民』農業総合研究所.
富永健一. 1964.「日本社会と労働移動」尾高邦雄(編)『技術革新と人間の問題』ダイヤモンド社, pp. 261-309 (英文版 "Occupational Mobility in Japanese Society: Analysis of Labor Market in Japan," *The Journal of Economic Behavior,* Vol. 2, No. 1 (April 1962), pp. 1-37).
―― 1973.『産業社会の動態』東洋経済新報社.
―― 1979.「社会階層と社会移動の趨勢分析」富永健一(編)『日本の階層構造』東京大学出版会, pp. 33-87.
鳥居泰彦 1979.『経済発展論』東洋経済新報社.
津田真澂 1968.『年功的労使関係論』ミネルヴァ書房.
氏原正治郎 1966.『日本労働問題研究』東京大学出版会.
梅村又次 1955.「賃金格差と労働市場」都留重人・大川一司(編)『日本経済の分析』下, 勁草書房, pp. 224-61.
―― 1961 a.『賃金・雇用・農業』大明堂.
―― 1961 b.「賃金格差の概念と測定」『経済セミナー』No. 63 (1961年11月), pp. 67-71.
―― 1964.『戦後日本の労働力』一橋大学経済研究叢書 13, 岩波書店.
―― 1968.「有業者数の新推計:1871-1920年」『経済研究』19巻4号 (1968年10月),

pp. 322-29.
──── 1971 a.「年功賃金について」西川俊作(編)『労働市場』日本経済新聞社, pp. 248-55.
──── 1971 b.『労働力の構造と雇用問題』一橋大学経済研究叢書23, 岩波書店.
──── 1973.「産業別雇用の変動：1880-1940年」『経済研究』24巻2号(1973年4月), pp. 107-16.
────・山田三郎・速水佑次郎・高松信清・熊崎実 1966.『農林業』大川・篠原・梅村(監修)「長期経済統計」第9巻, 東洋経済新報社.
Uzawa, Hirofumi. 1962. "Production Functions with Constant Elasticities of Substitution," *Review of Economic Studies*, XXIX(4), No. 81(Oct. 1962), pp. 291-99.
Veblen, Thorstein. 1914. *The Instinct of Workmanship and the State of the Industrial Arts*, N. Y.: Macmillan(reprinted by A. M. Kelley, N. Y., 1964).
Vogel, Ezra. 1979. *Japan As Number One, Lessons for America*, Cambridge: Harvard University Press(広中和歌子・木本彰子(訳)『ジャパン・アズ・ナンバーワン, アメリカへの教訓』TBSブリタニカ, 1979年).
和田 傳 1972-74.『門と倉』全4巻, 家の光協会.
渡部 徹 1953.「明治前期の労働力市場形成をめぐって」『人文学報』IV, pp. 111-34 (明治史料研究連絡会『明治前期の労働問題』補巻I, 御茶の水書房, 1960年, pp. 96-136所収).
渡部経彦 1970.『数量経済分析』数量経済選書1, 創文社.
────・荏開津典生 1967.「技術進歩と経済成長」嘉治元郎(編)『経済成長と資源分配』岩波書店, pp. 121-51.
Wolfson, Robert J. 1958. "An Econometric Investigation of Regional Differentials in American Agricultural Wages," *Econometrica*, Vol. 26, No. 2(April 1958), pp. 225-57.
山田盛太郎 1977.『日本資本主義分析』岩波文庫(初版, 岩波書店, 1934年).
山本 潔 1967.『日本労働市場の構造―「技術革新」と労働市場の構造的変化―』東京大学出版会.
山本茂実 1968.『あゝ野麦峠―ある製糸女工哀史』朝日新聞社.
山中篤太郎 1941.「日本工業に於ける零細性(下)」『社会政策時報』249号(1941年6月), pp. 97-117.
山下正喜 1979.「明治, 大正期三菱造船所の原価計算―その導入の背景と概要―」『会計』116巻3号(1979年9月), pp. 427-48.
Yasuba, Yasukichi(安場保吉). 1976. "The Evolution of Dualistic Wage Structure," in Hugh Patrick, ed., *Japanese Industrialization and Its Social Consequences*, Berkeley and Los Angeles: University of California Press, pp. 249-98.
──── 1980.『経済成長論』第2版経済学全集12, 筑摩書房.
安田三郎 1971.『社会移動の研究』東京大学出版会.
横山源之助 1959.『日本の下層社会』岩波文庫.
吉野信次 1962.『おもかじとりかじ―裏からみた日本産業の歩み―』(同本異題：『商工行政の思い出―日本資本主義の歩み―』) 通商産業研究社.
造船協会(編) 1935.『日本近世造船史, 大正時代』造船協会.

索　　引

○典拠を示すためにのみ引用した人名は，原則として除外した．
○本書で引用した公刊統計類は，『　』で囲んで（またはイタリックで示して）検索に便ならしめた．

あ　行

アイドル（idle）　203 n, 204-05
赤坂敬子　160
赤羽海軍造兵廠　⇨工部局工作分局
浅野造船所　182
麻生立雄　206, 242 n, 291
アダムス（W. Adams, 三浦按針）　168
アベグレン（J. C. Abegglen）　42 n, 281-82, 284-85
有沢広巳　1, 17-18

池田藤四郎　213
石川島造船所　169, 178-79, 182
市川造船所　169
市来四郎　170
伊藤繁　129
伊東光晴　28 n
移動率（労働移動率をもみよ）　61, 63, 66
　　純――61, 77, 78
　　粗――51, 77
井上省三　87
井上洋一郎　174

ヴェーバー（M. Weber）　226
ウェスチングハウス（Westinghouse）社　99-100
上田貞次郎　144
ヴェブレン（T. Veblen）　218

ヴォーゲル（E. Vogel）　282
ウォルフソン（R. J. Wolfson）　29
請負賃金〔制〕（親方請負制をもみよ）　227, 238, 241, 244
氏原正治郎　2-3, 29, 67-68
内田造船所　186
梅村又次　40-42, 122, 156, 156 n, 157, 160, 212 n, 297

SSM　⇨社会成層と移動
エッシャーウィス（Escher-Wyss）社　178-79
エンゲル（C. L. E. Engel）　137
　　――係数　137-40, 165
縁辺労働力　13, 145

オイル・ショック（石油価格の高騰）　38 n, 146, 155, 261, 263, 265-66
大内力　18
大川一司　28 n, 128
オーカン（A. M. Okun）　143
『大阪市統計書』　93, 163, 187-88, 295-96, 308-09
大阪造船会社　169
大阪鉄工所　174, 184, 187, 201
大阪砲兵工廠　86, 107, 114, 201, 289
O. J. T.〔仕事に就きながらの訓練〕（企業内教育, 職工教育をもみよ）　11, 222, 285
大手商会芝浦工場　90

324

岡実　138
尾高煌之助　50
小田橋貞寿　144-45, 147-48
小野旭　31-36, 38, 146
小野造船所〔鉄工所〕　169, 184
小野浜海軍造船所　174
小原哲郎　188
親方請負制　97, 99n, 193, 196, 201, 212, 225
温情主義　⇨経営家族主義

か　行

ガーシェンクロン(A. Gerschenkron)　192
『海軍省年報』　88, 92, 217 n, 289
解雇者帰趨調査　152
外注　173, 181-82
価格効果　150
科学的管理法　100, 213, 226, 238, 249
加給金(割増賃金をもみよ)　89-90, 98-103, 123, 293
　奨励――　244-46
家計調査　52, 133
『家計調査』　137-38, 138 n
風早八十二　145, 151
過剰就業(不完全就業をもみよ)　155, 162, 164-65
過剰〔余剰〕人口　17, 131, 278
　潜在的――　2, 3
過剰〔余剰〕労働　66, 140, 153-54, 158, 160, 164-65, 249
家族従業者　2, 16, 50, 52, 162-63, 296
カッテンディーケ(W. J. C. R. H. van Kattendyke)　169
過度経済集中排除法　243
家内工業　19, 93, 125, 165, 225, 296
貨幣的錯誤　119
神谷庄一　291
借りた技術(borrowed technology)　42, 84, 172, 178-79, 183, 189, 228, 277-78, 286

川崎造船所　173, 178, 186, 201-02
河田蜂郎　102
『官営工場労働統計』　208
間接的〔労務〕管理　195, 198-99, 212, 235
間接費　210-12
完全移動　65, 77
完全雇用　7, 143, 155, 260
　――型経済　45, 213, 261
官僚制化(bureaucratization)　210-12, 213 n
企業再建整備法　243
企業内教育〔訓練〕(O. J. T. をもみよ)　2, 221-22, 230, 237, 286
企業内賃金構造　13, 15, 103, 106, 233, 249, 256, 279
技術移転〔伝播，導入〕　20, 42, 88, 167, 172, 179, 183, 228, 258, 263, 277, 286-87
技術革新〔進歩，変化，変革〕　4-10, 23 n, 44 n, 116-17, 167, 225-26, 268-69, 280
　労働節約的な――　44, 74, 263, 277
基準外賃金　89-90, 102-03, 109, 246
キッコーマン醬油　240
帰農　152, 203
　――率　159
規模の経済　25
求人倍率　153, 264, 269, 272-73
業務創出(makework)　8
業務配分(sharework)　8, 16
寄留者　129
勤続給〔手当〕　246, 248
近代経済成長(MEG)　49, 76, 128, 240, 274, 278

クズネッツ(S. Kuznets)　49, 118
熊谷尚夫　16
クラーク(J. Clark)　175
グラース(D. V. Glass)　77

索　引

クラスカル(J. B. Kruskal)　68
グラバー(T. B. Glover)　174
呉文聰　93
呉海軍工廠　86, 107, 110, 114, 173, 201-02, 209, 289
クローソン(D. Clawson)　193

経営家族主義(paternalism)　42, 239-41, 276, 281-83
『経済白書』(1957年度版)　16, 264
警視庁賞与調査　101
傾斜構造　19, 32, 285
　　賃金——　81, 116
ケインズ(J. M. Keynes)　7
結核死亡率　140
結合指数(index of association)　77, 78
限界生産力逓減の法則　25
限界労働者仮説(marginal worker hypothesis)　144, 146
原価計算制度　210-11, 238
兼業農家　156
健康保険法　188
建設循環　21, 96, 115, 262, 286-87
ケンドリック(J. Kendrick)　117

小池和男　235 n, 273, 284-85
工員月給〔給与〕制度　241-42, 244
航海奨励法　171, 224
皇国勤労観　241, 249
『工業調査書』　40-41, 81, 163
『工業統計50年史』　94, 256, 295
『工業統計表』　3, 41, 81, 184, 256, 262
「工業労働者生計費調査」　138
『工場監督年報』　223
工場統計規則　187
『工場統計表』　40, 81, 161, 184, 188, 296
工場内請負制　⇨親方請負制
工場法　188, 197 n, 239, 278

高度成長期　139, 260, 265, 268, 277
江南造船所　90
工部局工作分局　97, 196
神戸造船所　86-87, 89-91, 99-104, 107, 110, 112, 114, 123, 175-76, 180, 191, 203-04, 206-07, 209, 212, 216, 219, 221, 223, 235, 241, 243, 246-47, 253-54, 272 n, 293, 297
神戸電機　86, 90-91, 99, 101, 107, 110, 112, 114
神戸内燃機　90
コーダー(J. F. Corder)　174
コール(R. E. Cole)　283
子飼い　208-09, 221, 236-37, 276
『国勢調査』　72-74, 92, 129, 135, 141-43, 145-49, 153, 161, 184, 294
『個人別賃金調査』　297
戸数割り　134-35
伍堂卓雄　237-38
『雇用動向調査』　68, 266, 268
雇用分担(employment sharing)　155
雇用保証　230, 256, 278, 284
コルモゴロフ(Kolmogorov)-スミルノフ(Smirnov)のテスト　52, 58
権田保之助　138

さ　行

再雇用　233 n
斎藤万吉　138
『歳入歳出決算書』　88, 183
『細民調査統計表』　133, 138
佐久間貞一　88
佐々木孝男　34
佐世保海軍工廠　202
殺到率　140, 153-54, 166, 260, 264, 269
佐藤和夫　27, 151 n
産業合理化運動　238-39
産業〔労働〕予備軍　5, 16, 263
残業　193

326

――時間　96, 122, 123 n
――手当　238, 244-45
自営業者〔主〕　16, 52, 67, 142, 147, 155, 164-65
塩田泰介　87, 100, 202
時間給　97, 227
時間賞与制度(premium time system)　98-99
自主管理　14, 199, 225
下請〔制〕　224
――中小企業　1, 215
――部品工業　44, 182, 264
失業〔者，人口，率〕　7, 9, 12, 14, 47, 59, 140-44, 147-51, 153-55, 164-66, 260
――調査　141-42, 143 n, 144 n, 146
完全――者〔率〕　16, 141, 143, 155, 166
技術的――　6, 8-9
顕在――〔者，人口，率〕　2, 16, 43, 151, 154, 162, 164
構造的――　9
推定――者〔率〕　144, 146-47, 150, 151 n
潜在――〔者〕　6, 43, 145, 165
非自発的――　7
摩擦的――〔者〕　151 n
『失業統計調査報告』　141-42
実効〔質〕購買力　137, 139
実質〔可処分〕所得　8, 16, 139-40, 150, 231, 253
実質賃金　5, 7, 94-96, 127, 138, 140, 150
実収賃金　89-90, 102-04, 108, 249, 291
実働賃金　89-90, 99, 101-02, 243-44, 246, 248, 293
実物給与　244-45
篠原三代平　18-19, 138 n
芝浦製作所　84
支払能力　28, 39 n, 188, 229, 265, 273
斯波孝四郎　202

ジブラ〔対数正規〕分布　118-19, 121-22, 135
資本回転〔率〕　26, 117
資本係数　23, 28
資本集中仮説　26
資本集約度　25-27, 224
島津斉彬　169
下関造船所　⇨彦島造船所
社会移動　71, 158
社外工　197, 215, 256
社会成層と移動(SSM)　48-49, 51, 60-61, 63-64, 68, 70-73, 76, 158
社会的距離　47, 68, 80, 266
ジャコビー(S. Jacoby)　225 n
ジャック(E. Jaques)　235 n
重化学工業化　22-23, 277
熟練職工〔労働者〕　5, 10-12, 21-24, 82-84, 87, 165, 171-2, 192, 197, 199-203, 217, 219 n, 221-22, 240, 259, 275, 279, 286-87, 297
秀英舎　86, 107, 110, 114, 289-90, 300
就学率(進学率をもみよ)　149
就業構造　140, 162
就業率　145
終身雇用〔制〕　2, 9, 29, 215, 234, 234 n, 258, 268, 281, 284
『主税局統計年報書』　132
シュムペーター(J. A. Schumpeter)　7
試傭工　214-15
荘田平五郎　210
賞与　⇨ボーナス
熟練歩合(skill margin)　111-12
定傭〔用〕工　98, 197, 204, 214-15, 218
job enrichment　14
『諸傭賃銀調査』　82, 92-93, 293
『職業安定業務月報』　271
『職業紹介事業年報』　153
職業紹介所　144 n, 152, 166

索　引

職業〔種〕別賃金格差　19-23, 120
『職業別賃金調査結果』　297
職工学校　84, 224
職工救護法　202, 231, 233
職工教育〔訓練〕(O. J. T. をもみよ)　4, 9-10, 39, 177, 217, 219, 222, 275, 278-79, 285
『職工事情』　198
職工修業生　218
『職工生計状態調査』　138
〔職工〕歩留まり〔率〕　208, 218, 222
職種〔務〕構成　19, 31-33, 103-04, 106
『職種別賃金実態調査』　250
職長制度　200
職人　10-13
　渡り――　82, 192, 202
職能給　248
所得効果　150
所得分布　132-35, 139
初任給　241, 260, 265
ジョンストン(J. Johnston)　118
進学率(就学率をもみよ)　44-45
『人口動態調査』　140
人的資本〔理論〕　21, 35
新三菱重工業　89, 243, 253, 298

Statistical Abstract of the U. S.　137, 149
スタハノフ(стахaнoв)運動　14
ストイコフ(V. Stoikov)　34-36, 38
住友製鋼所　209

生活給〔賃金〕　237, 242, 246, 249, 257
生活水準　132-33, 137, 248, 254
生産函数　21, 24, 28 n, 119-20
生産性格差　18, 29, 82, 118, 167, 180, 187-89, 255-57, 260, 262, 269, 271-74, 280, 286
生存水準　132-33

『製鉄所工場労働統計』　88, 105, 235
青年学校令　222
『政府事業労働統計』　208
積極的労働力政策(active manpower policy)　9
千住製絨所　86-88, 107, 114, 288
全部雇用　155

総合生産性(total factor productivity)　27-28, 117
造船奨励法　171-72, 178, 224
早退　122
操短　151
疎外(alienation)　11, 14
ソテロ(Sotelo)　168
ソロー(R. M. Solow)　10
ソロモンズ(D. Solomons)　210

た　行

第1次〔世界〕大戦　95, 127, 130, 184-85, 189, 204, 213, 244
大恐慌　124-25, 135, 145, 150-51, 159, 204, 215 n
退職〔退隠〕(離職をもみよ)
　――金〔手当〕　89, 203, 230-34, 242
　――率　59
　希望――　203
　任意――〔者, 率〕　59, 152, 202, 207
大同毛織　84
第2次〔世界〕大戦　91, 147, 213, 262, 272, 309
大日本印刷　88
平恒次　24
高野岩三郎　133, 138
高橋長太郎　122
橘木俊詔　34-36, 38
伊達政宗　168
田中勝介　168

328

単純労働 ⇨不熟練労働
弾力性
　価格―― 6, 21, 23-4
　代替の―― 20-21, 120

地域別〔間〕賃金格差 19, 29
遅刻 122, 193
チャップリン(C. S. Chaplin) 11
中堅企業〔論〕 44, 161, 260
超過勤務 98, 132
長期波動 21, 85, 96, 114-15, 156, 163, 166, 179, 207, 211, 216, 223-24, 229, 262-63, 286
調整の遅れ〔ずれ〕 20, 83-85, 274, 280
直接投資 4, 277
賃格 89, 97, 100, 104-05, 232
賃金月給制度 ⇨工員月給制度
『賃金構造基本調査』 31, 34, 261, 297
賃金相場 93, 118, 210
賃金体系 91, 246, 249, 279
　電産型―― 257
『賃銀統計表』 92, 293-94, 297, 305
賃金統制令 102, 231, 241-42, 244, 257
賃金の下方硬直性 105
『賃銀毎月調査』 81, 124, 125 n, 297
『賃金労働時間制度総合調査』 98, 248

手当〔諸手当〕 90-91, 93-94, 96, 102-03, 109, 188, 244-48
　時間外――(早出, 残業をもみよ) 98
定期昇給制度 242, 278
定着率 105, 152, 192, 208-09, 213, 217, 237
停年〔制〕 233-34
出稼ぎ労働者 152
出来高制 97, 99, 196, 198, 200, 227, 241-42
鉄道省大宮工場 86-87, 107, 114, 301
デニスン(E. Denison) 117
転換点 263 n

転職率(離職率をもみよ) 63
『東京市在職者生計調査』 138
『東京市統計年表』 93, 112, 295, 307
東京砲兵工廠 86, 107, 110, 114, 289
ドーア(R. P. Dore) 227, 284-85
徳川家康 168
土光敏夫 178-79
都市化 129
都市雑業 158-59, 164
徒弟(見習工をもみよ) 30, 92-93, 188, 192, 196, 214-15, 217, 221, 223, 296
富永健一 48 n, 50

な　行

内閣印刷局 86-88, 94, 107, 111, 114, 289, 300
内部労働市場 226-29, 279, 284-85
長崎工作分局 292
長崎精機 ⇨長崎兵器
長崎製鋼所 90
長崎製鉄所 90, 169, 171, 174, 197
長崎造船所 82, 84, 86-87, 89-91, 99-104, 107, 114, 123, 169, 171-74, 176, 178, 180-81, 187-88, 191, 193, 196-98, 202-12, 214, 216-17, 219-24, 232-33, 235, 243, 247, 253-54, 291-92, 296-97, 308
――争議 196, 210
長崎電機 90
長崎兵器〔精機〕 86, 89, 91, 99, 101-02, 107, 114, 123, 180, 216, 223, 243, 247-48, 253-54, 297
永田三十郎 170
中日本重工業 89, 243, 253
中村厚史 34
中村秀一郎 44
名古屋航空機 86, 90-91, 99, 101-02, 107, 114

索引

新潟鉄工所　186
ニクソン(Nixon)・ショック　261
西川俊作　158 n
西日本重工業　89, 174, 243, 253
日米船鉄交換契約　187
日露戦争　5, 98, 127, 156, 158, 184, 203, 212, 288
丹生谷龍　291
『日本経済統計総覧』　183
日本鋼管　206, 208-09
日本資本主義論争　17-18, 280
日本社会学会　48
『日本帝国統計年鑑』　87-88, 93, 288-89, 292, 294, 300-01, 304-05
日本鉄道会社　87
『日本統計月報』　271
『日本の推計人口』　160
『日本貿易精覧』　179
『日本労働運動史料』統計篇　125 n, 152, 290, 292-93
入職率　205-08, 217, 268
人夫　91, 188, 197 n

年功〔序列型〕賃金　29, 35, 106, 230, 235-37, 241-42, 252, 258, 268, 281
年齢給　238, 246
年齢〔別〕構成　31-33, 103, 105-06, 219

『農家経済調査』　135-38
農家所得〔収入〕　135-36
「農業小作者家計調査」　138
農業人口比率　155
農業賃金　131
農工間賃金格差　40, 130-31
農商務通信規則　93
『農商務統計表』　42
農地改革　131
能率給〔賃金〕　98, 227, 249

野尻重雄　152

は　行

パーソンズ(Parsons)社　175, 178
パイロット万年筆　241
間宏　282
橋本能保利　88
支倉常長　168
八八艦隊　204
早出〔手当〕　96, 98, 122, 123 n, 238, 244
ハルセイ(Halsey)式報奨制度　98
ハルデス(H. Hardes)　171, 174
半熟練〔工〕　5, 11, 24, 30, 213, 284

東日本重工業　89, 243, 253
引き揚げ者　129, 263
非競争〔的〕集団　21, 273
彦島〔下関〕造船所　86, 89-90, 99-103, 107, 110, 114, 123, 191, 207, 216, 221, 223, 243, 246-47, 253-54, 297
Historical Statistics of the U. S.　149
日立造船所　90, 169
ビベロ(de Vivero)　168
日雇〔人夫, 労働者〕　16, 91, 130-31, 141-42, 159, 166, 187, 197 n, 214, 271, 296
標準化〔された〕移動表　48, 60-61, 64, 69, 80, 266
兵藤釗　207, 293

ブーケ(J. H. Boeke)　17 n
ブードン(R. Boudon)　78 n
フェルプス・ブラウン(E. H. Phelps Brown)　136
不完全就業〔者〕(過剰就業をもみよ)　16, 155
復員〔軍人〕　129, 263
『福岡県統計書』　92, 294, 305
副業　128, 145, 158, 161

330

福田徳三　97, 103
福利厚生費　34, 202, 231, 239
不在地主　136
藤永田造船所　169-70, 184
藤林敬三　241
不熟練労働　21-24, 84, 165, 286
扶助金　90-91, 102, 109, 244
プチャーチン(Е. В. Путятин)　168
フリードマン(M. Friedman)　118
フルイン(W. M. Fruin)　240
ブルーメンタール(T. Blumenthal)　34-36, 38
分断的労働市場(segmented labor market)　29, 46, 67, 75, 189, 224, 229, 264, 276, 287

平均余命　140
米国式製造法　200
ベッカー(G. Becker)　120
ベバレッジ(W. H. Beveridge)　143
ベンディックス(R. Bendix)　211-12, 225, 283

『俸給生活者職工生計調査報告』　134, 138
ボーナス(賞与)　32, 36-38, 89, 91, 94, 96, 100-03, 109, 242, 244, 247-48, 298
『本邦鉱業一斑』　189

ま　行

マーケット・バスケット方式　257
マーシャル(A. Marshall)　7
『毎月勤労統計調査』　36, 81, 124, 262, 265, 297
牧野文夫　159
孫田良平　256
増時間制度(increased time system)　99
松方幸次郎　185
松方デフレ　127-28

マッキーバー(R. M. MacIver)　282
松谷豊一　291
マルクス(K. Marx)　5, 16
マルコフ(Markov)過程　48, 72-73, 78-79

三島康雄　174
三井造船　170, 178
三菱工業〔予備〕学校　218, 221-22
三菱航空機　89-90, 180
三菱合資会社　89-90, 209 n
三菱重工〔業〕　82, 88-90, 100, 180-82, 191, 231, 236, 242 n, 244, 246, 252, 271, 292, 297-98
　旧――　89, 97, 101, 215, 222-24, 233, 245, 253-54, 256-58, 296
三菱製鉄所　174
三菱造船所　89-90, 97-98, 173, 178, 180-83, 187-88, 191, 198, 203 n, 204, 211, 221, 224-25, 242 n, 243, 253, 296, 298, 308
『三菱造船所年報』　201, 205, 214, 216, 219-20
三菱電機　89-90, 180, 203
三菱内燃機　89-90, 180
三菱日本重工業　89, 223, 243, 253, 298
南亮進　29, 263 n
見習〔職〕工　194, 196, 214, 217-19, 221-23
三村哲夫　176-77
宮沢健一　26

武藤山治　239

本木昌造　198
森永一夫　292
森本厚吉　132-34

や　行

安田三郎　71, 78
安場保吉　42, 111

索　引　331

八幡製鉄所　82, 86-87, 105, 107, 110, 114, 128, 183, 202, 209, 221, 235, 290, 301
山下亀三郎(山下汽船)　185
山田盛太郎　6, 17-18, 213 n
山中篤太郎　161
山辺丈夫　195

由井常彦　296
有業者〔人口〕　141, 143, 145, 147-48, 156-57
ユール(Yule)の関連係数　78

養成工　223-24
European Historical Statistics　154
横須賀海軍工廠　86, 107, 114, 168, 170, 172-73, 201
Yokohama Engine and Iron Works　186
横浜船渠　178, 238
横山源之助　138, 193
吉野信次　185
ヨハンセン(L. Johansen)　274

　　　ら　行

ランデス(D. S. Landes)　192-93

リカード(D. Ricardo)　5, 7
『陸軍省統計年報』　88, 288, 300
離職〔率〕　59, 205-09, 217, 231, 268, 279
離村〔農〕　152, 158, 160, 165
リトルトン(A. C. Littleton)　210
臨時給与　244, 246, 261
臨時工〔雇，要員〕　2, 91-92, 100, 180, 182, 187-88, 204-05, 207, 214-17, 223, 230, 255-56
『臨時職工及人夫ニ関スル調査』　188

レーダー(M. W. Reder)　24
レノルズ(L. Reynolds)　24, 58-59

労働移動率〔性向〕　12, 46-47, 76-77, 207, 213, 267, 281
労働意欲　13, 42, 230
労働基準法　98
労働組合　8-9, 25, 29-31, 33, 42, 245, 257-58, 278
　──組織率　30
　横断的──　284
　企業別──　30-31, 227, 258, 278
　職能別──　11, 227
　日本型──　276
労働係数　28
労働時間　13, 38, 39 n, 122-26
　実──　95-96, 117, 122, 124
　所定──　117
　総──　117
労働者災害扶助法　188
『労働者生活状態調査』　138
『労働統計』　81, 123-26, 207-08
『労働統計実地調査』　88, 105-06, 235, 250
『労働統計要覧』　124
労働の質　19-21, 25, 29, 31-34, 39, 46, 189, 225, 230, 237, 273, 275
労働分配率　116
労働予備軍　⇨産業予備軍
『労働力調査年報』　155, 161
労働力率　144-47, 149-50, 162, 263
ロソフスキー(H. Rosovsky)　28 n, 128
ロンドン軍縮条約　204, 207

　　　わ　行

和光堂　241
ワシントン軍縮会議〔条約〕　176-77, 183, 203, 204
割増賃金(加給金をもみよ)　98, 123, 198, 238, 246

■岩波オンデマンドブックス■

　労働市場分析──二重構造の日本的展開

　　　　1984 年 9 月 28 日　第 1 刷発行
　　　　2014 年 4 月 10 日　オンデマンド版発行

著　者　　　お だ か こう の すけ
　　　　尾高煌之助

発行者　　岡本　厚

発行所　　株式会社　岩波書店
　　　　〒101-8002　東京都千代田区一ツ橋 2-5-5
　　　　電話案内　03-5210-4000
　　　　http://www.iwanami.co.jp/

印刷／製本・法令印刷

　　　　© Konosuke Odaka 2014
　　　ISBN978-4-00-730096-7　Printed in Japan